汽车维修职业技能培训教材

依据劳动和社会保障部制定的《国家职业标准》编写

汽车使用性能与检测

主　编　安相璧

主　审　唐彦峰

金盾出版社

内 容 提 要

本书共九章，包括：动力性与检测，经济性与检测，制动性与检测，操纵稳定性与相关系统检测，平顺性与相关系统检测，环保特性与检测，发动机技术性能检测，汽车照明、信号装置和其他电气设备技术性能与检测，整车与总成技术性能的一般要求等。

本书可作为职业院校汽车运用与维修专业教材，也可供汽车专业师生和从事汽车设计制造、汽车运输管理、汽车维修管理的工程技术人员以及汽车电工、修理工与驾驶人阅读参考。

图书在版编目(CIP)数据

汽车使用性能与检测/安相璧主编．—北京：金盾出版社，2006.11
ISBN 978-7-5082-4241-5

Ⅰ.汽… Ⅱ.安… Ⅲ.汽车-性能-检测 Ⅳ.U472.9

中国版本图书馆 CIP 数据核字(2006)第 103640 号

金盾出版社出版、总发行
北京太平路 5 号(地铁万寿路站往南)
邮政编码：100036 电话：68214039 83219215
传真：68276683 网址：www.jdcbs.cn
封面印刷：北京百花彩印有限公司
正文印刷：北京金盾印刷厂
装订：第七装订厂
各地新华书店经销
开本：787×1092 1/16 印张：11.5 字数：340 千字
2007 年 7 月第 1 版第 2 次印刷
印数：10001—16000 册 定价：19.00 元

汽车维修职业技能培训教材

编写委员会名单

主　任　孟金法　孙志诚

副主任　舒　华　李栓成　高群钦

委　员　安相璧　姚国平　魏建秋　王海燕

王建旭　邹长庚　丁鸣朝　李晓华

蒙留记　李矿理　孙家豪　李春亮

方心明　陆克久　曹利民　杨智勇

吴政清　罗俊杰　田　边　徐永振

张献琛

编 写 说 明

汽车技术、建筑技术与环境保护是衡量一个国家工业化水平高低的三大标志。汽车作为人类文明发展的标志，从1886年1月29日发明至今，已有120年的历史。近几年来，世界知名汽车企业进入国内汽车市场，大大促进了国内汽车技术的进步与发展。随着国民经济综合实力的提高，我国汽车生产量和销售量都在迅速增大，汽车拥有量大幅度上升。汽车拥有量的急剧增加和汽车技术的快速更新，促使汽车运用与维修行业的服务对象与维修作业形式都发生了新的变化，使得技能型、应用型人才非常紧缺。

为了贯彻国务院《关于大力推进职业教育改革与发展的决定》和教育部、劳动和社会保障部、国防科工委、信息产业部、交通部、卫生部等六部委《关于实施职业院校制造业和现代服务业技能型紧缺人才培养培训工程的通知》精神，配合中等职业学校实施紧缺人才培养计划，适应国家"十一五"规划提出的大力发展职业教育和部队"军地两用人才"培训的要求，金盾出版社组织了一批多年在教学一线工作的军内外专家、教授和优秀教师，在总结他们教学和实践经验的基础上，根据教育部等六部委颁布的《中等职业学校汽车运用与维修专业领域技能型紧缺人才培养培训指导方案》以及劳动和社会保障部培训就业司颁发的《技工学校汽车类专业教学计划与教学大纲》、《国家职业标准》的要求，精心编写了本套丛书。丛书包括：

·汽车发动机构造与维修

·汽车底盘构造与维修

·汽车电气设备构造与维修

·汽车使用性能与检测

·汽车驾驶技术教程

在编写本套丛书的过程中，强调应符合汽车专业教育教学改革的要求，注重职业教育的特点，按技能型、应用型人才培养的模式进行设计构思。坚持以读者就业为导向，以服务市场为基础，以能力培养为目标，培养读者的职业技能和就业能力；合理控制理论知识，注重实用性，突出新技术、新工艺、新知识和新方法。本套丛书具有以下特点：

1. 在严格按照本专业教学计划和教学大纲编写的基础上，力求处理好普及与提高、共性与个性、理论与实际操作技能的三个关系。

2. 既能满足当前汽车维修的实际需要，又能体现教学内容的先进性和前瞻性。

3. 既介绍共性基础知识，又阐明轿车与载货汽车在结构、维修和技术参数等方面的区别。

4. 针对读者对象缺乏对本专业基础知识和基本理论了解与认识的实际情况，采用图文并茂、深入浅出的笔法阐述构造理论，又根据培训对象的实际需要，突出介绍检测工具、仪器与仪表的使用方法，重点介绍总成拆装、分解、调整与试验、零部件检测与维修、故障诊断与排除以及汽车使用性能的检测等技能培训内容。

本套丛书既可作为中等职业技术学校汽车运用与维修专业的培训教材，又适合于具有初中以上文化程度、热爱汽车维修的社会青年及现役士兵和士官学习阅读。

汽车维修职业技能培训教材编写委员会

前　言

汽车作为现代交通工具，为我们生产效率和生活质量的提高发挥着至关重要的作用；然而在为人类造福的同时，汽车也给我们带来了交通事故和环境污染。为了最大限度地提高使用效率、减少交通事故、降低排放污染，需要一大批专门从事汽车运用与维修专业领域的技能型人才，来保障车辆始终处于良好的技术状态。

作为专门的汽车运用与维修的技能型人才，应当较全面地掌握汽车使用性能，并能利用现代检测诊断仪器设备对其性能与技术状况，做出快速、准确的判断。为此，我们根据教育部等六部委颁布的《中等职业学校汽车运用与维修专业领域技能型紧缺人才培养培训指导方案》，以及劳动和社会保障部培训就业司颁发的《技工学校汽车类专业教学计划与教学大纲》的要求编写了本书。

本书共九章，包括动力性能与检测，经济性能与检测，制动性能与检测，操纵稳定性与相关系统检测，平顺性与相关系统检测，环保特性与检测，发动机技术性能检测，汽车照明、信号装置和其他电气设备技术性能与检测，整车与总成技术性能的一般要求等内容。为方便复习，在每一章的最后还列出了本章的复习思考题。

在编写过程中，我们针对技能型人才的特点和培训要求，精心编排教学内容，注重技能培养与实际应用，兼顾系统性与全面性，尽量减少理论性知识。

本书由安相璧任主编，唐彦峰任主审，陈成法、但佳璧任副主编。参加编写的还有军事交通学院马效、夏均忠、王大玮、武朋辉、王政荣、杜艾永、孟健，72726部队张磊，空军装备部北京汽车修理厂杨丹，山东宁阳供电公司张国玉等。

在编写过程中，参阅了有关教材、著作，并得到了军事交通学院汽车试验中心全体同志的大力支持与帮助，在此一并表示衷心的感谢。

由于作者水平所限，书中错漏难免，恳请读者批评指正。

作　者

2006年6月6日于天津

目　录

概　述

按照汽车理论的分类方法,汽车性能可分为动力性、经济性、制动性、操纵稳定性、通过性和平顺性等六大基本性能;按照实际使用还可分为使用经济性、安全性、可靠性、环保特性、保障性、机动性等等。无论如何分类,作为汽车使用者,我们所关心的是其性能是否良好,是否满足我们的使用要求。因此,为了及时掌握汽车的性能变化与各系统的技术状况,就必须对其进行准确检测诊断。由此可见,汽车检测是确定车辆技术状况、寻找故障原因的技术手段,检测诊断结果是合理使用、维护、修理车辆工作的科学依据。

一、汽车检测基本概念与术语

汽车检测诊断是在不解体(或仅卸下个别小件)条件下,为确定汽车技术状况或查明故障部位、原因所进行的检查、分析、判断工作。

汽车检测诊断工作中常涉及以下术语:

(1)汽车技术状况:定量测得的表征某一时刻汽车外观和性能的参数值的总和。

(2)汽车故障:汽车部分或完全丧失工作能力的现象。

(3)检测参数:供检测用的,表征汽车、总成及机构技术状况的参数。

(4)检测标准:对汽车检测的方法、技术要求和限值等的统一规定。

(5)检测规范:对汽车检测作业技术要求的规定。

(6)汽车检测:确定汽车技术状况或工作能力的检查。

二、汽车检测诊断分类

根据检测诊断目的,汽车检测诊断可分为以下类型:

(1)安全性能检测:对汽车实行定期和不定期的安全性能检测诊断,目的在于确保汽车具有符合要求的外观、良好的安全性能和符合污染物排放标准的排放性能,以强化汽车的安全管理。

(2)综合性能检测:对汽车实行定期和不定期的综合性能检测诊断,目的是在不解体情况下,确定运输车辆的工作能力和技术状况,对维修车辆实行质量监督,以保证运输车辆的安全运行,提高运输效能及降低消耗,使运输车辆具有良好的经济效益和社会效益。

(3)与维修有关的汽车检测诊断:根据交通部《汽车运输业车辆技术管理规定》的要求,汽车定期检测诊断应结合维护定期进行,以此确定维护附加项目,掌握汽车技术状况变化规律;并通过对汽车的检测诊断和技术鉴定,确定汽车是否需要大修,以实行视情修理;同时,在汽车维修过程中,利用设置在某些工位上的诊断设备,可使检测诊断和调整、维修交叉进行,以提高维修质量;对完成维护或修理的车辆进行性能检测和诊断,并对维修质量进行检验。

总之,汽车检测诊断有两个不同的目的:对显现出故障的汽车,通过检测诊断查找故障的确切部位和发生的原因,从而确定排除故障的方法;对汽车技术状况进行全面检查,确定汽车技术状况是否满足有关技术标准的要求及与标准相差的程度,以决定汽车是否继续行驶或采取何种措施延长汽车的使用寿命。对汽车运行中故障的检测诊断和汽车维修前及维修过程中的检测诊断,属于前一种检测诊断;汽车维修作业后的竣工检验和定期或不定期进行的安全性能检测诊断、综合性能检测诊断,则属于后一种检测诊断。

三、检测诊断的方法特点

汽车诊断是由检查、分析、判断等一系列活动完成的。从完成这些活动的方式看,汽车检测诊断主要有两种基本方法,其一是传统的人工经验检测诊断法,其二是利用现代仪器设备检测诊断法。

(1)人工经验检测诊断法:是通过路试和对汽车或总成工作情况的观察,凭借诊断人员丰富的实践经验和一定的理论知识,利用简单工具以及眼看、手摸、耳听等手段,边检查、边试验、边分析,进而对汽车技术状况进行定性分析或对故障部位和原因进行判断的诊断方法。该方法不需要专用仪器设备,可随时随地应用,但其缺点在于:检测诊断速度慢,准确性差,并要求诊断者具有丰富的实践经验和较高的技术水平。

(2)现代仪器设备检测诊断法:是在人工经验检测诊断法的基础上发展起来的检测诊断方法。该法可在不解体情况下,利用建立在机械、电子、流体、振动、声学、光学等技术基础上的专用仪器设备,对汽车、总成或机构进行测试,并通过对诊断参数测试值、变化特性曲线、波形等的分析判断,定量确定汽车的技术状况。采用微机控制的专用仪器设备能够自动分析、判断、打印诊断结果。现代仪器设备检测诊断法的优点是检测诊断速度快、准确性高,能定量分析;缺点是投资大、占用固定厂房等。

本书主要介绍利用仪器设备对汽车进行检测诊断的技术和方法。

四、检测诊断技术的发展

(1)国外发展概况:国外一些发达国家,早在20世纪40、50年代就研制成功一些功能单一的检测或诊断设备,发展成为以性能调试和故障诊断为主的单项检测、诊断技术。20世纪60年代后,检测设备的应用获得较大发展,设备使用率大大提高,逐渐将单项检测、诊断设备联线建站(出现汽车检测站),成为既能进行安全环保检测,又能进行维修诊断的综合检测技术。随着计算机的发展,不仅单个检测、诊断设备实现了计算机控制,而且于20世纪70年代初出现了检测控制自动化、数据采集自动化、数据处理自动化、检测结果自动存储并可打印的现代综合检测技术,检测效率极高。进入20世纪80年代后,一些先进国家的现代检测诊断技术已达到广泛应用的阶段,不仅社会上针对在用汽车的专职汽车检测站众多,而且汽车制造厂装配线终端和汽车维修企业内部也都建有汽车检测线,给交通安全、环境保护、节约能源、降低运输成本和提高运力等方面,带来了明显的社会效益和经济效益。

(2)国内发展概况:我国的现代汽车检测技术起步较晚。在20世纪60、70年代。国家有关部门虽然也从国外引进过少量现代检测设备,国内不少科研单位和企业对汽车检测设备也组织过研制,但由于种种原因,该项技术一直发展缓慢。跨入20世纪80年代以后,随着国民经济的发展,特别是随着汽车制造业、公路交通运输业的发展和进口车辆的增多,我国的机动车保有量迅速增加。车辆增加必然带来一系列社会问题,如何保证这些车辆安全运行和降低社会公害,逐渐提到了政府有关部门的议事日程上来,因而促进了汽车检测诊断技术的发展,使之成为国家“六五”期间重点推广的项目,并视为推进汽车维修现代化管理的一项重要技术措施。交通部门自1980年开始,有计划地在全国公路交通运输系统筹建汽车综合性能检测站,取得了很大成绩。公安部门在全国中等以上城市中,也建成了许多安全性能检测站。到20世纪90年代初,除交通、公安两部门外,机械、石油、冶金、煤炭、林业、外贸等系统和部分大专院校,也建成了相当数量的汽车检测站。进入21世纪以后,交通、公安两部门的汽车检测站已建至县市级城市。可以说,我国已基本形成了全国性的汽车检测网。不仅如此,全国各地的汽车维修企业使用的检测诊断设备,也日益增多。

可以预见,随着公路交通运输企业、汽车维修企业、汽车制造企业和整个国民经济的发展,我国的汽车检测诊断技术,在21世纪必将获得进一步发展,而且会取得更加明显的经济效益和社会效益。

第一章　汽车动力性与检测

第一节　汽车动力性评价指标

汽车的动力性是汽车各种性能中最基本、最重要的性能。它反映汽车在良好路面上直线行驶时，由汽车受到的纵向外力决定的所能达到的平均行驶速度，也称为平均技术速度。由于汽车行驶条件非常复杂、多变，如直接用汽车平均技术速度来评价汽车的动力性，将非常困难，甚至不可能。目前主要采用与平均技术速度直接有关的以下三个指标来评价。

一、最高车速

最高车速是指汽车满载，在良好的水平路面上行驶时，所能达到的最高速度，其单位是千米/小时(km/h)。现代载货汽车的最高车速一般在100km/h左右。总质量愈大的汽车其最高车速将愈低。现代轿车的最高车速，一般在140～200km/h之间，甚至300km/h。

二、加速时间(加速路程)

加速时间(加速路程)是指汽车由某一车速加速至另一车速所需要的时间，其单位是秒(s)或路程，其单位是米(m)。通常用两种加速时间来表明汽车的加速能力。一个是汽车原地起步连续换档加速至某一高速所需的时间；另一个是汽车在最高档或次高档由某一低速加速至另一高速所需的时间。后者主要反映汽车超车能力的强弱。

三、最大爬坡度

最大爬坡度是指汽车满载在良好路面上，使用最低档所能爬上的最大坡度，其单位是道路坡道高度与水平长度的百分比。现代载货汽车的最大爬坡度一般为30%左右，越野汽车的最大爬坡度为60%左右。

上述三个指标，特别是前两个，对于不同用途的汽车，其影响汽车平均技术速度的程度是不相同的。例如，对于主要行驶在高速公路上的汽车，其平均技术速度将主要取决于最高车速的高低。公共汽车的平均技术速度将不决定于最高车速，而取决于其加速能力的大小。

第二节　汽车动力性分析

一、汽车的驱动力与行驶阻力

汽车的驱动力是由发动机发出的转矩，经传动系统传给驱动轮，然后与路面发生相互作用而产生的。它的大小与发动机动力性、传动系统的技术状况有关。

汽车的行驶阻力有滚动阻力、空气阻力、坡度阻力和加速阻力等。汽车在水平道路上等速行驶时，必须克服来自地面的滚动阻力和来自四周空气的空气阻力。只要汽车行驶，这两个阻力即存在，并转化为热能，消耗掉。汽车上坡时，还必须克服汽车重力沿坡道的分力，称为坡度阻力，当汽车下坡时，坡度阻力将转化为推力，它推动汽车向前行驶。汽车加速行驶时，还必须克服汽车的惯性力，即加速阻力。汽车减速行驶时，加速阻力变为推动汽车行驶的力。因此汽车行驶时要克服的总阻力为：

$$总阻力 = 滚动阻力 + 空气阻力 + 坡度阻力 + 加速阻力$$

上式中，汽车在水平道路上行驶时，坡度阻力为零；等速行驶时，加速阻力为零。

1. 滚动阻力 F_f

车轮滚动时,轮胎与地面的接触部分将产生复杂的相互作用力,并将引起轮胎与地面的变形,在它们的变形过程中,由于其内部分子间摩擦的存在,将造成能量的损失,这种能量损失,就是产生滚动阻力的原因,当轮胎在坚硬良好路面上滚动时,可以认为只有轮胎发生变形,也就是只有轮胎内部分子摩擦所引起的能量损失。轮胎在松软路面滚动时,将形成车辙,可以认为主要是松软土壤发生变形,能量损失主要是土壤分子间的摩擦造成。

一辆汽车行驶时总的滚动阻力将等于每个车轮滚动阻力之和。对于一辆双轴汽车来说,其滚动阻力为:

$$F_f = F_{f1} + F_{f2} = Z_1 \cdot f + Z_2 \cdot f = (Z_1 + Z_2) f = G \cdot f \tag{1-1}$$

式中:G ——汽车总质量(N);

F_f ——汽车总滚动阻力(N);

F_{f1}、F_{f2}——汽车前、后轮滚动阻力(N);

Z_1、Z_2——地面对前、后轴车轮的作用力(N);

f ——滚动阻力系数。

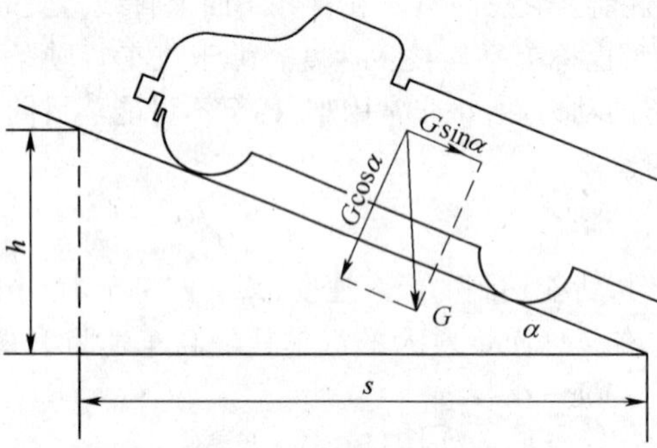

图 1-1 汽车上坡行驶

当汽车在坡度为 α 角的路面上行驶时,如图1-1 所示,由于

$$Z_1 + Z_2 = G \cdot \cos\alpha \tag{1-2}$$

所以计算滚动阻力的公式(1-1)变为:

$$F_f = G \cdot \cos\alpha \cdot f \tag{1-3}$$

滚动阻力系数通常由试验测得。它的数值与路面种类、行驶车速、轮胎结构和轮胎气压有关。常用的一些滚动阻力系数值列于表 1-1 中。

表 1-1 滚动阻力系数 f 的数值

路面类型	滚动阻力系数	路面类型	滚动阻力系数
良好的沥青或混凝土路面	0.010~0.018	压紧土路:雨后的	0.050~0.150
一般的沥青或混凝土路面	0.018~0.020	泥泞土路(雨季或解冻期)	0.100~0.250
碎石路面	0.020~0.025	干砂	0.100~0.300
良好的卵石路面	0.025~0.030	湿砂	0.060~0.150
坑洼的卵石路面	0.035~0.050	结冰路面	0.015~0.030
压紧土路:干燥的	0.025~0.035	压紧的雪道	0.030~0.050

从表 1-1 中看出,路面愈松软,滚动阻力系数值愈大。这是因为此时除轮胎产生迟滞损失以外,还由于土壤分子产生摩擦,使能量损失大大增加的缘故。

2. 空气阻力 F_w

汽车行驶时,必然受到空气的阻碍作用,空气对汽车的作用力在行驶方向的分力称为空气阻力。空气阻力由摩擦阻力和压力阻力两部分组成。空气分子相对于汽车表面发生摩擦所产生的摩擦力沿汽车行驶方向的分力称为摩擦阻力。空气分子作用于汽车表面的法向压力的合力沿汽车行驶方向的分力称为压力阻力,压力阻力又可分为形状阻力、干扰阻力、内循环阻力和诱导阻力四部分。

如行驶车速 v_a 以 km/h 计,则空气阻力为:

$$F_w = \frac{C_D \cdot A \cdot v_a^2}{21.15} \tag{1-4}$$

式中:C_D ——空气阻力系数;

A ——迎风面积(m^2);

v_a ——车速(km/h);

F_w——空气阻力(N)。

汽车的迎风面积 A 可以用以下公式近似计算：

小客车：$A \approx 0.94B \cdot H$

载货车：$A \approx 1.05B \cdot H$

公共汽车：$A \approx 1.20B \cdot H$

式中：B——轮距(m)；

H——车高(m)。

空气阻力系数是用试验测定的。

3．坡度阻力 F_i

汽车上坡行驶时，汽车重力沿坡道的分力与汽车行驶方向相反(见图 1-2)，形成行驶阻力，故称为坡度阻力 F_i，即：

$$F_i = G \cdot \sin\alpha \tag{1-5}$$

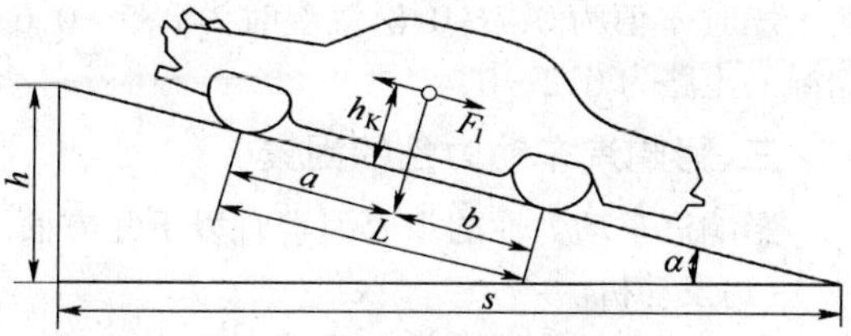

图 1-2　汽车的坡度阻力

道路坡度常用坡高 h 与底长 s 之比来表示。

$$i = \frac{h}{s} = \tan\alpha \tag{1-6}$$

当坡度较小时，可以认为：

$$\sin\alpha \approx \tan\alpha = i \tag{1-7}$$

故(1-5)式又可写成：

$$F_i = G \cdot i \tag{1-8}$$

4．加速阻力 F_j

汽车加速行驶时，需要克服其质量加速运动时的惯性力，这就是加速阻力。汽车的质量分为平移质量与旋转质量两部分。汽车加速时不仅平移质量(汽车的总质量)产生惯性力，旋转质量(主要是发动机飞轮和车轮)也要产生惯性力偶矩。

汽车旋转质量很多，如发动机飞轮，离合器压盘，变速器齿轮、轴，万向节、传动轴，主减速器齿轮、半轴及车轮等，其中飞轮和车轮的转动惯量很大，因而主要把飞轮和车轮的旋转惯性力偶矩转换成平移质量惯性力。

汽车在行驶过程中，滚动阻力和空气阻力是在任何条件下存在的，而坡度阻力和加速阻力只在汽车上坡或加速行驶时存在。因此在分析汽车受力时，必须考虑汽车的运动状态和行驶条件。

二、汽车行驶的驱动与附着条件

汽车要正常行驶，驱动力必须等于或大于滚动阻力、空气阻力、坡度阻力之和。相等时汽车等速行驶；大于时汽车加速行驶。故汽车行驶的必要条件可写成：

$$\text{驱动力 } F_t \geqslant \text{滚动阻力 } F_f + \text{空气阻力 } F_w + \text{坡度阻力 } F_i \tag{1-9}$$

上式称为汽车的驱动条件。

从前面分析可以看出，增大 F_t 可以通过增大发动机转矩和传动系统传动比来达到。但这些措施只有在驱动轮与地面接触处不发生滑转时才有可能。车轮与路面不发生滑动(即滑转)的条件应是路面作用于驱动轮的切向反力必须小于或等于附着力 $Z_2 \cdot \varphi$，即：

$$\text{切向反力} \leqslant \text{附着力 } Z_2 \cdot \varphi$$

式中：φ——附着系数；

Z_2——作用于所有驱动轮上的法向反作用力。

在轮胎与路面不发生滑移时，切向反力的最大值等于附着力 $Z_2 \cdot \varphi$。

由于滚动阻力系数 f 与附着系数 φ 相比小得多(在好路上)，所以可以忽略滚动阻力 F_f，故：

$$F_t \approx Z_2 \cdot \varphi \tag{1-10}$$

上式称为汽车行驶的附着条件，是汽车行驶的充分条件。式中 Z_2 为作用于所有驱动轮上的法向反作用力。

把式(1-9)和(1-10)连列起来，则有：

$$F_f + F_w + F_i \leqslant F_t \leqslant Z_2 \cdot \varphi \tag{1-11}$$

上式总称为汽车的驱动与附着条件。地面作用于驱动轮的法向反力及其附着系数愈大，则汽车愈容易满足附着条件。

附着系数主要取决于路面的种类和状况，以及轮胎花纹结构。在良好的混凝土或沥青路面上，路面干燥时 φ 值为0.7～0.8，潮湿时为0.5～0.6；干燥的碎石路面为0.6～0.7；干燥土路为0.5～0.6；潮湿的土路为0.2～0.4。

三、影响汽车动力性的因素

影响汽车动力性的主要因素有以下几方面。

(1)发动机。

①比功率。汽车单位总质量所具有的功率称为比功率，单位是千瓦/吨(kW/t)。汽车的比功率愈大，其最高车速和加速度均高，因此动力性愈好，比功率是一个经常用来评定汽车动力性最简单而又最具有综合性的指标。

②发动机的转矩适应性。发动机的最大转矩 M_{emax} 与最大功率时转矩 M_P 之比称为转矩适应性系数，即 $\dfrac{M_{emax}}{M_P}$。

该比值愈大，汽车动力性愈好。因为汽车后备功率大，加速性好；汽车偶遇外界阻力增大，发动机转速将降低，但转矩升高，这有利于克服外界阻力，稳定汽车的行驶速度。

③发动机最大功率时的转速与最大转矩时的转速之比值。该比值愈大，汽车偶遇外界阻力时发动机转速降低的允许值较大，这样飞轮放出的惯性力矩较大，有利于克服外界阻力，稳定汽车的行驶速度。

(2)驱动桥减速器主传动比：一辆汽车主减速器主传动比的选择，必须与发动机和整车很好匹配，才能使汽车动力性和燃油经济性取得满意的结果。

(3)变速器。

①变速器档数。变速器档数增多，会使汽车动力性提高。档位增加愈多，汽车的动力性愈好。当增加到无穷多个档时，即所谓的无级变速，汽车在任何车速下，发动机都能在最大功率下工作，后备功率最大，具有理想的、最高的动力性。

②一档传动比。变速器一档传动比的大小，决定了汽车最大爬坡度和汽车最低稳定车速的大小。一档传动比愈大，在附着条件允许的条件下，汽车的最大爬坡度愈大。汽车的最低稳定车速是越野汽车能否通过松软地区的重要参数之一，通常为 3km/h 左右。

(4)其他。

①汽车的总质量。汽车装载愈多，或牵引愈多，汽车的动力性愈差。

②汽车空气阻力系数。汽车流线型愈差，空气阻力系数愈大，汽车动力性就愈差，这对高速汽车表现尤为突出。

③汽车的维护保养。汽车的维护保养差，如发动机维护不好，动力不足；前束不合标准、轮胎气压不足、轮毂轴承调整不当等，均会降低汽车的动力性。

第三节 台架检测汽车动力性

汽车动力性检测通常有两种方法，即在试验台架检测和在实际道路检测。台架检测汽车动力性能在实验室内进行，主要设备是底盘测功机；道路检测主要在室外实际道路上检测，主要设备是汽车车速测量仪。

台架检测，由于是在室内进行，所以不受外界道路、环境等影响，与实车道路试验相比，有以下优点：①不受外界试验条件与环境条件的影响；②试验周期短；③节省财力及人力；④精度高。

一、检测设备功能与构造

底盘测功机是台架检测汽车动力性的主要设备，其主要功能与构造分述如下：

1. 底盘测功机的功能

底盘测功机是汽车底盘综合性能诊断设备，其基本功能为：

(1)测试汽车驱动轮输出功率。

(2)测试汽车的加速能力。

(3)测试汽车的滑行能力和传动系统传动效率。

(4)检测校验车速表。

辅以油耗计、废气分析仪等设备，还可以对汽车的燃油经济性和废气排放性能进行检测。

2. 底盘测功机的构造

底盘测功机一般由滚筒装置、测功装置、飞轮机构、测速装置、控制与指示装置等构成。其机械部分的结构如图 1-3 所示。

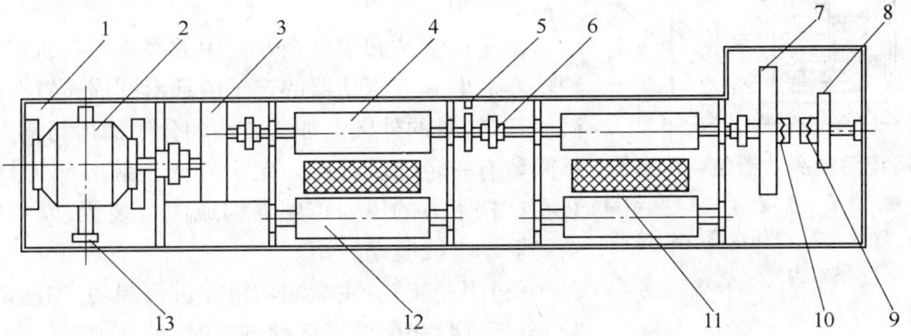

图 1-3　底盘测功机械部分结构示意图

1. 框架　2. 电涡流测功器　3. 升速器　4. 主动滚筒　5. 速度传感器　6. 联轴器　7、8. 飞轮　9、10. 电磁离合器　11. 举升器　12. 从动滚筒　13. 压力传感器

(1)滚筒装置：测功试验时，汽车驱动轮在滚筒上滚动，驱动滚筒旋转。因此，滚筒装置的作用相当于能够连续移动的路面。底盘测功机的滚筒装置有单滚筒和双滚筒两种类型，如图 1-4 所示。

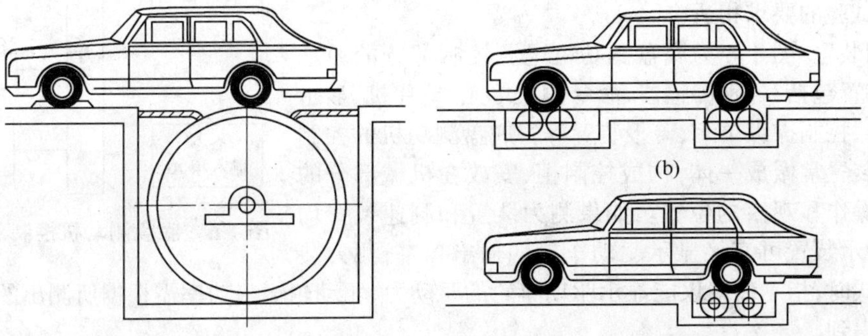

图 1-4　滚筒装置的结构类型

(a)单轮单滚筒式　(b)双轮双滚筒式　(c)单轮双滚筒式

单滚筒试验台的滚筒直径较大，多在1500～2500mm之间，有的可达4000mm。滚筒直径愈大，滚筒表面曲率愈小，车轮在滚筒上滚动时就像在平路上行驶，轮胎与滚筒表面间的滑转率小，行驶阻力小，因而测试精度高。但大滚筒试验台制造成本高，占地面积大，同时对车轮在滚筒上的安放定位要求严格，故使用不太方便。因此，单滚筒底盘测功机一般用于科研单位及汽车制造厂家或大专院校用于汽车研究试验工作，很少用于汽车诊断和维修企业。

双滚筒试验台的滚筒直径一般在180～400mm之间，由于曲率半径小，滚筒表面曲率大，因而试验时轮胎与滚筒表面的接触面积较在平路上行驶时小得多。接触面间比压和变形大，滑转率大，从而使滚动阻力增大，测试精度变低，在较高的车速下，轮胎的滚动功率损失可达到所传递功率的15%～20%。但双滚筒底盘测功机具有车轮安放定位方便，制造成本低等优点，因而应用较多。

(2)测功装置：测功装置用于吸收和测量汽车驱动轮的输出功率，通常称为测功器。测功装置也是一个加载装置，可模拟汽车在道路上行驶时所受的各种阻力，使车辆受力情况如同在道路上行驶时一样。

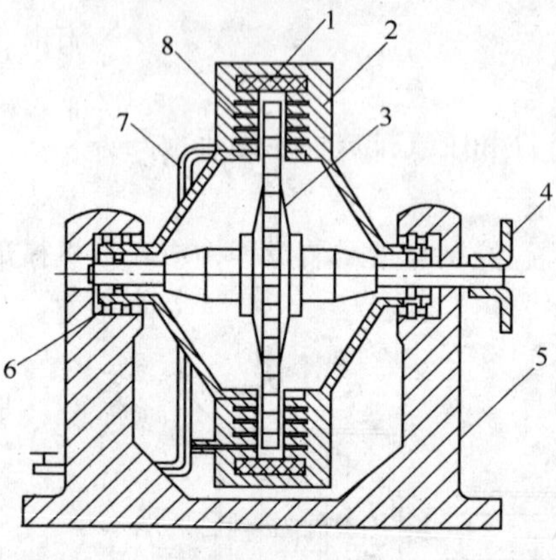

图1-5　水冷电涡流测功器结构示意图

1. 励磁线圈　2. 定子　3. 转子　4. 联轴器　5. 底座　6. 轴承　7. 冷却水管　8. 冷却室水沟

底盘测功机常用的测功器有水力测功器、电力测功器和电涡流测功器三类。测功器主要由定子和转子构成，转子与滚筒相连，定子可绕其主轴线摆动。图1-5为水冷电涡流测功器的结构示意图。

汽车检测站和维修企业使用的底盘测功机多采用电涡流测功器。电涡流测功器的定子内部沿圆周布置有励磁线圈和涡流环，转子的外圆上加工有均匀分布的齿与槽，齿顶与涡流环间留有一定的空气隙。定子外壳上装有测力杠杆，并与安装在杠杆下方的压力传感器构成测力装置，以测出汽车驱动轮的驱动力或驱动转矩。

(3)测速装置：底盘测功机在进行测功、加速试验、等速试验、滑行试验和燃油经济性试验时，都必须对试验车速进行测试。测速装置一般由测速传感器、中间处理装置和指示装置构成。常用测速传感器有光电式、磁电式和测速发电机等类型，通常安装在从动滚筒一端，随从动滚筒一起转动，把滚筒的转速转变为电信号。该电信号经放大后送入处理装置，换算为车速(km/h)并在指示装置上显示出来。

(4)飞轮机构：飞轮机构用于模拟汽车在道路上行驶时的动能，常采用离合器实现与滚筒的自由接合。飞轮机构通常具有一组多个飞轮，其飞轮机构的转动惯量及其在各个飞轮上的分配应与所测车型进行加速能力试验和滑行能力试验的要求相适应。

(5)控制装置：图1-6为底盘测功机电测控制部分的原理框图；控制装置包括：各种传感器、命令输入单元、单片机、显示单元、打印机、控制操纵单元、警报装置等。底盘测功机的控制装置和指示装置常做成一体，构成控制柜，安放在机械部分的左前方易于操作和观察的位置。如果测力装置和测速装置均为电测式，指示装置可直接显示驱动车轮的输出功率；测力装置若为机械式时，指示装置仅能显示驱动车轮的驱动力，驱动轮输出功率需根据所测出的驱动力和车速换算才能得到。

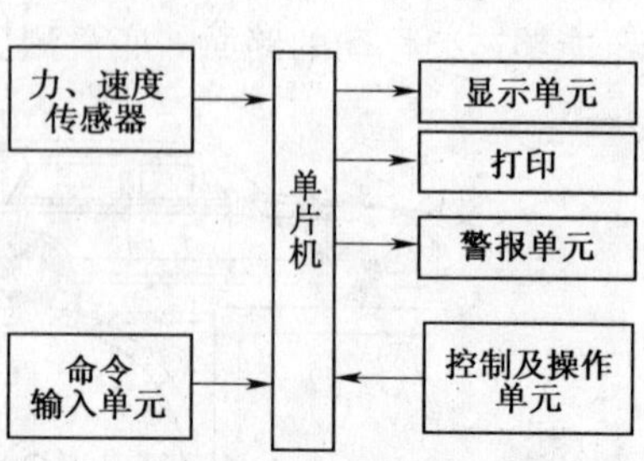

图1-6　底盘测功机控制部分原理图

图1-7为控制柜面板图，控制柜上的按键、显示窗、旋钮、功能灯、警报灯、指示灯等，用来控制试验过程，显示试验结果。带有打印机的底盘测功机，还可打印出所测数据或曲线图。

二、在底盘测功机上的检测项目与原理

汽车在道路上运行过程中存在着运动惯性、行驶阻力。要在试验台上模拟汽车道路上的运行工况，首先应解决模拟汽车的运动惯性和行驶阻力问题，这样才能用台架测试汽车运动状态的基本性能。为此，在测功机台架上利用飞轮的转动惯量及其旋转部件的转动惯量，在允许的误差范围内满足汽车的惯量模拟。至于汽车在道路上运行时受到的滚动阻力和空气阻力等，则利用测功器加载装置来模拟。路面模拟是通过滚筒来实现的，即以滚筒来取代路面，滚筒的表面相对于汽车作旋转运动。通过控制系统可对加载装置及惯性模拟系统进行自动或手动控制，实现对车辆动力性相关项目的检测。主要进行驱动轮输出功率、加速性能、滑行性能等项目的检测。

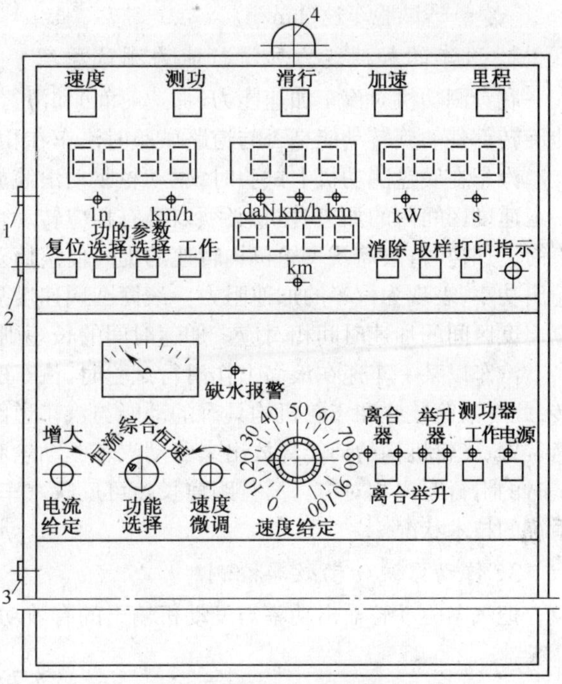

图 1-7　控制柜面板图

1. 取样盒插口　2. 打印机数据线插口

3. 打印机电源线插口　4. 警报灯

1. 汽车驱动轮输出功率的测试原理

测试输出功率时，汽车驱动轮置于滚筒装置上，驱动滚筒旋转并通过滚筒带动测功器的转子旋转。当励磁线圈中没有电流通过时，转子不受制动力矩作用；而励磁线圈通有直流电时，所产生磁场的磁力线通过转子、空气隙、涡流环和定子构成闭合磁路。由于通过齿顶和凹槽的磁通量不同，因而当转子在滚筒带动下旋转时，通过涡流环任一点的磁通量呈周期性变化而产生了涡电流，涡电流产生的磁场与励磁磁场相互作用，便产生了与转子旋转方向相反的转矩，从而对滚筒起到了加载作用。测出该转矩和转子转速，便可据此得到由滚筒传递给测功器转子的驱动功率。电涡流测功器具有测量精度高、振动小、结构简单和易于调控的特点，只要使励磁电流的强弱发生变化，就可以控制测功器所产生的制动力矩的大小，因而能比较容易、经济地实现自动控制。

作用力与反作用力总是同时产生，同时消失的。在转子施加制动力矩的同时，定子将受到与制动力矩大小相等、方向相反的力矩的作用，这一力矩力图使可绕主轴摆动的定子顺着转子旋转方向摆动。在测功器定子上安装一定长度的测力杠杆，并在杠杆的端部下方安装压力传感器，该传感器便受到因定子摆动由杠杆传来的压力。压力传感器受到压力后便会产生与压力大小成正比的电信号，显然，压力与杠杆长度的乘积就是定子(或转子)所受力矩的数值。在滚筒稳定旋转时，该力矩与驱动轮驱动力对滚筒的力矩平衡。因为滚筒的半径是已知的，所以，据此可求出车轮作用在滚筒上的驱动力的大小。

底盘测功机进行测功试验，以及进行加速试验、车速表检测、滑行试验、燃油经济性试验时，都需要测得试验车速，因此必须配备测速装置。测速装置多为电测式，所用传感器有磁电式、光电式和测速电机等形式，一般装在从动滚筒一端随滚筒一起转动，并把滚筒转动的角度转变为电信号。

由压力传感器和测速传感器传来的电信号输入到控制装置，经计算机处理后，在指示装置上显示出功率 P_k(kW)、驱动力 F(N)和车速 v(km/h)的数值。三者间具有如下关系：

$$P_k = F \cdot v / 3600 \tag{1-12}$$

式中：P_k ——驱动轮输出功率(kW)；

F ——驱动轮驱动力(N)；

v ——试验车速(km/h)。

2. 汽车的加速能力和滑行能力测试原理

底盘测功机对汽车加速能力(加速时间)和滑行距离的测试精度,取决于飞轮机构、滚筒装置及其他旋转部件的旋转动能是否与道路试验时汽车在相应车速下的动能相一致。

汽车在底盘测功机上试验时,驱动轮驱动滚筒旋转,但整车处于静止状况。这样,要测试汽车在一定速度区间内的加速时间,必须以具有相应转动惯量的飞轮机构模拟汽车行驶时的动能。汽车在滚筒上加速时,滚筒及飞轮机构转速的提高使滚筒及飞轮机构的旋转动能相应增加,从而消耗驱动轮输出功率,表现为汽车的加速阻力。滚筒圆周速度从某一值上升到另一值的时间与汽车路试时在相应速度区间的加速时间相对应。加速时间的长短则反映其加速能力的大小。

汽车以某一车速在滚筒上作滑行试验时,汽车驱动轮首先驱动滚筒装置、飞轮机构以相应转速旋转,此时滚筒装置和飞轮机构具有的动能与汽车道路试验时具有的动能相等。摘档滑行后,储存在滚筒装置、飞轮机构的动能释放出来驱动汽车驱动轮和传动系统旋转,滚筒继续转过的圆周长与汽车路试时的滑行距离相对应。滑行距离长短可反映汽车传动系统传动阻力的大小,据此可判断汽车传动系统的技术状况。

3. 传动系统传动效率检测

把汽车驱动轮输出功率与发动机输出的有效功率进行比较,可按下式求出传动系统的传动效率。

$$\eta=\frac{P_K}{P_e} \tag{1-13}$$

式中:P_K ——驱动轮输出功率;

P_e ——发动机有效功率。

正常情况下,汽车传动系统中的机械传动效率正常值如表1-2所示。需说明的是,在底盘测功机上试验时,车轮在滚筒上的滚动损失功率可达所传递功率的15%~20%,所测驱动轮功率仅占发动机输出功率的60%~70%(一般轿车70%,装用双级主传动器或单级主传动器的载货汽车和客车分别为60%或65%)。当传动效率 η 过低时,说明消耗于离合器、变速器、分动器主传动器、差速器的功率增加,汽车传动系统技术状况不良。

表1-2 汽车传动系统机械传动效率

汽车类型		传动效率 η
轿车		0.90~0.92
载货汽车 公共汽车	单级主传动	0.90
	双级主传动	0.84
4×4越野汽车		0.85
6×4载货汽车		0.80

利用试验台反拖可测得传动系统所消耗的功率。在惯性式底盘测功机或带有储能飞轮可模拟汽车在相应车速下行驶动能的底盘测功机上,若在测得汽车驱动车轮的输出功率后,立即踩下离合器踏板,储存在飞轮系统中的汽车行驶动能会反过来拖动汽车驱动轮和传动系统运转,运转阻力作用于滚筒,因此底盘测功机可测得反拖驱动轮和传动系统消耗的功率。如果将同一车速下驱动轮输出功率与反拖驱动轮和传动系统所消耗的功率相加,可求得该车速所对应的发动机转速下发动机的输出功率,根据发动机输出功率和汽车驱动轮输出功率可得到传动系统的机械效率。

4. 车速表检测

车速表检测时,汽车驱动轮置于滚筒上,并以某一预定车速(40km/h)行驶,当底盘测功机测速装置所显示的车速达到该车速时,检查车速表指示值。GB 7258—2004对车速表的要求表述为:车速表指示车速 v_1(单位 km/h)与实际车速 v_2(单位 km/h)之间应符合下列关系式:

$$0 \leqslant v_1 - v_2 \leqslant (v_2/10) + 4$$

从安全角度出发，车速表的读数应不小于实际车速，但考虑到在用车的实际情况，应允许车速表有一个小的下偏差。即，当该机动车车速表的指示值（v_1）为40km/h时，测功机速度指示仪表的指示值（v_2）为32.8～40km/h范围内为合格。当测功机速度指示仪表的指示值（v_2）为40km/h时，读取该机动车车速表的指示值（v_1），当 v_1 的读数在40～48km/h范围内时为合格。

5.其他项目的检测

除以上检测项目外，利用底盘测功机滚筒装置作为活动路面，以测功器的制动力矩模拟汽车的行驶阻力，则凡是汽车在运行中进行的检测和诊断项目，在配备所需仪器设备后均可在底盘测功机上进行。如采用油耗计测试在各种工况下的使用油耗；采用废气分析仪测试汽车在各种工况下的废气成分和烟度等。

三、台架检测动力性的方法

型号不同的底盘测功机，其使用方法也有区别，以下介绍的是一般的操作方法。

1.准备工作

(1)被测车辆的准备。

①调整发动机供油系统、点火系统至最佳工作状态。

②检查传动系统、车轮的连接情况并紧固。

③清洁轮胎，检查轮胎气压是否符合规定。

④运行走热全车。

(2)底盘测功机的准备。

①对于水冷测功机，将冷却水阀打开。

②接通电源，根据被测车型选择测试功率的档位。

③用三角铁抵住停在地面上的车轮前方，进行必要的纵向约束。

④将冷却风扇置于被测汽车前方0.5m处，对发动机吹风，防止发动机过热。

2.驱动轮输出功率的测试方法

(1)测试点的确定：根据国家标准《汽车动力性台架试验方法和评价指标》(GB/T 18276—2000)的规定，采用汽车发动机在额定转矩（最大转矩）和额定功率（最大功率）时的驱动轮输出功率作为评价指标。汽车的额定转矩和额定功率采用汽车使用说明书提供的数据。

测试时采用汽车额定转矩和额定功率的工况，即发动机全负荷与额定转矩和额定功率转速所对应的直接档（无直接档时指传动比最接近的档位，下同）车速所构成的工况。汽车速度与发动机转速之间的关系为：

$$v = 12 \times 10^{-5} n\pi r / i \tag{1-14}$$

式中：v ——试验车速(km/h)；

n ——选定工况的发动机转速(r/min)；

i ——减速器传动比；

r ——轮胎的滚动半径(mm)。

常用轮胎滚动半径见表1-3。

表1-3　常用轮胎滚动半径　(mm)

轮胎规格	滚动半径	轮胎规格	滚动半径
6.5～16	365	9.00～20	480
7.5～16	395	11.00～20	525
7.5～20	440	6.95～14(子午线)	302

(2)限值：在上述工况下，采用校正驱动轮输出功率与相应的发动机输出总功率的百分比作为驱

动轮输出功率的限值，作为判定汽车动力性是否合格的标准。

$$\eta_{VM}=(P_{VMO}/P_{M})\geqslant\eta_{Ma} \tag{1-15}$$

$$\eta_{VP}=(P_{VPO}/P_{e})\geqslant\eta_{Pa} \tag{1-16}$$

式中：η_{VM}——汽车额定转矩工况下的校正驱动轮输出功率与额定转矩功率的百分比(%)。

η_{VP}——汽车额定功率工况下的校正驱动轮输出功率与额定功率的百分比(%)。

P_{VMO}——汽车在额定转矩工况下的校正驱动轮输出功率(kW)。

P_{VPO}——汽车在额定功率工况下的校正驱动轮输出功率(kW)。

P_{M}——额定转矩功率(kW)。

P_{e}——额定功率(kW)。

η_{Ma}——η_{VM}的允许值(%)。

η_{Pa}——η_{VP}的允许值(%)。

表1-4是国家标准《汽车动力性台架试验方法和评价指标》(GB/T 18276—2000)中的规定汽车校正驱动轮输出功率的限值。

表1-4 汽车驱动轮输出功率限值

汽车类别	汽车型号		额定转矩工况			额定功率工况		
			直接档检测速度(km/h)	校正驱动轮输出功率/额定转矩功率(%)		直接档检测速度(km/h)	校正驱动轮输出功率/额定功率(%)	
				额定值	允许值		额定值	允许值
载货汽车	1010系列 1020系列	汽油车	60	75	50	90	65	40
	1030系列	汽油车	60	75	50	90	65	40
	1040系列	柴油车	55	75	50	90	70	45
	1050系列	汽油车	60	75	50	90	65	40
	1060系列	柴油车	50	75	50	80	70	45
	1070系列	汽油车	—	—	—	—	—	—
	1080系列	柴油车	50	75	50	80	70	45
	1090系列	汽油车	40	75	50	80	70	45
		柴油车	55	75	50	80	70	45
	1100、1110系列	汽油车	—	—	—	—	—	—
	1120、1130系列	柴油车	50	70	45	80	65	40
	1140系列 1150系列 1160系列	柴油车	50	75	50	80	65	40
	1170系列 1190系列	柴油车	55	75	50	80	65	40
半挂列车[①]	10t半挂列车系列	汽油车	40	75	50	80	70	45
		柴油车	50	75	50	80	70	45
	15t、20t半挂列车系列	柴油车	45	70	45	70	65	40
	25t半挂列车系列	柴油车	45	75	50	75	65	40
客车	6600系列	汽油车	60	70	45	85	60	35
		柴油车	45	75	50	75	65	40
	6700系列	汽油车	50	65	40	80	60	35
		柴油车	55	70	45	75	60	35
	6800系列	汽油车	40	65	40	85	60	35
		柴油车	45	70	45	75	60	35
	6900系列	汽油车	40	65	40	85	60	35
		柴油车	60	70	45	85	60	35

续表 1-4

汽车类别	汽车型号		额定转矩工况			额定功率工况		
			直接档检测速度(km/h)	校正驱动轮输出功率/额定转矩功率(%)		直接档检测速度(km/h)	校正驱动轮输出功率/额定功率(%)	
				额定值	允许值		额定值	允许值
客车	6100系列	汽油车	40	65	40	85	60	35
		柴油车	40	70	45	85	60	35
	6110系列	汽油车	40	65	40	85	60	35
		柴油车	55	70	45	80	60	35
	6120系列	柴油车	60	65	40	90	60	35
轿车②	夏利、富康	95/65	65/60	40/35	—	—	—	—
	桑塔纳	95/65	70/65	45/40	—	—	—	—

注：5010～5040系列厢式货车和罐式货车驱动轮输出功率的允许值按同系列普通货车的允许值下调2%，其他系列厢式货车和罐式货车驱动轮输出功率的允许值按同系列普通货车的允许值下调4%。

①半挂列车是按载质量分类。

②为汽车变速器使用三档时的参数值。

(3)测试条件。

①环境温度应为0℃～40℃，湿度应小于85%，大气压力在80～110kPa范围内。

②使用仪器设备有温度计、湿度计、大气压力计、饱和蒸汽压计以及底盘测功机等。

(4)驱动轮输出功率的检测。

①设定测试车速 v_m(额定转矩对应的车速)和 v_p(额定功率对应的车速)。

②将被检测汽车驱动轮置于底盘测功机滚筒上，起动汽车，逐步加速换入直接档，使汽车以直接档的最低车速稳定运转；

③将加速踏板踩到底，测定 v_m 或 v_p 工况下的驱动轮输出功率；

④待汽车速度在设定的检测速度下稳定15s后，方可记录仪表显示的功率值；实际检测车速与设定检测车速的允许误差为±0.5km/h；

⑤在读数期间，转矩变动幅度应不超过±4%；

⑥按表1-5记录环境状态参数及检测数据；

表 1-5　汽车驱动轮输出功率检测记录表

汽车型号		汽车牌号	
总质量	kg	整备质量	kg
总行驶里程	km	前次检测后行程	km
发动机型号		底盘测功机型号	
轮胎规格		轮胎气压	kPa
额定转矩(M_e)	N·m/(r/min)	额定转矩功率(P_M)	kW/(r/min)
额定功率(P_e)	kW/(r/min)	环境湿度	℃
环境湿度	%	大气压力	kPa
饱和蒸汽压	kPa	功率校正系数 α	

设定检测速度(km/h)	$v_M=$	v_r
实测检测速度(km/h)	$v'_M=$	v'_r
实测驱动轮输出功率(kW)	P_{VM}	P_{VP}
校正驱动轮输出功率(kW)	P_{VMO}	P_{VPO}
计算比值(%)	η_{VM}	η_{VP}
允许值(%)	η_{Ma}	η_{Pa}
判定		

检测单位：

检测人员：

检测日期：　　　　年　　月　　日

⑦将实测驱动轮输出功率修正为标准状态下的校正驱动轮输出功率，与额定功率和额定转矩功率进行比较；

⑧对 η_{VM}或 η_{VP}低于允许值的车辆，允许复测一次。

(5)驱动轮输出功率的校正方法：所谓校正功率是指将在非标准环境状态下测定的驱动轮输出功率 P，按标准的环境状态进行校正。我国的标准环境状态是指：

大气压力：$P_0 = 100\text{kPa}$

相对湿度：$\phi_0 = 30\%$

环境温度：$T_0 = 298\text{K}(25℃)$

干空气压：$P_{s0} = 99\text{kPa}$

具体校正方法可参考国家标准《汽车动力性台架试验方法和评价指标》(GB/T 18276—2000)中的相关内容。

3. 加速性能测试

根据被测试汽车的整备质量选定底盘测功机的相应当量惯量。当底盘测功机配备的惯量模拟系统（飞轮）的惯量级数不能准确地满足测试汽车的当量惯量需要时，可选配与测试汽车整备质量最接近的转动惯量级。

将测试汽车驱动轮置于底盘测功机的滚筒上，起动汽车，逐步加速并换至直接档，待车速稳定在30km/h时，迅速将加速踏板踩到底，全力加速至该车型最高车速的80%。按表1-6的要求记录累计加速时间，重复测试两次，取均值填入表1-6，作为测试结果。

表1-6 客车、货车加速时间测试记录表

汽车型号		汽车牌号	
总质量	kg	整备质量	kg
轮胎规格		轮胎气压	kPa
发动机型号		底盘测功机型号	
模拟惯量	kg		

车速		从30km/h加速到下列车速(km/h)								
		40	50	60	70	80	90	100	110	120
加速时间(s)	1									
	2									
	平均									

检测单位：

检测人员：

检测日期： 年 月 日

对于轿车要求进行起步连续换档加速时间的测试。起动轿车，从初速度0km/h开始起步，连续换档，全力加速直至车速100km/h。将测试结果记入表1-7。测试重复二次，取均值作为测试结果。

表1-7 轿车起步连续换档加速时间测试记录表

汽车型号		汽车牌号	
总质量	kg	整备质量	kg
轮胎规格		轮胎气压	kPa
发动机型号		底盘测功机型号	
模拟惯量	kg		

车速		从0km/h加速到下列车速(km/h)									
		10	20	30	40	50	60	70	80	90	100
加速时间(s)	1										
	2										
	平均										

检测单位：

检测人员：

检测日期： 年 月 日

4．滑行性能测试

通过测试滑行距离可以检验汽车传动系统的技术状况。滑行距离越长，说明汽车传动系统的技术状况越好。

测试时，被试汽车轮胎气压应符合规定值，传动系统润滑油温度不低于50℃。根据测试汽车的质量选定底盘测功机的相应当量惯量，当底盘测功机所配备的飞轮系统的惯量级数不能准确满足测试汽车的当量惯量时，可选配与测试汽车整备质量最接近的转动惯量级。

将测试车辆驱动轮置于测功机滚筒上，起动汽车，按引导系统的提示加速至高于规定滑行初速度(30km/h)后，置变速器于空档，利用车-台系统储藏的动能，使其运转至车轮停止转动。将滑行的距离记录下来与表1-8参考值对照，可判断汽车的滑行距离是否符合要求。

表1-8　车辆滑行距离要求

汽车整备质量 M(kg)	双轴驱动车辆滑行距离(m)	单轴驱动车辆滑行距离(m)
$M \leqslant 1000$	≥104	≥130
$1000 < M \leqslant 4000$	≥120	≥160
$4000 < M \leqslant 5000$	≥144	≥180
$5000 < M \leqslant 8000$	≥184	≥230
$8000 < M \leqslant 11000$	≥200	≥250
$M > 11000$	≥214	≥270

第四节　道路检测汽车动力性

道路检测又称为道路试验，道路检测汽车动力性不同于室内台架检测，它要受限于道路条件和环境条件。同一车辆，使用相同的仪器设备检测，若其车辆、道路与环境条件不同，其检测的结果也会不同，因此，道路检测动力性能，必须限定试验的条件。为了使试验结果具有可比性，国家在有关标准中对试验条件作了规定。

一、检测条件

(1)装载质量：试验车辆的装载质量为厂定最大装载质量；装载物应均匀分布并固定牢靠，试验过程中不得晃动和颠离；乘员质量和替代重物分布应符合表1-9规定。

表1-9　乘员质量　(kg)

<table>
<tr><th colspan="3" rowspan="2">车　型</th><th rowspan="2">每人平均质量</th><th rowspan="2">行李质量</th><th colspan="4">替代重物分布</th></tr>
<tr><th>座椅上</th><th>座椅前的地板上</th><th>吊在车顶的拉手上</th><th>行李箱(架)</th></tr>
<tr><td colspan="3">载货汽车、越野汽车、专用汽车、自卸汽车、牵引汽车</td><td>65</td><td>—</td><td>55</td><td>10</td><td>—</td><td>—</td></tr>
<tr><td rowspan="4">客　车</td><td colspan="2">长　途</td><td>60</td><td>13</td><td>50</td><td>10</td><td>—</td><td>13</td></tr>
<tr><td rowspan="2">公共</td><td>座客</td><td>60</td><td>—</td><td>50</td><td>10</td><td>—</td><td>—</td></tr>
<tr><td>站客</td><td>60</td><td>—</td><td>—</td><td>55(地板上)</td><td>5</td><td>—</td></tr>
<tr><td colspan="2">旅　游</td><td>60</td><td>22</td><td>50</td><td>10</td><td>—</td><td>22</td></tr>
<tr><td colspan="3">轿　车</td><td>60</td><td>5</td><td>50</td><td>10</td><td>—</td><td>5</td></tr>
</table>

(2)轮胎压力：试验过程中，轮胎冷充气压力应符合该车技术条件的规定，误差不超过±10kPa。

(3)燃料、润滑油(脂)和制动液：试验汽车使用的燃料、润滑油(脂)和制动液的牌号和规格，应符合该车技术条件的规定。同一次试验必须使用同一批燃料、润滑油(脂)和制动液。

(4)气象条件：试验应在无雨无雾，相对湿度小于95%，气温0℃～40℃，风速不大于3m/s的条件下进行。

(5)试验道路：各项性能试验应在清洁、干燥、平坦的，用沥青或混凝土铺装的直线道路上进行。

道路长 2～3km，宽不小于 8m，纵向坡度在 0.1% 以内。

(6)试验仪器、设备：试验仪器、设备须经计量检定，在有效期内使用，确保功能正常，精度符合要求。若使用汽车本身的速度表、里程表测定车速或里程，应进行误差校正。

(7)试验车辆的准备：试验前，应记录试验样车的生产厂名、牌号、型号、发动机号、底盘号、各主要总成号和出厂日期等。

检查车辆装备完整性及装配调整情况，使之符合该车装配调整技术条件及国家标准的有关规定，并经行驶里程不大于 100km 的行驶检查，方可进行道路试验。

试验前，应根据试验要求，对试验的车辆进行磨合，磨合规范按该车使用说明书的规定进行，试验时，车辆必须进行预热行驶，使发动机、传动系统及其他部分达到规定的温度状态。

二、检测仪器

进行汽车道路试验时，需要测量试验车的位移、速度和相应时间；车辆里程表虽然能够指示行驶里程和速度，但由于受到轮胎滚动半径变化、机械传递系统磨损、指示仪表本身精度不高等因素的影响，使其显示精度不能满足试验要求；因此，需要专门仪器测量。这种用来测量汽车行驶过程的车速、位移与时间的仪器称之为车速测量仪。由于传统上该仪器的传感器部分是一专门的小轮子，试验时由汽车拖动在路面上滚动，故又称之为第五轮仪。

车速仪按传感器是否与地面接触可分为接地式车速仪和非接地式车速仪。接地式车速仪是传统概念上的带有第五轮的仪器，非接地式车速仪则是不带第五轮且具有五轮仪全部功能的仪器。

1. 接地式车速仪

目前，我国常见的车速仪型号有：派斯勒(PEISELER)EM/SCH 型车速仪(德国产)，SM 型车速仪(日本产)，CWY 型车速仪(青岛产)，AM2020 型车速仪(龙口产)。

下面以 AM2020 型车速仪为例说明接地式车速仪的结构与检测原理。

(1)车速仪的组成：一般车速仪由第五轮、显示器、传感器、脚踏开关(用于制动、换档加速试验)等组成。如图 1-8 所示。第五轮由轮子、齿圈、连接臂、安装盘组成。显示器前、后面板如图 1-9、图 1-10 所示。

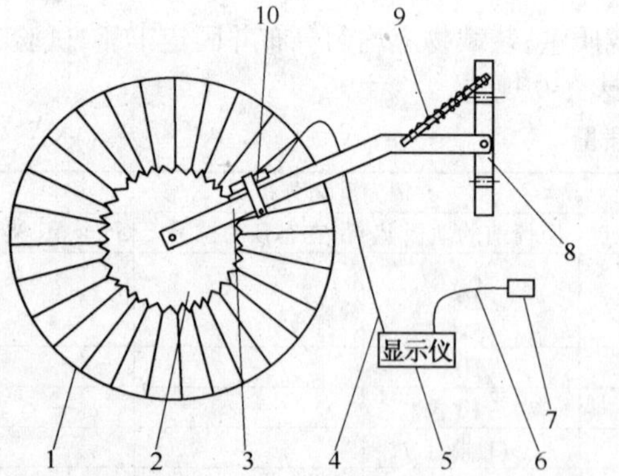

图 1-8 接地式车速仪组成示意图

1. 轮子 2. 齿圈 3. 连接臂 4. 导线 5. 显示仪 6. 开关导线 7. 脚踏开关 8. 安装盘 9. 加力弹簧 10. 传感器

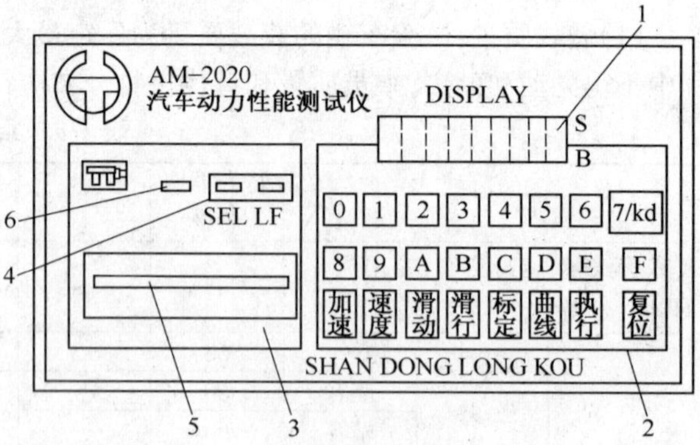

图 1-9 显示器前面板示意图

1. 显示窗口 2. 数字及功能键 3. 打印机 4. 打印机空走纸键 5. 打印机输出口 6. 发光二极管

(2)工作原理：试验时，第五轮固定在试验车尾部或侧面，当五轮随车运动而转动时，磁电传感器感受到齿圈的齿顶、齿谷的交替变化，并产生与齿数成一定比例数量的电脉冲。脉冲数与车行距离成正比，脉冲频率与车速成正比。汽车行驶距离与脉冲信号数的比值是一常量，通常称之为“传递系数”。当显示仪收到由传感器传递过来的一定频率和数量的脉冲信号时，便自动与“传递系数”相乘得到相应的距离，同时将距离与由晶体振荡器控制的时间相比得出车速，并显示、存储或打印出来；以上过程，在试验中隔一定时间进行一次，直至试验结束，从而完成试验过程中车速、距离、时间的适时测量。

传递系数与五轮的周长和齿盘齿数有关，若五轮实际周长为 L(m)，齿盘有 n(齿)，传感器每感受到一次齿顶齿谷的变化发送 2 个脉冲信号，则传递系数为 $L/(2n)$(m/脉冲)。由于五轮周长随胎压和接地压力变化，因此每次试验前都应进行传递系数的标定。传递系数的标定方法，不同的五轮仪方法也不一样，应根据所用五轮仪的使用说明进行。

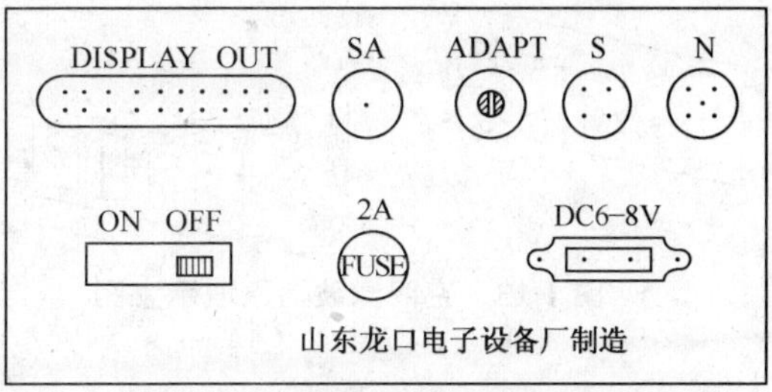

图 1-10　显示器后面板示意图

DISPLAY OUT—远距离输出插口　SA—速度模拟量输出接口　ADAPT—调 SA 的电位器　S—五轮仪导线插口　N—制动踏板导线插口　ON-OFF—电源开关　2A—熔丝，限流 2 安培　DC6-8V—充电源输出插口，直流 6～8V

(3)接地式车速仪的使用：使用接地式车速仪应注意以下问题：

①保证五轮与地面间有一定的接地压力，以避免运动中五轮跳离地面。

②传递系数是固定值的五轮仪，在标定传递系数时，应使五轮实际周长尽可能符合使用说明书的"标准值"；传递系数可变的五轮仪，传递系数一经标定并输入内存，试验中不能关机，否则应重新标定。

2．非接地式五轮仪(车速仪)

非接地式五轮仪，通常叫车速仪。是一种没有第五轮的广义上的五轮仪，同接地式五轮仪一样，它能测量车辆运动中的车速、距离和相应时间(图 1-11)。非接地式车速仪是利用空间滤波原理检测车速的。下面以日本小野测器公司的 LC-6765 型车速仪为例说明其检测原理。空间频率传感器如图1-12 所示。它是由投光器和光电探测器组成，投光器强光射在地面上，由于地面凹凸不平，形成明暗对比度不同的反射，由受光器中梳状光电管接收。其基本工作原理如下。

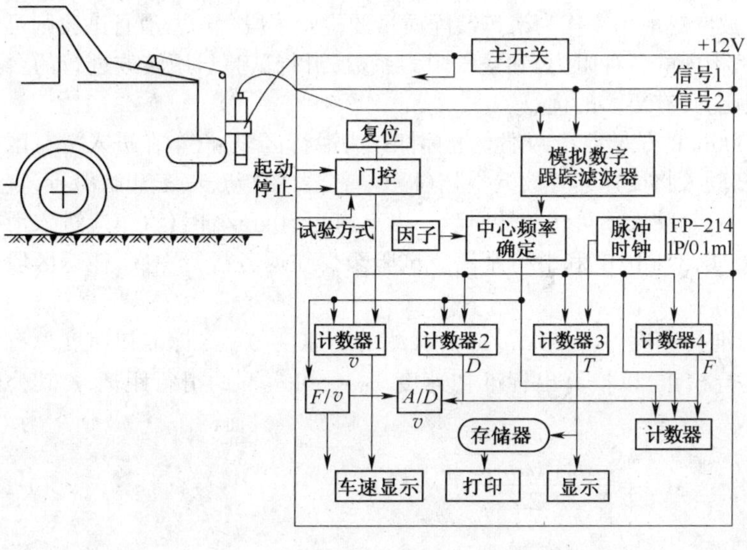

图 1-11　非接触式五轮仪工作原理框图

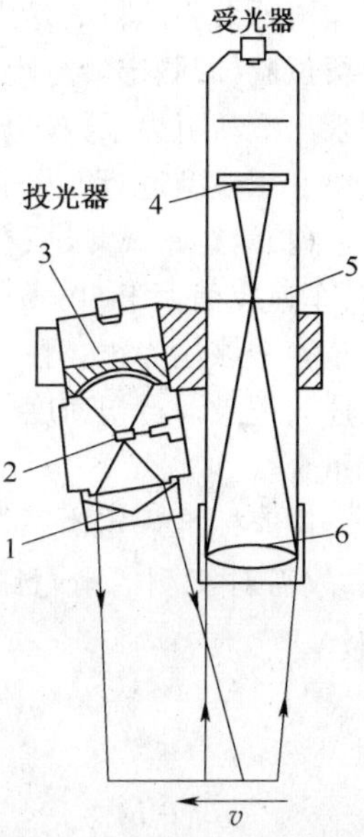

图 1-12　空间频率传感器

1．透镜　2．灯　3．反射镜　4．梳状光电管　5．光栅　6．聚光透镜

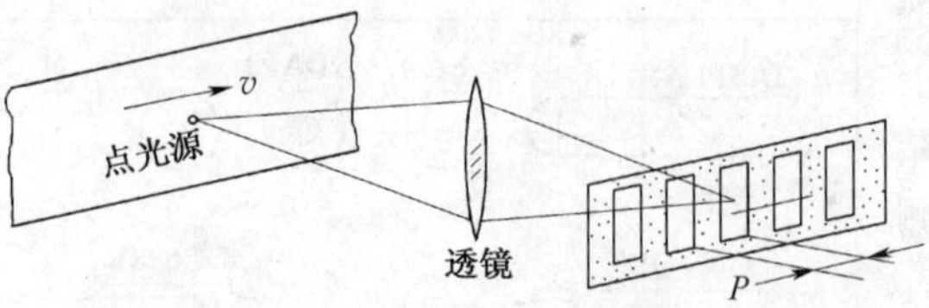

图 1-13 空间滤波器原理示意图

如图 1-13,是以一定间距 P 排列的一排透光格子,当点光源以一定速度相对格子移动时,通过格子列后光的强度就变成了忽明忽暗、反复出现的脉冲状态,此脉冲与光穿过格子的次数相对应,即每移动一个 P 距离变换一次。

假设点光源移动速度为 v,光学系统的放大率为 m,则在格子列上移动的光点速度为 mv。这样,一明一暗的脉冲列的周期为 P/mv,即频率 $f(=mv/P)$ 与速度 v 成正比。v 的变化则可以频率 f 的变化表现出来。这就是空间滤波器的基本工作原理。

与点光源相比,一般的光学投影则稍有差异。这种光学投影(凹凸不均的形状),可以看做许多不同强度的点光源不规则地集中,不改变相互位置,向着一定的方向,同时平行移动着的状况。

由此得来的光量,就是从这些点光源一个一个地测量的光量总和。然而,由于点光源的分布和强度都不同,其结果导致相位和亮度全然不同。但因频率完全相同,结果组成了许多仅仅相位和振幅不同的信号,其平均频率为 mv/P。从而可得到相位和振幅均随机平稳变化的信号(窄带随机信号)。可通过推测此中心频率来解出移动速度和移动距离。

非接地式车速仪特点是安装方便、测量精度高,适用于高速测量,最高测量速度可达 250km/h;其缺点是光源耗电大,在很低车速时,测量误差大,车速 1.5km/h 以下不能测量,价格昂贵。非接地式车速仪是近几年才出现的,目前我国已有几家测试仪器厂生产此类产品。

三、道路试验项目及方法

汽车动力性道路试验项目,通常包括滑行试验、加速性能试验、最高车速测定和最大爬坡性能试验。

1. 滑行试验

滑行是指汽车加速到某预定速度后,摘档脱开发动机,利用汽车的动能继续行驶直到停车的过程。滑行试验的目的是为了测定汽车车轮滚动阻力、车身空气阻力和传动系统的各种阻力。简单的滑行试验(即测定滑行距离)通常被广泛地用来作为汽车装配质量的检验手段。精密滑行试验则可分别求出滚动阻力系数(包括传动机构内的各种阻力)和空气阻力系数,滑行试验与用转鼓进行的台架试验和用模型进行的风洞试验相比,具有更多的优点。

(1)滑行距离测试:在长约 1000m 的试验路段两端立上标杆作为滑行区段,汽车在进入滑行区段前,车速应稍大于 50km/h,此时驾驶人将变速器置放入空档(松开离合器踏板),汽车开始滑行,直至汽车完全停住为止。在滑行过程中,驾驶人不得转动转向盘。当车速为 50km/h 时(汽车应进入滑行区段),记录滑行初速度[应为(50±0.3)km/h]和滑行距离。试验至少往返各滑行一次,往返区段尽量重合。

国家标准规定滑行试验的标准初速度 $v_0=50$km/h,而实测的初速度 v'_0 与标准初速度总有出入,故需对实测的滑行距离 s' 进行校正,以换算出标准初速度 $v_0=50$km/h 的滑行距离 s,其公式为:

$$s=\frac{-b+\sqrt{b^2+ac}}{2a} \tag{1-17}$$

式中:$a=\dfrac{v'^2_0-bs'}{s'^2}(1/s^2)$;

$b=0.2\text{m/s}^2$;当车质量≤4000kg 且滑行距离≤600m 时,$b=0.3\text{m/s}^2$;

$c=771.6\text{m}^2/\text{s}^2$。

测量仪器采用车速、行程记录装置,精度不低于 0.5%,现在多选用第五轮仪或非接触式汽车速度仪。

(2)行驶阻力系数测定：利用滑行法可以粗略估算汽车的滚动阻力系数 f 和空气阻力系数 C_D，具体方法是：在长约1000m的水平路面上，两端立上标杆，安装调试好仪器，测量环境条件。

试验中分别测量从高速 v_1(km/h)滑行至 v_1-5(km/h)的滑行时间 t_1 和从低速 v_2 滑行至 v_2-5(km/h)的滑行时间 t_2，然后根据测量数据估算出滚动阻力系数和空气阻力系数。举例说明如下：

以质量 $m=1450$kg 和迎风面积 $A=2.2\text{m}^2$ 的汽车为例，计算过程见表1-10。

$$C_D=\frac{6m(a_1-a_2)}{A(v_1^2-v_2^2)}=0.36 \tag{1-18}$$

$$f=\frac{28.2(a_2v_1^2-a_1v_2^2)}{10^3(v_1^2-v_2^2)}=0.013 \tag{1-19}$$

此法适用于100km/h以下的车速。

表1-10 滚动阻力系数和空气阻力系数举例

	第一次试验(高速)	第二次试验(低速)
初速	$v_{a1}=60$km/h	$v_{a2}=15$km/h
终速	$v_{b1}=55$km/h	$v_{b2}=10$km/h
v_a 和 v_b 之间的时间	$t_1=6.5$s	$t_2=10.5$s
平均车速	$v_1=(v_{a1}+v_{b1})/2=57.5$km/h	$v_2=(v_{a2}+v_{b2})/2=12.5$km/h
平均减速度	$a_1=(v_{a1}-v_{b1})/t_1=0.77$(km/h)/s	$a_2=(v_{a2}-v_{b2})/t_2=0.48$(km/h)/s

上述用滑行法估算滚动阻力系数和空气阻力系数的方法，是假定滚动阻力系数与车速无关的条件下，求两系数的，但实际上滚动阻力系数是随车速的提高而增加的，若要求得准确的滚动阻力系数和空气阻力系数还应采用轮胎试验装置和风洞进行专门的试验。

2．最高车速试验

最高车速是指汽车在无风情况下，在水平良好的混凝土或沥青路面上所能达到的最大行驶速度 v_{max}。一般情况下，公路上规定的车速有"持续车速"和"最高车速"。显然，具有高动力性能的汽车的最高车速是高于公路上规定的"最高车速"的。

试验前应检查试验汽车的转向机构、各部紧固件的紧固情况及制动系统的效能，以保证试验的安全。试验时，关闭汽车门窗，其他试验条件及试验车辆的准备按通用试验条件的规定。

试验在符合试验条件的道路上，选择中间200m为测量路段，并用标杆做好标志，测量路段两端为试验加速区间。根据试验汽车加速性能的优劣，选定充足的加速区间(包括试车场内环形高速跑道)，使汽车在驶入测量路段前能够达到最高的稳定车速。试验汽车在加速区间以最佳的加速状态行驶，在到达测量路段前保持变速器(及分动器)在汽车设计最高车速的相应部件的工作状况并记录异常现象。

试验往返各进行一次，测定汽车通过测量路段的时间，并按下式计算试验结果。

$$v=\frac{3600\times0.2}{t} \tag{1-20}$$

式中：v ——汽车最高车速(km/h)；

t ——往返试验所测时间的算术平均值(s)。

测量仪器可采用钢卷尺和计时器(如秒表或其他光电管式计时装置，最小读数为0.01s)，现在多选用第五轮仪或非接触式汽车速度仪，直接得出汽车速度。

3．加速性能试验

汽车的加速能力对平均行驶车速有很大影响，由《汽车理论》可知，汽车在水平路面上的加速度大小与动力因素成正比。因此加速度大小反映了汽车动力特性的好坏。从理论上讲，评价加速性，应该用加速度和时间的关系,但由于其使用意义不大,不如采用速度或距离与时间的关系更直观。所以一般都是用汽车从某一条件下加速到某一距离或某一车速时所需时间来表示。

试验前检查汽油发动机化油器的阻风阀和节气阀以保证能全开;柴油发动机喷油泵齿条行程应能达到最大位置;允许更换空气滤清器和燃油滤清器的滤芯。按该车技术条件规定的额定装载量装载,其他试验条件及试验车辆的准备按通用试验条件的规定。

试验分最高档或次高档加速性能试验和起步连续换档加速性能试验两种进行。装有自动变速器的汽车只进行原地起步加速试验。若自动变速器有两档,则分别进行两次试验。

(1)最高档或次高档加速性能试验:最高档或次高档加速性能试验也称超车加速性能试验。超车加速时间是指用最高档或次高档由某一中等车速全力加速至某一高速时所需的时间。因为超车时超越车与被超车辆并行,容易发生安全事故,所以超车加速能力强,并行行程短,行驶就安全。超车加速能力还没有一致的规定,采用较多的是用最高档或次高档由预定车速全力加速行驶至某一高速所需的时间,或由加速曲线即车速时间关系曲线全面地反映加速能力。

在进行最高档和次高档加速性能试验时,在道路上选取合适长度的加速性能试验路段,在两端各放置标杆作为标记。汽车在变速器预定档位,以预定的车速(从稍高于该档最低稳定车速起,选 5 的整数倍之速度如 20,25,30,35,40km/h)作等速行驶,用第五轮仪监视初速度,当车速稳定后(偏差 ±1km/h)驶入试验路段,迅速将加速踏板踩到底,使汽车加速行驶至该档最大车速的 80%以上,对于轿车应达到 100km/h 以上。用第五轮仪记录汽车的初速度和加速行驶的全过程,试验往返各进行一次,往返加速试验的路段应重合。取往返试验结果的平均值作出曲线如图 1-14 所示。

(2)起步连续换档加速性能试验:原地起步加速时间是指汽车由第一档起步并以最大的加速度(包括选择适当的换档时机逐步换至高档后到达某一预定的距离或车速时所需的时间,采用起步连续换档加速试验来测定。国外一般用从 0～400m、0～500m、0～1000m 的原地起步加速时间来比较加速能力。

起步连续换档加速性能试验在同前一样的试验路段进行,汽车停于试验路段之一端,变速器置于该车的起步档位,迅速起步并将加速踏板快速踩到底,使汽车尽快加速行驶,当发动机达到最大功率转速时,力求迅速无声地换档,换档后立即将加速踏板踩到底,直至最高档最高车速的 80%以上,对于轿车应加速至 100km/h 以上。用第五轮仪测定汽车加速行驶的全过程,往返各进行一次,往返试验的路段应重合。根据记录数据,分别绘制试验车往返两次的加速性能曲线(v-t)、(v-s)。取两次曲线的平均值绘制汽车的加速性能曲线,如图 1-15 所示。

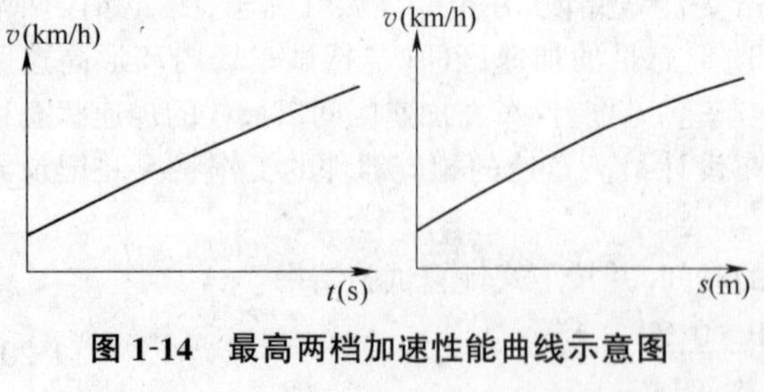

图 1-14 最高两档加速性能曲线示意图

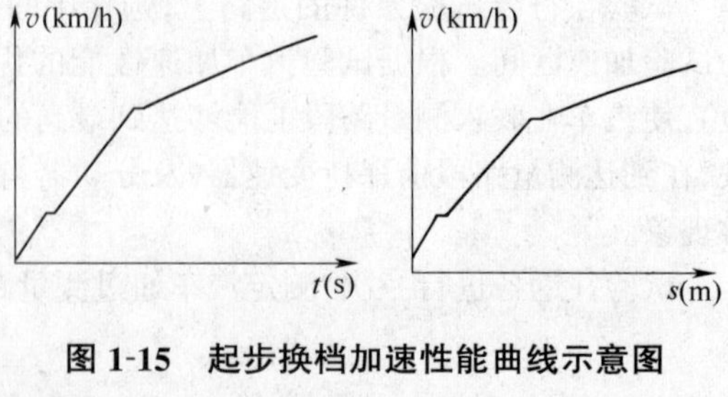

图 1-15 起步换档加速性能曲线示意图

试验主要仪器有第五轮仪和发动机转速表,试验前应根据仪器使用说明书的要求对仪器进行标定。

(3)试验结果:从加速性能曲线对应点取值填入表 1-11、表 1-12 和表 1-13。

表 1-11 最高两档加速性能试验结果

车速(km/h) 测量项目	20	30	40	50	60	70	80	90	100	110
加速时间 t(s)										
加速距离 s(m)										

表 1-12　起步换挡加速性能试验结果之一

车速(km/h) 测量项目	10	20	30	40	50	60	70	80	90	100
加速时间 t(s)										
加速距离 s(m)										

表 1-13　起步换挡加速性能试验结果之二

加速距离(m)	400	600	1000
时间 t(s)			
车速 v(km/h)			

4．爬坡性能试验

爬坡性能试验，是在各种坡度的坡道上，测定汽车的起步能力和爬坡能力，其中分陡坡试验和长坡试验。

(1)陡坡试验：爬陡坡试验一般在专门设置的坡道上进行，坡道长度应大于汽车长度的 2～3 倍。车辆用最低档开始爬坡，其所能克服的最大坡度值即为最大爬坡能力，用角度或纵向升高百分比表示。在爬坡试验过程中，对车辆各部件工作情况应进行仔细观察、测量，如化油器倾斜对发动机运转特性、怠速特性以及起动性能的影响，轮胎与路面附着情况，离合器接合情况等。

轿车的最大爬坡度一般在 20%以上，货车爬坡度在 20%～30%之间，越野车爬坡能力是重要指标，一般最大爬坡度不小于 60%。而液力传动车辆，其最大爬坡度可达很大值，但仅具有极低的车速，因此一般以克服一定的坡度时的车速来评价其爬坡性能。

试验时的坡道坡度应接近于试验车的最大爬坡度。坡道长小于 25m，坡前应有 8～10m 的平直路段，坡度大于或等于 30%的路面用水泥铺装，小于 30%的坡道可用沥青铺装，在坡道中部设置 10m 的测速路段。允许以表面平整、坚实，坡度均匀的自然坡道代替。大于 40%的纵坡必须设置安全保障装置。其他试验条件及试验车辆的准备按通用试验条件的规定。

若试验车为非越野车，则使用最低档，如有副变速器也置于最低档，将试验车停于接近坡道的平直路段上，起步后，将加速踏板踩到底进行爬坡。测量并记录汽车通过测速路段的时间及发动机转速，爬坡过程中监视各仪表(如水温、机油压力等)的工作情况；爬至坡顶后，停车检查各部位有无异常现象发生，并做详细记录。如第一次爬不上，可进行第二次，但不超过两次。

爬不上坡时，测量停车点(后轮触地中心)到坡底的距离，并记录爬不上坡的原因。

如没有规定坡度的坡道，可增减装载质量或采用变速器较高一档(如 2 档)进行试验，再按下式折算为厂定最大总质量下，变速器使用最低档时的爬坡度：

$$\alpha_{max} = \arcsin^{-1}\left(\frac{m_{a实} \cdot i_1}{m_a \cdot i_{实}}\sin\alpha_{实}\right) \tag{1-21}$$

式中：$\alpha_{实}$——试验时的实际坡度(°)。

$m_{a实}$——汽车实际总质量(kg)。

m_a——汽车厂定最大总质量(kg)。

i_1——最低档总速比。

$i_{实}$——实际总速比。

10m 测速区内的平均爬坡车速为：

$$v = 36/t \quad (km/h) \tag{1-22}$$

式中：t——通过测试路段的时间(s)。

若试验车为越野车，则变速器使用最低档，分动器亦置于最低档，全轮驱动，停于接近坡道的平直路段上，起步后，将加速踏板踩到底进行爬坡；当试验车处于坡道上，停住车辆，变速器放入空档，发动机熄火 2min,再起步爬坡。测量并记录通过测速路段的时间及发动机转速。爬坡过程中监视各仪表的工作状况,爬至坡顶后,检查各部位有无异常现象,并做详细记录。

若试验车为汽车牵引车辆,则爬坡试验应在厂方规定的牵引条件和坡道上,根据该牵引车辆是否为越野车来选择上述试验方法中的一种进行。

试验常用仪器有:坡度仪,发动机转速表,秒表,钢卷尺(50m)等。

(2)长坡试验:爬长坡试验的目的,是检查车辆能否在短时间顺利通过坡度为 7%～10%、长 10km 以上的连续长坡。试验时,要记录爬坡过程中的换档次数、各排档使用时间以及爬坡所需总时间。

第五节　传动系统技术状况检测

汽车传动系统包括离合器、变速器、分动器、万向传动装置、主传动器、差速器和半轴等,传动系统的技术状况变化后将直接影响发动机动力的传递。

一、传动系统的技术要求

国家标准 GB 7258《机动车运行安全技术条件》对传动系统提出了如下要求:

(1)离合器:机动车的离合器应接合平稳、分离彻底、不得有异响、抖动和打滑现象。踏板自由行程应符合整车技术条件的有关规定。踏板力不得大于 300N(运输用拖拉机不得大于 350N),手握力应不大于 200N。

(2)变速器和分动器:换档时齿轮啮合灵便,互锁和自锁装置有效,不得有乱档和自行跳档现象;运行中无异响;换档时变速杆不得与其他部件干涉。

(3)传动轴:传动轴在运转时不得发生振抖和异响,中间轴承和万向节不得有裂纹和松旷现象。

(4)驱动桥:驱动桥工作应正常且无异响。

传动系统技术状况的优劣,可以用经验法检查,也可用检测仪器进行。利用离合器打滑频闪测定仪和传动系统游动角度检测仪可判断传动系统的技术状况好坏。下面分别介绍这两种仪器的结构与工作原理和使用方法。

二、离合器打滑检测

离合器打滑会使发动机的动力不能有效地传递到驱动车轮上去,并使离合器自身过热、加剧磨损、燃焦,甚至损坏。使用离合器打滑频闪测定仪可检测离合器是否有打滑现象。

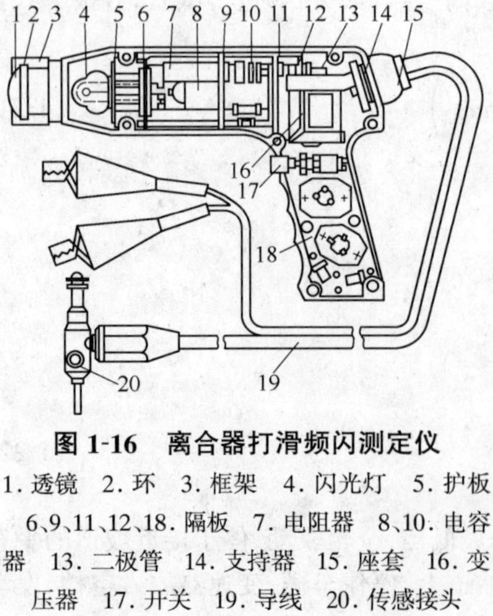

图 1-16　离合器打滑频闪测定仪

1. 透镜　2. 环　3. 框架　4. 闪光灯　5. 护板　6、9、11、12、18. 隔板　7. 电阻器　8、10. 电容器　13. 二极管　14. 支持器　15. 座套　16. 变压器　17. 开关　19. 导线　20. 传感接头

1. 检测仪结构与工作原理

该仪器主要由透镜、闪光灯、电阻器、电容器、电源和传感器等组成,如图 1-16 所示,电源采用汽车蓄电池。

使用该仪器时,需由发动机的火花塞给仪器内高压电极输入电脉冲信号。火花塞每跳火一次,闪光灯就亮一次,且闪光频率与发动机转速成正比。离合器不打滑时,传动轴上设定点会与闪亮点同步动作,传动轴似乎处于不转动状态。否则,轴上设定点转速会滞后于闪亮点动作,而说明离合器存在打滑现象。

2. 检测仪使用方法

离合器打滑频闪测定仪使用时,首先把被测汽车驶上底盘测功机或车速表试验台上,将驱动车轮停置在两滚筒之间,降下举升装置,车轮与滚筒接触。在传动轴上做一标记点,变速器置入选定档位,松开驻车制动装置,踩下加速踏板，同时，调节测功机制动力矩对滚筒加载，增加驱动车轮负荷。若无底盘测功机，也可将驱动桥支起，变速器置入直接档，踩下加速踏板使汽车原地运转，利用行车制动或驻车制动方式对车轮加载。再将闪光灯发出的闪亮点投射到传动轴上预设的标记点，通过加载改变发动机转速，观察传动轴在不同转速下，轴上标记点的转动是否与闪亮频率同步，从而判断离合器打滑程度。

三、传动系统游动角度检测

当传动系统各部分因磨损松旷或由于维护保养不当时，就会发生车辆使用时的振抖和异响。而传动系统机件磨损松旷是由于各部分间隙(离合器、变速器、万向传动装置和驱动桥各总成游动角度之和)超过允许值的结果，因而传动系统游动角度可以作为评价汽车传动系统技术状况的一般性综合诊断参数。利用传动系统游动角度检测仪可以对各传动部分的游动角度进行检测。

游动角度检验仪有指针式和数字式两种。下面分别从结构与工作原理和使用方法方面叙述如下：

1. 指针式游动角度检测仪

(1)检测仪结构与工作原理：该仪器主要由指针、刻度盘和测量扳手组成。指针固定在驱动桥主动轴上，刻度盘则固定在主传动器壳上，如图 1-17a 所示。测量扳手一端带有 U 形卡嘴，以使其卡在十字万向节上。为了适应多种车型，卡嘴上带有可更换的钳口。测量扳手另一端有指针和刻度盘，可指示转动扳手的转矩值，如图 1-17b 所示。

检测传动系统游动角度时，将测量扳手卡在万向节上，用不小于 30N·m 的转矩转动，使之从一个极端位置转动到另一个极端的位置，刻度盘上指针转过的角度即为所测游动角度值。

(2)检测仪测量与使用方法：传动系统游动角度的检测应分段进行。具体检测方法如下：

①检测驱动桥的游动角度。变速器挂空档，松开驻车制动器，制动住驱动轮，将测量扳手卡在驱动桥主动轴万向节的从动叉上，扳动检测仪扳手，使之克服游动间隙后，指针所指位置，即为驱动桥的游动角度。

②检测万向传动装置的游动角度。与测驱动桥游动角度的方法基本相同，只是将测量扳手卡在变速器后端万向节的主动叉上。此时获得的游动角度减去驱动桥的游动角度，即为万向传动装置的游动角度。

③检测离合器和变速器的游动角度。放松制动器，离合器处于接合状态，视必要可支起驱动桥。测量扳手仍卡在变速器后端万向节的主动叉上，依次挂入各档即可获得不同档位下从离合器到变速器的游动角度。

对上述三段游动角度求和，即可获得传动系统游动角度。

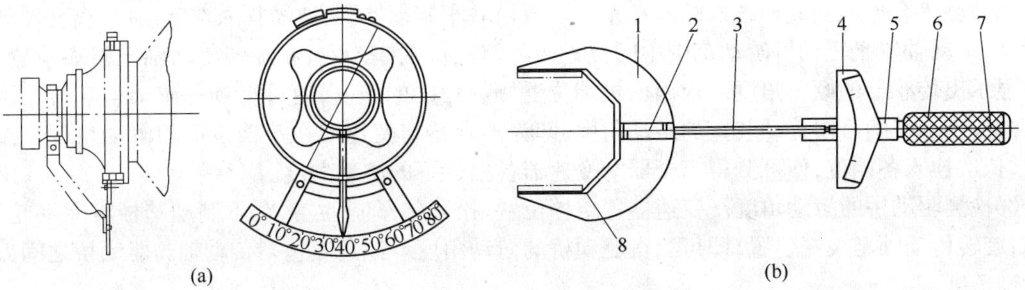

图 1-17　指针式游动角度检测仪

(a)指针与刻度盘的安装　(b)测量扳手

1. 卡嘴　2. 指针座　3. 指针　4. 刻度盘　5. 手柄　6. 手柄套筒　7. 定位销　8. 可换钳口

2. 数字式游动角度检测仪

(1)检测仪结构与工作原理：该仪器由倾角传感器和测量仪两部分组成，二者以电缆相连。检测范围为0°～30°,使用的电源为直流12V。

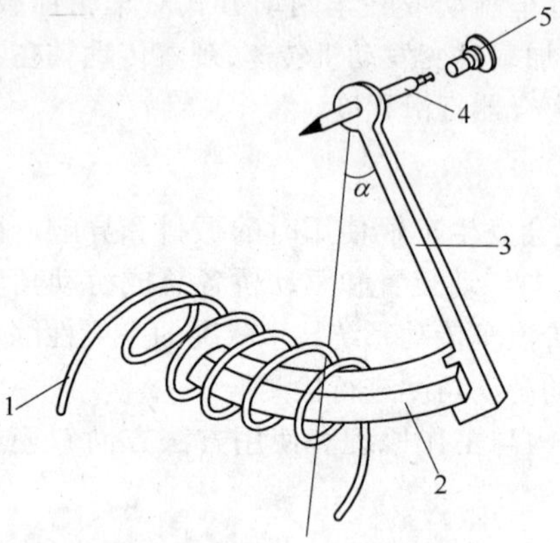

图1-18 倾角传感器结构示意图

1. 弧形线圈 2. 弧形铁氧体磁棒 3. 摆杆 4. 心轴 5. 轴承

①倾角传感器。其作用是将传感器外壳随传动轴游动之倾斜角转换为相应频率的电振荡。传感器外壳是一个长方形的壳体,其上部开有V形缺口,并配有带长扣的尼龙带,因而可方便地固定在传动轴上。传感器外壳内的装置如图1-18所示。图中弧形线圈固定在外壳中的夹板上,弧形铁氧体磁棒通过摆杆和心轴支承在夹板的两轴承上,因此可绕心轴轴线摆动。在重力作用下,摆杆与重力方向始终保持某一夹角α。当传感器外壳倾斜角度不同时,弧形线圈内弧形磁棒的长度亦随之不同,产生的电感量亦不同,因而也就改变了电路的振荡频率。

可见,传感器实际上是一个倾角-频率转换器。为使传感器可动部分摆动后能迅速处于平衡状态,传感器外壳内装变压器油。

②测量仪。测量仪实际上是一台专用的数字式频率计,由于采用了与传感器特性相应的初始置数的措施,因而能直接显示传感器的倾角。

由倾角传感器和测量仪两部分组成的数字式游动角度检测仪,采用了PMOS数字集成电路。其工作原理是:由传感器送来的振荡信号经计数门进入主计数器,计数结束后,在锁存器接收脉冲作用下,将主计数器的结果送入寄存器,并由萤光数码管将结果显示出来。使用中,将半游动范围内两个极端位置的倾角读出,其差值即为游动角度。

(2)检测仪测量与使用方法:将测量仪接好电源,用电缆把测量仪和传感器连接好,先按仪器使用说明书的要求对仪器进行自校,再将转换开关扳到"测量"位置上,就可进行实测了。在汽车传动系统中,最便于固定倾角传感器的部位是传动轴。因此,在整个检测过程中,该传感器一直固定在传动轴上。

(3)各部位游动角度的测量方法如下。

①检测万向传动装置的游动角度。把传动轴置于驱动桥游动范围的中间位置或将驱动桥支起,拉紧驻车制动器。左、右旋转传动轴至极端位置,测量仪便直接显示出固定的传动轴上的传感器的倾斜角度。将两个极端位置的倾斜角度记下,其差值即为万向传动装置的游动角度。此角度不包括传动轴与驱动桥之间的万向节的游动角度。

②检测离合器与变速器各档的游动角度。放松驻车制动器,变速器挂入选定档位,离合器处于接合状态,传动轴置于驱动桥游动范围中间位置或将驱动桥支起。左、右旋转传动轴至极端位置,测量仪便显示出传感器的倾斜角度。求出两极端位置倾斜角度的差值,便可得到一游动角度值。该游动角度减去已测得的万向传动装置的游动角度,即为离合器与变速器在该档位下的游动角度。按同样方法,依次挂入各档位,便可测得离合器与变速器各档位下的游动角度。

③检测驱动桥的游动角度。变速器置空档位置,松开驻车制动器,踩下制动踏板将驱动轮制动。左、右旋转传动轴至极端位置,即可测得驱动桥的游动角度。该角度包括传动轴与驱动桥之间万向节的游动角度。

对于多桥驱动的汽车,当需要检测每一段的游动角度时,传感器应分别固定在变速器与分动器之间的传动轴、前桥传动轴、中桥传动轴和后桥传动轴上。

在测量仪上读取数值时应注意,其显示的角度值在0°～30°内有效。出现大于30°的情况,可将固定在传动轴上的传感器适当转过一定角度。若其中一极限位置为0°,另一极限位置超过30°,说明该段游动角度已大于30°,超出了仪器的测量范围。

截至目前，我国尚无具体的游动角度检测标准，据国外资料介绍，对于中型载货汽车传动系统游动角度及各分段游动角度应不大于表1-14所列数据。

表1-14　游动角度参考数据

部　位	游动角度	部　位	游动角度
离合器与变速器	5°～15°	驱动桥	55°～65°
万向传动装置	5°～6°	传动系统	65°～86°

复习思考题

1. 汽车动力性的评价指标有哪些？
2. 汽车车轮的驱动力是如何产生的？
3. 汽车的行驶阻力有哪些？
4. 地面附着力与车轮滚动阻力有何区别？
5. 滚动阻力系数与道路附着系数有何区别？
6. 影响汽车动力性的主要因素有哪些？
7. 汽车动力性检测通常有哪两种方法？各自的主要设备是什么？
8. 台架检测有何特点？
9. 底盘测功机的主要功能有哪些？由哪些部分组成？
10. 怎样利用底盘测功机检测汽车的输出轮功率、滑行距离和加速性能？
11. 道路检测有何特点？检测条件有哪些？
12. 接地式与非接地式车速仪的基本组成是怎样的？使用注意事项有哪些？
13. 简述道路检测汽车加速性能、滑行距离与爬坡试验的方法。
14. 国家标准对传动系统有何要求？
15. 简述离合器打滑检测仪的工作原理。
16. 传动系统游动角度检测仪有几种？如何进行传动系统游动角度检测？

第二章 汽车燃油经济性与检测

石油是交通运输的主要能源和战略物资，又是重要的化工原料，因此，汽车的燃油经济性受到世界各国的广泛关注。汽车的运输成本中，燃油消耗的费用占20%～30%，提高汽车的燃油经济性，节约燃油消耗对降低汽车的运输成本意义十分重大。

第一节 汽车燃油经济性的评价指标

汽车的燃油经济性的评价指标，常用一定运行工况下汽车行驶百公里的燃油消耗量或一定燃油量能使汽车行驶里程来衡量。

在我国及欧洲，燃油经济性指标的单位为L/100km，即行驶100km所消耗的燃油升数。其数值越大，汽车燃油经济性越差。美国为MPG或mile/Usgal，指的是每加仑燃油能行驶的英里数。这个数值越大，汽车燃油经济性越好。

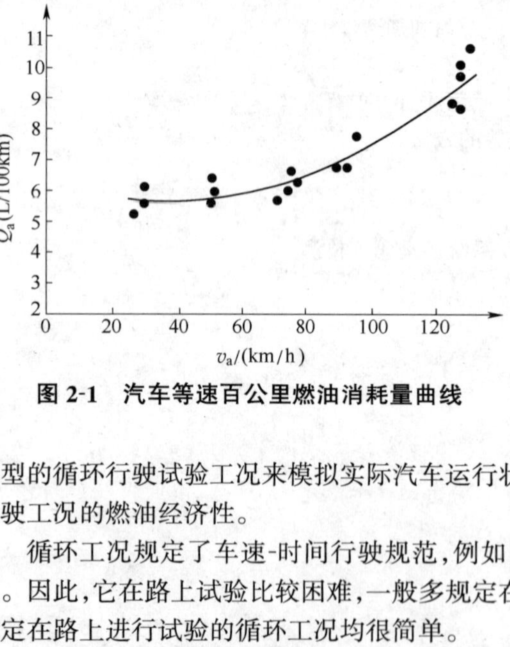

图2-1 汽车等速百公里燃油消耗量曲线

等速行驶百公里燃油消耗量是常用的一种评价指标，指汽车在一定载荷(我国标准规定轿车为半载、货车为满载)下，以最高档在水平良好路面上等速行驶100km的燃油消耗量。常通过试验的方法测出每隔10km/h或20km/h速度间隔的等速百公里燃油消耗量，然后在图上连成曲线，该曲线称为等速百公里燃油消耗量曲线，用它来综合评价汽车每一速度的燃油经济性，如图2-1所示。

但是，等速行驶工况并没有全面反映汽车的实际运行情况，特别是在市区行驶中频繁出现的加速、减速、怠速停车等行驶工况。因此，在对实际行驶车辆进行跟踪测试统计的基础上，各国都制定了一些典型的循环行驶试验工况来模拟实际汽车运行状况，并以其百公里燃油消耗量(或MPG)来评定相应行驶工况的燃油经济性。

循环工况规定了车速-时间行驶规范，例如，何时换档、何时制动以及行车的速度和加速度等数值。因此，它在路上试验比较困难，一般多规定在室内汽车底盘测功机(转鼓试验台)上进行测试；而规定在路上进行试验的循环工况均很简单。

此外，我国还规定了最高档全油门加速时间及燃油消耗量指标。这个指标可评定汽车技术状况和大负荷加速工况的燃油经济性。

第二节 台架检测汽车燃油经济性

汽车燃油经济性的试验有两种方法，一是道路试验，二是室内台架试验。一般而言，汽车检测站因受到场地条件限制，无法用道路试验方法检测汽车的燃油经济性，因此常在底盘测功机上，参照有关规定，模拟道路试验方法检测汽车的燃油经济性。

汽车燃油经济性的台架试验设备，除了底盘测功机以外，还需油耗仪(或称燃油流量测试仪)。

一、燃油消耗量检测设备

汽车的燃油消耗量是由油耗仪来测量的。油耗仪种类很多,按测试方法可分为:容积式油耗仪、质量式油耗仪、流量式油耗仪和流速式油耗仪。油耗仪由油耗传感器和显示装置构成。以下主要介绍容积式和质量式油耗仪。

1. 容积式油耗仪

容积式油耗仪的工作原理是使被测流体充满一定容量的测量室,通过充满测量室的次数,则可得出被测流体的总量,再除以测定时间间隔或行驶里程即可得到平均燃料消耗量。

图 2-2 为行星活塞式油耗传感器的流量转换机构的工作原理图。该装置由十字形配置的四个活塞和旋转曲轴构成,用于将一定容积的燃油流量转变为曲轴的旋转。

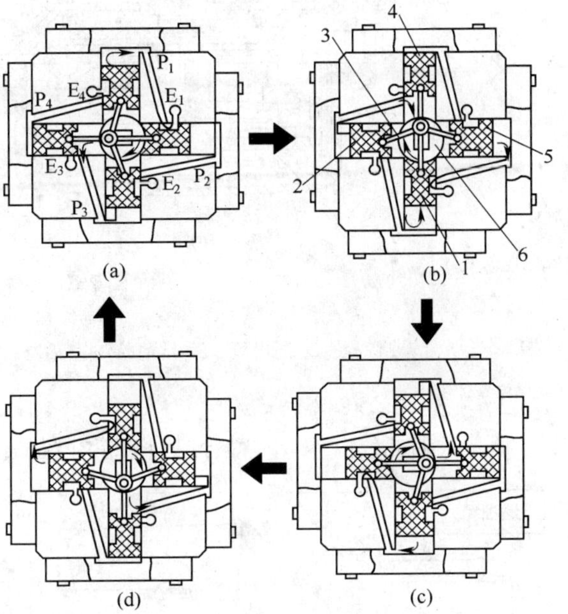

图 2-2 行星活塞式油耗传感器原理图

1、2、4、5. 活塞 3. 连杆 6. 曲轴 P_1、P_2、P_3、P_4. 油道 E_1、E_2、E_3、E_4. 排油口

在泵油压力作用下,燃油推动活塞往复运动,四个活塞各往复运动一次则曲轴旋转一周,完成一个进排油循环。活塞在油缸中处于进油行程或是排油行程,取决于活塞相对进排油口的位置。图 2-2a 表示活塞 1 处于进油行程,来自传感器曲轴箱的燃油由 P_3 推动其下行,并使曲轴作顺时针旋转。此时,活塞 2 处于排油行程终了,活塞 4 处于排油行程中,燃油从活塞 4 上部经 P_1 从排油口 E_1 排出,活塞 5 处于进油终了;当活塞和曲轴位置如图 2-2b 时,活塞 1 处于进油行程终了,活塞 2 处于进油行程,通道 P_4 导通,活塞 4 处于排油行程终了,活塞 5 处于排油行程,燃油从通道 P_2 经排油口 E_2 排出。图 2-2c 和图 2-2d 的进排油状态及曲轴旋转方向如图中箭头所示。如此循环往复,曲轴每旋转一圈,各缸分别泵油一次,从而具有连续定容量泵油的作用。曲轴旋转一周的泵油量为:

$$V = 4 \cdot \frac{\pi \cdot d^2}{4} \cdot 2h = 2h\pi d^2 \tag{2-1}$$

式中:V ——四缸排油量(cm^3);

h ——曲轴偏心距(cm);

d ——活塞直径(cm)。

由此可见,经上述流量转换机构的转换后,测燃油消耗量转化为测定流量变换机构曲轴的旋转圈数。这可由装在曲轴一端的信号转换装置完成。一般采用光电测量装置进行信号转换,把曲轴旋转圈数转化为电脉冲信号。

信号转换装置由主动磁铁、从动磁铁、转轴、光栅、发光二极管和光敏管等组成。主动磁铁装在曲轴端部、从动磁铁装在转轴端部,两磁铁相对安装但磁铁之间留有间隙,其作用在于构成磁性联轴器;光栅固定在转轴上,由转轴带动旋转;光栅两侧相对位置上固定有发光二极管和光敏管,光敏管用于接收发光二极管发出的光线,光栅位于二者之间,其作用是把发光二极管发出的连续光线转变为光脉冲。当曲轴转动时,通过磁性联轴器带动转轴及光栅旋转,光栅在发光二极管和光敏管之间旋转使光敏管接收到光脉冲。由于光敏管的光电作用将光脉冲转换为电脉冲信号输入到计量显示装置。显然,该电脉冲数与曲轴转过的圈数成正比,从而经过运算处理,在显示装置上显示出燃油的消耗量。

燃油流量传感器结构及油路如图 2-3 所示。

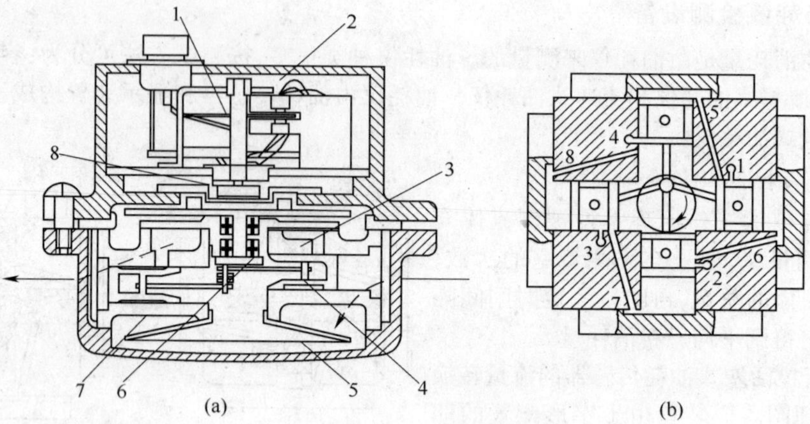

图 2-3 燃料流量传感器

(a)结构图 (b)油路图

1. 光隙板 2. 光电管 3. 排油腔 4. 活塞 5. 滤油器 6. 曲轴 7. 油缸体 8. 磁耦合轴

2. 质量式油耗仪

质量式油耗仪由称量装置、计数装置和控制装置构成,见图 2-4。

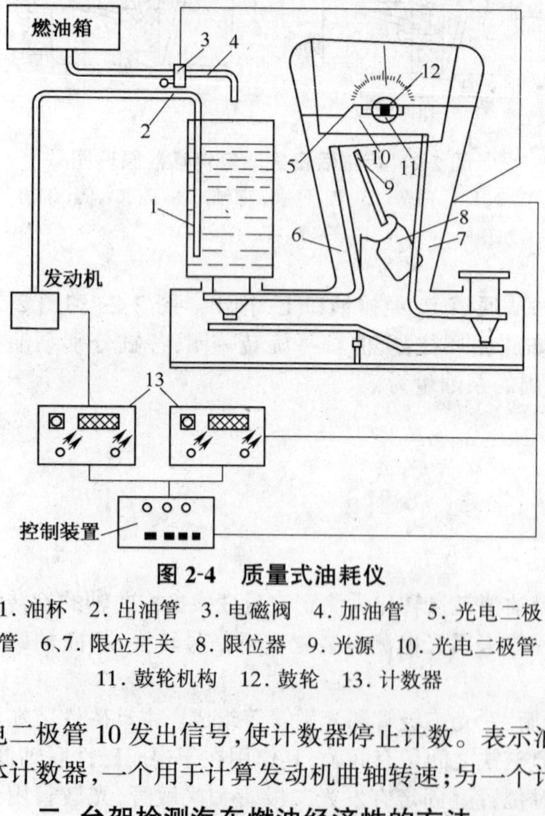

图 2-4 质量式油耗仪

1. 油杯 2. 出油管 3. 电磁阀 4. 加油管 5. 光电二极管 6、7. 限位开关 8. 限位器 9. 光源 10. 光电二极管 11. 鼓轮机构 12. 鼓轮 13. 计数器

质量式油耗仪测量消耗一定质量的燃油所用的时间,燃油消耗量可按下式计算

$$G = 3.6\frac{m}{t} \tag{2-2}$$

式中:m ——燃油质量(g);

t ——测量时间(s);

G ——燃油消耗量(kg/h)。

称量装置的秤盘上装有油杯 1,燃油经电磁阀 3 加入油杯。电磁阀的开闭由装在平衡块上的行程限位器 8 拨动两个微型限位开关 6 和 7 进行控制。光电传感器由两个光电二极管 5、10 和装在棱形指针上的光源 9 组成,用于给出油耗始点和终点信号。光电二极管 5 为固定式,光电二极管 10 装在活动滑块上,滑块通过齿轮齿条机构移动,齿轮轴与鼓轮 12 相连,计量的燃油量通过转动鼓轮 12 从刻度盘上读出。计量开始时,光源 9 的光束射在光电二极管 5 上,光电二极管发出信号使计数器 13 开始计数,随着油杯中燃油的消耗,指针移动。当光束到光电二极管 10 上时,光电二极管 10 发出信号,使计数器停止计数。表示油杯中燃油耗尽。记录仪上两个带数字显示的半导体计数器,一个用于计算发动机曲轴转速;另一个计算器记录时间。

二、台架检测汽车燃油经济性的方法

台架检测汽车燃油经济性是由底盘测功机和油耗仪配合使用完成的。底盘测功机用来提供活动路面并模拟汽车在道路上行驶时的各种阻力,油耗仪则用来测量燃油消耗量。因此,燃油经济性检测结果的准确性除与油耗仪的测量精度有关外,还取决于底盘测功机对汽车行驶阻力的模拟是否准确。

1. 油耗传感器在燃油管路中的安装

(1)油耗传感器在供油管路中的连接:对于一般无回油管路的汽油车,可将传感器串联在汽油泵与化油器之间,使传感器的入口与汽油泵出口相连,而传感器的出口与化油器的入口相连。见图 2-5。轿车上多设有回油管路,这种汽车汽油泵供油量较化油器的出油量大得多,多余燃油经回油管流回油箱。此时,传感器的安装应避免因回油造成的多余计数。如:桑塔纳轿车是从储油罐回油,传感器应安装在储油罐与化油器之间。

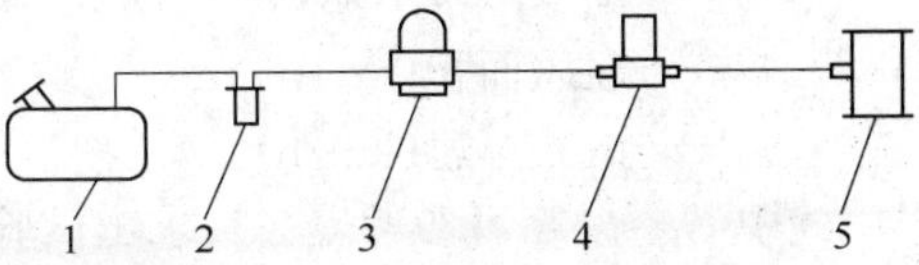

图 2-5　无回油管路时传感器的安装

1. 油箱　2. 滤油器　3. 汽油泵　4. 传感器　5. 化油器

在柴油车的供油系统中,全部设置回油管路,输油泵的供油量比喷油泵的出油量多 3～4 倍。为保持喷油泵油室中有一定压力,一般在喷油泵低压油出口装有溢流阀,大量多余的燃油经溢流阀和回油管路流回输油泵入口或直接流回油箱;此外,从喷油器工作间隙处泄漏的少量燃油也经回油管流回油箱。图 2-6 所示为油耗传感器在柴油车供油管路中的连接方法,油耗传感器接在油箱到高压油泵之间的油路中,回油管路则用三通接在油耗传感器的出油管路上,以免燃油被油耗传感器重复计量。

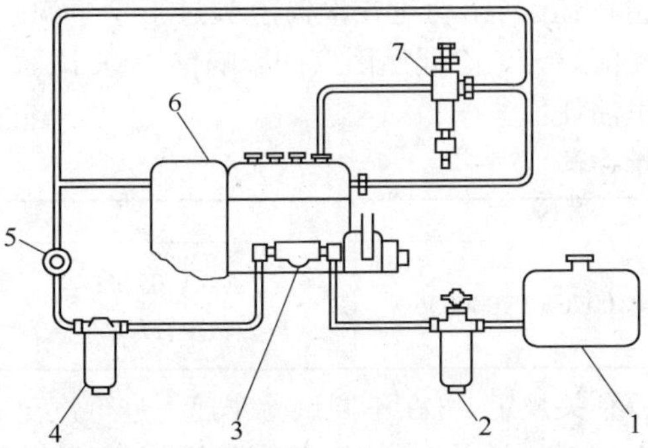

图 2-6　检测柴油机时传感器的安装

1. 油箱　2. 粗滤器　3. 低压油泵　4. 细滤器　5. 油耗传感器　6. 高压油泵　7. 喷油器

(2)油路中空气泡的排除:为了保证燃油测量结果的准确性,传感器接入供油管路后,必须注意检查并排除管路中进入的空气。因为空气不排除传感器会把气泡所占的容积当成所消耗燃油的容积计入燃油消耗量,从而使检测结果失准。

排除气泡时,可将传感器置于较低的位置,用手动泵油,同时卸开化油器油管接头,连续泵油直至泵出的油不含气泡为止。若传感器壳体上设有放气螺钉的,可以松开螺钉,由此排出传感器体内的空气。

在柴油车油路中装好油耗传感器后,也须用手动泵泵油以排除油路中的空气泡。柴油车与汽油车的差别之一是汽油车可以在发动机发动后排除空气泡,而柴油车必须在发动前排除空气泡;差别之二在于汽油车在拆去油耗传感器恢复原油路时,无须排除空气泡,而柴油车在拆去传感器恢复原油路后仍须排除油路中刚产生的空气泡。

2. 模拟加载量的确定和试验

在底盘测功机上进行油耗试验,要想取得与道路上一致的试验结果,关键是把汽车在道路上的行驶阻力(滚动阻力和空气阻力)能在测功机上尽可能的模拟出来。

(1)等速百公里油耗测试模拟加载量:中华人民共和国交通行业标准 JT/T 199—1995《汽车技术等级评定的检测办法》规定了用底盘测功机检测汽车的等速百公里油耗时的测试条件为:汽车为正常热状态;变速器挂直接档或最高档;加载至限定条件并使汽车稳定在试验车速。GB/T 12545—1990《汽车燃料消耗量试验方法》规定限定条件下试验车速为:轿车(60±2)km/h,铰接式客车(35±2)km/h,其他车辆(50±2)km/h。

在台架试验汽车的等速百公里油耗时,合理确定测功机的加载量以模拟汽车在Ⅲ级以上平直道路上以规定车速行驶时所受到的阻力极其重要。此时,汽车克服滚动阻力和空气阻力所消耗的驱动轮功率为:

$$P_K=(G\cdot f+\frac{1}{21.15}C_D\cdot A\cdot v^2)\cdot v/3600 \tag{2-3}$$

式中：P_K ——驱动轮输出功率(kW)；

G ——汽车总重(N)；

f ——滚动阻力系数；

C_D ——空气阻力系数；

A ——迎风面积(m^2)；

v ——试验车速(km/h)。

式中 C_D、f、A 可参考表 2-1，求出试验车速下驱动轮功率，并且应考虑到测功机传动机构的摩擦损失功率及驱动轮-滚筒间的摩擦损失功率的存在。此两项损失功率应从上式计算值中减掉后，才是真正应该在测功机功率吸收单元中模拟的加载量，即：

$$P_{PAU} = P_K - P_{PL} - P_C \tag{2-4}$$

式中：P_{PAU}——模拟功率；

P_{PL}——传动机构摩擦损失功率；

P_C——轮胎与滚筒间摩擦损失功率。

以此作为测功机的模拟加载量。试验时，把汽车驱动轮驶入底盘测功机滚筒装置，把油耗传感器接入汽车的燃油管路；设定好试验车速，起动发动机，变速器挂直接档；逐渐踩下加速踏板，使测功机指示的功率值等于计算值并使之稳定，此时按下油耗测量按钮，当驱动轮在滚筒上驶过不少于 500m 的距离时，即可从显示装置上读得汽车的等速百公里油耗值。为消除偶然因素的影响，应重复试验三次，取其平均值作为被测汽车在给定测试条件下的百公里油耗值。

表 2-1 C_D、f、A 推荐表

车辆类型	C_D	f	A
轿车	0.35～0.55	$f = 0.0076 + 0.000056v$	$A = 1.05BH$ (B 为轮距，H 为车高)
货车	0.40～0.60		
客车	0.58～0.80		

参照 GB/T 12545—1990《汽车燃料消耗量试验方法》有关规定，可在不同试验车速下进行汽车的等速百公里油耗试验，并作出汽车的等速百公里油耗特性曲线。试验时，汽车使用常用档位，试验车速从 20km/h(最小稳定车速高于 20km/h 时，从 30km/h)开始，以车速 10 km/h 的整倍数均匀选取试验车速，直到最高车速的 90%。至少测定 5 个试验车速。

测出 500m 内的耗油量，单位为 ml 时，可用下式折算成百公里耗油量。

$$Q = \frac{q}{5} \tag{2-5}$$

式中：Q ——百公里耗油量(L/100km)；

q —— 500m 的耗油量(ml)。

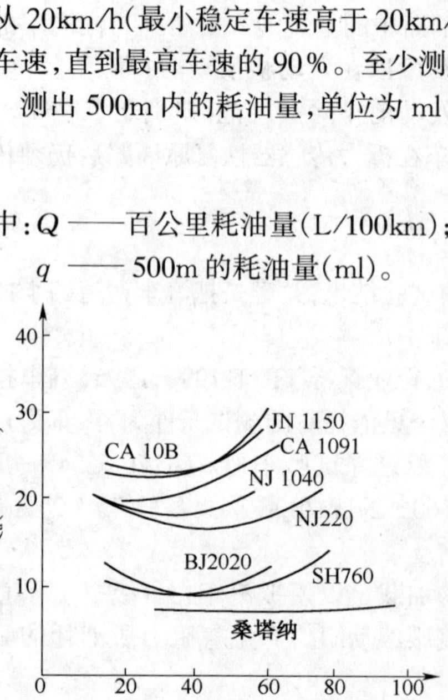

图 2-7 某些车型的 Q_0-v_a

显然，在不同的试验车速下，底盘测功机所对应的加载功率是不同的。在不同试验车速和所对应加载功率条件下，每个试验车速测试三次，取其测试值的平均值(经上式折算后)作为被测汽车在给定试验车速时的百公里油耗量。当每个规定车速下的百公里油耗量都测出后，便可在以车速为横轴、百公里油耗量为纵轴的平面直角坐标系中绘出该车的百公里油耗特性曲线图。图 2-7 为某些车型的等速百公里油耗特性曲线。

(2)试验环境条件：环境温度 0℃～40℃；环境相对湿度小于 85%；大气压力 80～110kPa。

(3)注意事项。

①为使汽车燃油经济性检测结果准确可靠,应注意以下各点:

a. 发动机冷却液温度应在80℃～90℃范围内,温度过高时就用冷却风扇降温;轮胎气压应符合规定,误差不超过±0.01MPa,且左右轮胎的花纹一致;被测车底盘温度应随室温变化严格控制,室温低于10℃时,底盘温度应控制在25℃以上。

b. 试验仪器的精度应满足要求,车速测定仪器和燃料流量计:精度为0.5%;计时器:最小读数为0.1s。

c. 正确连接油耗仪传感器,并注意排除油路中的空气泡。

②为保证台架试验汽车燃油经济性时的安全,应注意以下各点:

a. 被测车辆旁必须配备性能良好的灭火器。

b. 油耗传感器所用油管应透明、耐油、耐压,油管接头用合格的环形夹箍,不得用铁丝缠绕,并确保无渗漏。

c. 拆卸油管时,必须用沙盘接油,不允许用棉纱或其他易燃物接油,不允许燃油流到发动机排气管上。

d. 测试时,发动机盖应打开,以便观察有无渗漏现象,测试完毕,安装好原管路后起动发动机,在确保无任何渗漏时,方可盖上发动机盖。

第三节 道路检测汽车燃油经济性

汽车燃油消耗量的道路检测包括不控制的道路试验、控制的道路试验和循环道路试验三种。

不控制的道路试验是指对试验行驶道路、交通情况、驾驶习惯和周围环境等各方面因素都无规定,不加任何控制的道路试验方法。这种试验方法,各种因素随机变化大,试验数据分散度大、试验用车数量大,需要试验行程长。因为试验费用极高,时间很长,所以是一种很少采用的试验方法。

控制的道路试验是指试验中对上述逐因素中的一个或几个有具体的要求,也就是说只有试验条件符合要求时,测试的数据才有效,这种方法称为控制的道路试验。

循环道路试验是指汽车完全按规定的车速-时间规范进行试验。何时换档、何时制动以及行车速度、加速度、减速度等都在规范中加以规定。这种试验方法也常称为“多工况试验”。

以下分别介绍控制的道路试验,即直接档全油门加速燃油消耗量、等速燃油消耗量和限定条件下的平均使用燃油消耗量试验以及多工况燃油消耗量的试验。

一、燃油经济性道路检测的基本条件

试验前,应对试验的车辆进行磨合;试验时,试验车辆必须进行预热行驶,使发动机、传动系统及其他部分预热到规定的温度状态。轮胎充气压力应符合该车技术条件的规定,误差不超过10kPa。装载质量除有特殊规定外,轿车应为规定乘员数的一半(取整数);城市客车为总质量的65%;其他车辆为满载,装载物应均匀分布且固定牢靠,试验过程中不得晃动和颠离;不应因潮湿、散失等条件变化而改变其质量,以保证装载质量的大小、分布不变。试验车辆必须清洁,关闭车窗和驾驶室通风口,由恒温器控制的空气流必须处于正常调整状态,做各项燃料消耗量试验时,汽车发动机不调整。

试验道路应为清洁、干燥、平坦的,用沥青或混凝土铺成的直线道路,道路长2～3km,宽不小于8m,纵向坡度在0.1%以内。

应在无雨无雾,相对湿度小于95%,气温0℃～40℃,风速不大于3m/s的气候条件下进行车速测定,仪器和燃料流量计的精度为0.5%;计时器最小读数为0.1s。试验油耗仪常用容积式。

二、检测项目及方法

1. 直接档全油门加速燃料消耗量试验

试验测试路段长度为500m,试验时,汽车挂直接档(没有直接档可用最高档),以(30±1)km/h的

初速度，稳定通过50m的预备路段，在测试路段的起点开始，油门全开，加速通过测试路段，测量并记录通过测试路段的加速时间、燃料消耗量及汽车到达测试路段终点时的速度。

试验往返各进行两次，测得同方向加速时间的相对误差不大于5%。取测得四次加速时间试验结果的算术平均值作为测定值，且要符合该车技术条件的规定。

2．等速燃料消耗量试验

试验测试路段长度为500m，汽车用常用档位，等速行驶，通过500m的测试路段，测量通过该路段的时间及燃料消耗量。

试验车速从20km/h(最小稳定车速高于20km/h时，从30km/h)开始，以每隔10km/h均匀选取车速，直至最高车速的90%，至少测定5个试验车速，同一车速往返各进行两次。

以车速为横轴，燃料消耗量为纵轴，绘制等速燃料消耗量散点图，根据散点图绘制等速燃料消耗量特性曲线。

3．限定条件下的平均使用燃料消耗量试验

测试路段应设在三级以上平原干线公路上，其长度不小于50km，在正常交通情况下，以下列车速行驶，并尽可能保持匀速。

轿车，车速为(60±2)km/h；铰接式客车，车速为(35±2)km/h；其他车辆，车速为(50±2)km/h。

客车应每隔10km/h停车一次，怠速1min后重新起步，记录制动次数、各档位使用次数、时间和行程。测定每50km单程的燃料消耗量，往返各试验一次，以两次测量结果的算术平均值作为限定条件下的平均使用燃料消耗量的测定值。

4．多工况燃料消耗量试验

汽车运行工况可分为匀速、加速、减速和怠速等几种，实际运行时，往往是上述几种工况的组合，并以此决定汽车的油耗。所以，各国根据不同车型车辆的常用工况，制定了不同的试验循环，既使得试验结果比较接近于实际情况，又可缩短试验周期。

多工况燃料消耗量试验的方法就是将不同车型的车辆严格依据各自的试验循环进行燃料消耗量测定。怠速工况时，离合器应接合，变速器置于空档，从怠速运转工况转换为加速工况时，在转换前5s，分离离合器，把变速器档位换为低速档，换档应迅速、平稳。减速工况中，应完全放松加速踏板，离合器仍然接合，当车速降至10km/h时，分离离合器，必要时，减速工况中，允许使用车辆的制动器。

汽车在进行多工况试验时，加速、匀速和用车辆的制动器减速时，在每个试验工况除单独规定外，车速偏差为±2km/h。在工况改变过程中允许车速的偏差大于规定值，但在任何条件下超过车速偏差的时间不大于1s，即时间偏差为±1s。

每循环试验后，应记录通过循环试验的燃料消耗量和通过的时间。当按各试验循环完成一次试验后，车辆应迅速调头，重复试验，试验往返各进行两次，取四次试验结果的算术平均值为多工况燃料消耗量试验的测定值。

下面是各类汽车进行多工况燃料消耗量试验时的试验循环图：

(1)轿车试验循环如图2-8所示。

(2)微型汽车试验循环如图2-9所示。

(3)客车、城市客车(包括铰接式客车)试验循环如图2-10所示。

(4)载货汽车总质量小于3500kg的货车，试验循环可参照轿车的试验循环如图2-8；总质量为3500～14000kg时，试验循环见图2-11；总质量大于14000kg时，试验循环见图2-12。

为了提高测试精度，一般每辆车的多工况燃油消耗量试验应进行四次，取四次试验结果的算术平均值，作为多工况燃料消耗量试验的测定值。

三、试验结果的校正

等速行驶燃料消耗量试验，试验结果须经重复性检验，当试验结果的重复较差时，应查找原因，增

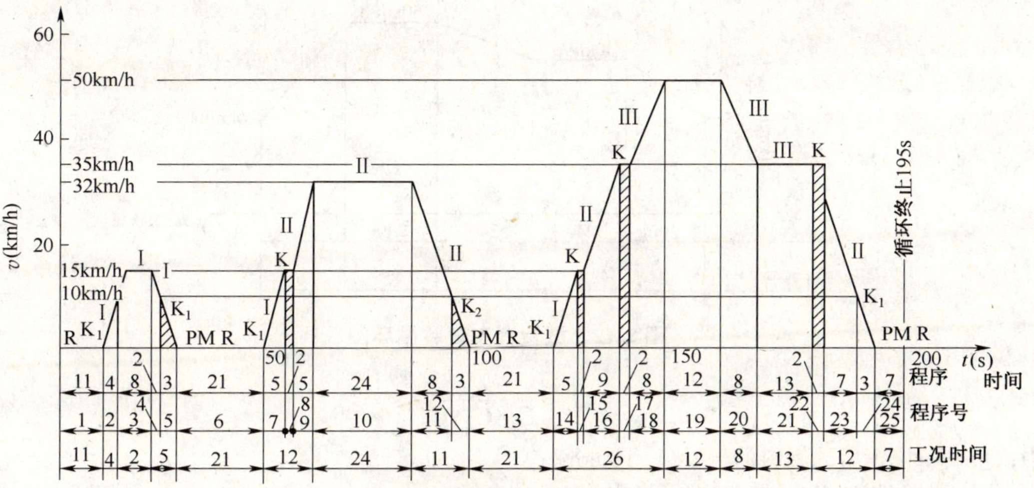

图 2-8　轿车试验循环图

K—离合器分离　K_1、K_2—离合器分离，变速器接合 1 档或 2 档　Ⅰ、Ⅱ、Ⅲ—变速器 1 档、2 档、3 档

PM—空档　R—怠速(图中阴影表示换档)

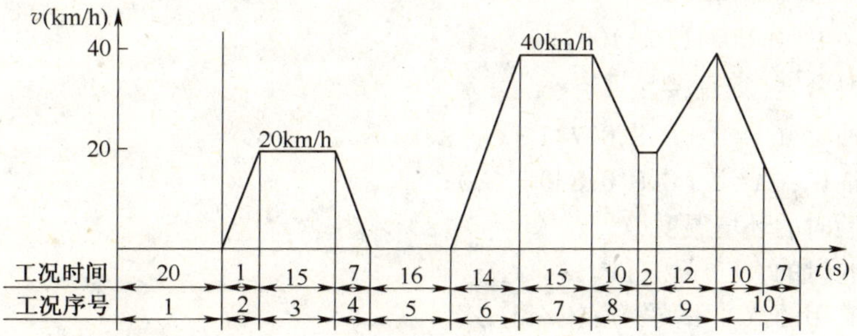

图 2-9　微型汽车试验循环图

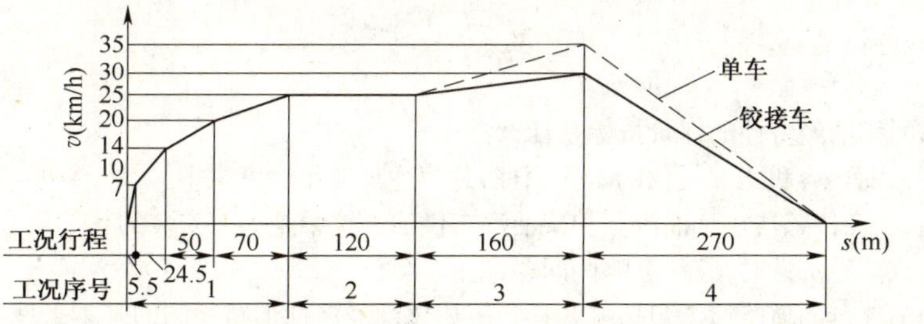

图 2-10　城市客车试验循环图

加试验次数。最后还应对试验结果按标准环境状态进行校正。关于重复性检验，参考国家标准相关内容，在此只讲试验数据的校正。

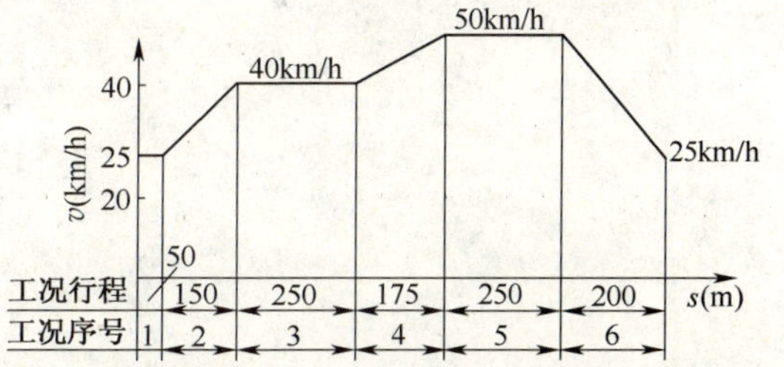

图 2-11　载货汽车试验循环图

燃料消耗量的测定值均应校正到标准状态下的数值。

(1)标准状态：气温 20℃，气压 100kPa，汽油密度 0.742g/ml，柴油密度 0.830g/ml。

(2)校正公式：

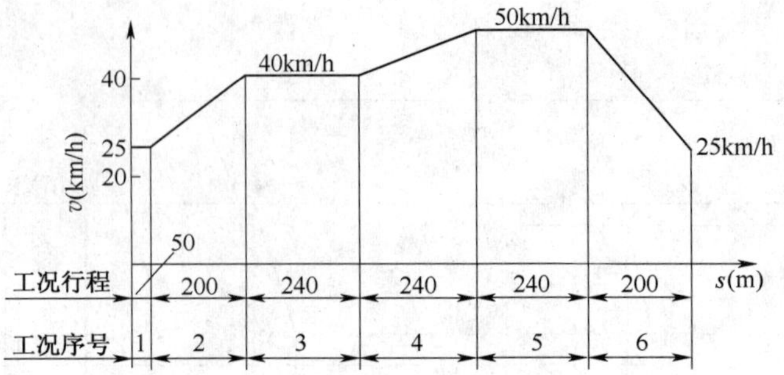

图 2-12 载货汽车试验循环图

$$Q_0=\frac{\overline{Q}}{C_1\cdot C_2\cdot C_3} \tag{2-6}$$

式中：Q_0——校正后的燃料消耗量(L/100km)；

$\overline{Q}$——实测的燃料消耗量的均值(L/100km)；

C_1——环境温度校正系数；

$C_1=1+0.0025(20-T)$；

C_2——大气压力的校正系数；

$C_2=1+0.0021(P-100)$；

C_3——燃料密度校正系数：

汽油机：$C_3=1+0.8(0.742-G_s)$；

柴油机：$C_3=1+0.8(0.830-G_d)$；

T——试验时的环境温度(℃)；

P——试验时的大气压力(kPa)；

G_s——试验用的汽油平均密度(g/ml)；

G_d——试验用的柴油平均密度(g/ml)。

复习思考题

1. 我国汽车的燃油经济性的评价指标是什么？
2. 结合图 2-3，简述容积式油耗仪的工作原理，并简述其使用注意事项。
3. 画图说明，油耗传感器在汽油汽车和柴油汽车供油系统中是如何安装的？
4. 台架检测汽车经济性时，应注意哪些问题？
5. 汽车燃油消耗量的道路检测包括哪几种？简述燃油经济性道路检测的基本条件。
6. 简述等速燃料消耗量试验与限定条件下的平均使用燃料消耗量试验的方法。

第三章　汽车制动性与检测

汽车的制动性能是汽车重要的使用性能之一。制动性能的好坏直接关系到行车安全,性能良好和可靠的制动系统可保证行车安全,避免交通事故;反之,很容易造成车毁人亡的恶性事故,同时,制动性能的好坏还影响到汽车动力性的发挥。由此,汽车制动装置的齐全、可靠及符合国家制动标准的良好制动性能是非常重要的。

依据国家标准 GB 18565《营运车辆综合性能要求和检验方法》的规定,可用台试检测制动性能,也可以用路试检测制动性能。一般情况下,可用台试检测制动性能,但对台试检测结果发生争议时,可以用路试检测进行复检,并以满载状态路试的结果为准,以保证对其制动性能判断的准确性。

第一节　汽车制动时的受力分析

汽车受到与行驶方向相反的外力时,才能从一定的速度制动到较小的车速或直至停车。这个外力只能由地面和空气提供。但由于空气阻力相对较小,所以实际上外力主要是由地面提供的,称之为地面制动力。地面制动力越大,制动减速度越大,制动距离也越短,所以地面制动力对汽车制动性具有决定性影响。

下面分析一个车轮在制动时的受力状况,以说明影响汽车地面制动力的主要因素。

一、地面制动力

图 3-1 画出了在良好的硬路面上制动时车轮的受力情况。图中滚动阻力偶矩和减速时的惯性力、惯性力偶矩均忽略不计。T_μ 是车轮制动器中摩擦片与制动鼓或盘相对滑转时的摩擦力矩,单位为 N·m;F_{xb}是地面制动力,单位为 N;W 为车轮垂直载荷、T_p 为车轴对车轮的推力、F_z 为地面对车轮的法向反作用力,它们的单位均为 N。

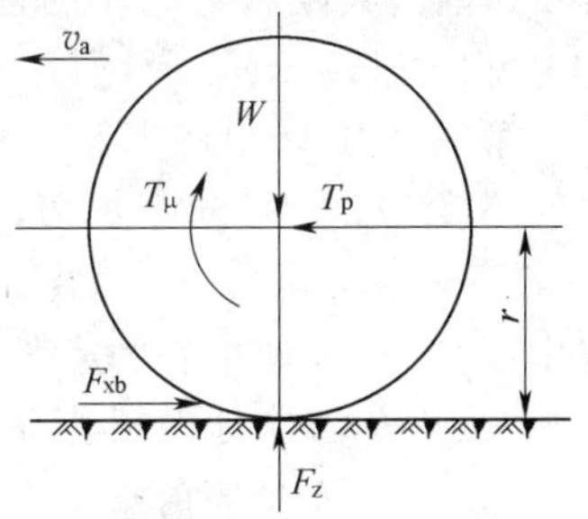

图 3-1　车轮在制动时的受力情况

显然,从力矩平衡得到

$$F_{xb}=\frac{T_\mu}{r} \tag{3-1}$$

式中:F_{xb}——地面制动力(N);

r——车轮半径(m);

T_μ——车轮制动器产生的摩擦力矩(N·m)。

地面制动力是使汽车制动而减速行驶的外力,但是地面制动力取决于两个摩擦副的摩擦力:一个是制动器内制动摩擦片与制动鼓或制动盘间的摩擦力,一个是轮胎与地面间的摩擦力——附着力。

二、制动器制动力

在轮胎周缘为了克服制动器摩擦力矩所需的力称为制动器制动力,以符号 F_μ 表示。它相当于把汽车架离地面,并踩住制动踏板,在轮胎周缘沿切线方向推动车轮直至它能转动所需的力,显然

$$F_\mu=\frac{T_\mu}{r} \tag{3-2}$$

式中:T_μ——制动器的摩擦力矩(N·m)。

由式(3-2)可知,制动器制动力仅由制动器结构参数所决定,即取决于制动器的形式、结构尺寸、制动器摩擦副以及车轮半径,并与制动踏板力,即制动系统的液压或空气压力成正比。

三、地面制动力、制动器制动力与附着力之间的关系

在制动时，若只考虑车轮的运动为滚动与抱死拖滑两种状况，当制动踏板力较小时，制动器摩擦力矩不大，地面与轮胎之间的摩擦力即地面制动力，足以克服制动器摩擦力矩而使车轮滚动。显然，车轮滚动时的地面制动力就等于制动器制动力，且随踏板力增长成正比地增长(见图 3-2)；但地面制动力是滑动摩擦的约束反力，它的值不能超过附着力，即

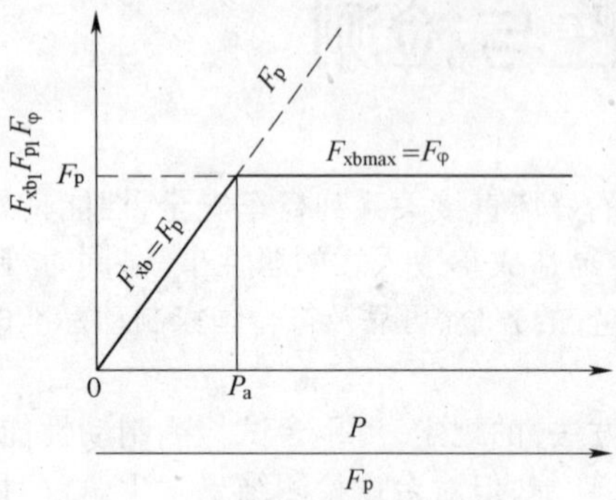

图 3-2 制动过程中地面制动力、制动器制动力及附着力的关系

$$F_{xb} \leqslant F_{\varphi} = F_{z\varphi} \tag{3-3}$$

或最大地面制动力 F_{xbmax} 为：

$$F_{xbmax} = F_{z\varphi} \tag{3-4}$$

当制动器踏板力 F_P 或制动系统液压力 P 上升到某一值(图 3-2 中为制动系统液压力 P_a)、地面制动力 F_{xb} 达到附着力 F_{φ} 时，车轮即抱死不转而出现拖滑现象。制动系统液压力 $P > P_a$ 时，制动器制动力 F_{μ} 由于制动器摩擦力矩的增长而仍按直线关系继续上升。但是，若作用在车轮上的法向载荷为常数，地面制动力达到附着力的值后就不再增加。

由此可见，汽车的地面制动力首先取决于制动器制动力，但同时又受地面附着条件的限制，所以只有汽车具有足够的制动器制动力，同时地面又能提供高的附着力时，才能获得足够的地面制动力。

四、硬路面上的附着系数

上面曾假设车轮的运动只有滚动和抱死拖滑。但仔细观察汽车制动过程，发现胎面留在地面上的印痕从车轮滚动到抱死拖滑是一个渐变的过程。图 3-3 是汽车制动过程中逐渐增大踏板力时轮胎留在地面上的印痕。印痕基本上可分三段：

第一段内，印痕的形状与轮胎胎面花纹基本上一致，车轮还接近于单纯的滚动，可以认为：

$$v_w \approx r_{r0}\omega_w$$

式中：v_w ——车轮中心的速度；

r_{r0} ——没有地面制动力时的车轮滚动半径；

ω_w ——车轮的角速度。

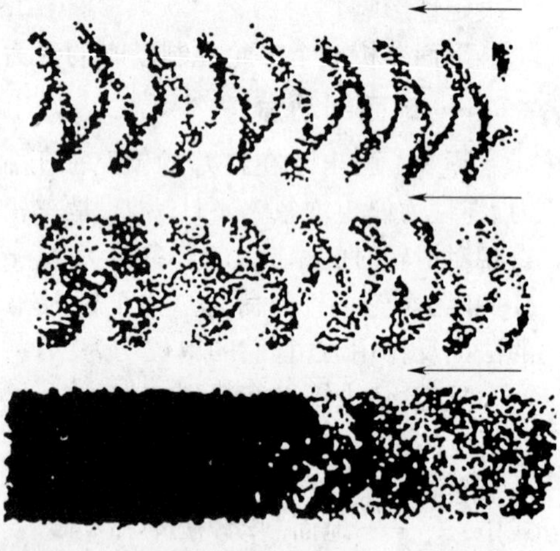

图 3-3 制动时轮胎留在地面上的印痕

第二段内，轮胎花纹的印痕可以辨别出来，但花纹逐渐模糊，轮胎不只是单纯的滚动，胎面与地面发生一定程度的相对滑动，即车轮处于边滚边滑的状态，此时

$$v_w > r_{r0}\omega_w$$

且随着制动强度的增加，滑动成分的比例越来越大，即

$$v_w \gg r_{r0}\omega_w$$

第三段形成一条粗黑的印痕，看不出花纹的印痕，车轮被制动器抱住，在路面上作完全的拖滑，此时

$$v_w = 0$$

从这三段的变化情况可以看出，随着制动强度的增加，车轮滚动成分越来越少，而滑动成分越来越多。一般用滑动率 s 说明这个过程中滑动成分的多少。滑动率的定义是

$$s = \frac{v_w - r_{r0}\omega_w}{v_w} \times 100\% \tag{3-5}$$

在纯滚动时，$v_w = r_{r0}\omega_w$，滑动率 $s=0$；在纯拖滑时，$\omega_w=0$，$s=100\%$；在边滚边滑时，$0<s<100\%$。所以，滑动率的数值说明了车轮运动中滑动成分所占的比例。滑动率越大，滑动成分越多。

若令地面制动力与垂直载荷之比为制动力系数 φ_b，则在不同滑动率时，φ_b 的数值不同。图 3-4 给出了试验所得的制动力系数曲线，即 φ_b-s 曲线。曲线在 OA 段近似于直线，随 s 的增加而迅速增大。过 A 点后上升缓慢，至 B 点达到最大值。制动力系数的最大值称为峰值附着系数 φ_p。一般出现在 $s=15\%\sim20\%$。滑动率再增加，制动力系数有所下降，直至滑动率为 100%。$s=100\%$ 的制动力系数称为滑动附着系数 φ_s，在干燥路面上，φ_p 与 φ_s 的差别较小，而在湿路面差别较大。

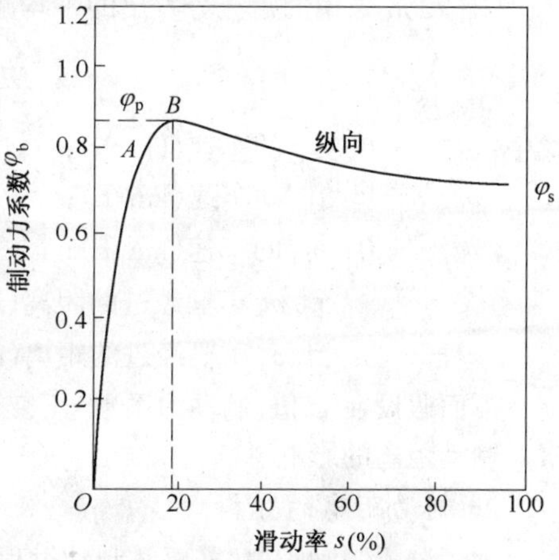

图 3-4　制动力系数与车轮滑移率关系曲线

附着系数的数值主要决定于道路的材料、路面的状况与轮胎结构、胎面花纹、材料以及汽车运动速度等因素。

当然，轮胎的磨损会影响它的附着能力。随着胎面花纹深度的减小，它的附着系数将有显著下降。

路面的结构对排水能力也有很大影响。为了增加潮湿时的附着能力，路面的宏观结构应具有一定的不平度而有自动排水的能力；路面的微观结构应是粗糙且有一定的尖锐棱角，以穿透水膜，让路面与胎面直接接触。

增大轮胎与地面的接触面会提高附着能力。因此，低气压、宽断面和子午线轮胎的附着系数要较一般轮胎高。

第二节　汽车制动性的评价指标

汽车制动性主要由下列三方面来评价：制动效能，即制动距离与制动减速度；制动效能的恒定性，即抗热衰退性能；制动时汽车的方向稳定性，即制动时汽车不发生跑偏、侧滑以及失去转向能力的性能。

根据汽车技术和道路等的发展情况，世界各国都制定有相应的制动法规。我国颁布的 GB 7258《机动车运用安全技术条件》中便对上述有明确的要求。

一、汽车的制动效能及其恒定性

汽车的制动效能是指汽车迅速降低车速直至停车的能力。评定制动效能的指标是制动距离 s 和制动减速度 a_b。

1. 制动距离与制动减速度

制动距离与汽车的行驶安全有直接的关系，它指的是汽车速度为 v_0 时，从驾驶人开始操纵制动控制装置（制动踏板）到汽车完全停住为止所驶过的距离。制动距离与制动踏板力、路面附着条件、车辆载荷、发动机是否接合等许多因素有关。在测试制动距离时，应对踏板力或制动系统压力、路面附着系数以及车辆的状态做一规定。制动距离与制动器的热状况也有密切关系，若无特殊说明，一般制动距离是在冷试验的条件下测得的。此时，起始制动时制动器的温度在 100℃ 以下。由于各种汽车的动力性不同，对制动效能也提出了不同要求：一般轿车、轻型货车行驶车速高，所以要求制动效能也高；重型货车行驶车速低，要求就稍低一点。

制动减速度反映了地面制动力的大小，与制动器制动力（车轮滚动时）及附着力（车轮抱死拖滑时）有关。

汽车能达到的减速度(m/s²)为

$$a_{bmax} = \psi_b g$$

GB 7258 采用的是充分发出的平均减速度(m/s²)

$$MFDD = \frac{v_b^2 - v_e^2}{25.92(s_e - s_b)} \tag{3-6}$$

式中:v_b —— $0.8v_0$ 的车速(km/h);

v_0 ——起始制动车速(km/h);

v_e —— $0.1v_0$ 的车速(km/h);

s_b —— v_0 到 v_b 车辆经过的距离(m);

s_e —— v_0 到 v_e 车辆经过的距离(m)。

下面假设在 ψ 值(制动力系数)不变的条件下,对制动距离做一粗略的定量分析,以研究各种因素对制动距离的影响。

2. 制动距离的分析

为了分析制动距离,需要对制动过程有一个全面了解。

图 3-5 是驾驶人在接受了紧急制动信号后,制动踏板力、汽车制动减速度与制动时间的关系曲线。图 3-5a 是实际测得的,图 3-5b 是经过简化后的曲线。

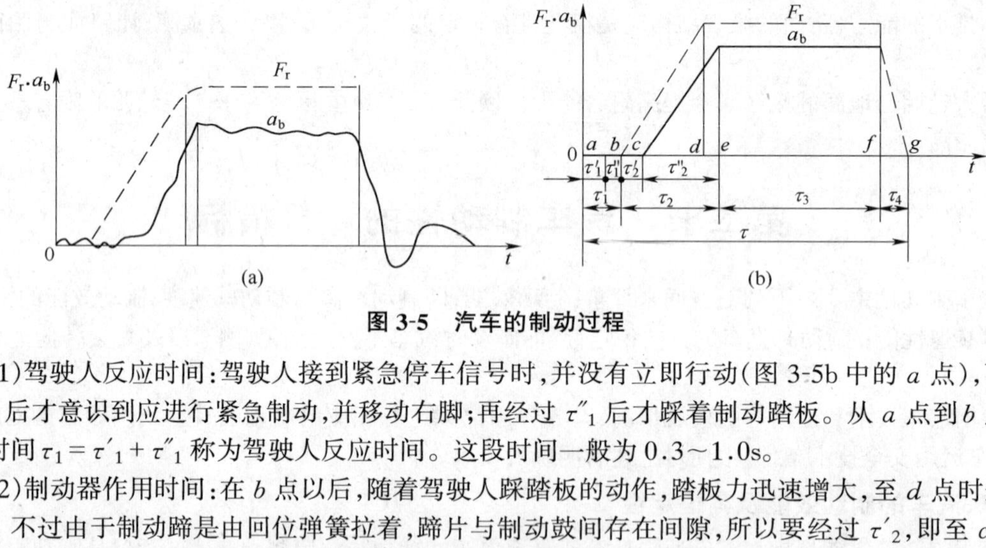

图 3-5 汽车的制动过程

(1)驾驶人反应时间:驾驶人接到紧急停车信号时,并没有立即行动(图 3-5b 中的 a 点),而要经过 τ'_1 后才意识到应进行紧急制动,并移动右脚;再经过 τ''_1 后才踩着制动踏板。从 a 点到 b 点所经过的时间 $\tau_1 = \tau'_1 + \tau''_1$ 称为驾驶人反应时间。这段时间一般为 0.3~1.0s。

(2)制动器作用时间:在 b 点以后,随着驾驶人踩踏板的动作,踏板力迅速增大,至 d 点时达到最大值。不过由于制动蹄是由回位弹簧拉着,蹄片与制动鼓间存在间隙,所以要经过 τ'_2,即至 c 点,地面制动力才起作用,使汽车开始产生减速度。由 c 点到 e 点是制动器制动力增长过程所需的时间 τ''_2。$\tau_2 = \tau'_2 + \tau''_2$ 总称为制动器的作用时间。制动器作用时间一方面取决于驾驶人踩踏板的速度,另外更重要的是受制动系统结构形式的影响。τ_2 一般在 0.2~0.9s 之间。

(3)持续制动时间:由 e 到 f 为持续制动时间 τ_3,其减速度基本不变。

(4)制动放松时间:到 f 点时驾驶人松开踏板,但制动力的消除还需要一段时间,τ_4 一般在 0.2~1.0s 之间。这段时间过长会耽误随后起步行驶的时间。另外,若因车轮抱死而使汽车失去控制,驾驶人采取措施放松制动踏板时,又会使制动力不能立即释放。

从制动的全过程来看,总共包括驾驶人见到信号后作出行动反应、制动器起作用、持续制动和放松制动器四个阶段。通常所指的制动距离是开始踩着制动踏板到完全停车的距离。它包括制动器起作用和持续制动两个阶段中汽车驶过的距离 s_2 和 s_3。

下面仅对制动器起作用的时间加以分析。

真正使汽车减速停车的是持续制动时间,但制动器起作用时间对制动距离的影响是不小的。制动器起作用时间与制动系统的结构形式有密切的关系。

当驾驶人急速踩下制动踏板时,液压制动系统的制动器起作用时间可短至 0.1s 或更短;真空助力制动系统和气压制动系统为 0.3～0.9s;货车有挂车时,汽车列车的制动器起作用时间有时竟长达 2s,但精心设计的汽车列车制动系统可缩短到 0.4s。

改进制动系统的结构,减少制动器起作用时间,是缩短制动距离的一项有效措施。例如红旗 CA770 型轿车由真空助力制动系统改为压缩空气助力(气顶液)制动系统后,以 30km/h 起始制动车速所做的制动试验结果如表 3-1 所示。

表 3-1　装用不同助力系统时 CA770 型轿车的制动性能

性能指标 / 制动系统形式	制动距离(m)	制动时间(s)	最大制动减速度(m/s^2)
真空助力制动系统	2.12	12.25	7.25
压缩空气-液压制动系统	1.45	8.25	7.65

由表可见,采用压缩空气-液压制动系统后,制动距离缩短 32%,制动时间减少 31.6%。但最大减速度只提高 3.5%。虽未单独给出制动器起作用时间 τ_2 的变化情况,但试验结果说明,最大减速度提高不多,即持续制动时间 τ_3 变化不大。因此,可认为制动器起作用时间的减少是缩短制动距离的主要原因。

3. 制动效能的恒定性

以上的讨论仅限于在冷制动情况(制动器起始温度在 100℃以下)的制动效能。汽车在繁重的工作条件下制动时(例如在下长坡时,制动器就要较长时间连续地进行较大强度的制动),制动器温度常在 300℃以上,有时高达 600℃～700℃。高速制动时,制动器温度也会很快上升。制动器温度上升后,摩擦力矩常会有显著下降,这种现象称为制动器的热衰退。如 Lexus LS400 型轿车在冷制动时,起始制动车速为 195km/h,制动距离为 163.9m,减速度为 $8.5m/s^2$,而经过下山中的 26 次制动,前制动器温度达 693℃,这时以同样的起始车速制动,减速度为 $6.0m/s^2$,制动距离加长了 80.6m,达到 244.5m。

热衰退是目前制动器不可避免的现象,只是程度上有所差别。制动效能的恒定性主要指的是抗热衰退性能。

制动器抗热衰退性能一般用一系列连续制动时制动效能的保持程度来衡量。根据国家行业标准 ZBT 24007—1989,要求以一定车速连续制动 15 次,每次的制动强度为 $3m/s^2$,最后的制动效能应不低于规定的冷试验制动效能($5.8m/s^2$)的 60%(在制动踏板力相同的条件下)。

山区行驶的货车和高速行驶的轿车,对抗热衰退性能有更高的要求。一些国家规定,大型货车必须装备辅助制动器,以保持山区行驶的制动效能。

抗热衰退性能与制动器摩擦副材料及制动器结构有关。

二、汽车制动时的方向稳定性

制动过程中,有时会出现制动跑偏、后轴侧滑或前轮失去转向能力而使汽车失去控制,离开原来的行驶方向,甚至发生撞入对方车辆行驶轨道、下沟、滑下山坡的危险情况。一般称汽车在制动过程中维持直线行驶或按预定弯道行驶的能力为制动时汽车的方向稳定性。汽车试验中常规定一定宽度的试验通道(如 1.5 倍车宽或 3.7m),制动时方向稳定性合格的车辆,在试验过程中不允许产生不可控制的效应使它离开这条通道。

制动时汽车自动向左或向右偏驶称为“制动跑偏”。侧滑是指制动时汽车的某一轴或两轴发生横向移动。最危险的情况是在高速制动时发生后轴侧滑,此时汽车常发生不规则的急剧回转运动而失去控制。跑偏与侧滑是有联系的,严重的跑偏有时会引起后轴侧滑,易于发生侧滑的汽车也有加剧跑偏的趋势。图 3-6 画出了单纯制动跑偏和由跑偏引起后轴侧滑时轮胎留在地面上的印迹的示意图。

前轮失去转向能力,是指弯道制动时汽车不再按原来的弯道行驶而沿弯道切线方向驶出;直线行

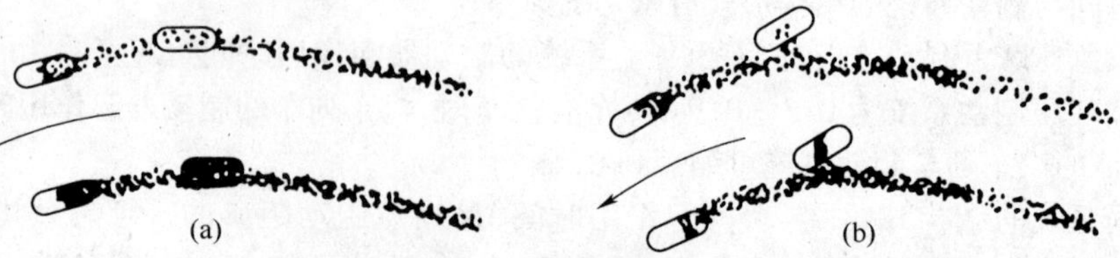

图 3-6 制动时汽车跑偏的情形

(a)制动跑偏时轮胎在地面上留下的印迹

(b)制动跑偏引起后轴轻微侧滑时轮胎留在地面上的印迹

驶制动时,虽然转动转向盘但汽车仍按直线方向行驶的现象。失去转向能力和后轴侧滑也是有联系的,一般如果汽车后轴不会侧滑,前轮就可能失去转向能力;后轴侧滑,前轮仍有转向能力。

制动跑偏、侧滑与前轮失去转向能力是造成交通事故的重要原因。例如,我国某市市郊一山区公路,根据两周(雨季)发生的七起交通事故分析,发现其中六起是由于制动时后轴发生侧滑或前轮失去转向能力造成的。西方一些国家的统计表明,发生人身伤亡的交通事故中,在潮湿路面上约有 1/3 与侧滑有关;在冰雪路面上有 70%~80%与侧滑有关。根据对侧滑事故的分析,发现有 50%是由制动引起的。

1. 汽车的制动跑偏

制动时汽车跑偏的原因有两个:

(1)汽车的左、右轮,特别是前轴左、右车轮(转向轮)制动器的制动力不相等。

(2)制动时悬架导向杆系统与转向系统拉杆在运动学上的不协调(互相干涉)。

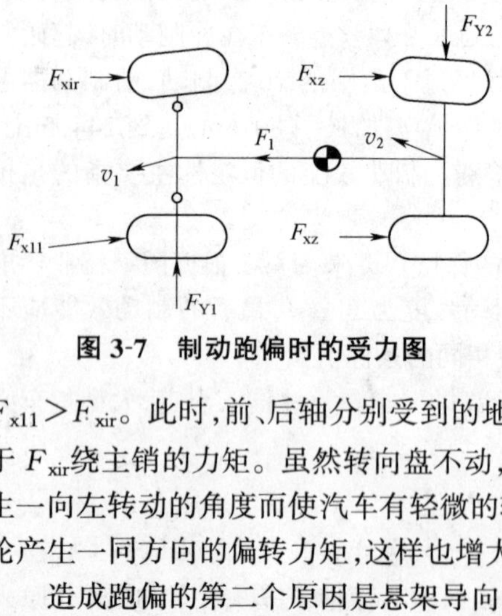

图 3-7 制动跑偏时的受力图

上述,第一个原因是制造、调整误差造成的;汽车究竟向左或向右跑偏,要根据具体情况而定;而第二个原因是设计造成的,制动时汽车总是向左(或向右)一方跑偏。

图 3-7 给出了由于转向轮左、右车轮制动力不相等而引起跑偏的受力分析。为了简化,假定车速较低,跑偏不严重,且跑偏过程中转向盘是不动的,在制动过程中也没有发生侧滑,并忽略汽车作圆周运动时产生的离心力及车身绕质心的惯性力偶矩。

设前左轮的制动器制动力大于前右轮,故地面制动力 $F_{x11} > F_{xir}$。此时,前、后轴分别受到的地面侧向反作用力为 F_{Y1} 和 F_{Y2}。显然,F_{x11} 绕主销的力矩大于 F_{xir} 绕主销的力矩。虽然转向盘不动,由于转向系统各处的间隙及零部件的弹性变形,转向轮仍产生一向左转动的角度而使汽车有轻微的转弯行驶,即跑偏。同时,由于主销有后倾,也使 F_{Y1} 对转向轮产生一同方向的偏转力矩,这样也增大了向左转动的角度。

造成跑偏的第二个原因是悬架导向杆系统与转向系统拉杆发生运动干涉,且跑偏的方向不变。例如一试制中的货车,在紧急制动时总是向右跑偏,在车速 30km/h 时,最严重的跑偏距离为 1.7m。分析其原因主要是转向节上节臂处的球头销离前轴中心线太高,且悬架钢板弹簧的刚度又太小造成的。图 3-8 给出了该货车的前轴简图。在紧急制动时,前轴向前扭转了一角度,转向节上节臂球头销本应作相应的移动,但由于球头销又连接在转向纵拉杆上,仅能克服转向拉杆的间隙,使拉杆有少许弹性变形而不允许球头销作相应的移动,致使转向节臂相对于主销作向右的偏转,于是引起转向轮向右转动,造成汽车跑偏。后来改进了设计,使转向节上节臂处球头销位置下移,在前钢板弹簧扭转相同角度时,球头销位移量减少,转向节偏转也减少;同时增加了前钢板弹簧的刚度,从而基本上消除了跑偏现象。

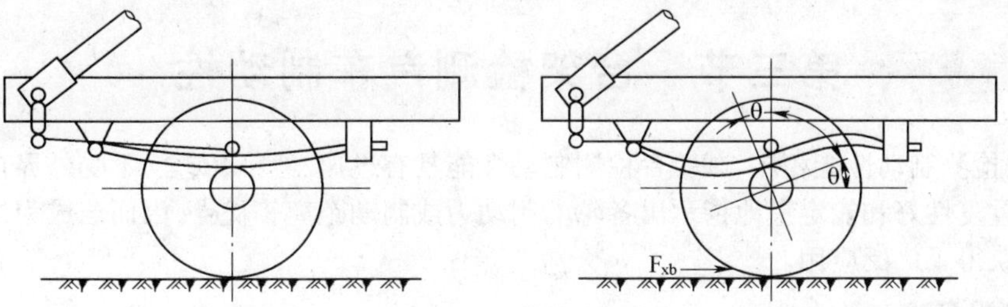

图 3-8　悬架导向杆系统与转向系统拉杆在运动学上的不协调引起的制动跑偏

(a)未制动时　(b)制动时前轴转动

2. 制动时后轴侧滑与前轴转向能力的丧失

制动时发生侧滑,特别是后轴侧滑,将引起汽车剧烈的回转运动,严重时可使汽车掉头。由试验与理论分析得知,制动时若后轴车轮比前轴车轮先抱死拖滑,就可能发生后轴侧滑。若能使前、后轴车轮同时抱死或前轴车轮先抱死,后轴车轮再抱死或不抱死,则能防止后轴侧滑、不过前轴车轮抱死后将失去转向能力。

试验可以总结为两点:

(1)制动过程中,若是只有前轮抱死或前轮先抱死拖滑,汽车基本上沿直线向前行驶(减速停车);汽车处于稳定状态,但丧失转向能力。

(2)若后轮比前轮提前一定时间先抱死拖滑,且车速超过某一数值时,汽车在轻微的侧向力作用下就会发生侧滑。路面越滑、制动距离和制动时间越长,后轴侧滑越剧烈。

下面从受力情况分折汽车前轮抱死拖滑或后轮抱死拖滑的两种运动情况。

图 3-9a 所示为前轮抱死而后轮滚动。设转向盘固定不动,前轴如受侧向力作用将发生侧滑,因此前轴中点 A 的前进速度 v_A 与汽车纵轴线的夹角为 α;后轴因未发生侧滑,所以 v_B 的方向仍为汽车纵轴方向。此时,汽车将发生类似转弯的运动,其瞬时回转中心为速度 v_A、v_B 两垂线的交点 O;汽车作圆周运动时产生了作用于质心 C 的惯性力 F_j。显然,F_j 的方向与汽车侧滑的方向相反,就是说 F_j 能起到减小或阻止前轴侧滑的作用,即汽车处于一种稳定状态。图 3-9b 所示为后轮制动抱死而前轮滚动。如有侧向力作用,后轴发生侧滑的方向正好与惯性力 F_j 的方向一致,于是惯性力加剧后轴侧滑;后轴侧滑又加剧惯性力 F_j,汽车将急剧转动。因此,后轴侧滑是一种不稳定的、危险的工况。

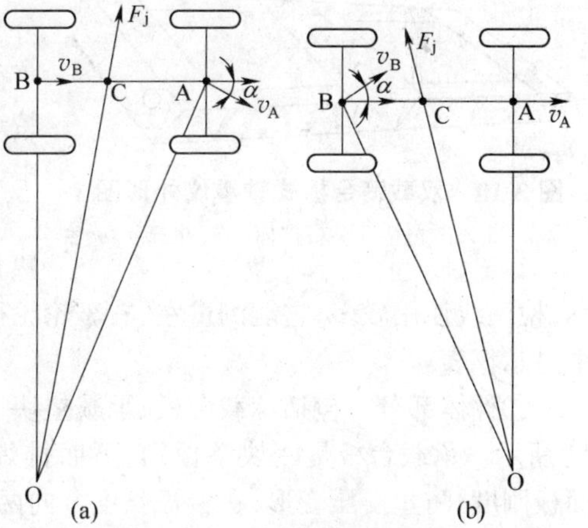

图 3-9　汽车侧滑时的运动情况

(a)前轴侧滑　(b)后轴侧滑

上面是直线行驶条件下的制动试验,在弯道行驶时进行的制动试验也会得到类似的结果,即只有后轮抱死或后轮提前抱死,在一定车速条件下,后轴才将发生侧滑。另外,只有前轮抱死或前轮先抱死时,因为侧向力系数为零,不能产生任何地面侧向反作用力,汽车无法按原弯道行驶而沿切线方向驶出,即失去了转向能力。

因此,从保证汽车方向稳定性的角度出发,首先不能出现只有后轴车轮抱死或后轴车轮比前轴车轮先抱死的情况,以防止危险的后轴侧滑;其次,尽量少出现只有前轴车轮抱死或前、后车轮都抱死的情况,以维持汽车的转向能力。最理想的情况就是防止任何车轮抱死,前、后车轮都处于滚动状态,这样就可以确保制动时的方向稳定性。

第三节 台架检测汽车制动性

与路试法检测制动性能相比，试验台检测制动性能具有迅速、经济、安全，不受外界自然条件的限制，以及试验重复性好和能定量地指示出各轮的制动力或制动距离等优点，因而已成为检测的发展方向，在国内外获得了广泛应用。

一、检测设备

台架检测车辆制动性能的主要设备是制动试验台和与之配合使用的轴(轮)重仪。

制动试验台按不同的分类方法，可以分出不同的类型。

(1)按试验台测量原理不同，可分为反力式和惯性式两类；

(2)按试验台支承车轮形式不同，可分为滚筒式和跑板式两类；

(3)按试验台检测参数不同，可分为测制动力式、测制动距离式和多功能综合式三种；

(4)按试验台测量装置至指示装置传递信号方式不同，可分为机械式、液压式和电气式三类；

(5)按试验台同时能测车轴数不同，又可分为单轴式、双轴式和多轴式三类。

无论哪种制动试验台，在检测汽车制动性能的过程中，都必须首先测得相对应的轴荷用以评价和判断制动性能是否符合国家标准。下面首先介绍轴重检测台的结构与原理。

1. 轴重检测台

利用制动试验台检测汽车制动性能时，其制动的参数标准是以轴制动力占轴荷的百分比为依据的，因此必须在测得轴荷和轴制动力后才能评价轴制动性能是否符合国标要求。我们把用于检测车轴轴载质量的设备，称为轴重检测台，轴重检测台又称轴重仪。

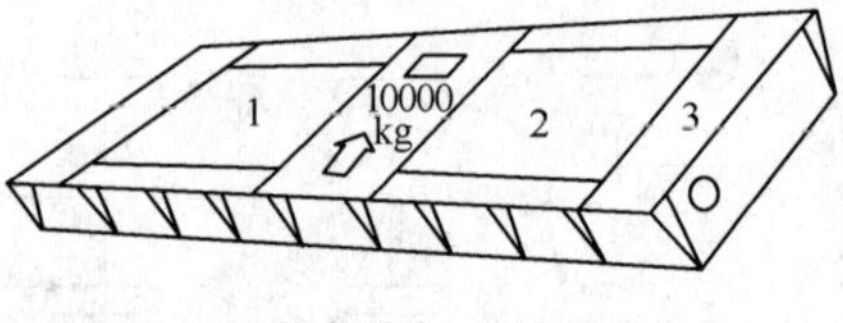

图 3-10 双载荷台板式轴重仪外形图 1

1. 左秤体 2. 右秤体 3. 框架

(1)轴重检测台结构与原理：轴重检测台按工作原理可分为机械式和电子式两类。机械式称重是按照不等臂杠杆平衡原理和摆锤、齿板齿轮传动而设计的，具有结构简单的特点，但检测效率和测量精度不如电子式的高，在实际应用中，电子式轴重仪得到广泛的应用。

电子轴重仪一般由机械部分(包括承载装置和传感器装置)和显示仪表所组成。双载荷台板式轴重仪，如图 3-10 所示，检测线使用较多，它能测量左、右车轮轮荷。它有左右两个秤体，分别安装在左右框架内，共用一个显示仪表。

①秤体部分。包括承载台板、承载垫块、传感器及框架等。如图 3-11 所示。承载台板是一块整板，它下面排焊上两根槽钢，以增加承载面板刚度、防止受压变形，在台板长度方向两端用两块厚钢板做传感器的安装板，这种结构具有高度低、质量轻、加工简单的特点。

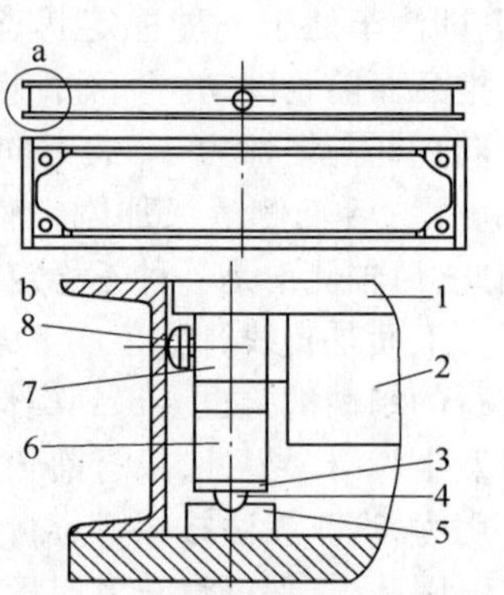

图 3-11 轴重仪秤体结构简图

1. 承载面板 2. 槽钢 3. 钢球盖 4. 钢球 5. V形垫块 6. 悬臂梁传感器 7. 加强板 8. 台面限位装置

轴重仪常用的传感器为悬臂梁式，它造价较高，但它的性能好，具有外形低、精度高、抗偏、抗侧性能优越的器件。传感器采用弹性梁及电阻应变片随其一起变形，产生一定的应变电桥便产生一个与压力成正比的电信号。

悬臂梁传感器 6 共有四个，分别安装在台板四角的加强板 7 上，由 V 形承载垫块 5 支承，以减少汽车在轴重仪上制动时产生横向力对测量精度的影响。在传感器 6 与垫块 5 之间采用钢球 4 连接，这样使安装方便，不会因上、下球座中心错位而产生横向分力，这种结构的显示读数稳定、测量速度快。在台板下面四边采用四个限位钢球进行限位，当承载台板上受到横向载荷时，通过钢球传给框架，以免对传感器冲击。

②显示仪表：图 3-12 为国产 SDZ-4 型轴重仪仪表面板。它由五位大型发光管显示荷重（kg），仪表板上，WEIGHING DISPLAY 为称重显示；SELECTOR 为选择器；L 代表左轮；R 代表右轮，L＋R 代表左轮＋右轮；ZERO ADJUSTER 表示零位校正器。

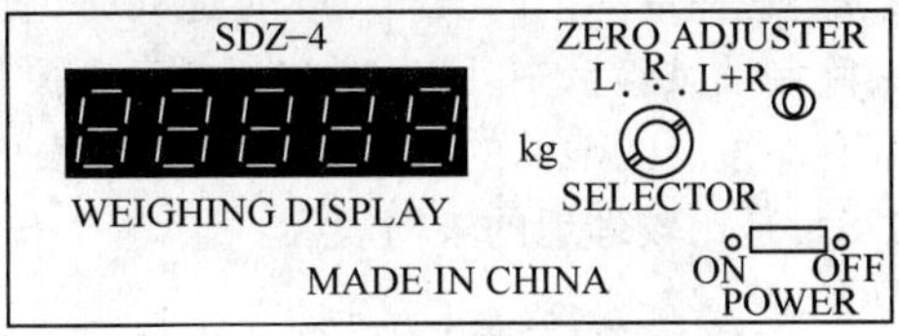

图 3-12　显示仪表面板

（2）轴重检测台的使用与维护。

①使用方法。

a. 将仪表电源线接通，将电源开关置于接通的位置。

b. 当仪表开始有显示，如显示“88888”，检查数字显示是否短缺笔画，经过几秒自动转入测量状态，接着显示“零”。

c. 按动调零校正器，机内电脑自动给轴重仪调零。

d. 汽车缓慢开上轴重仪，显示仪表便显示测量值；在显示的同时，打印机便打印出数据，显示值将保留到下一个车轴的车轮开到承载台板上为止。

e. 测量完毕断开电源，显示器关闭。

②轴重仪使用与维护要点。

a. 轴重仪为较高精度的电子衡器，称量汽车轴重时，尽量保持轻上轻下，减少冲击载荷，也不要随意晃动台面。

b. 保持秤体干净卫生，特别是接线盒部分清洁，以免影响电信号输出。

c. 称量汽车轴重时，应尽量靠近秤体面板的中部。

d. 秤体要尽量防日晒雨淋，特别是线盒插头部分严禁水进入，严禁用水冲洗秤体和仪表各部分。

e. 传感器是轴重仪的核心部件，使用时特别注意防潮，相对湿度不大于 80％，环境温度不能变化太大，为保证测试的线性度，传感器性能衰退后就要更换。

f. 要定期用标准量具校验轴重仪的测量精度，一般 3～6 个月校验一次为宜。

2. 反力式滚筒制动试验台

前面已叙述了制动试验台的几种不同的类型。上述类型中，反力式滚筒制动试验台（测制动力式）获得了广泛应用，其中，特别是单轴反力式滚筒制动试验台应用最为普遍，国内外汽车检测站所用的制动检测设备多为这种形式。

下面主要重点介绍单轴反力式滚筒制动试验台。

（1）试验台的结构与工作原理：单轴反力式滚筒制动试验台的结构简图如图 3-13 所示。它由框架、驱动装置、滚筒装置、测量装置、举升装置和指示与控制装置等组成。为使制动试验台能同时检测车轴两端左、右车轮的制动力，除框架、指示与控制装置外，其他装置是分别独立设置的。

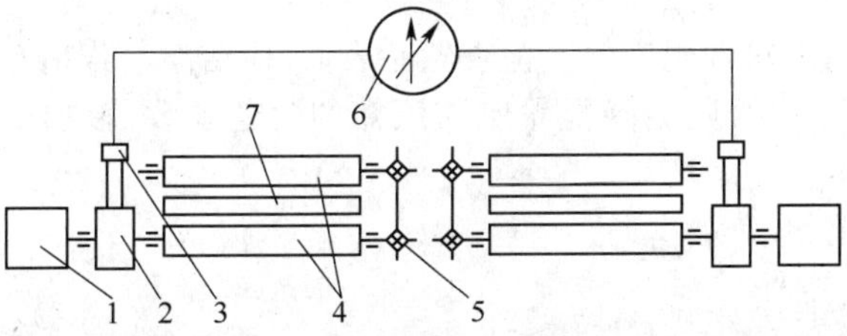

图 3-13　单轴反力式滚筒制动试验台简图

1. 电动机　2. 减速器　3. 测量装置　4. 滚筒装置　5. 链传动　6. 指示与控制装置　7. 举升装置

①驱动装置。该装置由电动机、减速器和链传动组成。电动机的转动通过减速器内的蜗轮蜗杆传动和一对圆柱齿轮传动后传递给主动滚筒，主动滚筒又通过链传动把动力传递给从动滚筒。减速器与主动滚筒共用一轴，减速器壳体处于浮动状态。

②滚筒装置。该装置由四个滚筒组成。每对滚筒独立设置，有主动滚筒和从动滚筒之分。每个滚筒的两端分别用滚动轴承支承，被测车轮置于两滚筒之间，为使滚筒与轮胎的附着系数能够与路面

相接近，在滚筒圆周表面上沿轴线方向开有间隔均匀、有一定深度的若干沟槽，附着系数可达0.6～0.7。这种带沟槽的滚筒当车轮抱死时，有剥伤轮胎和附着系数仍显不足的缺点。因此，国产反力式滚筒制动试验台中，已出现在圆周表面覆盖一定厚度粘砂、烤砂或其他材料以代替沟槽的滚筒。这种带有涂覆层的滚筒的表面几乎与道路表面一致，模拟性好，附着系数高（干态可达0.9，湿态不低于0.8），是比较理想的滚筒表面。

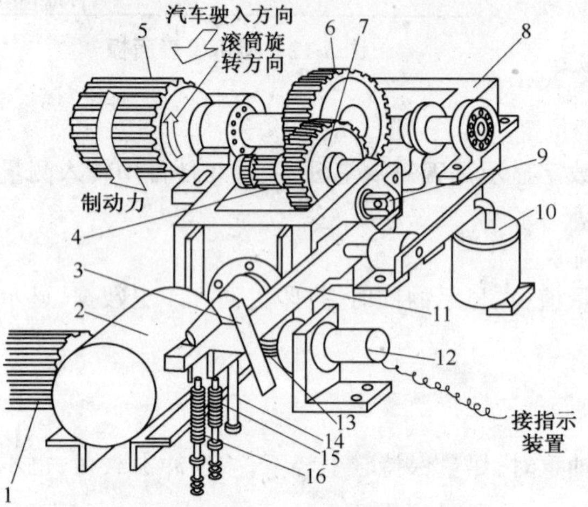

图3-14 反力式滚筒制动试验台的驱动装置与测量装置

1、5. 滚筒 2. 电动机 3. 齿条 4. 二级减速主动齿轮 6. 二级减速从动齿轮 7. 蜗轮 8. 减速器壳体 9. 传力臂刃口 10. 缓冲器 11. 测力杠杆 12. 自整角电机 13. 小齿轮 14. 限位杆 15. 测力弹簧A 16. 测力弹簧B

③测量装置。该装置主要由测力杠杆、测力传感器和测力弹簧等组成。测力杠杆一端与传感器连接，另一端与减速器连接。

安装在测力杠杆前端的测力传感器，有自整角电机式（图3-14中之12）、电位计式、差动变压器式或电阻应变片式等多种类型，能把测力杠杆的位移或力变成反映制动力大小的电信号，并送入到指示与控制装置中去。

以上所述的驱动装置、滚筒装置和测量装置，直接或间接安装在框架上。

④举升装置。为了便于汽车出入试验台，在两滚筒之间设有举升装置。举升装置一般由举升器、举升平板和控制开关等组成。每个举升平板下一般设置1～2个举升器。常见的试验台举升器主要有三种类型，即气压式、液压式和电动机械式。气压式举升器有气缸式和气囊式之分，均以压缩空气为动力，以驱动气缸中的活塞上移或使气囊向上变形完成举升工作。液压式举升器为气缸式，以油液为动力，驱动气缸中的活塞上移完成举升工作。电动机械式由电动机通过减速器带动丝母转动，迫使丝杠向上运动完成举升工作。

⑤指示与控制装置。控制装置有电子式与微机式之分。电子式的控制装置多配以指针式指示仪表；微机式控制装置多配以数字式显示器，也有配置指针式指示仪表的。国产反力式滚筒制动试验台多为微机式，其指示与控制装置主要由放大器、A/D转换器、微机、数字式显示器和打印机等组成。

(2)试验台的使用方法与维护保养。

①一般型试验台使用方法。

a. 对被检车辆做好如下准备：检查轮胎气压，应符合规定值。检查轮胎表面，应洁净。若粘有油污、水渍或轮胎花纹嵌有小石子等，都要清除、擦净，否则会降低轮胎与滚筒的附着系数，影响检测精度。

b. 接通制动试验台总电源；

c. 开动滚筒间的举升器；

d. 将被检车辆驶入两滚筒间；

e. 降下滚筒间的举升器，并保证举升器托板与车轮完全脱开；

f. 接通试验台驱动滚筒电动机的电源，使滚筒转动；

g. 踩下制动踏板，读取仪表上指示的最大制动力值；

h. 前、后轴车轮依次进行检测，检测完毕后，切断驱动电动机电源；

i. 举升器升起，汽车驶出试验台；

j. 检测结束，切断试验台总电源。

②注意事项。试验台测得的车轮制动力实际等于轮胎与试验台滚筒之间的附着力。这种测量结

果往往小于车轮制动器制动力，而无法测得车轮制动器制动力的最大值。因为附着力大小是轮胎与滚筒之间的正压力及附着系数有关。正压力与轴荷大小，以及车轮在试验台上与滚筒之间的安置角有关，在实际检测时该轴荷多半是车辆空载状态。为排除这种检测的不确切性，在GB 7258—1997内规定可通过增加相应车轴上的附加质量或作用力来获得足够附着力。另外，在检测制动力时，经常出现车轮抱死，车轮抱死后滚筒将车轮推出试验台外，此时所得的制动力也小于车轮制动器的制动力。为测量真实的制动力必须增大试验台前后滚筒表面的附着系数或在另一车轴轮胎下放置三角挡块。

③制动试验台维修与保养。

a. 指示仪表应注意避开阳光直射或温度太高的地方。

b. 试验台的测量装置内要防潮、防水。

制动试验台保养参见表3-2。

表3-2　反力滚筒式制动试验台保养

保养周期	保养部位	保养要领	保养方法
每周	滚筒轴承盖螺栓和扭力箱内大齿轮端螺钉	检查各处螺栓是否松动	各螺栓如有松动现象应给予紧定
每季度	滚筒轴承	检查滚筒轴承处润滑脂润滑情况	如有脏污或干涸时，应按厂家规定的油品加注润滑脂
每半年	滚筒及滚筒轴承	检查滚筒有无运转异响或损伤部位	滚筒有运转异响或损伤时，要请厂家或设备维修人员修理
	扭力箱及缓冲器	检查油池内的储油脏污程度	油脏污时，要按厂家规定的油品更换
	链条	拆下链罩盒，检查链条脏污和松紧情况	链条脏污时，要彻底清洗，并重新润滑；链条伸长时，应更换
一年	对试验台进行检定，检查试验台的测量误差		

3. 其他类型制动试验台

(1)惯性式滚筒制动试验台：惯性式滚筒制动试验台，用旋转飞轮的转动惯量模拟车辆在道路上行驶时的平移动能，使车辆在试验台上再现道路行驶状况。惯性式滚筒制动试验台的滚筒，可由电动机或车辆的驱动轮驱动，并能进行高速试验，因而测试结果与实际工况更为接近。

该种试验台的主要检测参数是各轮的制动距离，同时还可测得制动时间或制动减速度。如果采用运算电路，则可测得整车制动距离或制动减速度。

①单轴惯性式滚筒制动试验台。该种制动试验台的结构简图如图3-15所示。它有两对滚筒可同时检测一根轴上的两个车轮。图中电动机1通过联轴器2、5与滚筒4、7相连。滚筒4、7又通过链传动与滚筒11、13相连，因而四只滚筒可获得相同的制动初速度。在滚筒7的外端安装有平衡飞轮8，用以平衡滚筒4外端的电动机转子和联轴器的惯性力矩。在滚筒11和13的外端也各安装一个飞轮，这样左、右每对滚筒的惯性力矩是一致的。滚筒11和13的内端还安装有测速传感器12。

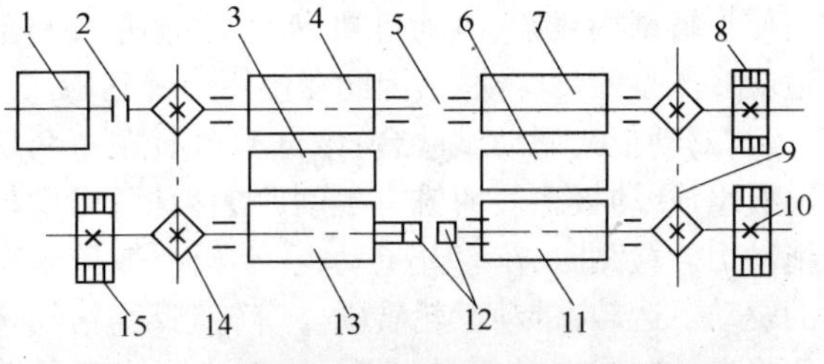

图3-15　单轴惯性式滚筒制动试验台简图

1. 电动机　2、5. 联轴器　3、6. 举升器　4、7、11、13. 滚筒　8、10、15. 飞轮　9、14. 链传动　12. 测速传感器

检测时，车辆驶上单轴惯性式滚筒制动试验台，被检车轮置于两滚筒之间，发动机熄火，变速杆置于空档位置。然后起动电动机，通过滚筒的转动使车轮达到制动初速度。制动前要先关掉电动机电源，并断开联轴器5，再按规定的踏板力或制动气压踩下制动踏板。当车轮制动后，滚筒及飞轮(包括

电动机转子和联轴器2)在惯性力矩作用下继续转动,其转动的圈数与滚筒周长的乘积即相当于车轮的制动距离。在规定的制动初速度下,制动距离的大小取决于被测车轮制动器和整个制动系统的技术状况。滚筒的制动初速度、制动减速度和依靠惯性力矩转动的圈数,由测速传感器12发出电信号,用计数器记录。

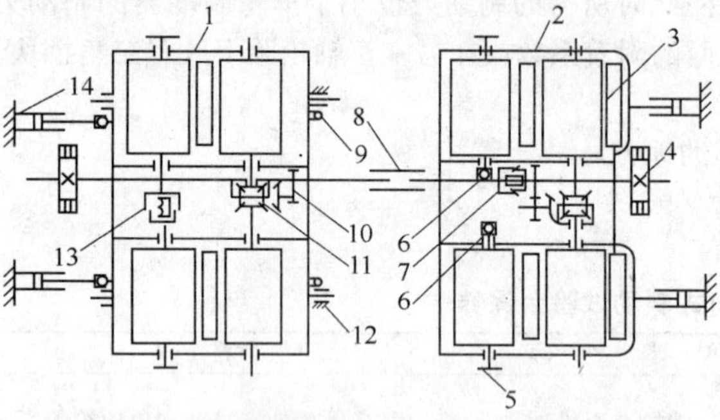

图3-16　双轴惯性式滚筒制动试验台简图

1.前滚筒组　2.后滚筒组　3.第三滚筒　4.飞轮　5.传感器　6.测速发电机　7、13.电磁离合器　8.花键轴　9.夹紧液压缸　10.变速器　11.差速器　12.导轨　14.推拉液压缸

②双轴惯性式滚筒制动试验台。该种制动试验台结构简图如图3-16所示,它可以同时检测双轴车辆所有车轮的制动距离。被测车辆开上双轴惯性式滚筒制动试验台以后,前、后滚筒组之间的距离可用推拉液压缸14调节,以使前滚筒组在导轨12上位移。调节好以后用夹紧液压缸9夹紧定位。左、右主动滚筒用半轴与差速器11相连,再经差速器与变速器10、花键轴8相接。后滚筒组上装有第三滚筒3,以防止汽车制动时向后跳出。

检测时,由被检汽车的驱动轮驱动后滚筒旋转,并经过离合器7、花键轴8、变速器10和差速器11带动前滚筒及汽车前轮一起旋转。此时,按被检车辆行驶时的惯性等效质量配置的飞轮4也一起旋转。当车轮制动后,滚筒及飞轮在惯性力矩作用下继续转动,滚筒转动圈数与其周长的乘积相当于车轮的制动距离。在规定制动初速度下,滚筒继续转动的圈数决定于车轮制动器和整个制动系统的技术状况。滚筒转动圈数由装在滚筒端部的光电传感器5转变为电信号,送入计数器记录。在滚筒的端部还装有测速发电机6,能把试验车速转变为电信号。

为了便于车辆驶入和驶出,不管是单轴式还是双轴式滚筒制动试验台,在两滚筒之间均装有举升器。

惯性式滚筒制动试验台,由于采用高速模拟试验,比较接近道路行驶条件,因而试验方法更为先进些。而且,这种试验台可发展为能进行加速、滑行、测功、测油耗等试验的多功能台架,以便对整车的技术状况做出综合性检验。但是,由于试验台旋转部分要具有被检车辆各轴的转动惯量,因而使设备结构复杂、电动机功率大、占地亦大和不适应多车型检测等缺点,因此在使用上受到限制。

(2)动板式制动试验台:该试验台有左右两块动板组成,动板上表面铣有等间距的齿槽,以增加拖动力。检测时,车轮开上动板,动板在液压系统的驱动下运动,带动车轮转动。车轮制动时,动板便将车轮制动力传至传感器,从而检测出车轮制动力。

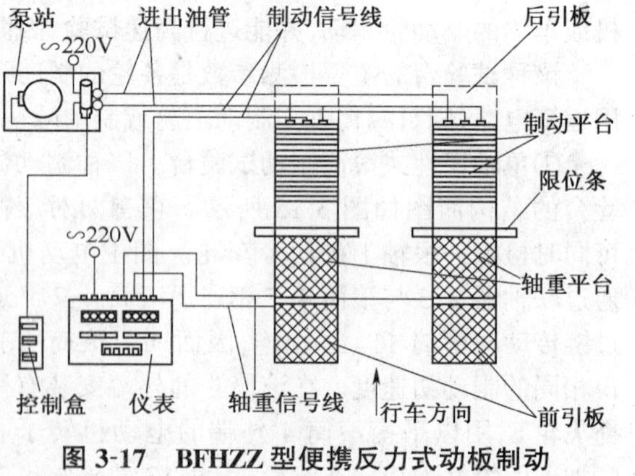

图3-17　BFHZZ型便携反力式动板制动轴重复合试验台

动板式制动试验台的结构简图如图3-17所示。

(3)平板式制动试验台:该试验台由测试平板、测量显示系统和踏板力计组成,一般分为两条的测试平板共四块,且相互独立。平板式制动试验台的结构简图如图3-18所示。

测试平板由面板、底板、钢球和力传感器等组成。底板作为底座固定在混凝土地面上,面板通过压力传感器和钢球支承在底板上,其纵向则通过拉力传感器与底板相连。压力传感器用于测量作用于面板上的垂直力;拉力传感器则用于测量沿汽车行驶方向,轮胎作用于面板上的水平力,水平力和垂直力的大小变化分别对应于拉力传感器和压力传感器所输出的电信号的变化。拉力传感器和压力传感器输出的电信号由计算机采集、处理后,换算成制动力和轮荷的大小并分别在显示装置上显示出来。如果装用无线式踏板压力计,平板式制动试验台不仅可测出最大制动力,还可提供制动力随时间变化的曲线、制动协调时间等信息,根据垂直力在制动过程中的波动情况,可检测悬架减振器的性能。

汽车在平板式制动试验台上的制动试验过程与汽车在道路上行驶时的制动过程较为接近。但平板式制动试验台存在测试重复性差且重复试验较麻烦、占地面积大、需要助跑车道、不利于流水作业和不安全等缺点,因此其应用不如反力式滚筒制动试验台广泛。

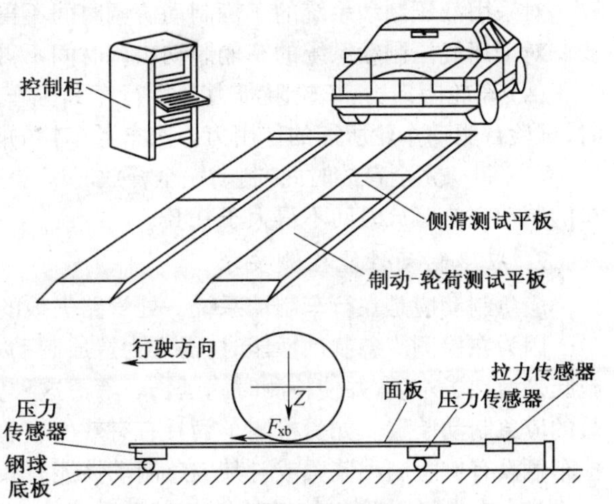

图 3-18 平板式制动试验台示意图

二、台试制动力检测标准

国家标准 GB 18565《营运车辆综合性能要求和检验方法》对台试检测制动性能作了如下规定。

1. 行车制动性能检测

(1)制动力:台试检测出的制动力应符合表 3-3 的规定。表 3-3 中所示的"轴制动力"是指该轴左、右轮最大制动力之和。

在进行台试检验时,车辆一般可在空载状态下进行测试。测试时,只乘坐一名驾驶人。必要时,可用表 3-3 规定的满载检验制动力要求进行检验。

表 3-3 台试制动力要求

制动力总和与整车质量的百分比(%)		轴制动力与轴荷的百分比(%)	
空载	满载	前轴	后轴
≥60	≥50	≥60①	—

注:①空载和满载状态下测试均应满足此要求。

检测时制动踏板力或制动气压按下列规定:

①满载检测时。

气压制动系统:气压表指示气压≤额定工作压;

液压制动系统:踏板力≤500N(座位数≤9 的客车);

踏板力≤700N(其他车辆)。

②空载检测时。

气压制动系统:气压表的指示气压≤600kPa;

液压制动系统:踏板力≤400N(座位数≤9 的客车);

踏板力≤450N(其他车辆)。

(2)制动力平衡要求:在制动力增长全过程中同时测得的左右轮制动力差的最大值,与全过程中测得的该轴左右轮最大制动力中大者之比,对前轴不得大于 20%;对后轴:当后轴制动力大于或等于后轴轴荷的 60%时不得大于 24%;当后轴制动力小于后轴轴荷的 60%时,在制动力增长全过程中同时测得的左右轮制动力差的最大值不得大于后轴轴荷的 8%。

(3)制动协调时间:制动协调时间是指在紧急制动时,从踏板开始动作至制动力(或车辆制动减速度)达到表 3-4 所规定的制动力(或表 3-7 规定的车辆充分发出的平均减速度)75%时所需时间。

对采用液压制动系统的车辆制动协调时间不得大于0.35s；

对采用气压制动系统的车辆制动协调时间不得大于0.56s。

(4) 车轮阻滞力：车轮阻滞力是指行车和驻车制动装置处于完全释放状态，变速器置空档位置时，试验台驱动车轮所需的作用力。汽车各车轮的阻滞力不得大于该轴轴荷的5%。

(5) 制动完全释放时间：制动完全释放时间是指从松开制动踏板到制动消除所需要的时间。单车的制动完全释放时间不得大于0.8s。

2．应急制动性能检测要求

应急制动应是在行车制动系统一处管路失效的情况下，在规定的距离内将车辆停止。

因为在检测应急制动性能时，需人为造成制动系统的一处管路失效的情况下进行测试，所以，实施起来增加了难度，并使检测时间延长。考虑这种实际情况，新标准规定，首先检查汽车是否具有有效的应急制动装置。如受检测车辆具有有效的应急制动装置，则不必再检测其应急制动性能。如受检车辆没有应急制动装置或对其应急制动性能有质疑时，可按下面的规定检验其应急制动性能。

汽车在制动试验台上，在人为使制动系统的一处制动管路失效的情况下，应急制动起作用时，其测得的制动力应符合表3-4的规定。

表3-4　汽车应急制动要求

车辆类型	应急制动力总和占整车质量的百分比(%)	允许操纵力(N)	
		手操纵	脚操纵
座位数≤9的客车	≥30	≤400	≤500
其他客车	≥26	≤600	≤700
载货汽车	≥23	≤600	≤700

3．驻车制动性能检测

当采用制动试验台检验车辆驻车制动器的制动力时，车辆空载，乘坐一名驾驶人，使用驻车制动装置，测得的驻车制动力的总和应不小于该车在测试状态下整车质量的20%，对总质量为整备质量1.2倍以下的车辆，此值为15%。

三、台试制动性能检测结果分析

在反力制动试验台上检测汽车制动性能时制动系统常见故障形式有制动力不足、同轴左右轮制动力差值过大、制动协调时间过长和车轮阻滞力过大等。

1．液压制动系统

(1)各车轮制动力均偏低，主要原因为制动踏板自由行程太大，制动液中有空气或变质，制动主缸故障，增压器或助力器效能不佳或失效。

(2)个别车轮制动力偏小，主要原因是该车轮制动器故障，若同一制动回路两车轮制动力均偏小，则应检查该制动回路中有无空气或不密封处。

(3)同轴左右轮制动力最大值差值过大故障原因同(2)；若在制动力上升阶段左右轮差值过大，应检查制动间隙是否适当；若在制动释放阶段左右轮差值过大，则应检查制动轮缸及制动蹄回位弹簧。

(4)各车轮制动协调时间过长应主要检查制动踏板自由行程是否过大；若个别车轮制动协调时间过长，则主要检查该车轮制动间隙是否过大；若同一制动回路两车轮制动协调时间过长则可能是该制动回路中有空气。

(5)各车轮阻滞力都超限，主要原因是制动主缸故障或制动踏板无自由行程；若个别车轮阻滞力超限，则主要是该车轮制动间隙过小、制动轮缸故障、制动蹄回位弹簧故障或轮毂轴承松旷。

2．气压制动系统

(1)各车轮制动力均偏低，主要原因是制动踏板自由行程太大，储气筒气压太低或制动阀故障。

(2)个别车轮制动力偏低，主要原因是该车轮制动间隙过大或制动器故障。若同一制动回路两车轮制动力偏低，主要原因是制动管路漏气或某一制动气室膜片破裂。

(3)同轴左右轮制动力最大值差值过大故障原因同(2)；若在制动力上升阶段左右轮差值过大应检查制动间隙是否适当；若在制动释放阶段左右轮差值过大，则可能是制动蹄或制动气室回位弹簧故障。

(4)各车轮制动协调时间过长，应主要检查制动踏板自由行程是否过大；若个别车轮制动协调时间过长，则应主要检查该车轮制动间隙是否过大。

(5)各车轮阻滞力均超限，主要原因是制动踏板无自由行程或制动控制阀故障；若个别车轮阻滞力超限，则主要是该车轮制动间隙过小、制动蹄回位弹簧故障或轮毂轴承松旷。

第四节　道路检测汽车制动性

汽车制动性能除通过制动试验台检测制动力进行评价外，还可以通过道路试验检测制动距离和制动减速度进行评价。

利用试验仪器在试验道路上进行的试验称为道路试验，简称路试。路试法检测制动性能的特点在于能够直观、简便，真实地反映汽车实际行驶过程中汽车动态的制动性能，如轴荷转移的影响；能综合反映汽车其他系统的结构性能对汽车制动性能的影响，如转向机构、悬架系统结构和形式对制动方向稳定性的影响，且不需要大型设备与厂房。

在国标 GB 18565《营运车辆综合性能要求和检验方法》中，采用了国标 GB 7258 的规定，对路检测试制动性能提出具体要求。

一、路试制动性能检测项目

1. 行车制动器制动性能的检测

(1)用制动距离检测行车制动器制动性能。

①制动距离。

②制动稳定性。

(2)用充分发出的平均减速度检测行车制动器制动性能。

①平均减速度(MFDD)。

②制动协调时间。

2. 应急制动性能检测

3. 驻车制动器制动性能检测

二、路试制动性能检测标准与方法

路试法一般是在受检的车辆上装置检测仪器，如减速度仪和第五轮仪，使车辆在道路上行驶，检测车辆的制动距离、制动减速度和制动协调时间。路试检测是检验机动车辆制动性能最基本的方法，也是最可靠的方法。

传统的方法亦可在车辆上不装仪器，直接测量车辆制动后在路面上留下的轮胎印痕长度，此法也称为拖印法。这种方法比较简单，但不能全面反映车辆的制动性能。

1. 检测试验环境及条件

(1)试验车辆。

①试验时应按规定调整好轮胎气压，胎压偏差不超过 ±10kPa；花纹深度不少于原深度的 20%。

②按规定要求装载，满载测量时，所装货物应均匀布置于车厢内，不能超高、超宽、超长、超重，不应因装置影响汽车的质心位置。试验中货物不能移动，质量不能有损失。

③制动气压或制动踏板力要符合 GB 7258 的规定。

④试验车辆其他技术条件均应按 GB 7258 要求达到标准。

(2)试验环境。国家标准 GB 7258—1997《机动车运行安全技术条件》中 6.14 规定"机动车路试应在平坦、硬实、干燥和清洁且轮胎与路面间的附着系数不小于 0.7 的水泥或沥青路面上进行,路试检验制动时发动机应脱开。

试验应在晴天或阴天,风速不大于 5m/s 的条件下进行。其他环境及条件要求均应符合 GB 7258—1997 的规定。

2. 检测内容及方法

道路上检测制动性能时,通常使用仪器进行测量。利用车速仪(也叫五轮仪)测量汽车由规定初速度制动至车速等于零时车速度变化的情况与制动距离,根据测量结果计算出充分发出的平均制动减速度,由制动距离长短和充分发出的平均制动减速度判断制动性能是否合格。有关具体的试验步骤与仪器的结构原理及使用,已在前第一章第四节中作过讲述。

用五轮仪检测汽车制动性能,可以测得在规定初速度下,从开始踩着制动踏板到车辆完全停住止,所走过的制动距离和制动时间,比仅仅由在路面上测量车轮拖、压印长度决定制动性能的原始方法进了一大步,但使用费时费力。

当无测量仪器检测时,可利用汽车在道路上紧急制动时的轮胎拖印简易判断制动性能。但这一方法只能作为评判制动性能的一种参考,不能作为最终的依据。

(1)行车制动器制动性能的检测。

①制动距离。车辆在规定的初速度下的制动距离和制动稳定性应符合表 3-5 的要求。

在进行路试制动性能检测时,需控制的制动气压或制动踏板力与台试检测制动力时相同。

在表 3-5 中制动稳定性要求规定了车辆任何部位不得超出的试车道宽度。在进行路试制动性能决策之前,应事先划出表 3-5 相应规定的试车道,检验时,车辆沿试车道的中线行驶道规定的初速度时急踩制动,若车辆的任何部位都不超出所规定的试车道边线,即为合格。

对路试空载检测制动性能有质疑时,可用表 3-5 中满载检验的制动性能要求进行检验。这就是说,空载检验不能完全代替满载检验。所以,空载检验时,发现有隐患的车辆,应进一步作满载状态下的检验,以确保检验的严密性。

表 3-5 制动距离和制动稳定性要求

车辆类型	制动初速度(km/h)	满载检验制动距离要求(m)	空载检验制动距离要求(m)	制动稳定性要求车辆任何部位不得超出的试车道宽度(m)
座位数≤9 的载客汽车	50	≤20	≤19	2.5
其他总质量≤4.5t 的汽车	50	≤22	≤21	2.5①
其他汽车、汽车列车及无轨电车	30	≤10	≤9	3.0

注:①对总质量>3.5t 并≤4.5t 的汽车试车道宽为 3m。

②充分发出的平均减速度。车辆可用充分发出的平均减速度(MFDD)和制动协调时间来检验行车制动性能。

a. 平均减速度。汽车、汽车列车在规定的初速度下急踩制动时充分发出的平均减速度(MFDD)和制动稳定性应符合表 3-6 的要求。对空载检验制动性能有质疑时,可用表中满载检验的制动性能要求进行检验。

表 3-6 制动减速度和制动稳定性要求

车 辆 类 型	制动初速度(km/h)	满载检验充分发出的平均减速度(m/s^2)	空载检验充分发出的平均减速度(m/s^2)	制动稳定性要求车辆任何部位不得超出的试车道宽度(m)
座位数≤9 的客车	50	≥5.9	≥6.2	2.5

续表 3-6

车　辆　类　型	制动初速度 (km/h)	满载检验充分发出的平均减速度 (m/s^2)	空载检验充分发出的平均减速度 (m/s^2)	制动稳定性要求车辆任何部位不得超出的试车道宽度(m)
其他总质量≤4.5t 的汽车	50	≥5.4	≥5.8	2.5①
其他汽车、汽车列车及无轨电车	30	≥5.0	≥5.4	3.0

注:①对总质量>3.5t 并≤4.5t 的汽车车道宽为 3m。

b. 制动协调时间。制动协调时间的定义和限值与台试检验的要求相同。

车辆的路试行车制动性能检验如能符合上述“①”或“②”两项要求之一者即为合格。

(2)应急制动性能检测:车辆在空载和满载状态下,按表 3-7 所列的初速度进行应急制动性能检验,测量从应急制动操纵始点至车辆停住时的制动距离(或平均减速度)应符合表 3-7 的要求。

表 3-7　应急制动性能要求

车　辆　类　型	制动初速度 (km/h)	制动距离 (m)	充分发出的平均减速度(m/s^2)	允许操纵力不大于(N)	
				手操纵	脚操纵
座位数≤9 的客车	50	≤38	≥2.9	400	500
其他客车	30	≤18	≥2.5	600	700
其他汽车	30	≤20	≥2.2	600	700

在进行应急制动试验前,应使被试车辆的行车制动系统的一处管路失效。然后按检验要求进行检验。

(3)驻车制动器制动性能检测:所谓驻车制动性能是指车辆在一定坡度上,利用驻车制动系统,使车不下滑(溜坡)的能力。

国标规定,试验用坡道表面附着系数大于 0.7,在空载时,总质量为整备质量 1.2 倍以下的车辆,其驻车制动应保持在 15%的坡道上,其他车辆驻车制动性能应保持在 20%坡道上,固定不动的时间为 5min,而且正反两方向均应满足此要求。

试验时,行车制动系统不能起作用。为了满足驻车制动检测的需要,至少应有坡度为 15%、20%的两个坡道。

检验时的操作力:手操纵时,对于座位数小于或等于 9 的客车应不大于 400N,对于其他车辆应不大于 600N;脚操纵时,对于座位数小于或等于 9 的客车应不大于 500N,对于其他车辆应不大于 700N。

三、路试制动性能检测仪器

检测不同的参数需要使用不同的仪器,根据路试检测制动性能有关要求,主要使用第五轮仪(或非接触速度计)和制动减速度仪。

1. 第五轮仪

第五轮仪是用来在车辆进行路试时测量行程、速度和时间等参数的常规仪器,其结构原理及使用方法已在第一章中作了详细介绍。

2. 减速度仪

制动减速度仪亦是检验制动性能的重要仪器之一。制动减速度仪按测试取值和计算方法的不同,可分为制动稳定减速度、平均减速度和充分发出的平均减速度三种。

制动减速度仪(以下简称为减速度仪)也称为制动仪,以检测制动稳定减速度和制动时间为主,用于整车道路试验。该种仪器小巧轻便,便于携带,不用五轮作传感器并且对制动初速度和路面不平度要求也不高,因而使用较为方便。

(1)减速度仪的结构与工作原理:国产减速度仪多为微机式智能化仪器,一般由主机部分和传感器部分组成，并附带一个脚踏开关。国产 QTZ 型微机减速度仪为整体式，主要由电源、A/D 转换器、8080A 单板机、LED 显示器和滑块式传感器等组成，其框图如图 3-19 所示，外形如图 3-20 所示。汽车制动时，由于惯性作用，滑块式传感器产生随制动减速度变化的电压信号，经 A/D 转换器将这一模拟信号转变成微机能接受的数字信号后，输入到 8080A 单板机中存储及数据处理，测量结果由 LED 显示器显示。

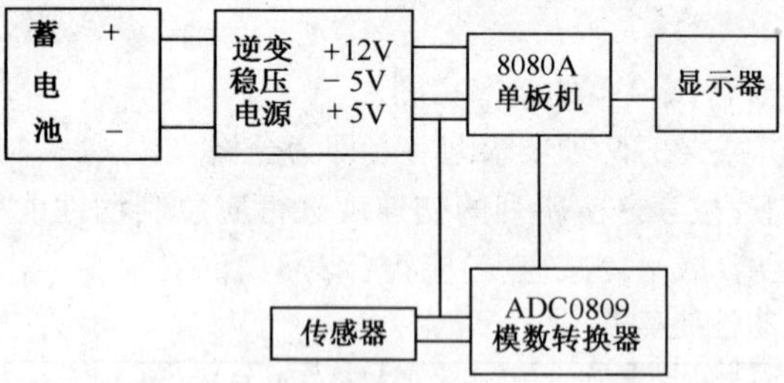

图 3-19 QTZ 型微机减速度仪框图

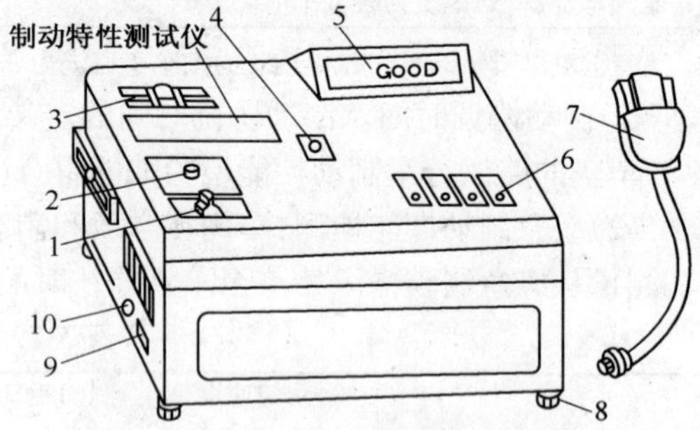

图 3-20 QTZ 型微机减速度仪外形图

1. 电源开关 2. 踏板开关插座 3. 电压显示表头 4. 水平气泡 5. LED 显示器 6. 操作键 7. 踏板开关 8. 可调支脚 9. 充电插座 10. 熔丝

国产 SZY-2 型微机减速度仪是分体式，由仪器部分和滑块式传感器部分组成。其仪器部分是由低功耗的 CPU 配用只读存储器组成的十分小型的单板机、LED 液晶显示器和电源等组成的，并装有电源开关、复位按钮和制动初速度选择开关等，为手持式。当汽车制动时，脚踏开关闭合，由滑块式传感器向微机发出计制动时间 t 和制动减速度 j 的启动信号，仪器进入响应测量，开始计 t 和 j，并在测得 t 和 j 的基础上按制动距离公式执行距离运算程序，计算出制动距离。

制动过程结束后，由 LED 液晶显示器循环显示制动距离 S、制动减速度 j 和制动时间 t 的测量值，直至按下“复位”按钮，显示停止。

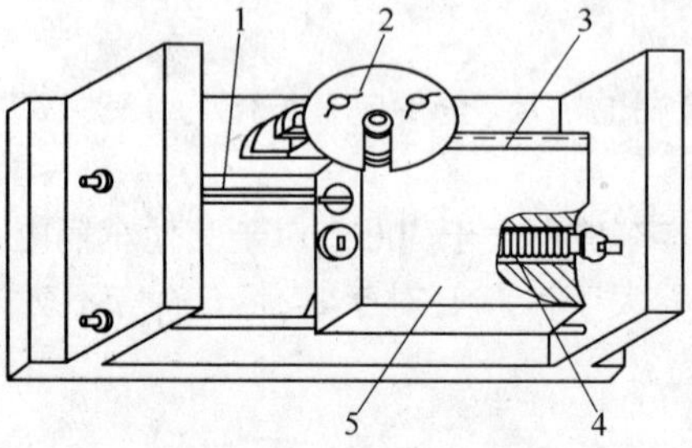

图 3-21 滑块式传感器

1. 阻尼杆 2. 光电转换机构 3. 齿条 4. 弹簧 5. 滑块机构

制动减速度仪的传感器，常见的有滑块式和摆锤式传感器。上述两种国产微机减速度仪的传感器，滑块式传感器由阻尼杆、光电转换机构、齿条、弹簧和滑块机构等组成，如图 3-21 所示。汽车制动时，在惯性力的作用下，滑块克服弹簧的拉力发生位移，位移量与汽车减速度的大小成正比。为尽量减少弹簧、滑块组合产生的简谐振动，有阻尼杆产生适当的阻尼作用。光电转换机构由发光管、光敏管、定光栅和动光栅组成。当滑块发生位移时，与滑块固定一体的齿条通过与之啮合的齿轮使动光栅转动，光敏管接收到时通时断的光信号，并变成电脉冲信号经整形后通过导线送到微机。滑块的移动速度愈快，光电转换机构输出的电脉冲信号愈多。1 个电脉冲信号代表制动减速度 $0.1\mathrm{m/s^2}$。

(2)制动减速度仪的使用方法。

①如果制动减速度仪自备电源，使用前应按仪器使用说明书的要求充电至规定电压。

②汽车应运行至正常热状态。

③将制动减速度仪或分体式的传感器部分放置在驾驶室或车厢地板上，正面朝上，调整支腿使保持水平状态，其前端对准汽车前进方向，并紧靠固定部位，严禁放置在软性座椅上。

④脚踏开关一端通过导线插接在制动减速度仪上或分体式的传感器上，另一端套在制动踏板上。分体式制动减速度仪还应当用信号线把传感器部分与仪器部分连接起来。

⑤打开制动减速度仪电源开关，按仪器使用说明书的要求检查与自校。如要求预热，应预热至规定时间。

⑥如需车型选择，应按被检车的座位数或吨位数按下相应选择键。

⑦检测制动减速度前应预选（按下对应的键或键入选择的值）制动初速度。制动减速度检测，应在符合要求的道路条件和气候条件下，汽车空载或满载加速行驶至预选制动初速度时用力踩下制动踏板直至车辆停止。制动时的踏板力（可安装踏板力计）或制动气压应符合规定要求。

⑧读取并打印检测结果。制动过程结束后可读取并打印制动减速度、制动距离、制动系统反应时间、制动全过程时间和制动系统协调时间等检测结果。

⑨按下"复位"键，显示器清零，制动减速度仪进入下一次测量的初始状态。制动性能检测应在同一路段正反两个方向上进行，制动减速度及其他参数取平均值。

检测结束后，关闭制动减速度仪电源，拆卸脚踏开关等。

(3)需要说明的问题：用制动减速度仪检测制动稳定减速度评价汽车的制动性能，我国在1997年以前曾经采用过，目前国外仍有些国家继续采用。但是，当使用滑块式或摆锤式制动减速度仪检测制动稳定减速度时，存在以下问题：汽车制动时，车头下沉，车身前倾，制动减速度仪的测量精度受到影响。特别是紧急制动、空载制动时，影响尤其明显。

鉴于这一原因，修订后的《机动车运行安全技术条件》，对于路试检验制动性能不再使用制动稳定减速度，而是采用充分发出的平均减速度（MFDD）这一评价指标。充分发出的平均减速度（MFDD）是一个较为稳定的平均值，且不受车辆制动时车身倾角的影响，因而能较准确的反映汽车制动时的实际状况。

复习思考题

1. 国家标准 GB 18565《营运车辆综合性能要求和检验方法》规定了几种制动性能的检测方法？当使用不同检测方法检测产生的检测结果出现异议时，应如何处理？

2. 从哪三个方面综合评价汽车的制动性能？各有什么含义？

3. 如何计算汽车的 MFDD？

4. 轴重仪由哪些主要部分组成？其使用维护要点有哪些？

5. 目前最常用的制动试验台有哪两种主要形式？反力式制动试验台的基本组成是怎样的？使用注意事项有哪些？

6. 台式检测制动性能时，国标对行车制动、应急制动、驻车制动性能有哪些具体要求？

7. 简述台架检测与路试检测制动性能的特点。

8. 路试检测制动性能的主要项目有哪些？路试检测制动性能的环境条件与道路条件有哪些？国标对行车制动、应急制动、驻车制动性能有哪些具体要求？

第四章 汽车操纵稳定性与相关系统检测

第一节 汽车操纵稳定性的评价

一、操纵性与稳定性

汽车在其行驶过程中，碰到各种复杂的情况，有时沿直线行驶，有时沿曲线行驶。此外，汽车还要经受来自地面不平、坡道、大风等各种外部因素的干扰。一辆操纵性能良好的汽车必须具备以下的能力：

(1)根据道路、地形和交通情况的限制，汽车能够正确地遵循驾驶人通过操纵机构所给定的方向行驶的能力——汽车的操纵性。

(2)汽车在行驶过程中具有抵抗力图改变其行驶方向的各种干扰，并保持稳定行驶的能力——汽车的稳定性。

操纵性和稳定性有紧密的关系。操纵性差，导致汽车侧滑、倾覆，汽车的稳定性就破坏了。如稳定性差，则会失去操纵性，因此，通常将操纵性和稳定性统称为汽车的操纵稳定性。

汽车的操纵稳定性，是汽车的主要使用性能之一，随着汽车速度的提高，操纵稳定性越来越显得重要。它不仅影响着汽车的行驶安全，而且与运输生产率及驾驶人的疲劳强度有关。

影响操纵稳定性的因素很多，有车辆结构方面的因素，也有使用方面的因素。在结构因素方面，比如，转向系统的主要性能参数(转向系统的传动比、转向系统的效率、转向器的啮合特性、转向系统的刚度及转向盘转动的总圈数等)；车辆的质心位置、轴距、轮距、质量分配、轮胎的类型和气压以及悬架的导向装置。车辆使用方面的因素对车辆的操纵稳定性，特别是在车辆运行中的稳定性的影响是很大的，比如，道路状况(地面不平、纵向和横向的坡度等)；气候条件(侧向风力、下雨下雪对地面附着状态的改变等)；左右车轮的附着情况不相同以及车辆转弯行驶时的离心力等。对于影响车辆操纵稳定性的结构方面的因素是在设计车辆时需要特别注意的问题，而当车辆已定型及投入营运以后，影响操纵稳定性的使用因素是至关重要的。

二、转向操纵轻便性

所谓转向操纵轻便性是指驾驶人操纵转向盘的容易程度。转向沉重的车辆容易使驾驶人疲劳或使车辆操纵失控而导致交通事故发生。有的汽车采用转向助力装置，是从结构上保证转向的轻便性。在机动车使用期间，转向装置由于装配时调整不当或使用中有关零部件变形等原因引起转向沉重。为了保证机动车转向操纵轻便性，在GB 7258中规定机动车在平坦、硬实、干燥和清洁的道路上行驶，以10km/h的速度在5s之内沿螺旋线从直线行驶过渡到直径为24m的圆周行驶，施加于转向盘外缘的最大切向力不得大于245N。

三、最小转弯直径

车辆最小转弯直径的大小直接影响车辆的机动性，车辆的机动性就是指车辆在最小面积内活动的能力，它决定了驾驶人为装卸货物而移动车辆，或者在停车场地及维修车间内调动车辆时所需要场地的面积、车道宽度以及驾驶人的劳动强度，机动性还影响着车辆能够通过狭窄弯曲地带或绕开不可跨越过的障碍物的能力。

四、转向车轮的稳定效应

由于车辆行驶条件复杂，道路对车辆的冲击或对左右轮不均匀的冲击等情况经常发生，使车轮偶然受到外力作用。当车轮在偶然受外力作用或转向盘稍微转动而偏离直线行驶时,转向车轮应有自动回正恢复直线行驶的能力。当转向车轮摆转一定的角度后,在放松转向盘时,转向车轮应有迅速回正直线行驶的能力。转向车轮具有的保持自动返回直线行驶位置的能力,称为转向车轮的稳定效应。转向车轮愈稳定,汽车向前直线行驶的性能愈好,操纵愈轻便。车辆只有在转向车轮稳定时,才能降低燃料消耗和减少轮胎和零件的磨损。同时,转向车轮具有稳定效应,可以减轻驾驶人的紧张程度。

转向车轮的稳定效应是通过转向车轮的定位角来实现的;同时,转向车轮的稳定效应也与轮胎的横向弹性有关。如果转向车轮同时又是驱动车轮时,转向车轮将受着驱动时前进推力的影响而趋稳定。

五、汽车转向轮的振动

汽车在行驶过程中,有时出现转向轮的左右摆动和上下跳动。转向轮的振动降低了汽车操纵性与方向稳定性,使轮胎磨损急剧增加,并增加了转向机构的动载荷,降低零件使用寿命,同时也严重影响行驶安全。

转向轮的摆动与车辆悬架系统的技术状况、车辆定位、车轮平衡等有密切关系。

汽车的转向轮通过悬架及转向机构与车架相连,这些互相联系的机件,组成了弹性振动系统。一是前轴绕纵轴的角振动,另一是前轮绕主销的角振动。直线行驶的汽车,当车轮越过单个凸起或凹坑时,前轮产生绕汽车纵轴的角振动。前轮将绕主销偏转,如果左轮升高,车轮将向右偏转;如果左轮下降,车轮将向左偏转,即激发了前轮绕主销的角振动。同时,由于陀螺效应,车轮绕主销的角振动,会反过来加剧前轴绕汽车纵轴的角振动,严重地破坏了汽车直线行驶的稳定性。为了避免这种现象,要求减小悬架下前轴系统的转动惯量,提高角振动的固有频率;改善公路状况,提高路面平整度;适当降低轮胎气压,增加轮胎吸振能力。

转向轮定位若不合理,则会导致转向轮侧滑过大,转向轮侧滑过大必然导致车轮高速行驶时摆振,为此国标 GB 7258 中规定转向轮的侧滑量不得大于 5m/km。

车轮若不平衡,高速行驶时车轮必然跳动;当左右车轮都不平衡,且不平衡质量处于对称位置时,则振动更为严重。为了避免因车轮不平衡引起的振动,要求无论是新轮胎或经翻修过的轮胎,在装用之前,都要进行动平衡试验,并消除不平衡因素。对于高速行驶的车辆,对车轮的不平衡度要求更高。

第二节 转向系统技术状况检测

一、转向盘转角转矩检测

1. 转向盘转角转矩检测的必要性及国家标准的要求

转向盘的转动阻力和自由转动量直接关系到转向轻便、行驶稳定和行车安全,因此国家标准 GB 7258《机动车运行安全技术条件》规定:

机动车的转向盘(或方向把)应转动灵活,操纵方便,无阻滞现象。机动车应设置转向限位装置。车轮转向过程中,不得与其他部件有干涉现象。

机动车转向盘的最大自由转动量从中间位置向左或向右转角均不得大于:

①最大设计车速大于或等于 100km/h 的机动车为 10°;

②最大设计车速小于 100km/h 的机动车(三轮农用运输车除外)为 15°。

机动车在平坦、硬实、干燥和清洁的水泥或沥青道路上行驶,以 10km/h 的速度在 5s 之内沿螺旋线从直线行驶过渡到直径为 24 m 的圆周行驶,施加于转向盘外缘的最大切向力不得大于 245N。

2. 转向盘转向力角仪结构和使用

转向盘转向力角仪是用来测量汽车转向盘操纵力及转动角度的仪器。它由测力和测角机构组成。转向力通过测力机构经传感器转换为电信号的方法来测量;转向角可通过测角传感器转换成电信号的方法来测量,或通过指针和角度盘的方法来测量。通过测定转向盘转向力和转角,从而进一步地分析汽车的操纵性能。

下面以ZC-2A型转向参数测试仪为例介绍转向盘转向力角仪的使用。

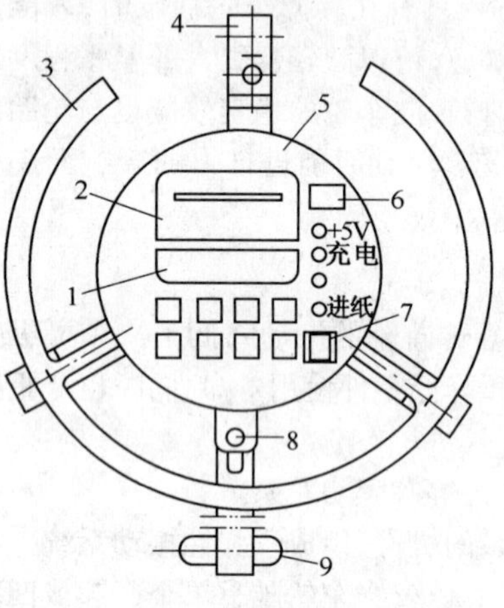

图4-1 ZC-2A型转向参数测试仪

1.显示窗口 2.打印机 3.操作盘 4.连接叉 5.主机 6.电压表 7.电源开关 8.紧固螺钉 9.定位杆

ZC-2A型转向参数测试仪,用于汽车、拖拉机、工程机械及其他轮式车辆的转向性能试验。可以测量转向盘的自由转角,原地转向力、转向盘转矩转角和其他静态、动态的参数。

(1)结构:ZC-2A型转向参数测试仪,由操作盘、主机、连接叉、定位杆四部分组成,见图4-1。操作盘由螺钉固定在三爪底盘,底盘经力矩传感器同连接叉相连。连接叉上有三只可伸缩的活动卡头,测试时与被测车辆的转向盘连接。主机固定在底板中央,主机里装有力矩传感器、转角传感器和显示电路板。定位杆从仪器面板中心伸出通过磁力座固定在被测车辆上。

(2)安装:测量前,应将转向参数测试仪可靠地安装在被测车辆的转向盘上。安装时松开连接叉的三只伸缩爪上的紧固螺钉,松开连接卡头,将卡头扣在被测车辆的转向盘上并拧紧卡头。调整三只伸缩的卡子,使仪器的中心线同被测车辆转向盘的中心线重合。旋紧伸缩爪上的紧固螺钉,反复转动仪器的操纵盘,确认仪器连接无松动现象和两中心线已重合。然后调整定位杆的长度,使其与吸在被测车辆仪表盘(或门框)上的磁力吸座相固定,至此仪器安装完毕。

(3)操作。

①原地转向力的测定。按下电源开关,根据左、右转动方向选择"左/右"键其中一位置,"峰/时"键在时位置,将"保持"键断开。分别调整"转角调零"和"转矩调零"使其显示器读数为零。此时按动"峰/时"键置于峰位置。按下复位键,此时显示器的读数为零的附近,按照检测要求操纵转向盘,一个全部操纵过程结束后,记录下转矩显示器的数值。如果长时间记忆,可按下"保持"键,其读数是转向盘的最大转矩,原地转向力的大小为显示器的读数除以被测转向盘的直径。

②转向盘的自由转角的测定。打开电源开关"左/右"键,选择其中一位置,"保持"键松开,"峰/时"键在时位置上。分别调整"转矩调零"和"转角调零",使其各显示器读数为零。按检测自由转角的方法转动转向盘,当向左或向右转动转向盘时,显示器上的转角、转矩不断地增加。当转向盘转到左极限位置和右极限位置,力矩增大到某值时(5N·m),按下"保持"键,转角显示器上的读数就是转向盘的自由转角。

值得一提的是,不同的转向力角仪,其转向力角的量程、测试精度及电源电压都不尽相同,应根据具体情况选用并在使用前认真阅读其使用说明书。

二、最小转弯直径检测

1.最小转弯直径检测的必要性及国家标准的要求

汽车的最小转弯直径和通道圆是汽车的机动性参数,其大小影响汽车的通过性。

如图4-2所示,汽车前轮处于最大转角状态行驶时,汽车前轴离转向中心最远车轮胎面中心在地面上形成的轨迹圆直径 d_1,叫前外轮最小转弯直径。

汽车前轮处于最大转角状态行驶时,汽车后轴离转向中心最近车轮胎面中心在地面上形成的轨迹圆直径 d_2,叫后内轮最小转弯直径。

汽车前轮处于最大转角状态行驶时,车体离转向中心最远点形成的轨迹圆直径 d_3,叫最远点最大转弯直径。

汽车前轮处于最大转角状态行驶时，车体离转向中心最近点形成的轨迹圆直径 d_4，叫最近点最小转弯直径。

汽车最远点最大转弯直径与最近点最小转弯直径之差的 1/2，叫最大通道宽度 B。

$$B=\frac{d_3-d_4}{2} \tag{4-1}$$

国家标准 GB 17675—1999《汽车转向系统基本要求》规定：当汽车前行向左或向右转弯时，转向盘的回转角和回转力不得有显著差异。

国家标准 GB 7258《机动车运行安全技术条件》中 5.10 条规定：机动车的最小转弯直径，以前外轮轨迹中心线为基线测量，其值不得大于 24m。当转弯直径为 24m 时前转向轴和末轴的内轮差（以两内轮轨迹中心线计）不得大于 3.5m。

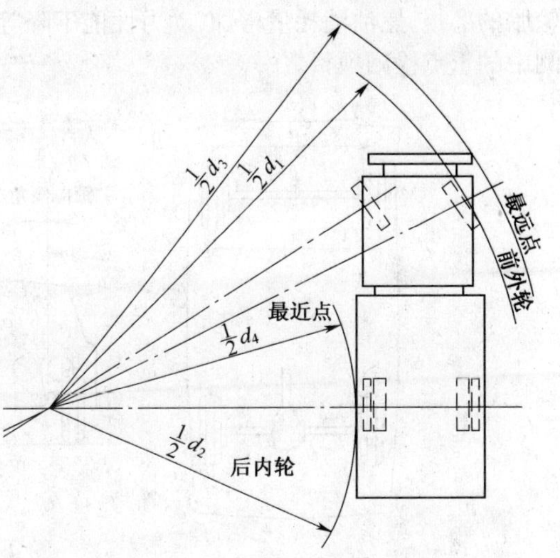

图 4-2　汽车最小转弯直径示意图

2. 最小转弯直径检测方法

试验车辆的技术状况应符合汽车一般试验条件的规定。

国家标准 GB/T 12540—1990《汽车最小转弯直径测定方法》规定了适用于前轮转向的各类汽车的汽车最小转弯直径的测定方法。

(1)试验条件要求。

①试验场地为平坦、硬实、干燥、清洁的混凝土或沥青地面，其大小应能允许汽车作全圆周行驶。

②汽车的前轮最大转角应符合该车的技术条件规定。

③汽车应装载均匀且为满载情况，同时要保证全轮着地。

④试验仪器：行驶轨迹显示装置，钢卷尺。

(2)试验方法。

①在前外轮和后内轮胎面中心的上方，在车体离转向中心最远点和最近点垂直地面方向，分别装行驶轨迹显示装置（一般用喷水针，针头与地面的距离小于 50mm）。

②汽车以低速行驶，转向盘转到极限位置，保持不动，待车速稳定后起动显示装置（用喷水针对地面喷水），使各测点分别在地面上显示出封闭的运动轨迹之后，将车开出轨迹外。

③用钢卷尺测量各测点在地面上形成的轨迹圆直径，应在互相垂直的两个方向测量，取算术平均值作为试验结果。

④汽车向左转和向右转各测定 1 次。

用同样的方法测出汽车最内点及最外点的转弯直径，即可得到内外通道宽度。

第三节　汽车车轮定位检测

一、汽车车轮定位

在设计汽车时，为使转向轮具有转向轻便、准确和行驶稳定的性能，在转向车轮上设计有主销后倾角、主销内倾角、车轮外倾角和车轮前束等四项参数，统称为前轮定位，如图 4-3 所示。它是评价机动车的操纵性和直线行驶稳定性的重要参数，前轮定位值正确能使汽车的操纵性保持稳定。如果前轮定位不正确，不仅会引起转向沉重，增加驾驶人的劳动强度，汽车的行驶不稳定，不能保持直线行驶、车轮失去自动回正作用，而造成汽车操纵失准，有导致事故的危险，而且还会加剧转向机构和转向轮胎的磨损，燃油消耗量增加，动力性能下降等许多不利因素。为此，机动车转向轮定位值是安全检测中的重点检测项目之一。

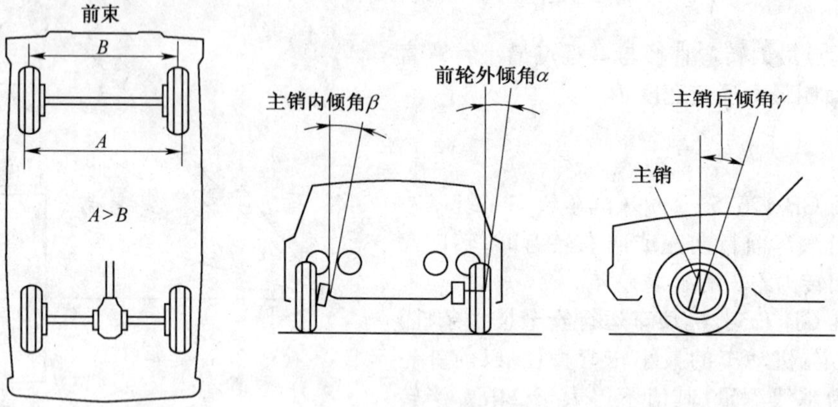

图 4-3 前轮定位

在《机动车安全运行技术条件》中，对机动车有关转向轮定位值的检测作了如下的规定：

①机动车转向轮转向后应有自动回正能力，以保持机动车稳定地直线行驶。

②机动车前轮定位值应符合该车有关技术条件的规定。用侧滑仪检验前轮的侧滑量，其值不得超过 5m/km。

③转向轮定位值常用车轮定位仪或侧滑测试台检测。

1. 主销内倾角

(1)内倾角：主销在装配时，上端略有内倾，使主销轴线延长线和路面相交时，交点可与轮胎中线和路面接触点很接近。通过该交点的垂线与真实或假想的转向节主销轴线在垂直于车辆纵向对称平面的垂面上的投影锐角，就是主销内倾角，如图 4-4 所示。

(2)主销内倾角的功用。

①主销内倾使得主销轴线延长线与路面交点到车轮中心面的距离减小，这样在车轮偏转时，路面作用于车轮上的阻力矩减小，从而减轻从车轮传到转向机构上的冲击，使车辆的转向操纵较为轻便。

②保持车轮直线行驶的稳定性。转向轮由中立位置偏转一个角度时，轮胎的最低点将沿圆弧旋转。圆弧所在平面应和主销轴线相垂直，也就是和路面相倾斜。在轮胎旋转 180°后，车轮的最低点将陷入路面以下，但实际上车轮的下边缘并不可能陷入道路下面，最低点仍在路面上，而是使转向车轮连同整个车辆前端相应地向上抬升一定高度。这时由于车辆本身的重力作用，迫使车轮自动回正恢复直线行驶，起到抵抗车轮偏离直线行驶的稳定作用。这就是由于主销内倾而使转向轮具有的稳定效应。

主销内倾角一般为 5°～8°(有的达到 10°)。这个角度是由车辆原设计决定的，是不可调节的。

2. 主销后倾角

(1)后倾角：主销在纵向平面内向后倾斜一定角度。通过主销中心的垂线与转向节主销轴线在车辆纵向对称平面上的投影锐角称为主销后倾角。当主销向后倾斜时其角度为正；主销向前倾斜则其角度为负。现代汽车的主销后倾角一般在 0°～7°之间。

(2)功用：主销后倾的主要功用在于使前轮在行进过程中具有回正能力。当车轮偏离直线行驶位置或转向时，由于路面的横向反作用力相对主销轴线形成迫使车轮自动回正的稳定力矩。同时，由于轮胎的横向弹性，轮胎接触地面的痕迹相对于车轮平面转过一个横向偏离角，使得接触痕迹后部变形比前部变形大些，痕迹上横向反作用力的不均匀分布使横向反作用力的合力向后移动了一个距离，这也是稳定力矩的一部分。这个稳定力矩除决定于主销后倾角外，还取决于分配到转向轮上的车辆离心力和轮胎的横向弹性。

主销内倾和主销后倾虽可使转向以后的车轮能自动回正,但角度不能过大,以免回正过猛,转向沉重。因此,主销内倾角和后倾角既要保证足够的稳定效应又要保证转向的轻便。主销后倾角一般在1°～3°以内。有些汽车上采用了动力转向,主销后倾角值较小。小客车采用低压轮胎,弹性较大,轮胎横向弹性产生了足够大的稳定力矩,所以主销后倾角逐渐减小,常为0°,甚至采用负角度。

3. 前轮外倾角

(1)外倾角:当前轮处于正前方的位置时,前轮的轴线并不与地面平行,而是向下倾斜,从而使前轮由垂直于地面的位置向外倾斜一个角度。在通过车轮轴线的垂面内,车轮轴线与水平线之间的夹锐角,称为前轮的外倾角,如图4-4所示。

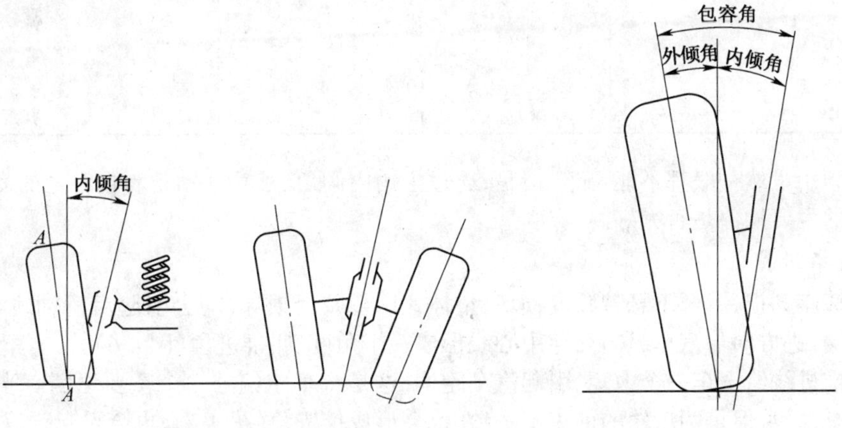

图4-4　主销内倾角、车轮外倾角和包容角

(2)功用:前轮外倾角的功用主要是提高车轮工作的安全性和转向操纵的轻便性,并减少轮胎的不正常磨损。一般载货汽车的前轮外倾角约为1°。

4. 前轮前束

(1)车轮前束:转向车轮在装配时,两前轮中心平面相互向内偏转一个角。使车轮间后端的距离大于前端的距离,如图4-5所示,一般地说,转向轮后端距离与前端距离之差值即为前束(通用的定义)。当后端的距离比前端大时为正,当后端的距离比前端小时为负。

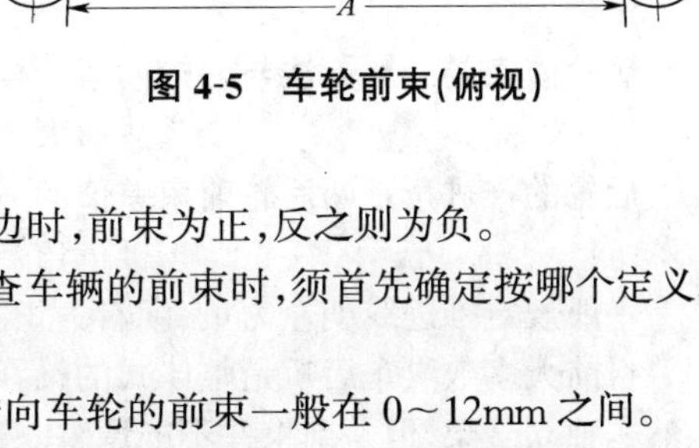

图4-5　车轮前束(俯视)

为了克服轮胎变形及使用过程中轮胎的变化对测量前束值的影响,在测量前束时,可以轮辋内侧轮廓线为基准,即同一轴上两车轮轮辋内侧轮廓线的水平直径的端点为等腰梯形的顶点,梯形前后底边长度之差为前束(GBT 3730.3—1992的定义)。当梯形前底边小于后底边时,前束为正,反之则为负。

不同的测量基准,测得的前束值是不同的。所以在检查车辆的前束时,须首先确定按哪个定义和测量基准来进行,之后进行必要的换算。

前轮前束可以通过调节横拉杆的长度来进行调节。转向车轮的前束一般在0～12mm之间。

(2)前束的功用:车轮有了外倾以后,当车轮滚动时有向外分开的趋势,由于车桥的约束,车轮不能向外滚开,车轮将不断地相对于路面作侧向滑动,从而加速轮胎的磨损。有了车轮前束,使前轮沿直线滚动时的横向偏离角产生附加横向反作用力和附加力矩。此横向反作用力的方向与前轮外倾产生的横向反作用力方向相反,可以在一定程度上抵消。当外倾角保持不变,前束由零逐渐增大时,横向力向相反方向增大。故相对于某一外倾角,都有一个相应的最有利的前束。

汽车不仅具有前轮定位参数,有些高速客车和高级轿车还具有后轮外倾角和后轮前束等参数。把后轮外倾角和后轮前束称为后轮定位。其主要作用是使前后轮胎行驶轨迹重合,从而减少高速时前后轮胎的横向侧滑量和轮胎的偏磨损。

5. 包容角

主销内倾角和车轮外倾角的和叫包容角,如图 4-4 所示。在悬架系统没有损坏的情况下,内倾角和外倾角会有变化,但是包容角不变。见表 4-1。

表 4-1 外倾角、内倾角与包容角的变化关系

外 倾 角	主 销 内 倾 角	包 容 角
2°	7°	9°
1°	8°	9°
0°	9°	9°
−1°	10°	9°
−2°	11°	9°

主销内倾角虽然一般都不能调整,但是,通过主销内倾角、车轮外倾角和包容角的变化,能帮助判断悬架系统的主要构件是否完好。

6. 后轮推进角

后桥弹簧座磨损,后桥下悬臂胶套损坏,整体式后桥胶套损坏,均会引起后桥轴线与前桥轴线不平行,后轮的行进方向与汽车纵向几何中心线形成一个角度,叫推进角(图 4-6)。

后轮沿推进线给汽车一个力矩,引起汽车跑偏,这是汽车跑偏的一个重要原因。当然,如果汽车后轮轴线没有偏斜,但是两后轮的前束不一致,也会形成推进角(图 4-7),也会引起跑偏。

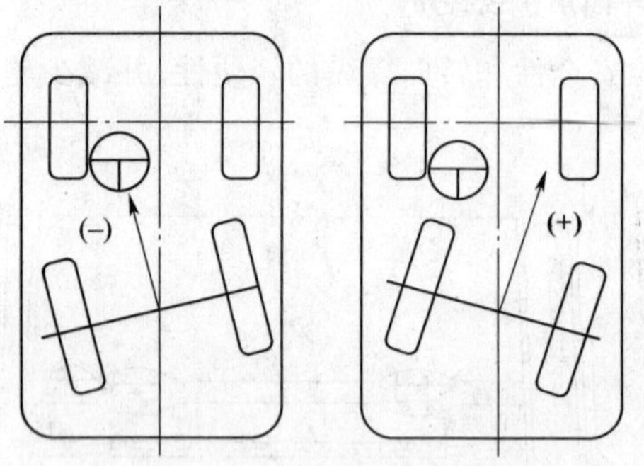

图 4-6 后桥不正引起的推进角

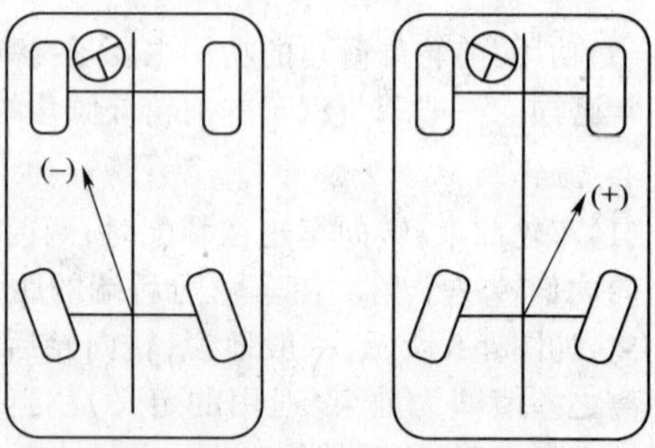

图 4-7 后轮前束不准引起的推进角

后轮前束的计算方法与前轮前束一样,是两轮前束角的代数和。

总前束 = 前束(左轮) + 前束(右轮)

后轮的推进角是两后轮前束差值的一半:

推进角 = (左前束角 − 右前束角)/2

一般规定推进线朝左为负,朝右为正。

目前大多数汽车后桥是整体式的,后轮垂直装在后桥上,不能调整前束和车轮外倾角。有的后轮虽然是独立悬架,但是前束并不能调整。这样,当后桥轴线有偏斜,或者后轮独立悬架的拉臂有变形,均会引起后轮前束失准,后轮的推进线就产生了。当后轮推进线大于 0.1°小于 0.4°,就应当用前轮前束来补偿,这叫做补偿四轮定位。

如某型汽车左后轮前束为 0.20°,右后轮前束为 0.60°,后轮推进角为(0.20° − 0.60°)/2 = −0.20°。这将使汽车向右跑偏。为此,要把前轮总前束调为向左,即让右前轮前束比左前轮大 0.20°。

一般前轮补偿为 0.30°～0.40°,如果推进角太大,则应考虑校正或更换后桥或后悬臂。

7. 定位参数间的关系

一般来说，正的外倾角应由正的前束来保证车轮向正前方滚动，负的外倾角多由负的前束来匹配，但并不绝对，因为还有主销内倾角和主销后倾角也对转向有影响。

综观汽车的定位角度，它们的关系是相辅相成的。汽车需要设立主销内倾角，有利于转向后的转向盘自动回正。为了保证车轮不因主销内倾角而发生内倾，所以要在转向节设定车轮外倾角。有了外倾角，使车轮在满载时能与地面垂直，而且承受车架传来的重力作用点较合理，使负荷均衡，但又因此而产生了车轮前进中的向外展开的滚锥效应，所以又要设置前束，以抵消前轮的外展趋势。

二、汽车车轮定位仪的结构和工作原理

车轮定位仪又称四轮定位仪，是专门用来测量车轮定位参数的设备。四轮定位仪可检测的项目包括：前轮前束值/角（前轮前束角/前张角）、前轮外倾角、主销后倾角、主销内倾角、后轮前束值/角（后轮前束角/前张角）、后轮外倾角、车辆轮距、车辆轴距、转向20°时的前张角、推力角和左右轴距差等。目前常见的国产或进口的四轮定位仪可以用来测量上述检测项目中几个或全部项目。

在这些检测项目中，车轮前束值/角、车轮外倾角、主销后倾角和主销内倾角统称为前轮定位，又称前轮定位四要素，各种前轮定位仪都能完成其检测任务。但汽车的操纵稳定性不仅仅由前轮定位来保证，后轮定位也起着至关重要的作用，所以，最好使用四轮定位仪检测和调整。

1. 四轮定位仪的结构

不同的四轮定位仪其结构相差很大。图4-8为光学式四轮定位仪传感器安装示意图。

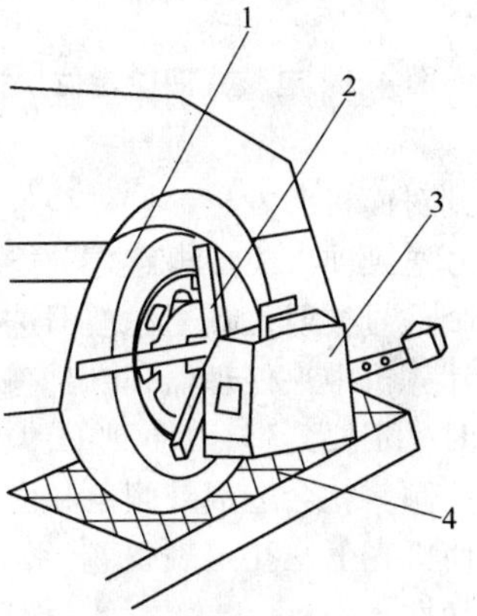

图4-8　光学式四轮定位仪传感器安装示意

1. 车轮　2. 固定爪　3. CCD电荷耦合传感器　4. 举升器

（1）光学式四轮定位仪：光学式四轮定位仪主要由以下部件组成。

①测试投影仪。投影仪的功能是投射十字刻度线和作为屏幕接收从轮镜上反射回来的十字刻度线，根据基准线与十字刻度线相交的刻度可读出车轮前束角、外倾角、主销后倾角等。

②导轨。导轨的功用是用来支承测试投影仪，位于后轮处的导轨较长，以保证投影仪能在其上来回滑动，以适应不同轴距车辆的检测要求。

③转盘。转盘置于前轮下，以确保车轮在其上能灵活轻便地转动。

转盘下面为一固定盘，上面为一活动盘，两盘之间有滚珠或滚柱及其保持架，以确保上面的转盘可以转动自如，在下转盘里装有十字导轨以支撑指示车轮转角的刻度指针。

④万能轮镜安装架。安装架的三个卡爪分别固定在轮辋边沿，卡爪可依据轮辋尺寸大小进行调节，并可通过其上的偏心手柄锁紧。

⑤轮镜。轮镜有三个镜面，左右两镜面与中间镜面间夹角为20°，用于接收并反射由投影仪投射出来的光线，轮镜通过锁紧套夹紧在调整盘上，调整盘又通过三角形布置的螺栓固定在万能轮镜安装架上。

⑥定位测量卷尺。定位测量卷尺包括一把卷尺和一个磁性座，其功能是用来测量汽车的摆正情况。

⑦后轮摆正滑板。后轮摆正滑板置于后轮下面，可以左右摆正汽车。

⑧主销内倾角测试仪。它安装在轮镜调整盘上，是专门用来测试主销内倾角的。

（2）电脑式四轮定位仪：电脑式四轮定位仪由主机、前后车轮检测传感器、传感器支架、转盘、刹车锁、转向盘锁及导线等零部件构成，图4-9为电脑式四轮定位仪主机外形图。

四轮定位仪主要检测机件的四个光学机头，每个机头里都有一套红外线发射和接收的电子光学

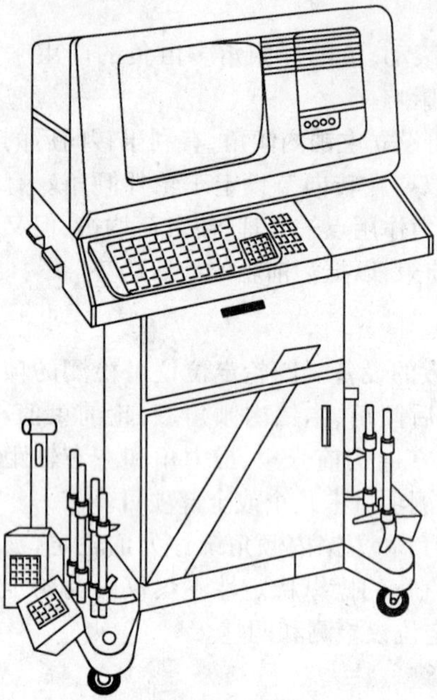

图 4-9 电脑式四轮定位仪主机外形

系统。每个机头里还都有一个外倾角传感器和一个内倾角传感器、传感器把采集到的前束和倾斜度的信号通过电缆传给微机进行处理。机头里的两个上倾斜度传感器成90°放置。分别测量机头在互相垂直的两个平面内的倾斜度。这种电子倾斜角度传感器的主要元件是两个光测器和一个转矩计,转矩计像一个钟摆在摆转时发出的脉冲。在通常垂直的情况下,它的臂处于两个光测器之间会发生脉冲。在通常垂直的情况下,它的臂处于两个光测器中间,没有电流输出;当机头倾斜时,光测器随机头倾斜而产生高度差。转矩计臂像钟摆一样,机头转过一定角度,但它仍保持垂直,就靠在底侧的光测器上,机头倾斜度越大,转矩计臂摆转的角度也越大。它每偏转一度,就会输出0.5V电压。这样,两个倾斜度传感器就能分别测出外倾角和主销内倾的角度。

每个机头里都有一个发光二极管印刷电路板。它们能发出一组圆柱形的红外线光束,它们的前面有一个瞄准镜头,它可以把圆柱形光束转换成箭头状,变成一个个扇形光,经过聚焦后射出。在检测时,由对应的机头的接收镜头收到,就能进行前束角度的测量了。

每个机头都装着接收红外线的光电管,光电管接收器捕捉到对面机头发出的红外线信号并将其放大。每个机头接收器的集成电路板就像一个放大器,它把信号送到前束集成电路之前能增大信号噪声比,最大限度地降低器械音振幅。在前束集成电路板上,这个信号被射入高通滤波器进行放大,又送入峰值探测器,这个波形再反馈回增器和钳压电路,再转到计算机中央处理器,前束值就计算出来。机头的安装是非常重要的,机头上的孔往夹板上的轴销插套时一定要到位,以便回正,保证机头与夹板垂直:注意要锁紧螺栓,不能松,避免机头倾斜,机头稍微有些倾斜就会造成外倾角和内倾角数据失准。因为机头壳是塑料制品,所以锁紧时不能过度用力,以免使机壳上螺孔出现裂缝,测不出准确数据。机头要轻拿轻放,千万不能摔在地上,否则仪器将失去准确性。

(3)运用 CCD 技术的四轮定位仪:运用 CCD 技术的四轮定位仪可通过四只 CCD 电荷耦合传感器对车辆的前、后四个车轮一次测定其定位角。特别对独立悬架机构的车轮定位检测(单个车轮的定位值)具有独特的优势。检测数据准确,且没有普通侧滑试验台只能检测左、右车轮综合作用效果的弊端。它主要由专用举升器、传感器、电脑和操纵机构等组成。采用这种技术的四轮定位仪精度可以更高。

2. 四轮定位仪的测量原理

目前常用的四轮定位仪有拉线式、光学式、电脑拉线式和电脑激光式四种,它们的测量原理是一致的,只是采用的测量方法(或使用的传感器的类型)及数据记录与传输的方式不同。

(1)车轮前束和推力角的测量原理:在测量前束时,必须保证车体摆正且转向盘位于中间位置,为了提高车轮前束值(或前束角)的测量精度,无论是拉线式、光学式还是电脑式的四轮定位仪,在检测车轮前束之前,常通过拉线或光线照射或反射的方式形成一封闭的直角四边形。将待检车辆置于此四边形中,通过安装在车轮上的光学镜面或传感器不仅可以检测前轮前束、后轮前束,还可以检测出左右车轮的同轴度(即同一车轴上的左右车轮的同轴度)及推力角等。

因为四轮定位仪系统采用的传感器不同,其测量方法亦有所不同,这里仅就光敏三极管式传感器来说明一下车轮前束的测量原理。光敏三极管为近红外线接收管,是一种光电变换器件。

其工作状态为:不加电压,利用 P-N 结在受光照射时产生正向电压的原理,把它作为微型光电池。在光敏三极管后面接一些用于接收信号的元件,以便及时对光敏三极管上所获得的信号进行分析处理。

安装在两前轮和两后轮上的光敏三极管式传感器均有光线的接收和发射(或反射)功能,通过它们间的发射和接收刚好能形成如上所述的四边形。在传感器的受光平面上等距离地将光敏三极管排成一排,在不同位置上光敏三极管接收到光线照射时,该光敏管产生的电信号就代表了前束角或推力角的大小。

当前束为零时,在同一轴左右车轮上的传感器发射(或反射)出的光束应重合。当检测出上述两条光束互相平行但不重合时,说明此时左右两车轮不同轴(即车轮发生了错位),可以依据此时光敏管输出偏移量的信息,测量出左右轮的轴距差。

当左右车轮存在前束时,在左轮传感器上接收到的光束位置会相对于原来的零点位置有一偏差值(注意正负号),这一偏差值即表示右侧车轮的前束值(或前束角);同理,在右传感器上接收到的光束位置相对于原来零点位置的偏差值则表示左侧车轮的前束值(或前束角)。

依据上述检测原理,同时可以检测出位于该四边形内的待检车辆前后轴的平行度(即推力角的大小和方向),通过安装在后轮上的传感器,可以测出后轮前束值(后轮前束角)的大小和方向。

(2)主销后倾角和主销内倾角的测量原理:车轮外倾角、主销后倾角和主销内倾角这三个测量参数的测量都是关于角度的测量,除了光学式四轮定位仪测量车轮外倾角和车轮前束时,采用的不是测量角度的传感器以外,其余各种类型的四轮定位仪均是采用测量角度的传感器,包括车轮前束角都可以用角度传感器直接或间接测量。

主销后倾角和主销内倾角不能直接测出,只能采用建立在几何关系上的间接测量,再由测得的角度推导出主销后倾角及主销内倾角。

(3)转向20°时前张角的测量原理:汽车使用时,由于前轮的碰撞冲击、长期在凹凸不平的路面上行驶和经常采用紧急制动等,对车辆的冲击作用都可能引起转向梯形机构的变形。因此会造成汽车在转向行驶过程中前轮异常磨损,操纵性变差并间接影响汽车的动力性和燃料的经济性。

为检测汽车的转向梯形臂与各连杆是否发生变形,在四轮定位仪中均设置了转向20°时,前张角的检测项目。其测量方法为:让被检车辆前轮停在转盘中心处,右轮沿直线行驶方向向右转动20°时进行测量;左轮沿直线行驶方向向左转动20°时进行测量(该转向角可直接从转盘上的刻度读出)。具体做法如下:右前轮向右转20°,读取左前轮下的转盘上的刻度值 X,则 $20° - X$ 即为所要检测的转向20°时的前张角。一般汽车在出厂时都给出20°前张角的合格范围,将测量值与出厂标准进行比较即可检测出车轮的转向梯形臂与各连杆是否发生了变形,如果超出标准值或左右转向前张角不一致,则说明该车的转向梯形臂和各连杆已发生了变形,需要进行矫正、调整或更换梯形臂和各连杆。

三、汽车车轮定位仪的使用和维护

不同的四轮定位仪,它们的使用方法也有很大差异,在使用前必须详细地阅读使用说明书。

为便于检测和调整,被检汽车需放在地沟上或举升平台上,地沟或举升平台应处于水平状态,四轮定位仪则安装在地沟两旁或举升平台上,图4-10是四轮定位仪安装在举升平台上的情况。

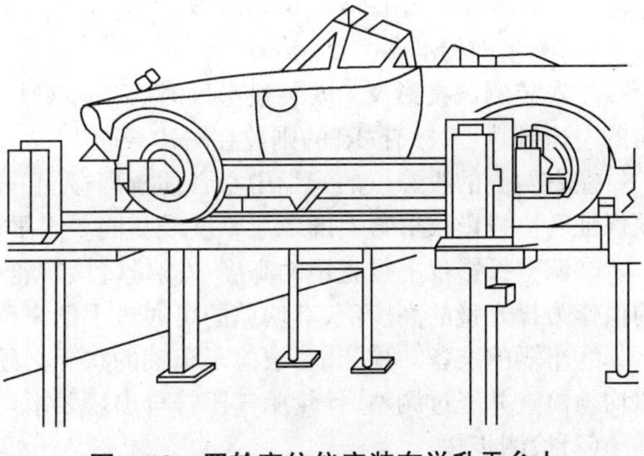

图4-10 四轮定位仪安装在举升平台上

1. 电脑式四轮定位仪使用方法

(1)对被检车辆的基本要求:在检测汽车的前轮定位时,被检车辆应满足以下要求。

①前后轮胎气压及胎面磨损基本一致。

②前后悬架系统的零部件完好、不松旷。

③转向系统调整适当,不松旷。

④前后减振器性能良好,不漏油。

⑤汽车前后高度与标准值的差不大于5mm。

⑥制动系统正常。

(2)检测前准备。

①把汽车开上举升平台,托起四个车轮,把汽车举升起0.5m(第一次举升)。

②托起车身适当部位,把汽车举升至车轮能够自由转动(第二次举升)。

③拆下各车轮,检查轮胎磨损情况。

④检查轮胎气压,不符合标准时应充气或放气。

⑤做车轮的动平衡,动平衡完成后,把车轮装好。

⑥检查车身高度,检查车身四个角的高度和减振器技术状况,如车身不平应先调平;同时检查转向系统和悬架是否松旷,如松旷则应先紧固或更换零件。

(3)检测步骤。

①把传感器支架安装在轮辋上,再把传感器(定位校正头)安装到支架上,并按使用说明书的规定调整。

②开机进入测试程序,输入被检汽车的车型和生产年份。

③轮辋变形补偿。转向盘位于直行位置,使每个车轮旋转一周,即可把轮辋变形误差输入电脑。

④降下第二次举升量,使车轮落到平台上,把汽车前部和后部向下压动4~5次,使其作压力弹跳。

⑤用制动踏板顶杆压下制动踏板,使汽车处于制动状态。

⑥把转向盘左转至电脑发出"OK"声,输入左转角度;然后把转向盘右转至电脑发出"OK"声,输入右转角度。

⑦把转向盘回正,电脑屏幕上显示出后轮的前束及外倾角数值。

⑧调正转向盘,并用转向盘锁锁住转向盘使之不能转动。

⑨把安装在四个车轮上的定位校正头的水平仪调到水平线上,此时电脑屏幕上显示出转向轮的主销后倾角、主销内倾角、转向轮外倾角和前束的数值。

⑩调整主销后倾角、车轮外倾角及前束,调整方法可按电脑屏幕提示进行。若调整后仍不能解决问题,则应更换有关零部件。

检测完毕,拆下定位校正头和支架,进行路试,检查四轮定位检测调整效果。

2. 光学式四轮定位仪使用方法

(1)测量前的准备。

①安装测试投影仪。安装投影仪时必须注意投影仪上标有"L"的,必须安装在待检车辆行进方向的左边导轨上,标有"R"的则放在右边导轨上。

左右两侧的投影仪的光学中心必须校准在同一轴线,以便测量汽车左右轮的同轴度,即调整时必须保证两侧投影仪屏幕上的十字刻度线在同一水平面上。

②调整投影仪上投光镜的高度。测量待检车轮毂中心距离地面高度,将测量值减去30 mm所得的值作为投光镜的高度值,有偏差的可通过手柄来调整。

③车辆的准备。检测前,被检车车轴的状况必须良好,车轮的所有轴承间隙、转向间隙和主销间隙均须检查并经过调整,且轮胎气压符合出厂要求。

(2)检测步骤。

①车辆就位。将车辆开到定位仪上,定位仪可安装在地沟两旁或举升平台上。

待检车后轮停在可以横向移动车辆的后轮滑板中心处，在滑板的下面有滚筒支承。轮毂中心位置与投影仪等高。

②安装轮镜。首先根据轮辋直径调整三个卡爪之间的距离，然后将万能轮镜安装架紧固在轮辋边沿上，再将带有调整盘的轮镜安装在该架上，支起车轮并轻轻转动一周，若轮镜中心偏离车轴中心超过 1cm，应移动轮镜至车轮中心并紧固。

③轮镜安装基准调整（车轮夹具安装补偿）。由于轮镜的变形和轮镜安装架的装夹误差，会使装夹在车轮上的镜面不垂直于车轮轴心线，造成测量误差。因此，需要进行轮镜安装基准调整（即补偿调整）。首先支起车轮，打开投影仪开关，轮镜将刻度线的像反射到投影仪屏幕上，慢慢转动车轮，观察屏幕上的十字刻度线，若十字刻度线摆动量超过 5′（即屏幕上一个刻度值）时，需要使用三角形布置的调整旋钮螺钉调整，直至十字刻度线不摆动为止，并锁紧。

对于电脑式四轮定位仪只需将车轮支起，每次转动 90°，并记录下由传感器此时测出的外倾角值，当转动一周后，共记录下四个外倾角值，进行平均值计算后即可完成车轮夹具安装补偿过程。

补偿过程结束后，将转盘置于前车轮下面，落下车辆，后车轮置于滑板上，按压车身前部，给汽车悬架施加上下交替的力，使悬架系统处在正常的受力状态，并将前轮向左和向右转动几次，以消除转向间隙，最后让转向盘位于中间位置，前轮位于“正前方”位置。然后拉紧驻车制动器。

④将车辆摆正定位。将定位测量卷尺置于待检车辆的左前侧，用卷尺的磁性座与投影仪的底座相连，垂直于车轮中心线量出至轮辋最低位置间的距离 A（注意将卷尺水平拉直进行测量），运用同样的方法，测出右前侧的垂直于车轮中心线至轮辋最低位置间的距离 C，左右调整直至 $A=C$ 为止。

再运用上述同样的方法测量调整左侧后轮和右侧后轮。

上述过程就相当于定出了该测量系统的光学矩形，这样就消除了前后轮距不等所造成的影响。此时待检车辆刚好位于光学矩形中心位置，为防止车身移动应将摆正滑板锁住。

(3)定位参数的测量：在检测四轮定位参数时，请先查阅厂家关于定位参数的出厂标准。

各定位参数的测量值可直接从屏幕上和转盘上读出或从投影仪底座上的刻度尺上（测量左右车轮不同轴度时）读出。

①数据的读取。

a. 胎压。在车轮定位检测之前，使用轮胎气压表测出胎压并记录。

b. 前束角。投影仪屏上十字线的铅垂线与投影十字刻度线影像中水平刻度的交点表示所测车轮的前束角。

c. 车轮外倾角。投影仪屏幕上的十字线中的水平线与投影十字刻度线影像上的垂直刻度的交点表示车轮外倾角。

d. 主销后倾角。投影在屏幕上的主销后倾角刻度垂线影像与事先设置在投影仪屏幕上指针的交点表示主销后倾角。

e. 主销内倾角。在安装了主销内倾角测试仪进行主销内倾角测试时，可直接在主销内倾角测试仪的刻度盘上读出。

转向 20°时的前张角：一侧车轮转向 20°后，在另一侧车轮下转盘上直接读取，再按 $20° - X$ 的公式计算后填入记录。

左右车轮的同轴度（即错位偏移量）：通过安装在导轨上的毫米刻度尺直接读取。

②具体测量步骤。

a. 后轮前束角及后轮外倾角的测量。直接从右后轮处的投影仪屏上读取右后轮的前束角和外倾角并分别记录。再从左后轮处的投影仪屏上读取左后轮前束角和外倾角并分别记录。

将右后轮的前束角加上左后轮前束角的值作为后轮总的前束角并记录。

b. 前轮前束角与外倾角的测量。转动前轮，将左前轮前束角调整到零点，然后直接从投影仪屏幕上读取左前轮外倾角并记录。并从右前轮处投影仪屏幕上读取前束角即两前轮的总前束角，将其值记录。

转动前轮,将右前轮前束角调整到零点(方法同上),然后在右侧投影仪屏幕上读取右前轮外倾角,并将其记录。

转动前轮呈直线行驶状态,从左前轮旁的投影仪屏幕上读左前轮前束角,并将其值记录。同时从右前轮旁的投影仪屏幕上读右前轮前束角,并将其值记录。

在加载测试中需转动前轮,使左轮前束角为零,在两前轮的前边或后边(视车型而定)安装车轮张紧装置,并依据出厂标准加载,此时在右前轮旁的投影仪屏幕上读取前束角并记录,此值即为张紧并承载后前轮总的前束角。

转向20°的前张角及主销后倾角的测量。将左前轮向左转向20°(即轮镜左侧镜面刚好与投影仪的投光镜对正),使左前轮旁投影仪屏幕上的十字刻度线指示"0"前束角,将屏幕上的指针移到主销后倾角"0"度处。

在右前轮旁的投影仪屏幕上读取在前束刻度线上的示值,即左转向20°时的前张角并将该值记录。

将前轮向右转向大约40°时,微调前轮,使得右前轮旁投影仪屏幕上的十字刻度线指示"0"前束角,也将屏幕上的指针移到主销后倾角"0"处。

在左投影仪屏幕上读取前束值,即为向右转动20°时前轮的前张角并将该值记录。

再将前轮继续向右转向,当左轮投影仪屏上指示"0"前束角时,读取左轮主销后倾角(在屏上主销后倾角刻度线上读取)并将该值(连同正负号)记录。再向左转向大约40°并微调,待右投影仪屏上指示"0"前束角时,读取右前轮主销后倾角的大小及方向并将其值记录。

c. 主销内倾角的测量。在测主销内倾角前应先测主销后倾角,并要在制动踏板上安装刹车制动杆,以保证车轮转向时车轮不滚动。在轮镜架上安装主销内倾角测试仪。

将前轮向右转向20°,使左投影仪屏幕上的十字刻度线指示"0"前束角。调整左前轮上的主销内倾角测试仪上的水准气泡为零,并使游标刻度尺置于"0"刻度。

将车轮向左转向20°(即转到轮镜的左侧镜面正好与投影仪的投光镜对正),调整车轮使左投影仪屏幕上的十字刻度线指示"0"前束角,再将主销内倾角测试仪上的水准仪调零,此时可在主销内倾角测试仪的游标刻度盘上读取主销内倾角的大小及方向并将该值记录。

运用类似的方法,将主销内倾角测试仪安装在右前轮上,然后向右转向40°,整个测试调整方法同上,最后从屏幕的刻度盘上读取内倾角的大小及方向,并将该值记录,此值为右前轮的主销内倾角(注意记录正负号)。

d. 左右轮同轴度的测量(轴距左右差测量)。在测量本项目前须检测完其他的所有项目,且已将车轮前束角或外倾角调整完毕。

本项目可测量左右车轮的同轴度,也可用来检查车轮前轴的安装位置及判定悬架可能出现的磨损情况。

在测量前应先将毫米刻度尺固定在测试投影仪的导轨上。在轮镜架上安装指示车轮轴心的测试盘,并保证其上面的线铅垂向下,移动两投影仪直到投影十字刻度线上"0"前束角线与左右轮上测试盘上的线重合为止。此时从左右两侧投影仪下的毫米尺上读出的差值即为左右轮的同轴度偏差(左右轮心的偏移量)。

测量完所有的定位参数,将数据记录完毕后,从车轮上拆下安装架,让已检车驶离。

3. 四轮定位仪的使用注意事项

因四轮定位仪是一种较精密的检测设备,要求操作人员在使用前须经过专业培训,并且在使用定位仪前应先仔细阅读四轮定位仪的产品说明书,以便更好地了解四轮定位仪的操作过程。一般注意事项有:

(1)使用前,检查四轮定位仪所配附件是否与说明书上列出的清单相符;

(2)在安装设备时一定要按照产品说明书上的要求去做;

(3)对于光学式四轮定位仪中的投影仪(或投光器),需要细心维护,并经常进行调整;

(4)传感器是电脑式四轮定位仪的重要元件,使用前要进行校正,以保证测试精度;

(5)传感器是计算机式四轮定位仪的核心元件,在使用前需要进行校正,以保证测试精度;

(6)传感器在卡盘轴上安装要妥当,在不用时应妥善保存,避免受到损害,电测类传感器在通电前应该接线安装完毕,不要带电接线,以避免电子振荡,冲击损坏器件;

(7)四轮定位仪需要移动时,注意不要使其受到振动,否则可能会损坏传感器及计算机等部件;

(8)四轮定位仪应按期检验标定,标定工作应在专用标定器具上进行(在购买四轮定位仪时应带专用标定器具和标定程序);

(9)在用四轮定位仪检测车轮定位角之前,一定要进行车轮传感器安装夹具偏摆补偿操作,否则会引起相当大的测量误差;

(10)在四轮定位仪的安装地点,应在墙上或其他的地方安装一个带熔丝的开关盒,同时要求开关盒内配带有四轮定位仪的过载保护装置。

四、车轮定位参数变化故障原因分析

1. 常见定位故障

(1)主销后倾角的故障与调整:主销后倾角失准后,将出现两种类型的故障:一是转向沉重,其原因是由于主销后倾角过大所致;二是汽车行驶不稳定,路面稍有冲击就会使汽车向一侧倾斜,驾驶人必须要时刻用转向盘校正方向,才能维持直线行驶,这主要是由于主销后倾角过小,车轮自动回正力矩不足所致。主销后倾角的调整,需通过改变悬架系统来实现。因为对于非独立悬架结构而言,车轴左右两端的转向节主销孔并不存在后倾角度,而主销后倾角是在悬架安装后由结构尺寸所保证的。因此,当主销后倾角不符合规定时,在钢板弹簧下部与主轴的接触面之间垫以不同厚度的楔形铁片来调整。当楔形铁片由后向前插入时,车轴整体将向后转动一定角度,使车轴左右两端的转向节主销后倾角加大;当楔形铁片由前向后插入时,与上述情况相反,主销后倾角将减小。

(2)主销内倾角的故障与调整:主销内倾角失准后,如主销内倾角过小,会使汽车行驶稳定性变差,不易保持直线行驶,转向盘操纵频繁,而且转向沉重。

主销内倾角的保证,对于不同的悬架其方式不同,非独立悬架的车轴左右两端的转向节主销孔有固定的内倾角度值。因此,内倾角不符合规定时,须对前轴进行校正。对于独立悬架的汽车,主销内倾角与车轮外倾角可通过调整摆臂长度来实现。调整主销后倾角,可通过转动上摆臂轴来实现;而车轮外倾角则由加在上摆臂轴与固定支架之间的垫片来调整。独立悬架的主销内倾角和车轮外倾角是由转向节的结构确定的,因此,调整过车轮外倾角后,主销内倾角也就随之确定下来,不需另做调整。

(3)车轮外倾角的故障和调整:车轮外倾角过大、过小,都会加剧轮胎的偏磨损。外倾角过大,轮胎外侧偏磨损严重;外倾角过小,轮胎内侧偏磨损增加。另外,车轮外倾角过小,还会引起转向沉重。

当车轮外倾角不符合规定时,须检查轮毂轴承是否松旷、转向节铜套是否磨损和转向节轴是否变形等,根据故障情况可予修复或更换。

(4)车轮前束的故障与调整:车轮前束失准时,过大或过小都将引起轮胎偏磨损,影响轮胎使用寿命。前束过大,车轮外侧磨损严重;前束过小,车轮内侧磨损加快。

车轮前束值的大小,可通过改变转向梯形机构的横拉杆长度来实现。调整时,须先松开横拉杆长度锁紧螺母,然后用管钳转动调整螺母套管,该套管左右两端螺旋线方向相反,转动时可使横拉杆向两端伸长或缩短,依此来调节横拉杆的长度。

2. 转向系统常见故障原因分析

机动车辆的转向桥和转向系统的常见故障使前轮轮胎磨损不正常、转向沉重、自动跑偏和前轮摆振等。

(1)前轮轮胎磨损不正常。

现象:前轮轮胎磨损速度加快,胎面形状出现异常。

原因:

①转向轮定位不正确,其中尤其是外倾角和前束不正确;

②轮毂轴承松旷;

③转向节衬套与主销松旷;

④前轮偏摇或偏振;

⑤前梁弯、扭变形;

⑥轮胎气压不符合要求;

⑦轮胎长期未换位。

(2)转向沉重。

现象:汽车行驶时驾驶人向左、右转动转向盘时,感到沉重吃力,无回正感;当汽车以极低的车速转弯行驶或调头时,转动转向盘非常吃力,甚至转不动。

原因:

①转向器内的主动部分(螺杆或蜗杆)的轴承预紧力太大;

②转向器内主动部分与从动部分的啮合调整太紧;

③转向器垂臂轴与衬套配合太紧;

④转向器转向轴弯曲或其套管凹陷造成刮碰;

⑤转向节止推轴承中缺油或损坏;

⑥转向节衬套与主销配合过紧;

⑦纵、横拉杆球头销调整过紧或缺油;

⑧转向轮内倾角、后倾角变大或前束不符合要求;

⑨车架、前梁变形造成前轮定位失准;

⑩轮胎气压不足。

(3)自动跑偏。

现象:汽车行驶中会自动跑向一边,必须用力把住转向盘才能保证直线行驶。

原因:

①两前轮轮胎气压不等、直径不一致或车厢装载不均;

②左右两架前钢板弹簧挠度不等或弹力不一样;

③前梁、后桥轴管或车架发生水平面内的弯曲;

④车架两边的轴距不等;

⑤两前轮轮毂轴承或轮毂油封的松紧度不一样;

⑥前、后桥两边的车轮有单边制动或单边拖滞现象;

⑦两前轮外倾角、主销后倾角或主销内倾角不等;

⑧前束太小或负前束。

(4)前轮摆振。

现象:汽车在低速范围内或某高速范围内行驶时,有时出现两前轮各自围绕主销进行角振动的现象,通常称之为前轮摆振。尤其是高速摆振时,两前轮左、右摆振严重,握转向盘的手感觉强烈,有麻木感,甚至在驾驶室内可看到整个车头晃动。

原因:

①转向器内主、从动部分啮合间隙或轴承间隙太大;

②转向器垂臂与垂臂轴配合松旷;

③纵、横拉杆球头销配合松旷;

④转向节衬套与主销配合松旷或转向节与前梁拳形部沿主销轴线方向配合松旷；

⑤前轮轮毂轴承松旷；

⑥转向器在车架上的连接松动；

⑦前轮钢板弹簧骑马螺栓松动或钢板销与其衬套配合松旷；

⑧左、右两架前钢板弹簧的厚度、片数、弧高、长度或新旧程度不同；

⑨前轮不圆或端面偏摆太大；

⑩前轮旋转质量的不平衡度太大。

另外前轮使用翻新轮胎，前梁或车架弯、扭变形，前轮外倾、前束或主销内倾、主销后倾失准，转向系统或前悬架的运动件互相干涉，转向系统刚度太低，道路不平度太大等也会造成前轮摆动。

第四节　转向轮侧滑检测

一、转向轮侧滑

当车轮前束与车轮外倾角配合不当时，在汽车行驶过程中，车轮与地面之间产生一种相互作用力，这种作用力垂直于汽车行驶方向，导致车轮在直线行驶过程中不再是纯直线滚动，使轮胎处于向前直线滚动的同时，产生侧向滑移现象。这种滑移现象便是我们所说的转向轮侧滑。当这种现象过于严重时，将破坏车轮的附着条件，使汽车丧失定向行驶能力，引发交通事故并导致轮胎的异常磨损。转向轮侧滑的大小用车轮单位直线行驶距离内侧向滑移的累加量，即侧滑量来衡量。侧向滑移量的大小与方向，可用汽车车轮侧滑检验台来检测。

二、转向轮侧滑检验

1．国家标准有关规定

GB 7258 中规定，转向轮的横向侧滑量用侧滑仪（包括双板和单板侧滑仪，以下称侧滑试验台）检测，其侧滑量值应不大于 5m/km（独立悬架结构的转向轮的侧滑量不作要求）。

2．汽车侧滑检测设备

目前，测量车轮侧滑量的最常用设备是滑板式侧滑试验台，按其结构分为单滑板式侧滑试验台和双滑板式侧滑试验台。

（1）汽车侧滑试验台工作原理：如图 4-11 所示，假设在左右车轮只有前束而无车轮外倾角时，车轮向前滚动的同时又向内侧滚动是不可能的，因而只能边向前滚动边对地面产生向左、右外侧的推力。若在左右车轮下面各垫上一块只能左右移动的滑动板，在左右车轮推力推动下，滑动板会向左、右外侧滑动。

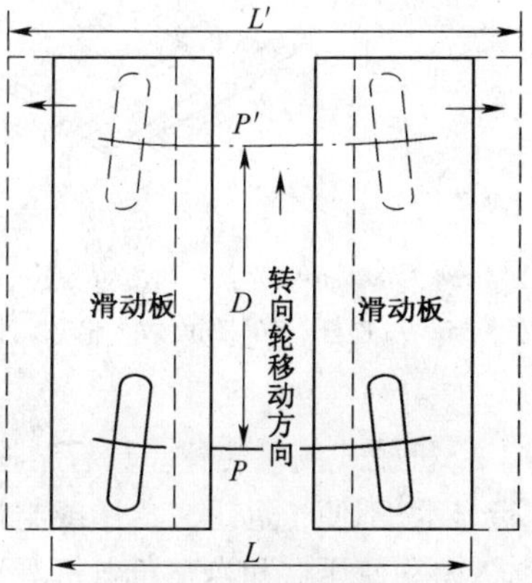

图 4-11　车辆前束引起滑动板向外侧滑动

如左右两块滑板的初始距离为 L，当汽车向前行驶一段距离 D 之后，左右侧滑板在车轮的推力下向外侧滑动，两板的距离变为 L'。侧滑板的距离变化量在不考虑滑板运动阻力时，可认为是车轮的侧滑量 X_t。

$$X_t=(L'-L)/D \tag{4-2}$$

式中：X_t——车轮的侧滑量（m/km）；

L'，L——侧滑板侧滑前后的距离（mm）；

D——汽车向前行驶距离（m）。

若汽车直驶时，左右车轮侧滑量相等，则单个车轮侧滑量 S_t 可用下式表示：

$$S_t=1/2X_t=(L'-L)/(2D) \tag{4-3}$$

如图 4-12 所示，假设左右车轮只有外倾角而无前束时，左右两块侧滑板初始距离为 L，汽车向前

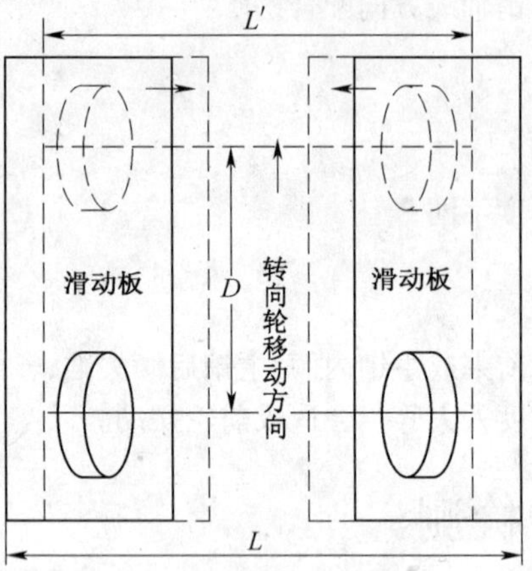

图 4-12 车轮外倾引起侧滑板向内滑动

行驶一段距离 D,车轮因有向外滚动趋势,左右侧滑板将受车轮向内的推力,于是侧滑板向内滑动,使两板距离变小为 L'。当汽车行驶距离 D 时的侧滑量 X_c 可写成:

$$X_c = (L' - L)/D \tag{4-4}$$

若左右两车轮侧滑量相等,则单个车轮侧滑量 S_c 为:

$$S_c = 1/2 X_c = (L' - L)/(2D) \tag{4-5}$$

实际用于检测汽车侧滑的汽车侧滑试验台就是利用上述原理制造的。

(2)双滑板式侧滑试验台的结构:图 4-13 是双滑板机械式侧滑试验台的结构图,试验台由测量装置与指示装置等组成。

①测量装置。是由左右两块侧滑板、轨道、滚轮、杠杆机构和回位装置组成。滑动板长度有 500mm、800mm 和 1000mm 三种。滑动板通过滚轮可以在轨道上左右滑动(不能前后移动)。测量时车轮沿滑动板滑动的垂直方向通过,车轮依靠摩擦力可以带动滑动板左右滑动,与滑动板相连的杠杆机构把滑动量传递给指示装置。

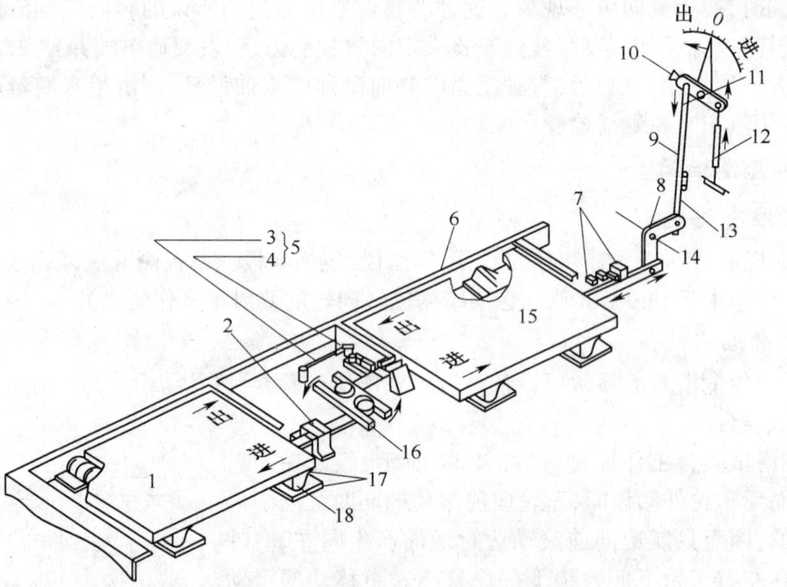

图 4-13 双滑板机械式侧滑试验台

1. 左滑动板 2. 导向滚轮 3. 回位弹簧 4. 摆臂 5. 回位装置 6. 框架 7. 限位开关 8.L 形杠杆 9. 连杆 10. 刻度放大倍数调整器 11. 指示机构 12. 调整弹簧 13. 零件调整装置 14. 支点 15. 右滑动板 16. 双销叉式曲柄 17. 轨道 18. 滚轮

a. 机械式测量装置。具有结构简单、工作可靠和便于维护的优点。但测量结果只能在机构附近进行显示,不便于远距离传递或与计算机连接。为了与计算机接通,侧滑试验台的测量装置还有电位计式、差动变压器和自整角电机等形式。

b. 电位计式测量装置。是将滑动板的位移量转变为电位计(可变电阻)活动触点的位移,测量出电流量的变化传递给指示装置。电位计式测量装置原理图如图 4-14 所示。电位计式测量装置的结构如图 4-15 所示。

c. 差动变压器式测量装置。是一种比较灵敏的测量装置,如图 4-16 所示,一次线圈与二次线圈共用一根铁芯,在一次线圈接通交流电,通过铁芯使二次线圈内产生感应电流。当铁芯在线圈内移动

(即侧滑板移动)时,改变了磁通量,会引起二次线圈电压变化,该电压变化可用电压表进行显示,反映车轮侧滑量。

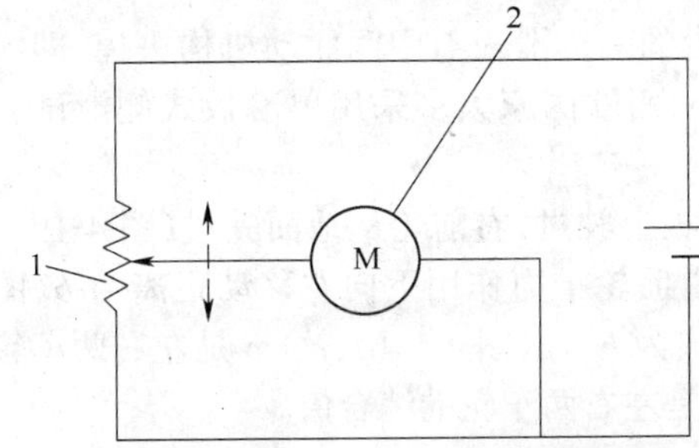

图 4-14 电位计式测量装置原理图

1. 电阻 2. 指示计 3. 电源

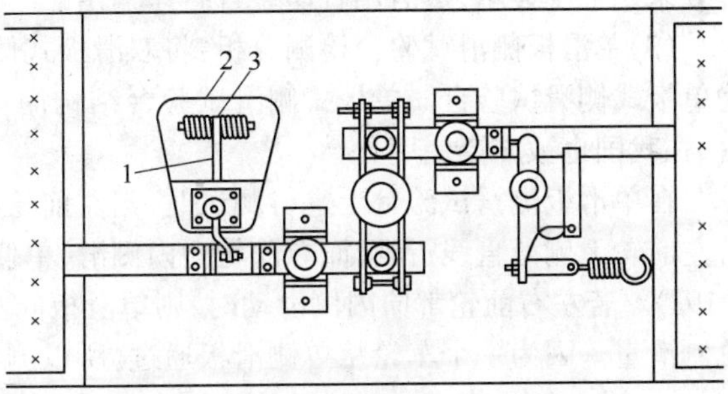

图 4-15 电位计测量装置的结构

1. 滑动触点臂 2. 底板 3. 电位计

d. 自整角电机测量装置。自整角电机式测量装置见图 4-17 所示。它是将侧滑板的横向位移量通过杠杆机构传递给齿条、齿轮,将直线运动变为齿轮的旋转运动,而齿轮安装在自整角电机的轴端(产生信号的自整角电机),该自整角电机的转动可以将同样大小的电位信号传递给指示装置的自整角电机(接收信号的自整角电机),从而显示出车轮侧滑量。

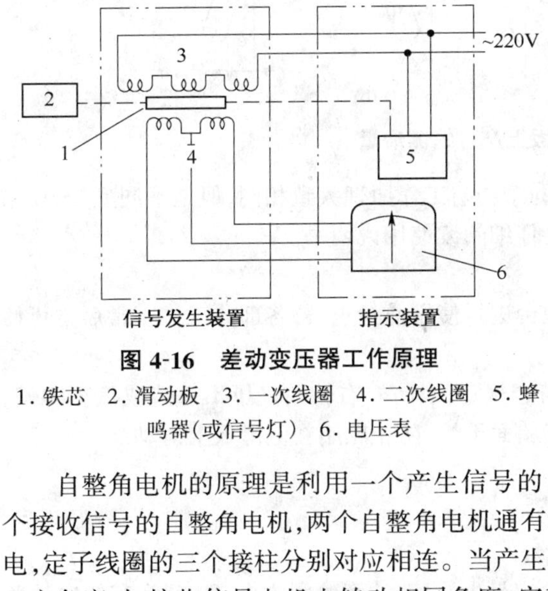

图 4-16 差动变压器工作原理

1. 铁芯 2. 滑动板 3. 一次线圈 4. 二次线圈 5. 蜂鸣器(或信号灯) 6. 电压表

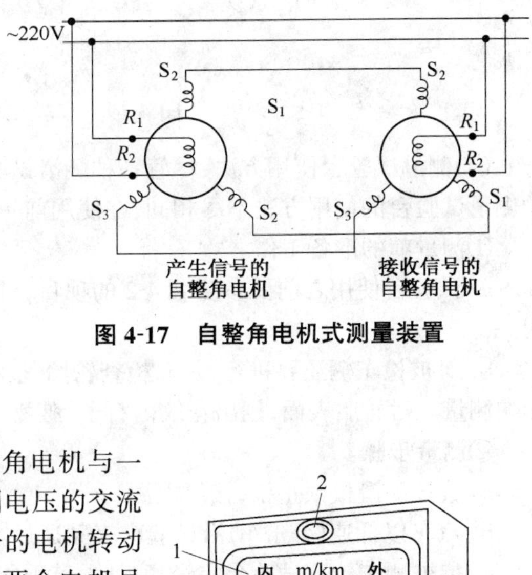

图 4-17 自整角电机式测量装置

自整角电机的原理是利用一个产生信号的自整角电机与一个接收信号的自整角电机,两个自整角电机通有相同电压的交流电,定子线圈的三个接柱分别对应相连。当产生信号的电机转动一定角度时,接收信号电机也转动相同角度,实现了两个电机虽不同轴但同角度转动。

②指示装置。车轮侧滑量指示装置如图 4-18 所示,它将测量装置测出的侧滑板位移量,按汽车每行驶 1m 所产生侧滑的数值进行显示。滑板长度为 1000mm 时,每 1mm 侧滑量为一格刻度;滑板长度为 500mm 时,侧滑量每 0.5mm 为一格刻度。

侧滑量指示装置中除按"m/km"标度外,还将仪表量程分为三个区段即:

a. 绿区——侧滑量 0~±3m/km,表示侧滑量符合标准。

b. 黄区——侧滑量±(3~5)m/km,表示侧滑量尚未超过规定标准限度。

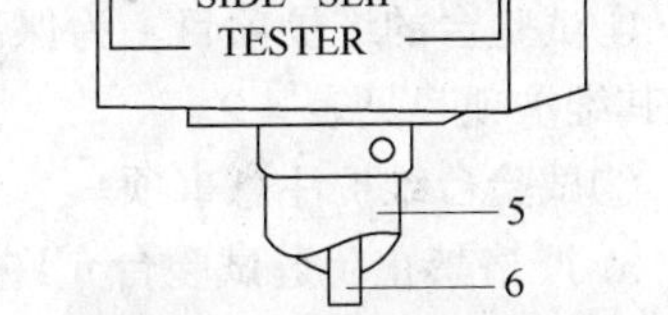

图 4-18 侧滑量指示装置

1. 指示仪表 2. 显示灯 3. 蜂鸣器 4. 电源开关 5. 座 6. 连杆

c. 红区——侧滑量已超过标准限度。

为了提示检测者，当侧滑量超过标准时，指示装置中设有指示灯或蜂鸣器发出警告信号。现在大部分采用数字显示，然后用打印装置打印输出。

(3)单滑板侧滑试验台检测分析：将双滑板式侧滑试验台的一侧滑板与中间联动机构去掉，即成为单板式侧滑试验台。单板式侧滑试验台结构简单、体积小，西欧国家大多采用单滑板式侧滑试验台，在我国也被广泛使用。

在单滑板侧滑试验台上进行测试时，当左前轮从单侧滑板上驶过，右前轮从地面驶过(图 4-19)，若左前轮无侧滑直线行驶，而右前轮向内侧滑，单侧滑板在右前轮推力作用下向左移动距离为 b(图 4-19a)。若左右前轮都向内侧滑动时，则单滑板向左移动距离为 $b+c$(图 4-19b)，$b+c$ 是左右两车轮总侧滑量。因为一个车轮从单侧滑板通过，所以测量的结果是左右两车轮的综合值。

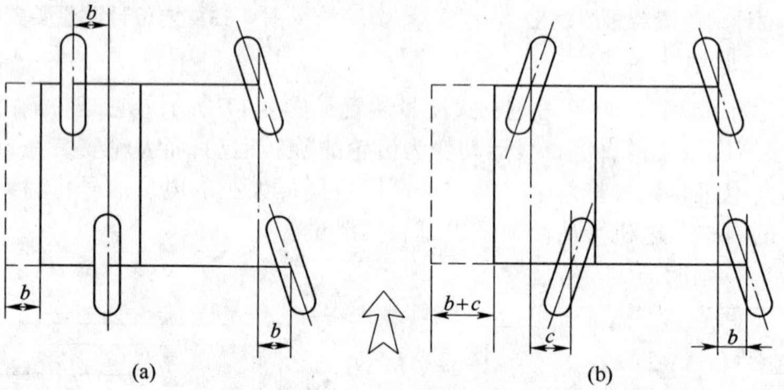

图 4-19 车轮在单滑板上产生的侧滑量

(4)侧滑试验台使用方法：尽管各种侧滑试验台的结构与工作原理大致相同，但是不同型号、规格的侧滑试验台的使用方法不尽相同，在使用前一定要仔细阅读使用说明书。

①测量前的准备工作。

a. 试验台使用之前要参照表 4-2 的项目，对试验台进行使用前检查，待各部分工作正常后方可使用。

b. 对被检车辆还要进行检查，检查轮胎气压要符合规定，以防左右轮胎气压不等造成汽车跑偏，影响测量。对轮胎表面，剔出花纹内石子、脏物，保持胎面干燥，防止轮胎在侧滑板上滑动。

②测量步骤。

a. 拔掉侧滑板锁止销，接通电源。

b. 汽车以低速(4km/h)沿试验台直驶通过。

c. 待被测车轮从试验台完全通过时，读取指示仪表最大示值(注意侧滑方向，“IN”为车轮向外侧滑；“OUT”为向内侧滑)。

d. 测试完毕后，切断电源，插上侧滑板锁止销。

(5)侧滑试验台维护。

①试验台的维护项目。为保证试验台的测试精度，延长其使用寿命，必须做好试验台的维护工作，其维护项目见表 4-2。

②试验台维护注意事项。

a. 严格禁止超过试验台允许载荷的汽车开到试验台上，以防压坏侧滑板或引起承重件变形。

b. 汽车不准在试验台上制动、转向。

c. 试验台在不使用时，要用锁止销锁住。

d. 保持试验台清洁、防止泥水渗入侧滑板。

表 4-2　侧滑试验台维修项目

使用周期	维护部位	维护要领	备　注
使用前	指示仪表	在不接通电源时，检查仪表指针是否指在机械零点上；接通电源，把滑板左右推动几下，待滑板停止后，检查指针是否回到零点	指针失准时，可用零点调整螺钉将仪表指针调至零点；指针如不回零，可用零点调整螺钉调整指针游丝长度，将指针校正到零点
	试验台及周围场地	检查有无油渍、泥污和石子等杂物	清除杂物，保持清洁、干燥
	各种导线	检查导线有无损伤或连接部分有无松动	紧固松动部位，更换不良导线
一个月	报警及定性显示装置	检查警告信号能否报警（蜂鸣器、信号灯）	蜂鸣器、灯泡、限位开关不良时，应予更换
三个月	杠杆及回位装置	检查各机构动作情况和侧滑板回位情况	机构动作不灵活，须清洗、润滑；回位不良须调整回位弹簧
	指示装置	检查指针及联动杆件工作情况	动作不灵活，须清洗润滑
	滚轮、导轨及侧滑板	检查有无脏污、变形、磨损或锈蚀	对必要部位须进行清洁、紧固、润滑作业，损坏的零件予以更换
一年	必须由计量部门进行检定、校验		

三、侧滑量过大时的调整

若检测结果表明，滑板向外侧滑，且其侧滑量超过《机动车安全运行技术条件》的规定值 5m/km，则表明转向轮前束值太大（或负外倾角太大）；若转向轮向内侧滑，且其侧滑量超过《机动车安全运行技术条件》的规定值 5m/km，则表明转向轮负前束值太大（或外倾角太大），则必须进行调整。

当车轮外倾角一定时，改变前束值就会导致侧向力及侧滑量成正比的变化。因此当侧滑量超标时，一般情况下调整前束就能使侧滑量合格。但也有特殊情况，当汽车前部因碰撞变形时，会导致左右轴距不相等或使前轮定位角发生较大的变化，这时会出现这样的现象：汽车侧滑不合格时，驾驶人感觉转向盘还能掌握；当采用调整前束的方法使侧滑合格以后，反而觉得汽车的转向盘掌握不了，汽车无法驾驶。遇到这种情况，应首先测量前束值，看是否在原厂规定的范围内，如超出原厂规定的范围较多，应将其调回原厂规定的范围内，再检查左右两侧轴距是否一致、前轮定位的其他三个参数是否符合要求。

另外汽车轮毂轴承间隙过大，左右松紧度不一致；轮胎气压不等，花纹不一致，胎面磨损过甚以致严重偏磨；横、直拉杆球头松旷，左右悬架性能不等，前后轴不平行等都会使转向轮侧滑过大，因此侧滑不合格不能一味用改变前束的办法去调整。在检验侧滑以前，应首先消除这些因素，使其符合技术条件的要求。

复习思考题

1. 为了确保正常安全运行，对汽车的操纵性能有哪些要求？
2. 国标对汽车最小转弯直径有何要求？
3. 汽车车轮的定位参数有哪些？各起什么作用？相互之间有何关系？
4. 四轮定位仪可以检测哪些参数？用四轮定位仪对车轮前束进行检测的原理是什么？
5. 车轮定位检测时，对被检车辆有哪些基本要求？四轮定位仪使用注意事项有哪些？
6. 常见车轮定位的故障有哪些？各如何调整？
7. 常见转向系统故障有哪些？具体现象是怎样的？各是什么原因造成的？
8. 什么是转向轮侧滑？国家标准对汽车转向轮侧滑量提出了什么要求？
9. 汽车转向轮侧滑量过大会带来哪些危害？
10. 简述侧滑检测台主要组成与使用方法。

第五章　汽车平顺性与相关系统检测

第一节　汽车平顺性及其影响因素

一、平顺性

汽车行驶平顺性，是指汽车在一般行驶速度范围内行驶时，避免因汽车在行驶过程中所产生的振动和冲击，使人感到不舒服、疲劳，甚至损害健康，或者使货物损坏的性能。由于行驶平顺性主要是根据乘员的舒适程度来评价，所以又称为乘坐舒适性。

汽车是一个复杂的多质量振动系统，其车身通过悬架的弹性元件与车桥连接，而车桥又通过弹性轮胎与道路接触，其他如发动机、驾驶室等，也是以橡胶垫固定于车架。在激振力作用下，如道路不平而引起的冲击和加速、减速时的惯性力，以及发动机与传动轴振动等，系统将发生复杂的振动，对乘员的生理反应和所运货物的完整性，均会产生不利的影响。在坏路上，汽车的允许行驶速度受动力性的影响不大，主要取决于行驶平顺性，而被迫降低行车速度，因而使汽车的平均技术速度减低，运输生产率下降。其次，振动产生的动载荷，加速了零件的磨损，乃至引起损坏，降低了汽车使用寿命。此外，振动还引起能量的消耗，使燃料经济性变坏。因此，减少汽车本身的振动，不仅关系到乘坐的舒适和所运货物的完整，而且关系到汽车的运输生产率、燃料经济性、使用寿命和工作可靠性等。

二、影响汽车行驶平顺性的因素

汽车是由多质量组成的复杂振动系统。为了便于分析，需要对其进行简化。在研究振动时，常将汽车视为由彼此相联系的悬架质量与非悬架质量组成。

汽车的悬架质量由车身、车架及其上的总成构成，该质量由减振器和悬架弹簧与车轴、车轮相连。车轮、车轴构成非悬架质量，车轮再经过具有一定弹性和阻尼的轮胎支承在路面上。

悬架结构、轮胎、悬架质量和非悬架质量是影响汽车平顺性的重要因素。

1. 悬架结构

悬架结构主要指弹性元件、导向装置与减振装置，其中弹性元件与悬架系统中阻尼对平顺性影响较大。

(1)弹性元件：将汽车车身看成一个在弹性悬架上作单自由度振动的质量时，减少悬架刚度，可降低车身的固有频率，提高汽车行驶的平顺性。但是，如果增加高频的非悬架质量的振动位移，大幅度的车轮振动，有时会使车轮离开地面，在紧急制动时，会产生严重的汽车“点头”现象。为解决这一问题，可采取一些相应措施，如采用具有非线性特性的变刚度悬架，即悬架的刚度随载荷而变，这样可以使得在载荷变化时，保持车身振动的固有频率不变，从而获得良好的平顺性。悬架的非线性弹性特性，可以通过下述办法来实现：在线性悬架中，加入辅助弹簧、复合弹簧，采用适当的导向机构，以及与车架的支承方式等。选用具有非线性特性的弹性元件，如空气弹簧、油气弹簧、橡胶弹簧和硅油弹簧。

(2)阻尼系统的阻尼：为了衰减车身自由振动和抑制车身、车轮的共振，以减小车身的垂直振动加速度和车轮的振幅，悬架系统中应具有适当的阻尼。

在悬架系统中，引起振动衰减的阻尼来源很多。如轮胎变形时，橡胶分子间产生摩擦、系统中的减振器、钢板弹簧叶片间的摩擦等。

减振器的阻尼效果最好，可提高汽车行驶平顺性，改善车轮与道路的接触条件，防止车轮离开路面，因而可改善汽车的稳定性，提高汽车的行驶安全性。改进减振器的性能，对提高汽车在不平道路上的行驶速度有很大的作用。

2. 轮胎

轮胎由于本身的弹性，在很大程度上吸收了因路面不平所产生的振动，因此它和悬架共同保证了汽车的平顺性。

轮胎性能的好坏，是用轮胎在标准气压和载荷下，压缩系数的大小(轮胎被压下的高度与充气断面高度的百分比)来表示的。在最大允许负荷作用下，普通轮胎的压缩系数为10%～12%，为了乘坐舒适，客车轮胎的压缩系数稍大些，为12%～14%。

近几年来，随着车速的提高，希望轮胎的缓冲性能越来越好。目前，提高轮胎缓冲性能的方法如下：

(1)增大轮胎断面、轮辋宽度和空气容量，并相应降低轮胎气压。

(2)改变轮胎结构类型，如采用子午线轮胎。它使轮胎径向弹性大，可以缓和不平路面的冲击，并吸收大部分冲击能量，使汽车平顺性得到改善。

(3)提高帘线和橡胶的弹性，要用较柔软的胎冠。

车轮旋转质量的不平衡，对汽车的行驶平顺性和稳定性都有影响。为了避免因转向轮不平衡而引起振动，必须对每一车轮进行静平衡和动平衡。越是车速高的轿车，对平衡的要求就越高。

3. 悬架质量

合理分布悬架质量，使前、后悬架质量的振动彼此互不影响。

4. 非悬架质量

减少非悬架质量，可以减少传给车身上的冲击力。非悬架质量的振动，对悬架质量振动加速度有较显著的影响，会使其数据值加大。因此，为了提高汽车的平顺性，采用非悬架质量较小的独立悬架更为有利。

非悬架质量对行驶平顺性的影响，常用非悬架质量与悬架质量之比进行评价。比质量越小，则行驶平顺性越好。

总之，影响行驶平顺性的结构参数很多，并且彼此间的关系较复杂，必须对这些参数进行综合分析，以便正确地选择参数，提高汽车行驶的平顺性。

本章主要主要介绍与平顺性密切相关的车轮平衡量与悬架系统技术状况的检测。

第二节　车轮不平衡量检测

随着高速公路和城市道路立交系统的兴建，过去被道路因素所制约的汽车高速行驶的能力得到了充分发挥，提高了运输效率，但长期掩盖在低速工况下的一些机构装置的隐患，也逐渐暴露出来，车轮不平衡便是其中之一。

由于车轮的不平衡，其不平衡质量在高速旋转时引起车轮的上下振动和横向摆动，不仅影响了汽车的行驶平顺性，也影响了乘客的乘坐舒适性，而且使汽车驾驶人难以控制行驶方向，影响了行车安全。因此，车轮平衡问题，随着汽车行驶速度的不断提高，日益为人们所重视。

车轮平衡问题越来越重要的另一原因是车辆维修的经济问题，由于汽车运输费用的提高，促使人们寻求一种延长汽车部件的额定寿命、降低汽车运输成本的途径，而车轮上的不平衡质量，会在车辆的转向部件上产生比它本身质量大200～300倍的作用力，这样会大大降低转向部件的寿命，必须更换，否则就会影响行车安全；其次，车轮是汽车重要组成部分，在汽车运输总成本中占10%～30%。车轮长年累月裸露在外，不仅经受日晒、风吹、雨淋，而且与粗糙不平的路面接触，极易磨损。随着汽车行驶速度的不断提高，车轮轮胎磨损量也会越来越大。如水泥路面上车速为100km/h时磨损率是车速为40km/h时的4倍，而车轮由于位置不正或失调(如不平衡)严重时，其磨损率是正常使用的车轮的10倍，缩短了车轮的使用寿命。因此车轮平衡问题不仅是交通工具发展的需要，而且在经济运输和安全可靠上也是势在必行的。

一、车轮不平衡的主要原因

引起车轮不平衡的主要原因如下：

(1)前轮定位不当,尤其是前束和主销倾角,不仅影响汽车的操纵性和行驶稳定性,而且会造成轮胎偏磨,这种胎冠的不均匀磨损与轮胎不平衡形成恶性循环,因而使用中出现车轮不平衡,也可能是车轮定位角失准的信号。

(2)轮胎和轮辋以及挡圈等因几何形状失准或密度不均匀而先天形成的重心偏离。

(3)因轮毂和轮辋定位误差使安装中心与旋转中心难以重合。

(4)维修过程的拆装破坏了原有的整体综合重心。

(5)轮辋直径过小,运行中轮胎相对于轮辋在圆周方向滑移,从而发生波状不均匀磨损。

(6)车轮碰撞造成的变形引起的质心位移。

(7)轮胎翻新中因定位精度不高而造成新胎冠厚度不均匀而使重心改变。

(8)高速行驶中制动抱死而引起的纵向和横向滑移,会造成局部的不均匀磨损。

二、车轮平衡机

1. 车轮平衡机的种类

按检测方式区分,车轮平衡机可分为离车式检测和就车式检测两种;按测量平衡原理分,又可分为静平衡机和动平衡机两种。

离车式检测是把车轮从车上拆下,然后在平衡仪上检查它的平衡状态,即将车轮与汽车行驶机构分离,使其两者在无联系的条件下进行检测;与此相反,就车式检测时车轮仍装在车上,使车轮在不拆卸的状况下对它的平衡状态进行检测,因此它更接近于车轮的实际工作状况。它能检测车轮的不平衡(精)度及车轮转动部分的好坏,但在车轮下安装就车式平衡机时不便,测试时操作繁琐,且精度不易保证。

离车式车轮平衡机有静平衡机和动平衡机两类,动平衡机又分为软式和硬式两种,软式又称为振动检测式,安装车轮的转轴由弹性元件支承,因此旋转时与车轮一起振动,测定该振动即可求出车轮的不平衡量。这是因为在(旋)转速一定时,振幅的大小与不平衡重点质量成正比。如果在垂直于轮轴的两个平面内存在两个相位差180°的质量,则旋转时就会产生使主轴偏斜的力偶。为了检测不平衡重点质量及相位,软式动平衡机设置有平衡锤和两组杠杆,测试时用一组杠杆调整平衡锤的相位,使之与车轮不平衡力偶相抵消,主轴不再振动,则两组杠杆的移动位置,分别表明车轮不平衡质量的相位和大小。而硬式动平衡机又称为离心力检测式,其转轴由刚性元件支承,车轮旋转时,转轴不会产生振动,它是通过直接测量车轮旋转时其不平衡重点质量所产生的离心力来确定不平衡重点的质量和相位的大小的。

在软式或硬式离车式车轮平衡机上进行车轮平衡作业时,可以测出车轮左、右两侧的不平衡量及其相位,因此又称为二面测定式平衡机。目前,用的最多的是硬式二面测定动平衡机。

就车式车轮平衡机既可做静平衡,又可做动平衡。

2. 车轮平衡机的工作原理

(1)静不平衡检测原理:对于直径和厚度相比厚度比较小的轮胎,通常只需要进行静平衡检测。静平衡就是把车轮总成安装在平衡器的主轴上(或将车轮装在平衡心轴上),使车轮自由旋转,若半径在任何角度上都能达到静止状态,则称车轮为静平衡;若车轮不平衡,则只有车轮在不平衡质量处于最低位置时,才能保持静止状态。其平衡方法有如下两种:

①重心平衡法。使车轮顺时针轻轻转动到自然停止,做出记号“1”,然后让车轮反转到某一角度后自然停止,做出记号“2”,再使车轮顺时针转动到另一角度后自然停止,做出记号“3”,然后找出1、3连线中点为“4”,再作“4”与“2”连线找中点“5”,则重心必在“5”与中心 O 的连线上(图5-1)。找到重心之后,在重心相反的方向,半径为 R 的轮辋钢圈上紧固质量为 G 的平衡块,使之能在任何位置都静

止。若需平衡质量较大，用一只平衡块难以满足要求时，必须加另外两只（或两只以上）的平衡块 n_2、n_3，使它们对称于平衡块 n_1 布置，并沿圆周移动平衡块 n_2、n_3，使车轮在任何位置都静止。

②三点平衡法。将质量相等的三只平衡块 n_1、n_2、n_3 彼此相隔 120°均匀地固定在轮辋钢圈的圆周上，如图 5-2 所示。若先使 n_1 平衡块处于垂线上方，显然，若车轮重心与回转中心重合或在同一条垂线上时，车轮将静止不动；若车轮顺时针旋转，说明重心在右边某一位置，需将平衡块 n_1 向左移动 e_1 的距离，使车轮处于暂时平衡。如下式所示：

$$G_0(e_1 + e_2) = G_0 \times e_3 + G \times e \tag{5-1}$$

式中：G_0 ——平衡块质量；

G ——车轮质量；

e_1、e_2、e_3、e ——分别为平衡块及车轮重心至垂直中心线的距离。

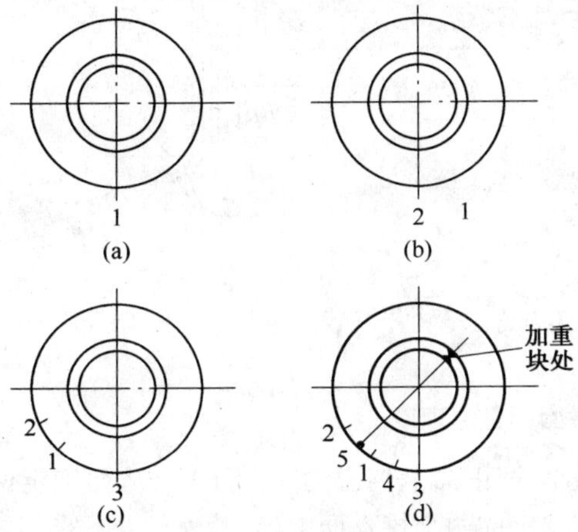

图 5-1 重心平衡法

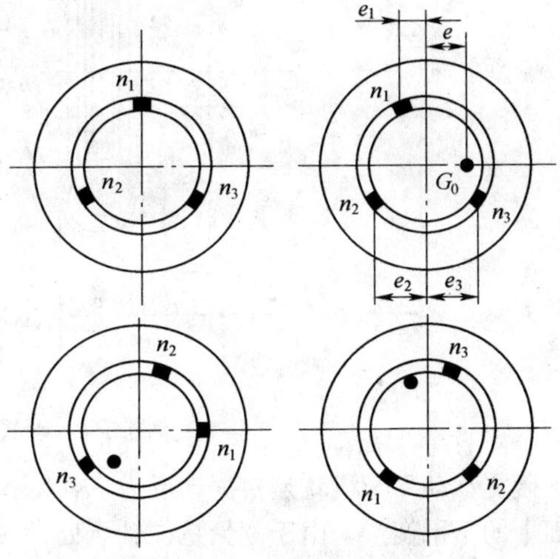

图 5-2 三点平衡法

将车轮转过 120°使平衡块 n_2 转至垂线上方，车轮又可能处于不平衡状态，需将平衡块 n_2 向左或向右移动，使车轮再次平衡；最后将 n_3 转至垂线上方，用同样的方法调整 n_3 的位置，使齿轮平衡。如此反复，使车轮转至任何角度时，均能趋于静止。

图 5-3 所示为就车式车轮平衡机检测静不平衡的测量原理图。

检测过程中，自始至终都必须使被测车轮离开地面，将振动检测装置固定在被测车轮的悬架处。车轮转动时，由于静不平衡造成的上下振动由悬架臂或转向节（检测动不平衡所造成的横向振动时由制动器底板）通过传感磁头、可调支杆传至传感装置底座内的传感器，使之变成电信号，该电信号控制频闪灯指示不平衡重点的位置并输入不平衡度表指示不平衡度。

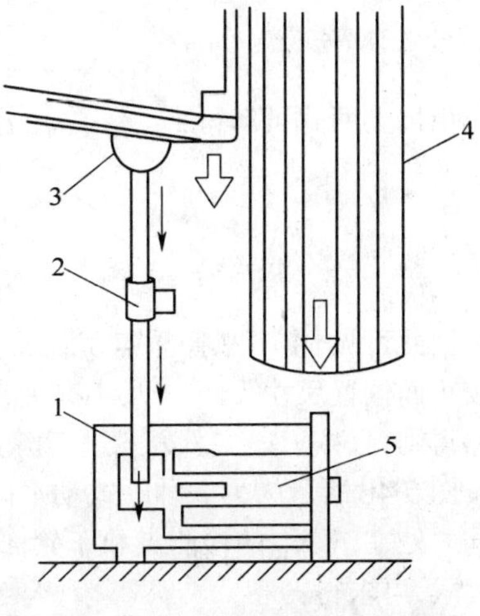

图 5-3 就车式平衡机静不平衡测量原理

1. 底座 2. 可调支杆 3. 传感磁头 4. 车轮 5. 传感器

当传感磁头如图 5-3 所示传递向下的力时，频闪灯发亮，所以用频闪灯照射最下位置时所见到的点便是车轮的不平衡重点。不平衡重点质量越大，传感器受力越大，变换成的电量越大，不平衡度指针摆动便越大，从指针摆幅便可测出不平衡度的具体数值。

(2)动不平衡测量原理：图 5-4a 所示为一般离车式硬支承车轮动平衡机的原理简图。硬支承动平衡机是 20 世纪 70 年代发展起来的一种新产品，其支承刚度很大，故车轮支承系统的振幅很小，车轮的惯性力可略去不计。所以车轮的不平衡量是以力的形式作用在支承上，只要测出支承所受的力就能得到不平衡量，故也称为测力型动平衡机。这种机器的优点在于其左右面的分离回路不必像软支承动平衡机那样要通过在标准车轮上加试重运转数次来调整，而只需要根据车轮的几何尺寸，不用起动机器就能调整好。

其测试原理如图 5-4a 所示。图中，m_1、m_2 为车轮不平衡重点质量，F_L 和 F_R 为对应的离心力，而 N_L 和 N_R 为左右支承测得的动反力，a、b、c 为支承系统的车轮宽度尺寸，d 为轮辋直径。

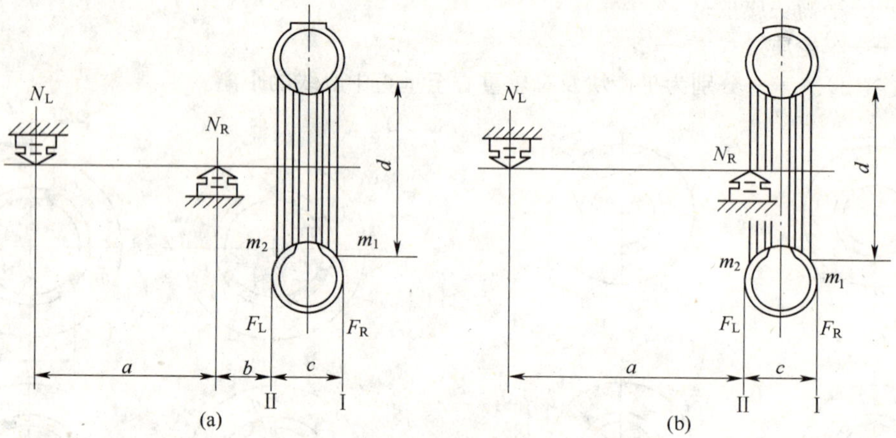

图 5-4 硬式车轮动平衡测量原理

硬支承动平衡机就是根据动反力 N_L 和 N_R 来确定两校正面上离心力 F_L 和 F_R，从而确定两校正面上的不平衡量。由于测量是在轴承处，而校正是在选定的两个校正面上（轮辋外径处），它们之间的关系是动力平衡关系。因为车轮的惯性力可略去不计，故支承反力和不平衡力是平衡的。根据力的平衡条件，可得：

$$-N_L + N_R - F_L - F_R = 0 \tag{5-2}$$

$$N_R a - F_L(a+b) - F_R(a+b+c) = 0 \tag{5-3}$$

由以上两式可解得：

$$F_L = \frac{a+b+c}{c} \cdot N_L - \frac{b+c}{c} \cdot N_R \tag{5-4}$$

$$F_R = \frac{a+b}{c} \cdot N_L - \frac{b}{c} \cdot N_R \tag{5-5}$$

由此可见，由不平衡重点 m_1、m_2 产生的离心力 F_L、F_R 与两轴承处的动反力 N_L 与 N_R 和轴承及校正面位置尺寸 a、b、c 及 d 有关，轴承动反力可通过传感器测出，各位置尺寸则可通过电气运算电路得到，且按上述支承方式进行解算。

图 5-4b 所示为另一种硬式动平衡仪的原理图。从图中可以看出，这种车轮平衡机与一般平衡机不同之处在于 N_R 的检测点和车轮面 II 重合，即图 a 中的“b”在这里为零，因此根据图 a 的力的平衡方程式，可求得：

$$F_L = \frac{a+c}{c} \cdot N_L - N_R \tag{5-6}$$

$$F_R = \frac{a}{c} \cdot N_L \tag{5-7}$$

其检测顺序为：首先测定车轮面 I 的不平衡重点的离心力 F_R（由计算得出 m_2），并据以加装平衡重，使轴承动反力 N_L 为零，然后测出车轮面II，这时，由于 $N_L = 0$，可知 $F_L = N_R$，因此测量起来比较简便。

3. 车轮平衡机的结构

(1)就车式车轮平衡机的结构:就车平衡机(如图 5-5 所示)的工作原理,前已叙述,因不平衡车轮 7 是在其原车桥上振动,不平衡力传感器是装在车桥支架 6 内,它是汇同制动鼓和车轮紧固件甚至传动系统(驱动轴)一同进行平衡,是真正解决车轮实际使用状态时的平衡方法。除力传感器外,其他如电测系统和光电相位装置以及显示仪表板和摩擦轮驱动电机等均装在一个驱动小车内。车桥支架是一个复杂的力传感器,它有两种形式,一种供轻型小客车使用,另一种为中型车设计,如图 5-6 所示。支架高度可由顶杆 2 和销钉 3 来调整以适应不同车型的要求,支架在车桥下就位,车桥压下后,小轮弹簧 4 即被压下缩入,底板 7 直接接触地面,以增加支架的承载能力,车体质量和不平衡振动力的主要部分由应变梁 9 通过支柱 8 和底板 7 传向地面,小部分力由传感器 6 感知,达到不平衡力采样的目的。应变梁 9 不仅可以减小传感器受力以避免压损,更重要的是应变梁必须正比地将不平衡力传递给传感器 6。因此,应变梁是由应变线性良好的材料制成,使用中严格避免锤击和加热,因为任何改变应变梁弹性模数的操作都将危及应变梁的线性,从而完全破坏电测系统软件所预设的标定系数。

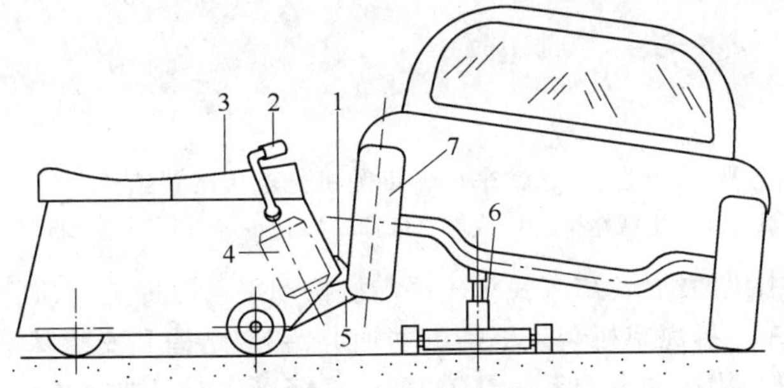

图 5-5　图 5-5　就车平衡机

1. 光电传感器　2. 手柄　3. 仪表板　4. 驱动电机　5. 摩擦轮　6. 传感器支架　7. 被测车轮

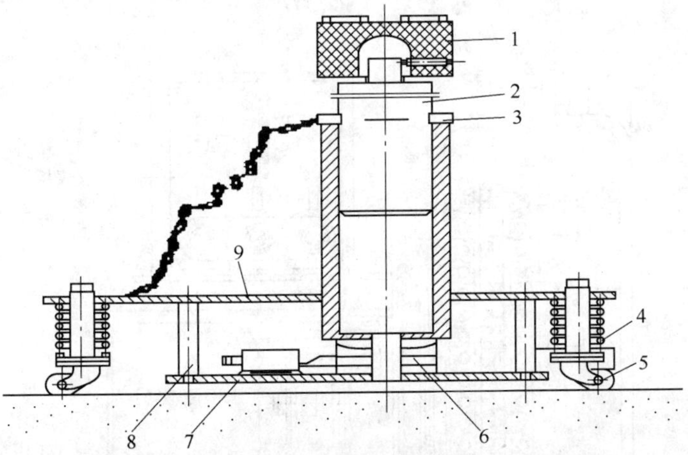

图 5-6　传感器支架

1. 顶靴　2. 顶杆　3. 销钉　4. 弹簧　5. 脚轮　6. 传感器　7. 底板　8. 支柱　9. 应变梁

传感器支架的安装位置随被测车型和操作人员的习惯及现场条件而定,完全是随机的,因此就车平衡机电测系统的计算机软件必须具有自标定功能。这一功能是智能化的,它能根据事先设定的已知不平衡量值(一般为 30g)反算出支架支点与车轮的悬臂和轮毂直径等参数,这是就车平衡机的一大特点。

驱动小车前下部靠近被测轮胎处有一光电传感器组,它包括一个强光源 4 和两个光电管 3 和 5,如图 5-7 所示。强光用以照射轮胎上的反光标志,为光电管提供相位信号以供计算机识别,计算机同时根据两个光电管接收反光信号的前后来判断车轮的旋转方向。

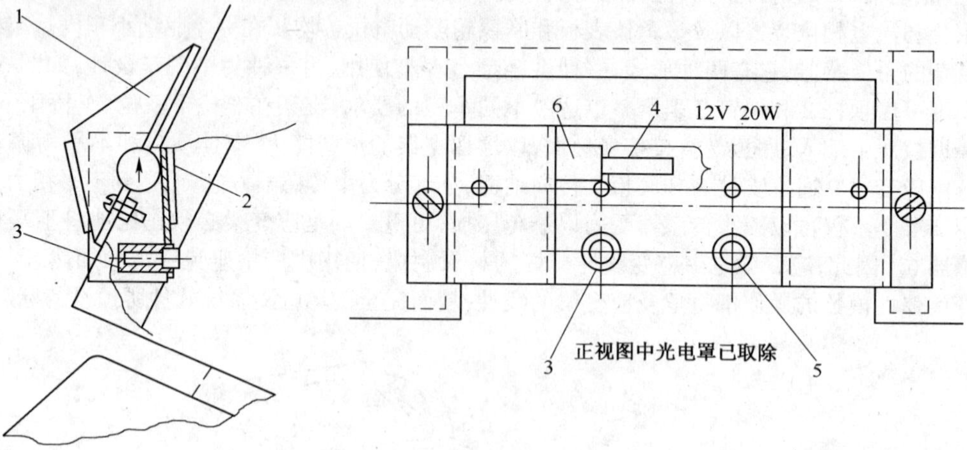

图 5-7 就车车轮平衡机光电传感器组

1. 光电罩 2. 光电线路板 3. 光电二极管 4. 指示灯 5. 光电二极管 6. 灯座

(2)离车式车轮平衡机的结构:离车式车轮平衡机按动平衡原理工作,既可以检测不平衡力,也可用以测定不平衡力矩,车轮拆离车桥装于平衡机主轴上,一切结构和安装基准都已确定,所以无需自标定过程。因此平衡机的构造和电测系统都较简单,平衡操作时只要将被测车轮的轮辋直径和轮胎宽度以及安装尺寸输入电测电路即可完成平衡作业,平衡机仪表即会自动显示轮胎两侧的不平衡质量 m_1 和 m_2 及其相位。

离车式平衡机的主轴为卧式布置称卧式平衡机,如图 5-8 所示。立式平衡机的主轴垂直布置,如图 5-9 所示。

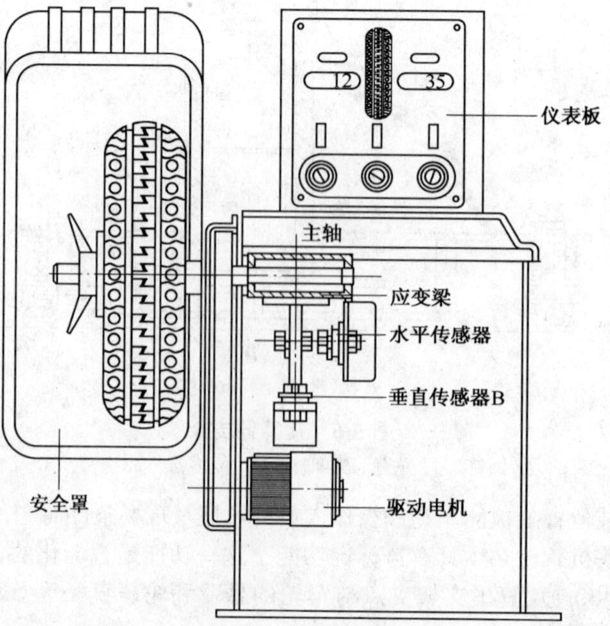

图 5-8 卧式车轮平衡机

卧式平衡机最大的优点是被测车轮装卸方便，机械结构和传感装置也较简单，造价也较低廉，因此深受修理保养厂家欢迎，同时也是制造厂家的首选机型。但因车轮在悬臂较长的主轴上形成很大的静态力矩，影响传感系统的初始设定状态，尤其是垂直传感器B的预紧状态，长时间使用后精度难以保证，零点漂移也较大，但其平衡精度仍然能满足一般营运车辆的要求，其灵敏度能达到10g。

立式平衡机虽然装卸车轮不如卧式平衡机方便，但其车轮质量直压在主轴中心线上，不但不形成强大的力矩，垂直传感器受到的静载反而比车轮质量还小，如图5-10所示。应变件是一块与工作台面同大的方形应变板，水平传感器设计成左右各一个，比卧式平衡机的单个水平传感器的力学结构要稳定得多，方形应变板上开有多个空槽以减小应变板的刚性，从而大大地提高了传感系统的灵敏度。因此立式平衡机的精度极高，灵敏度可达到3g，且具有良好的重复性和稳定性。

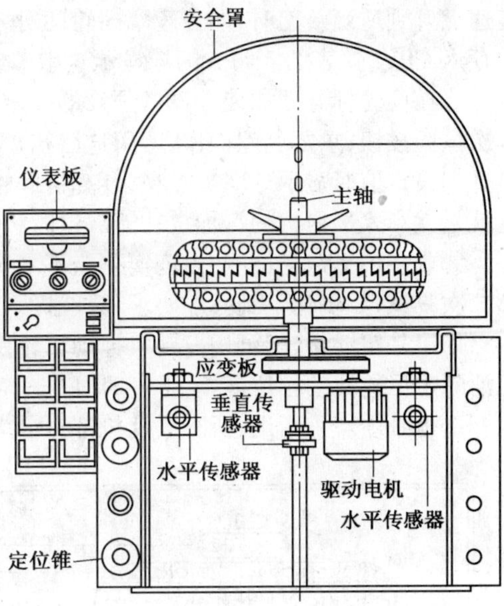

图5-9　立式车轮平衡机

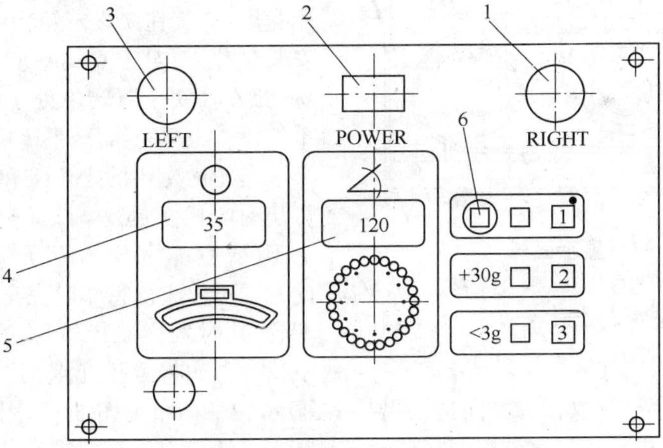

图5-10　就车平衡机显示面板

1．右转按钮　2．电源开关　3．左转按钮　4．质量显示
5．相位显示　6．显示灯

4．车轮平衡机的使用

(1)就车式车轮平衡机的使用：被测车轮事先由举升器举离地面，并将车桥坐落于传感器支架6上(见图5-5)。操作人员骑于车上推动手把，使摩擦轮紧压于被测车轮7上，起动电机4带动摩擦轮拖动车轮以相当于110km/h的车速旋转，这时车轮的不平衡质量产生的不平衡力随即被力传感器感知并转变成电量，这一电信号由电缆传入驱动小车内的电测系统予以计量和处理。光电传感器1拾取车轮的初相位信号和转速信号，经电测电路处理后得到不平衡质量的量值和相位值，显于仪表板的4和5两组数码管上，如图5-10所示。测试前须在被测轮胎侧面任意处贴装白色反光标志，为使光电元件正常工作，胎侧距光电管不得超过5cm，检测程序分三步进行。

①待摩擦轮与轮胎压紧后按下右按钮(左按钮也可),同时按压第一次试验按钮驱动车轮旋转,待转速上升到适当转速时,即分离摩擦轮同时释放按钮,电路即记录与不平衡力及其相位有关的原始量并存入CPU,仪表的4与5闪烁显示这组未经标定的不平衡数值和相位。

②在反光标志处加装计算机预设的标定质量,如有的规定小客车为30g,大货车为300g,按下第二次试验按钮,重复上述操作,即用这已知预设质量对振动系统的刚性和结构参数进行计算。当转速上升到设定值时显示灯即被点亮,计算机即将第一次所测得的变量自动处理成常量显示于仪表板上,这就是就车式平衡机的自标定功能。这时将显示的质量加装在所显示的相位处,然后除去标定重块。

③剩余不平衡量检测,以证实剩余不平衡量是否满足有关法规的要求,如果达不到要求,可进行第二次复试,如仍达不到标准要求,只能拆下轮胎使用较高精度的离车式车轮平衡机进行平衡。

如果是驱动桥,则可用发动机拖动车轮旋转,其他操作如同前述。对于平衡要求较高的车辆,为了消除阻尼造成的相位误差,平衡时可令车轮左右各转一次,取两次的平均值为最后测定值。

这里必须着重指出,所有平衡机都有最大不平衡量限值,严重失衡的车轮是不能上机平衡的。

(2)离车式车轮平衡机的使用:离车式平衡机的参数显示和操作系统因采用CRT显示,或用发光二极管显示,其外形结构差异很大,但其基本操作内容则大同小异。前者显示形象美观,并有屏幕提示便于操作,但造价较高;后者结构简单,工作可靠,参数调整方便,成本低廉。如图5-11所示就是最为典型的一种操作面板。旋钮8设定轮胎宽度B,旋钮7设定轮辋直径D,旋钮6则设定安装尺寸C,对于立式平衡机是胎面至顶面安全罩的距离(安全罩转下处于工作状态),对于卧式平衡机C值是胎面至平衡机箱体的距离。

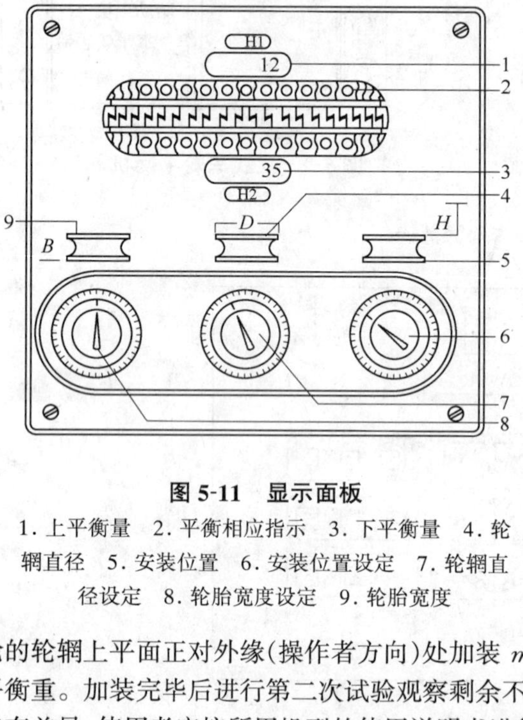

图5-11 显示面板

1.上平衡量 2.平衡相应指示 3.下平衡量 4.轮辋直径 5.安装位置 6.安装位置设定 7.轮辋直径设定 8.轮胎宽度设定 9.轮胎宽度

车轮由专用的定位锥和紧固件安装就绪后即可起动电机实施平衡,待转数周期累积足够时,上下(或左右)不平衡值m_1和m_2即有数字显示,此时即可停车。待车轮完全停止后即可用手转动车轮,这时发光二极管即会随转动而左右(或上下)跳闪,如将上排光点调至中点,这时就可在车轮的轮辋上平面正对外缘(操作者方向)处加装m_1,显示的平衡重见图5-12,用同样方法加装m_2值平衡重。加装完毕后进行第二次试验观察剩余不平衡量是否满足法规要求。具体的操作步骤各机型略有差异,使用者应按所用机型的使用说明书进行操作。

车轮在平衡机主轴上的定位至关重要,为了确保不同形式和不同规格的车轮的中心都能与主轴中心严格重合,所有离车式车轮平衡机均配有数个大小不等的定位锥体,如图5-13所示。锥体内孔与主轴高精度配套,外锥面与轮辋中心孔紧密接合,并由专用快速蝶形压紧螺母紧压于主轴定位平台上,如图5-14所示。

为了方便用户,离车式平衡机都随机配备一个专用卡尺,如图5-15,以供测量轮辋直径D和轮胎宽度B,因为轮胎宽度用直尺是难以测量的。为了适应不同计量制式和国度,平衡机上的所有标尺一般都同时标有英制和公制刻度。

5.平衡重

车轮平衡机的平衡重也称配重。目前通常使用两种形式,图5-16为卡夹式配重。它用于大多数轮辋有卷边的车轮,对于铝镁合金轮辋,因无卷边可夹,则使用图5-17所示的粘贴式配重,其外弯面有不干胶粘贴于轮辋内表面。

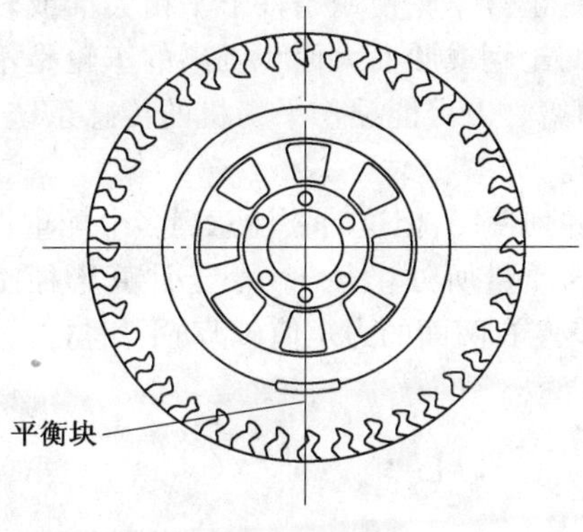

图 5-12　装平衡重处

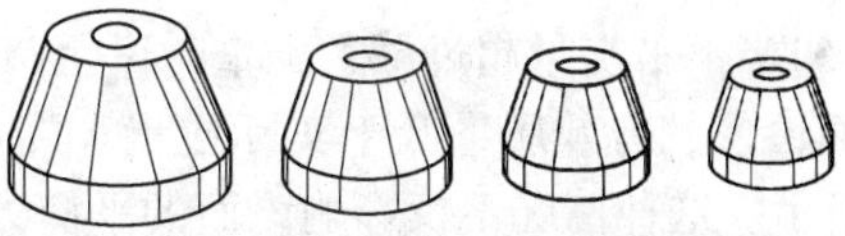

图 5-13　定位锥体

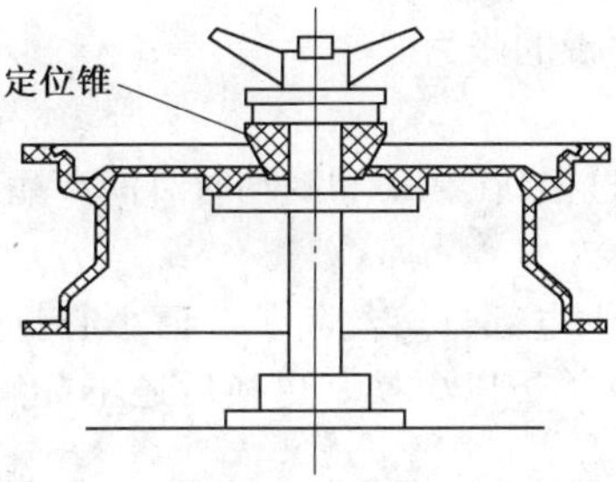

图 5-14　车轮在主轴上的定位

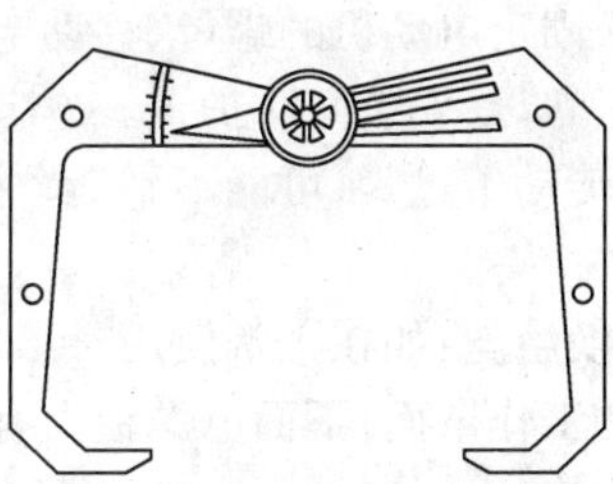

图 5-15　平衡机的专用卡尺

标准的配重有两种系列。一种系列以盎司(OZ)为基础单位,分 9 档,最小为 14.2g(0.5 OZ),最大为 170.1g(6 OZ),间隔为 14.2g(0.5 OZ)。另一种以克(g)为基础单位,分 14 档,最小为 5g,最大为 80g,60g 以上以 10g 分为一档。

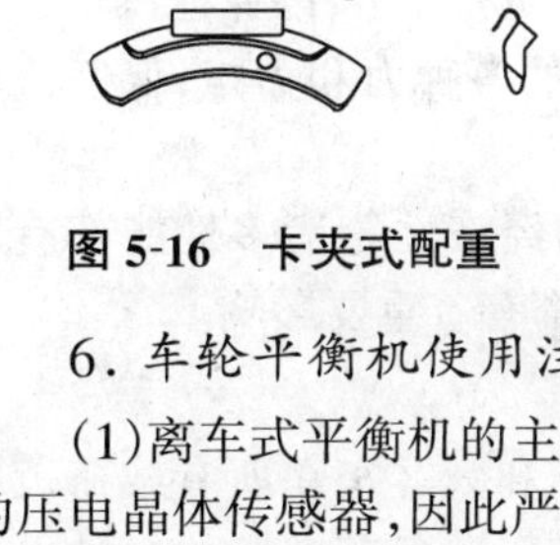

图 5-16　卡夹式配重

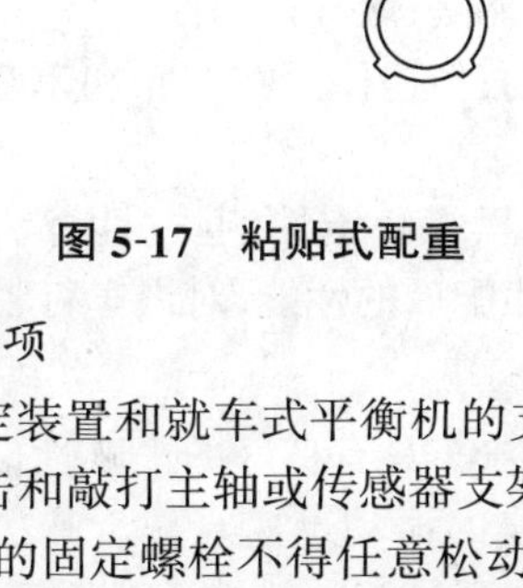

图 5-17　粘贴式配重

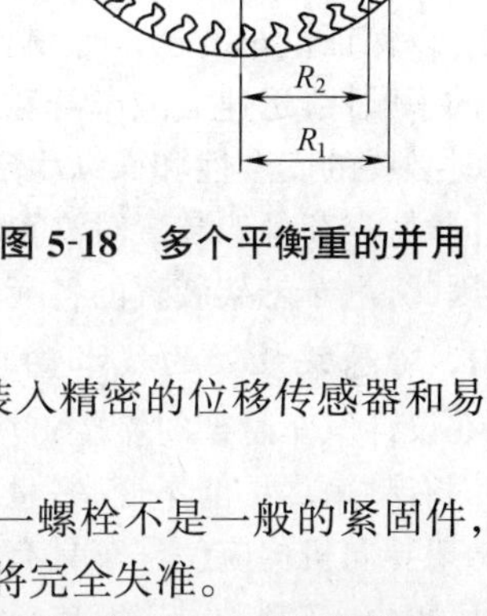

图 5-18　多个平衡重的并用

6．车轮平衡机使用注意事项

(1)离车式平衡机的主轴固定装置和就车式平衡机的支架上都装入精密的位移传感器和易碎裂的压电晶体传感器,因此严禁冲击和敲打主轴或传感器支架。

(2)在检修平衡机时,传感器的固定螺栓不得任意松动。因为这一螺栓不是一般的紧固件,由它向传感晶体提供必要的预紧力,当这一预紧力发生变化时,电算过程将完全失准。

(3)商业系统供给的配重最小间隔为 5g,因此过分苛求车轮平衡机的精度和灵敏度并无太大的实际意义。特殊情况下,如高速小客车和赛车,则可使用特制的平衡重块。

(4)必须明确平衡机的机械系统和电算电路都是针对正常车轮使用条件下平衡失准或轻微受损但仍能使用的车轮而设计的,对因交通事故而严重变形的轮辋或胎面大面积剥离的车轮是不能上机进行平衡作业的。一方面不平衡量过大的车轮旋转时的离心力可能损伤平衡机的传感系统,而且超值的不平衡力可能溢出电算范围而使设备自动拒绝工作。

(5)当不平衡量超过最大配重时可用两个以上配重并列使用,但这时要注意因多个配重占用较大的扇面会使其有效质量低于实际质量。因扇面的边缘的质量所处半径 R_2 小于计算半径 R_1,如图5-18所示。这种情况不仅影响该面的平衡力,而且还波及左右两面的力矩值(即动平衡量)。因此,在使用多个平衡重时须慎重处理。

7. 车轮平衡机的维护

在进行维修之前要注意切断电源。

(1)调节传动带的张力。

①取下保护罩。

②放松固定电动机的螺母、移动电动机,以此来调整传动带的张力。

③拧紧螺母,安装好防护罩。

注意:传动带过紧,可能不平衡数据指示不规则;传动带过松,在起动和制动时可能产生噪声或制动不良。

(2)更换熔丝:如在正常使用时出现不显示状态,可能是供电部分熔丝断了。请小心打开可以存放平衡块的工作罩面,下面电源板上有熔丝盒,可以逐一检查并予以更换。更换后还不能解决,需找专业人员维修。

(3)不平衡读数出现误差:有可能一个轮平衡之后,如果再将它装到平衡仪上,它所表示的不平衡读数可能与前一次的读数不同。这不是仪器使用不当,而是由于车轮安装得不合格,由于在两次安装中,车轮所处的机器轴线的位置,不可能完全相同。轴线位置如果差十分之几毫米,就会导致明显的不平衡。

(4)注意事项:在搬运过程中千万不能搬动轴部与机头,装卸车轮时要轻拿轻放。

第三节 汽车悬架装置技术状况检测

一、汽车悬架装置检测的必要性

悬架装置是保证汽车平顺性的一个重要总成,它是将车身和车轴弹性连接的部件。汽车悬架装置通常由弹性元件、导向装置和减振器三部分组成。路面作用于车轮上的垂直反力(支承力),纵向反力(牵引力和制动力)和侧向反力以及这些反力所造成的力矩都要通过悬架传递到车架(或承载式车身)上,以保证汽车的正常行驶。其主要功能是:缓和由路面不平引起的振动和冲击,以保证汽车具有良好的平顺性;迅速衰减车身和车桥的振动;传递作用在车轮和车身之间的各种力和力矩;保证汽车行驶时必要的安全性和操纵稳定性。

同时,汽车悬架装置对汽车的安全性、操纵稳定性、通过性、汽车燃油经济性等诸多性能都有影响。因此,汽车悬架装置的各元件品质和匹配后的性能,对汽车行驶性能都有着重要影响。

1. 对悬架装置的技术要求

在设计汽车悬架时希望:首先,能保证汽车具有良好的平顺性,对轿车和大客车在所有载荷范围内其固有频率尽可能不变,并且能够使车身的振动迅速衰减。其次,能保证汽车有良好的行驶平衡性,悬架导向机构应使汽车具有某种程度的不足转向特性。对于轿车,其簧载质量在侧向力作用下,侧倾应较小,在制动时应有抗“点头”作用和加速时应有抗“仰头”作用。再次,保证具有一定的使用寿命,质量轻,安全可靠。另外,在汽车投入营运和使用以后,要求同一车桥上的左、右悬架高度应保持一致，防止汽车装载后发生偏斜，影响汽车行驶的稳定性；钢板弹簧不得有裂纹、断片和缺片现象，保证悬架具有原设计的承载能力、刚度和频率特征；中心螺栓和U形螺栓须紧固，防止在运行中有松动现象出现，保证行驶安全；装设有减振器的车辆，其减振器应能保持正常的工作性能，不得有损坏和缺油等影响其正常工作的故障。

2. 悬架装置常见故障

汽车悬架装置最易发生故障的元件是减振器，而减振器对汽车行驶平顺性和操纵稳定性影响都很大。研究表明，有四分之一左右的汽车上至少有一个减振器工作不正常；而有故障的减振器在行驶中会使车轮轮胎有30%的路程接地力减少，甚至不与地面接触。其不良后果是：汽车方向发飘，特别是弯道行驶车身晃动加剧，难以控制；制动易发生跑偏或侧滑；轮胎磨损异常，车身长时间的余振影响乘坐舒适性；车轮轴承、轴接头、转向拉杆、稳定器等部件出现过载，磨损速度增快等。

汽车悬架和转向系统各部的间隙在使用中会逐渐增大，致使汽车行驶中出现跳动增加、横摆加剧、转向盘自由行程加大（引起汽车转向盘抖振）、转向轮摆头、行驶跑偏、轮胎磨损异常、行驶噪声增大和各种冲击增强等现象，严重地影响汽车操纵稳定性、行车安全性和使用寿命。

为了保证车辆在高速行驶下的性能，对汽车悬架中的弹性元件、减振器及其组合进行经常性的检测，使其保持良好的工作状态是很重要的，汽车悬架检测台就是对汽车悬架特性进行快速检查的设备，国内各综合检测站已经开展这项检测。

检查汽车悬架装置的品质和性能，过去修理厂和检测站主要是通过人工检视，目视弹簧是否有裂纹，弹簧和导向装置的连接紧固螺栓是否松动，减振器是否漏油、缺油和损坏，凭经验判断是否需要更换或修理减振器。显然，这种方法主要靠经验，主观因素大，可靠性差。

在用汽车悬架装置的检测主要是测试减振器性能，因为减振器和与之相连的弹性元件等构成了复杂的系统，在评价减振器性能的同时，也就对悬架装置的性能作出了综合的评价。检测汽车悬架装置主要是用悬架装置检测台。

二、汽车悬架和转向系统间隙检测仪

1. 悬架和转向系统间隙检测原理

汽车悬架和转向系统间隙过大，可能引起汽车转向盘抖振、行驶跑偏、乘坐性不良、轮胎异常磨损和行驶噪声等故障，这些故障现象只有在汽车行驶中才会出现，汽车停止时检查费时费力，不易觉察。如图5-19所示，将汽车车轮置于检测平板上，通过平板前、后、左、右等方向的强制移动，给车轮施加各个方向的作用力，模拟汽车在颠簸路面上运动时车轮的受力，就可充分暴露悬架和转向系统各零部件的技术状态和各连接处松紧程度，从而可快捷、准确地判断故障部位。

2. 汽车悬架和转向系统间隙检查仪组成

汽车悬架和转向系统间隙检查仪的组成如图5-20所示，它主要由电控箱、手电筒开关、泵站和左右测试机构组成。

（1）手电筒开关：手电筒开关由左、右测试板移动方向控制按键和照明两部分组成。按键用于控制电控箱中各继电器的动作，照明部分可方便检测时对各检查部位的观察。

（2）电控箱：电控箱主要由控制电路和保护电路两部分组成。在手电筒按键的控制下，电控箱中油泵电动机和电磁阀继电器动作，给泵站中油泵电动机和相应的电磁阀供电。保护电路具有油泵电动机过载和电路漏电保护功能。

（3）泵站：泵站由电动机、油泵、电磁阀、滤油器、溢流阀和压力表等组成。电动机带动油泵工作建立一定的油压；电磁阀在电控箱中继电器作用下控制高压油流向相应的油缸，为测试板推动车轮提供动力。

（4）测试机构：包括左测试台和右测试台。按测试板可移动的方向不同，测试机构可分为前、后双向移动式，前、后、左、右四向移动式和前、后、左、右、左前、左后、右前、右后八向移动式三种类型。

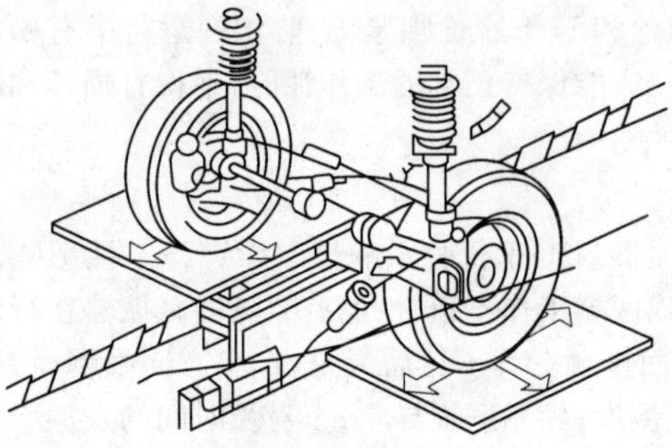

图 5-19 悬架和转向系统间隙检测原理

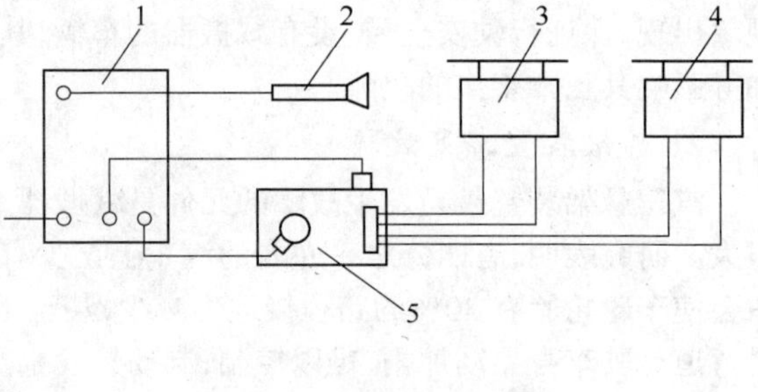

图 5-20 悬架和转向系统间隙检查仪组成

1. 电控箱 2. 手电筒开关 3. 左测试机构 4. 右测试机构 5. 泵站

可移动方向数不同,测试机构复杂程度也不同,图 5-21 所示为前、后双向移动式测试机构的结构。它主要由测试板、动力油缸、导向机构和箱体等组成。检测时,在手电筒左、右测试台移动方向控制开关作用下,控制电路控制油泵电动机和电磁阀继电器动作。在电动机带动下,油泵产生高压油液。电磁阀在继电器作用下控制高压油液流向对应的油缸,另一油缸处于卸荷状态。在油缸动力作用下,测试台测试板及其上的悬架与转向系统,按导向杆给定的方向移动。换向后,另一油缸产生动力,前一油缸处于卸荷状态,于是测试台测试板及其上的悬架与转向系统,按导向杆给定的相反方向移动,实现了前、后双向对悬架与转向系统间隙的检测。

意大利 VAMAG 公司 4PLDT 型测力平板式制动试验台具有悬架性能检测功能,现将其检测原理作一简介:

汽车是一个复杂的多质量振动系统,为了便于分析,需要进行简化。若汽车在试验台上制动时,没有横向绕纵轴的角振动,只考虑汽车垂直振动和绕横轴的纵向角振动,忽略汽车轮胎的阻尼,并把悬架质量 M 分解为前轴上的质量 M_1、后轴上的质量 M_2 以及重心 c 上的质量 M_3,则汽车振动系统可简化为图 5-22 所示的平面振动模型。根据振动知识可知,汽车以一定初速度驶上制动测试平板并施以紧急制动时,由于汽车质心惯性力的作用,必然引起汽车前、后轴振动子系统发生振动,从而导致各车轮对测试平板垂直作用力的交替变化,通过测量、分析安置在测试平板面板四角的压力传感器输出的电信号就可了解各轮制动振动情况。

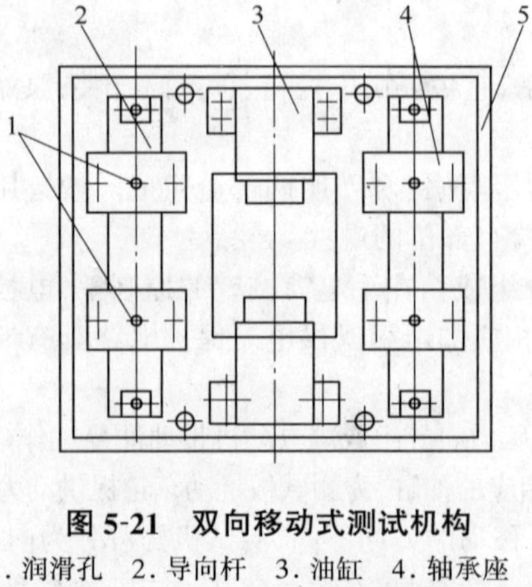

图 5-21 双向移动式测试机构

1. 润滑孔 2. 导向杆 3. 油缸 4. 轴承座 5. 箱体

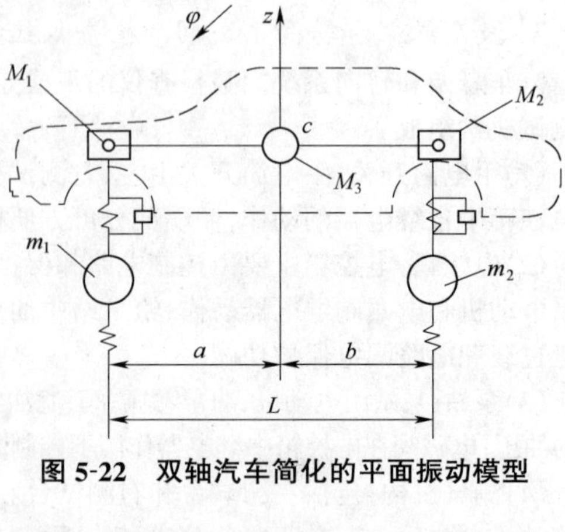

图 5-22 双轴汽车简化的平面振动模型

对各车轮悬架装置而言,由确定的质量、弹簧和减振器组成的振动系统,在制动惯性力作用下,其振动衰减具有一定的规律性。若悬架装置中弹簧和减振器性能不良,必然引起振动过程的改变,因此通过检测制动时各测试平板所受垂直作用力变化过程,进行分析、对比就可确定汽车悬架装置中悬架弹簧和减振器的技术状况。

3. 悬架和转向系统检测方法

(1)接通电控箱上总电源,电控箱上若有空气开关则打开空气开关。

(2)将手电筒上工作开关按下,手电筒中工作灯应亮,电控箱上绿色指示灯应亮,此时电动机应转动,油泵工作。若有异常应检查排除。

(3)按下手电筒上某一测试板向前或向后键,系统升压,当检测板移动到一侧极限位置时,检查压力表油压是否正常,否则调节溢流阀旋钮,使其达到要求值。

(4)检查左、右检测板表面是否沾有泥、油、砂等杂物,若有应清除。

(5)车辆应运行至正常工作温度;检查轮胎气压是否符合规定,否则应调整到规定值;检查轮胎上是否有泥土和砂子,若有应清除。

(6)将前桥置于左右检测板上,尽量使车轮在检测板上居中停放,车上引车员踩紧制动并抱住转向盘,车下检验员按动手电筒开关上检测板“前、后移动方向”键,使悬架作上、下、左、右、前、后复杂运动。对断开式前桥,注意观察车轮与制动底板(或制动盘),上下摆臂和销与衬套以及上下球头销处运动是否正常;对整体式前桥,注意观察车轮与制动底板,U形螺栓,钢板弹簧和前、后吊耳是否异常。

(7)车轮保持上述停放状态,按下手电筒开关上检测板“左、右移动方向”键,使悬架受到左右切向力的作用。对于断开式前桥,注意观察车轮和轴头、减振器和螺旋弹簧、横向稳定杆和摇臂等部位是否正常;对整体式前桥,注意观察车轮和轴头、减振器及衬套、横直拉杆与球头是否异常。

(8)根据所测汽车悬架及转向系统结构特点,选择左右检测板不同运动方向组合方式,检查相关节点工作情况。

(9)前桥检测完毕,将后桥(或中桥)开上检测板,用上述检测方法进行检测。

(10)检测完毕,关掉手电筒工作开关,再关掉空气开关及总电源,工作结束。

4. 汽车悬架和转向系统间隙检查仪的维护

(1)检查仪不使用时,应保持检查平板及其周围环境的清洁,防止脏物侵入检查仪。

(2)每使用1个月按厂家规定油品对各润滑点进行润滑;通过液压系统压力表指示最大压力值大小判断液压系统密封性,若最大压力过低应进一步检查液压系统各零部件,若有泄漏应紧固或视情更换零部件。

(3)每使用3个月,除进行第(2)项维护作业外,应检查液压油的数量和脏污程度,油量不足或液压油过脏应按厂家规定油品进行补充或更换。

三、悬架装置检测台

汽车悬架装置工作性能的检测方法有经验法、按压车体法和试验台检测法三种类型。

经验法:是通过人工外观检视的方法,主要从外部检查悬架装置的弹簧有无裂纹,弹簧和导向装置的连接螺栓是否松动,减振器是否漏油、缺油和损坏等项目。

按压车体法:既可以人工按压车体,也可以试验台的动力按压车体。当采用试验台动力按压车体时,试验台如图5-23所示。支架在固定于地面的导轨上移动。测量时,固定在支架上的测量装置随支架在导轨上移动,使汽车保险杠处于推杆下。接通电机,凸轮旋转,压下推杆,车身被压低,压缩量与汽车实际行驶时静态与动态的载荷引起的压缩量之和相一致。压到最低点时推杆松开,同时车身回弹并做衰减振动。此时,光脉冲测量装置接通,得到振动相邻两个振动峰值,按指数衰减规律求得阻尼值,与厂家或有关标准对照,以此评价前(后)减振器的性能。用这种方法检测过程还不够方便。另外,对同一轴左右悬架装置不能独立评价,因而有可能一个良好性的悬架装置掩盖了同轴另一个性能欠佳的悬架装置。人工按压法也是使车体上下运动，观察悬架装置减振器和各部件的工作情况，凭经验判断是否需要更换或修理减振器和其他部件。

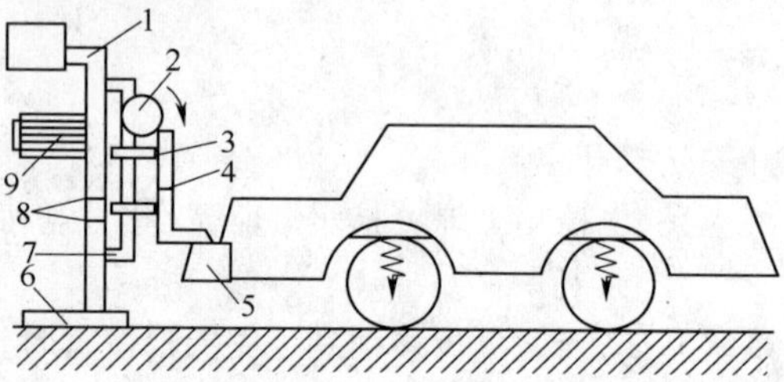

图 5-23 按压车体法试验台

1. 支架 2. 凸轮 3. 推杆 4、8. 光脉冲测量装置 5. 汽车保险杠 6. 水平导轨 7. 垂直导轨 9. 电动机

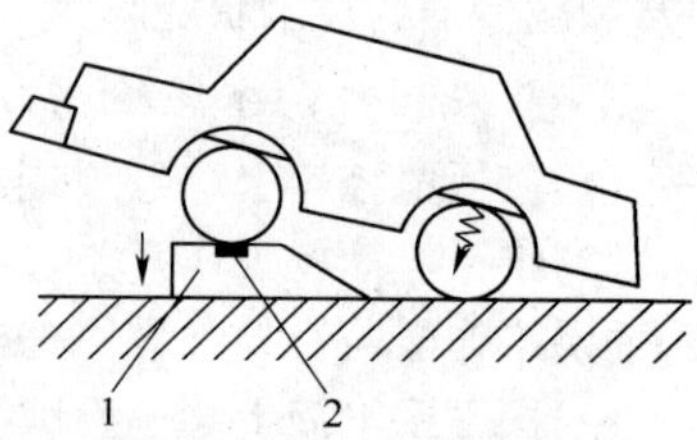

图 5-24 跌落式悬架检测台

1. 升起机构 2. 测量装置

显然，上述两种方法主要是靠检查人员的经验，因此存在主观因素大、可靠性差、只能定性分析、不能定量分析等问题。

1. 悬架装置检测台的分类

在20世纪80年代，国际上出现了能快速检测、诊断悬架装置工作性能的悬架装置检测台。根据激振方式不同，悬架装置检测台可分为跌落式（图5-24）和谐振式（图5-25）两种类型。其中，谐振式悬架装置检测台根据检测参数的不同，又可分为测力式和测位移式两种类型。我国交通部已发布了交通行业标准JT/T 448—2001《汽车悬架装置检测台》，自2001年12月1日起实施。

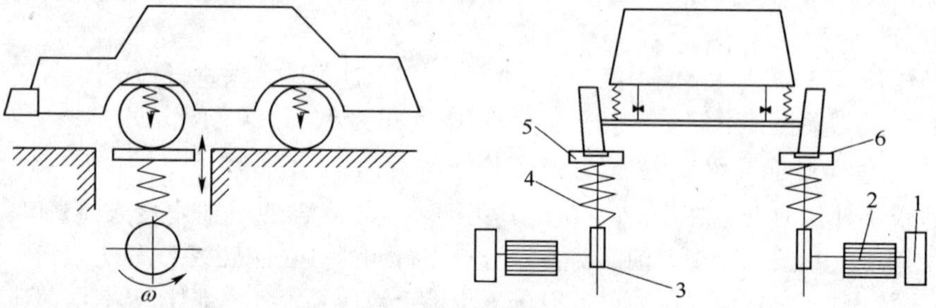

图 5-25 谐振式悬架检测台

1. 蓄能飞轮 2. 电动机 3. 凸轮 4. 激振弹簧 5. 台面 6. 测量装置

（1）跌落式悬架装置检测台：跌落式悬架装置检测台在测试前，先通过举升装置将汽车升起一定高度，然后突然松开支撑机构，车辆落下产生自由振动。用测量装置测量车体振幅或者用压力传感器测量车轮对台面的冲击压力，对振幅或压力波形分析处理后，评价汽车悬架装置的工作性能。

（2）谐振式悬架装置检测台：谐振式悬架装置检测台通过电动机、偏心轮、蓄能飞轮和弹簧组成的激振器，迫使检测台台面及被检汽车悬架装置产生振动。在开机数秒钟后断开电动机电源，从而由蓄能飞轮产生扫频激振。由于电动机的频率比车轮固有频率高，因此蓄能飞轮逐渐降速的扫频激振过程总可以扫到车轮固有振动频率处，从而使台面-汽车系统产生谐振。通过检测激振后振动衰减过程中力或位移的振动波形曲线，得到频率和衰减特性，便可判断悬架装置减振器的工作性能。测力式悬架装置检测台和测位移式悬架装置检测台，一个是测振动衰减过程中的力，另一个是测振动衰减过程中的位移量，它们的结构简图如图5-26所示。由于谐振式悬架装置检测台性能稳定、数据可靠，因此应用广泛。

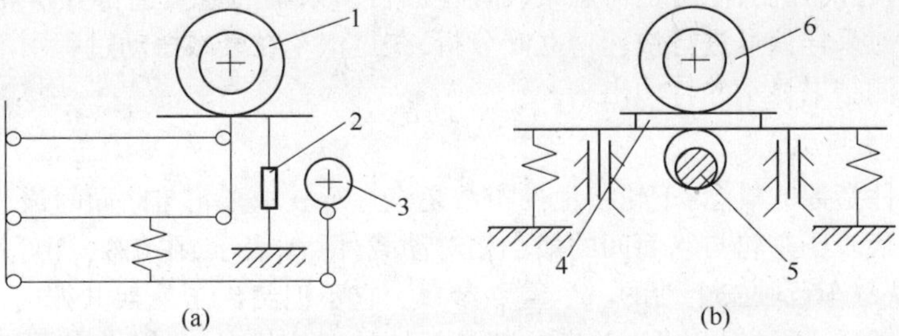

图 5-26　测力式和测位移式悬架装置检测台结构简图

(a)测位移式　(b)测力式

1、6. 车轮　2. 位移传感器　3. 偏心轮　4. 力传感器　5. 偏心轴

2. 谐振式悬架装置检测台的结构与工作原理

谐振式悬架装置检测台一般由机械和电子电器控制两部分组成。

(1)机械部分:谐振式悬架装置检测台的机械部分,由箱体和左右两套相同的振动系统组成,如图5-27所示。图中所示为检测台单轮支承结构。这是因为一套振动系统左右对称,故另一侧省略。每套振动系统由上摆臂、中摆臂、下摆臂、支承台面、激振弹簧、驱动电机、蓄能飞轮和传感器等构成。传感器一端固定在箱体上,另一端固定在台面上。

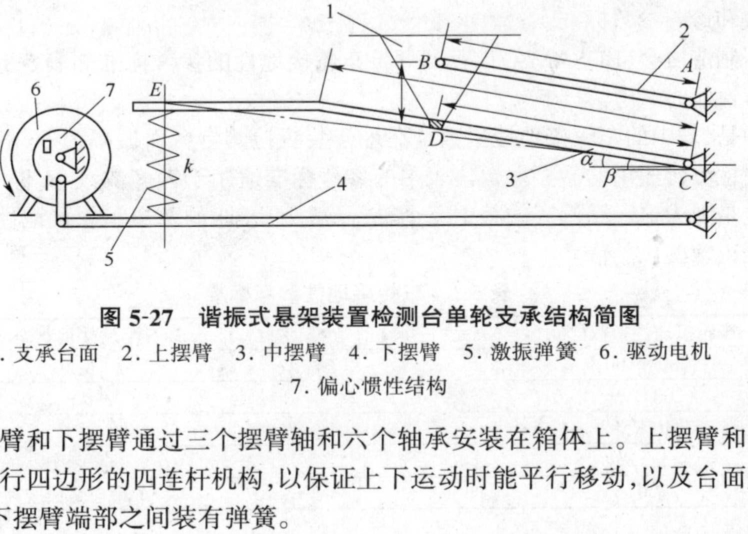

图 5-27　谐振式悬架装置检测台单轮支承结构简图

1. 支承台面　2. 上摆臂　3. 中摆臂　4. 下摆臂　5. 激振弹簧　6. 驱动电机　7. 偏心惯性结构

上摆臂、中摆臂和下摆臂通过三个摆臂轴和六个轴承安装在箱体上。上摆臂和中摆臂与支承台面连接,并构成平行四边形的四连杆机构,以保证上下运动时能平行移动,以及台面受载时始终保持水平。中摆臂和下摆臂端部之间装有弹簧。

驱动电机的一端装有蓄能飞轮,另一端装有凸缘。凸缘上有偏心轴。连接杆一端通过轴承和偏心轴连接,另一端和下摆臂端部连接。

检测时,将汽车驶上支承平台,启动测试程序,驱动电机带动偏心机构使整个汽车-台面系统振动。激振数秒钟达到角频率为 ω_0 的稳定强迫振动后,断开驱动电机电源,接着由蓄能飞轮以起始频率为 ω_0 的角频率进行扫频激振。由于停在台面上车轮的固有频率处于 ω_0 和 0 之间,因此蓄能飞轮的扫频激振总能使汽车-台面系统产生谐振。断开驱动电机电源的同时,启动采样测试装置,记录数据和波形,然后进行分析、处理和评价。

(2)电子电器控制部分:谐振式悬架装置检测台电子电器控制部分,主要由微机、传感器、A/D转换器、电磁继电器及控制软件等组成。通过传感器,测量汽车的振动参数(振动幅值、振动频率、相位差),将采集的数据通过信号放大、低通滤波等前期处理后,将采集信号输入计算机,进行信号处理和分析。控制软件是悬架装置检测台电子电器控制部分与机械部分联系的桥梁。软件不仅实现对悬架装置检测台测试过程的控制，同时也对悬架装置检测台所采集的数据进行分析和处理。分析系统在接到采样信号后，对采样信号进行快速傅立叶分析，获得汽车在衰减振动过程中不同频率时的振幅等参数，并最终将检测结果显示并打印出来。

3. 车轮接地性指数

(1)车轮接地性指数的概念：车轮接地性指数是汽车行驶中车轮与路面间最小法向作用力与其法向静载荷的比值，代表了车轮与路面间的最小相对动载，用 A 表示，在0%～100%范围内变化。车轮接地性指数是反映汽车行驶安全性的一个重要参数。它不但给出了悬架共振时，车轮接地性优劣的一个直接、可靠的解释，而且据此可以诊断悬架各部件的工作状态，并提供了悬架有缺陷时分析其原因的可能性。

(2)影响接地性指数的因素：悬架质量与非悬架质量的比值对车轮接地性指数有重要的影响，比值越大，车轮接地性越好。悬架质量与非悬架质量比值特别小的微型轿车，应特别注意通过增加乘员和行李来提高车轮接地性指数，从而改善其行驶安全性。

汽车行驶中，所有车轮的接地性指数是不一样的。这是因为各轮悬架装置工作性能不一、各轮承受载荷不一、各轮气压不一等原因造成的。如果在检测台上，人为使各轮承受的载荷和轮胎气压一致，那么，车轮接地性指数就主要决定于悬架装置的工作性能。

(3)接地性指数的标准限值：在国外，特别是在欧美一些国家，悬架装置检测台已被广泛应用在检测汽车悬架装置工作性能上。在我国，虽然在国家标准 GB/T 17993—1999《汽车综合性能检测站通用技术条件》中，将悬架特性列入检测项目，但属于选择执行项目，不属于必须执行项目，因此也没有明确的诊断参数和诊断参数标准。

欧洲减振器制造协会(EUSAMA)推荐的评价车轮接地性的参考标准如表 5-1 所列，可供我国检测悬架装置工作性能时参考。

需要指出的是，表中的车轮接地性指数是在悬架装置检测台台面振幅为 6mm 时测得的，这也是大部分悬架装置检测台使用的激振振幅。表中的参考标准适用于大多数汽车，但非常轻的小轿车和微型车例外。这是因为这一类汽车的其中一个轴(一般为后轴)的两个车轮接地性指数非常低，而它们的悬架装置是正常的。

表 5-1 车轮接地性参考标准

车轮接地性指数(%)	车轮接地状态
80～100	很好
60～79	好
40～59	足够
1～39	弱、不够
0	车轮与路面脱离

复习思考题

1. 什么是汽车行驶平顺性?
2. 影响行驶平顺性的主要因素有哪些?
3. 汽车在坏路上行驶，其允许行驶速度主要是取决于动力性还是取决于平顺性的影响?
4. 汽车行驶平顺性不好，会有哪些危害?
5. 车轮不平衡的主要原因有哪些? 车轮不平衡会有何危害?
6. 如何使用离车式车轮平衡机进行车轮平衡检测? 简述轮胎平衡机的使用注意事项。
7. 为什么要进行汽车悬架装置的检测?

第六章　汽车环保特性与检测

汽车给人们的出行和运输带来了极大的便利，同时也带来了严峻的环境问题，其产生的废气、噪声是一致公认的城市两大公害。改革开放以来，我国汽车保有量持续以年递增10%以上的速度增长，汽车所造成的环境污染日趋严重。因此，检测并控制汽车排放污染物，对于保护人类生存环境具有重要意义。同时，汽车发动机所排出的污染物成分和浓度与发动机的技术状况密切相关，所以通过对发动机的排气污染物进行检测，可评价发动机的技术状况，特别是燃油供给系统和点火系统的技术状况。

除废气、噪声外，汽车产生的第三环境污染便是电磁干扰。所谓电磁干扰是从汽车上放射出的微弱的电磁波对各种无线通信、电视、广播等电波产生的干扰。同时，这种干扰也对车载电子装置（比如电控系统、车载雷达、车辆定位系统等）及无线电设备产生干扰。

第一节　汽 车 公 害

一、汽车排放污染物的种类和危害

1．汽车排放污染物的种类

汽车所排放的污染物主要有：CO（一氧化碳）、HC（碳氢化合物）、NO_x（氮氧化物）、微粒（由碳烟、铅氧化物等重金属氧化物和烟灰等组成）和硫化物等。

（1）CO：CO是燃料不完全燃烧的产物，当发动机混合气过浓或燃烧质量不佳时，易生成CO并从发动机排气管排出。特别是发动机怠速时，混合气供给偏浓，发动机工作循环中的气体压力和温度不高，燃烧速度减慢，因不完全燃烧所生成的CO浓度增高；发动机在加速过程中供给较浓混合气，或因点火过分推迟补燃增多时，均会使CO的排放量增加。

（2）HC：废气中的HC是发动机未燃尽的燃油分解所产生的气体。汽车排放污染物中，HC的20%～25%来自曲轴箱窜气；20%来自化油器和燃油箱中燃油的蒸发；其余则由发动机排气管排出。发动机冷起动或怠速工况下混合气较浓，且燃烧温度过低或化油器雾化不良时，发动机排出的废气中的HC含量增加。

（3）NO_x：NO_x是空气中的N_2与O_2在高温高压条件下反应而生成的。汽车发动机所排出废气中的NO_x主要由NO（一氧化氮）和NO_2（二氧化氮）构成。汽油发动机排出的氮氧化物中，NO占99%，而柴油发动机排出的氮氧化物中NO_2的比例稍大。发动机的负荷和压缩比越高，发动机的燃烧温度越高，燃烧终了气缸内的压力越高，生成NO_x的条件也越充分。

（4）微粒：汽油发动机排出的浮游微粒主要有：铅化物、硫酸盐、低分子物质。当汽油发动机使用含铅汽油时，燃烧废气中将会有铅化合物以微粒状从排气管排出；柴油发动机排出的微粒比汽油发动机多30～60倍，主要为含碳物质（碳烟）和高分子量有机物（润滑油的氧化和裂解产物）。碳烟是柴油发动机燃烧不完全的产物，主要由直径为0.1～1.0μm的多孔性碳粒构成。当汽车起动、加速、上坡时，由于混合气过浓，碳烟排放量增加；或者柴油喷雾质量不高、雾化不良时，也会增大碳烟的排放量。

（5）硫化物：发动机排出的硫化物主要为SO_2（二氧化硫），由所用燃油中含有的硫与空气中的氧反应而生成。

污染物的排放途径为汽车发动机排气管、曲轴箱和燃油供给系统，分别称为排气污染物、曲轴箱污染物和燃油蒸发污染物。

2. 汽车排放污染物的危害

汽车排放污染物对环境的影响主要有两个方面，一是环境污染的重要因素，二是参与形成光化学烟雾，进一步恶化空气质量。污染物种类不同，对人的健康危害也不同：

(1)一氧化碳(CO)：CO与血液中的血红蛋白结合，形成碳氧血红蛋白CO-Hb，从而使这部分血红蛋白失去输送氧气的能力，造成血液输氧能力下降，导致人体缺氧。

(2)碳氢化合物(HC)：可以使人的骨髓功能减弱，血小板减少，刺激眼、鼻、呼吸道，危害植物，也是形成光化学烟雾的因素。

(3)氮氧化物(NO_x)：它由96%～98%的一氧化氮(NO)和2%～4%的二氧化氮(NO_2)构成，其中NO_2危害眼睛、呼吸道和肺；NO_x使纤维、塑料、橡胶、电子材料提前老化，并参与形成光化学烟雾。

(4)光化学烟雾：它由臭氧O_3、多种过氧化物和多种游离基组成，强烈刺激眼睛、呼吸道，诱发癌症，危害作物、腐蚀金属、橡胶，降低空气能见度。

(5)固体颗粒物：它由碳粒、铅氧化物和多种高分子氧化物构成，其中铅可以损害心、肺、造血系统，降低智力；碳烟中的有害物质致癌，降低空气能见度，附着固体表面，影响美观，腐蚀金属。

(6)二氧化硫(SO_2)：形成酸雨，危害环境和作物。

二、汽车排放污染物控制标准的发展及现行国家和地方标准

1. 汽车排放污染物控制标准的发展

我国从1981年开始制定标准，于1983年发布了国家汽车排放标准GB 3842～3847—1983，该标准执行时间为1984年4月1日。其中GB 3842—1983、GB 3843—1983、GB 3844—1983分别为四冲程汽油机新车和在用车怠速时的排放标准、柴油车自由加速时的烟度标准、柴油发动机全负荷时的烟度标准。标准中的排放物限制值见表6-1～表6-3。GB 3845～3847—1983为与上述标准相对应的测量方法。

此后，我国又发布的汽车排放标准为GB 267—1987、GB 6456—1986，该标准对汽车及工程机械用柴油机的排放试验方法及排放的最高值作出了规定。标准的实施时间为1987年4月1日。这一标准已在1983年的标准上前进了一大步，再不是1983年标准中的单一或少数几个工况(怠速、自由加速等)下的限制值，而是采用了13个工况下测得的排放浓度的加权统计限定值。另外，该排放标准对NO的排放量也作出了相应限制。该标准中的排放限制值如表6-4所示。

1989年制定了GB 11641—1989《轻型汽车排气污染物排放标准》，其对应的测试方法在GB 11642—1989《轻型汽车排气污染物测试方法》中作了详细说明。

表6-1 四冲程汽油发动机怠速时的排放标准

项 目	类 别	限 值②
CO	新生产车	≤5%
	在用车	≤6%
	进口车	≤4.5%
HC①	新生产车	$\leqslant 2500\times10^{-6}$
	在用车	$\leqslant 3000\times10^{-6}$
	进口车	$\leqslant 1000\times10^{-6}$

注：①HC浓度限值按正己烷当量。

②均为体积分数。

表6-2 柴油汽车自由加速时的烟度标准

项 目	类 别	限值(波许单位)
烟 度	新生产车①、进口车	≤Rb5.0
	在用车	≤Rb6.0

注：①包括新型车及现生产车。

表 6-3　柴油发动机全负荷时的烟度标准

项目	类别	限值(波许单位)
烟度	新型柴油发动机、进口汽车柴油发动机	≤Rb4.0
	现生产柴油发动机	≤Rb4.5

表 6-4　汽车及工程机械用柴油发动机排放标准限定值[①]　[g/(kW·h)]

柴油发动机配套用途	NO_x	CO	HC
汽车及其他道路运输车辆	18	34	3
工程机械	20	—	—

注:①按 13 工况进行 1 次排放试验的平均排放率量不得超过的允许限值。

1993 年 11 月 8 日批准,1994 年 5 月 1 日起实施的排放标准是我国制定的一个较为全面的国家排放标准。曲轴箱污染物排放及汽油车的蒸发排放污染都在该标准中作了限制。该排放标准共包括下列 7 个标准:

(1)轻型汽车污染物排放标准(GB 14761.1—1993);

(2)车用汽油发动机排气污染排放标准(GB 14761.2—1993);

(3)汽油汽车燃油蒸发污染物排放标准(GB 14761.3—1993);

(4)汽车曲轴箱污染物排放标准(GB 14761.4—1993);

(5)汽油汽车怠速污染物排放标准(GB 14761.5—1993);

(6)柴油汽车自由加速烟度排放标准(GB 14761.6—1993);

(7)汽车柴油发动机全负荷烟度排放标准(GB 14761.7—1993)。

2. 现行国家污染物控制标准

我国于 1999 年 3 月 10 日正式发布了四项汽车国家标准,并于 2000 年 1 月 1 日起实施。这四项标准分别是《汽车排污物限值及测试方法》(GB 14761—1999)、《压燃式发动机和装用压燃式发动机的车辆排气污染物排放限值及测试方法》(GB 17691—1999)、《压燃式发动机和装用压燃式发动机的车辆排气可见污染物排放限值及测试方法》(GB 3847—1999)、《汽车用发动机净功率测试方法》(GB/T 17692—1999)。前三项是有关汽车排污的强制性国家标准,采用了欧洲经济委员会汽车排放体系标准(ECE),至此我国新车排放要求要达到欧洲 20 世纪 90 年代初期水平。新标准适用于在我国境内行驶的汽油车、柴油车、液化石油气车及压缩天然气车。

上述三项汽车排污的强制性国家标准只规定了新型车辆的型式认证和现生产车辆的生产一致性检查的排放限值和测试方法,而对于在用车排气污染物排放应符合 GB 18285—2000《在用汽车排气污染物限值及测试方法》,本标准已于 2001 年 7 月 1 日实施,是在用车排放检测的依据。下面给予详细介绍。

(1)试验分类:试验分为装配点燃式发动机的车辆试验和装配压燃式发动机的车辆试验。

①装配点燃式发动机的车辆试验。进行怠速试验,双怠速试验和加速模拟工况(ASM)试验。

a. 按 GB 14761—1999 通过 B 类认证,设计乘员数不超过 6 人,且最大总质量不超过 2500kg 的 M1 类车辆;设计乘员数超过 6 人,或最大总质量超过 2500kg 但不超过 3500kg 的 M 类车辆和 N1 类车辆,进行双怠速试验或加速模拟工况(ASM)试验。

b. 除上述规定的其他 M、N 类装配点燃式发动机的车辆进行怠速试验。

②装配压燃式发动机的车辆试验。

a. 按 GB 14761—1999 通过 C 类认证的车辆进行自由加速排气可见污染物试验。

b. 除上述规定的其他装配压燃式发动机的车辆进行自由加速烟度试验。

(2)排气污染物限值。

①装配点燃式发动机的车辆排气污染物限值。

a. 装配点燃式发动机的车辆进行双怠速试验排气污染物限值见表 6-5。

表 6-5 装配点燃式发动机的车辆双怠速试验排气污染物限值

车辆类型	怠速		高怠速	
	CO%	HC10⁻⁶①	CO%	HC10⁻⁶①
2001 年 1 月 1 日以后上牌照的 M1②类车辆	0.8	150	0.3	100
2002 年 1 月 1 日以后上牌照的 N1③类车辆	1.0	200	0.5	150

注:①HC 容积浓度值按正己烷当量;

②M1 指车辆设计乘员数(含驾驶人)不超过 6 人,且车辆的最大总质量不超过 2500kg;

③N1 还包括设计上乘员数(含驾驶人)超过 6 人,或车辆的最大总质量超过 2500kg 但不超过 3500kg 的 M 类车辆。

b. 装配点燃式发动机的车辆加速模拟工况试验排气污染物限值见表 6-6。

表 6-6 装配点燃式发动机的车辆加速模拟工况试验排气污染物限值

车辆类型	基准质量(RM)kg	ASM5025			ASM2540		
		HC10⁻⁶①	CO%	HC10⁻⁶①	HC10⁻⁶①	CO%	HC10⁻⁶①
2001 年 1 月 1 日以后上牌照的 M1②类车辆	<1050	260	2.2	2500	260	2.4	2300
	<1250	230	1.8	2200	230	2.2	2050
	<1470	190	1.5	1800	190	1.8	1650
	<1700	170	1.3	1550	170	1.5	1400
	<1930	150	1.1	1350	150	1.3	1250
	<2150	130	1.0	1200	130	1.2	1100
	<2500	120	0.9	1050	120	1.1	1000
2002 年 1 月 1 日以后上牌照的 N1③类车辆	<1050	260	2.2	2500	260	2.4	2300
	<1250	230	1.8	2200	230	2.2	2050
	<1470	250	2.3	2700	250	3.2	2600
	<1700	190	2.0	2350	190	2.7	2200
	<1930	220	2.1	2800	220	2.9	2600
	<2150	200	1.9	2500	200	2.6	2300
	<2500	180	1.7	2250	180	2.4	2050
	<3500	160	1.5	2000	160	2.1	1800

注:①HC 容积浓度值按正己烷当量。

②M1 指车辆设计乘员数(含驾驶人)不超过 6 人,且车辆的最大总质量不超过 2500kg;

③N1 还包括设计上乘员数(含驾驶人)超过 6 人,或车辆的最大总质量超过 200kg 但不超过 3500kg 的 M 类车辆。

c. 装配点燃式发动机的车辆怠速试验排气污染物限值见表 6-7。

表 6-7 装配点燃式发动机的车辆怠速试验排气污染物限值

车辆类型	轻型车		重型车	
	CO%	HC10⁻⁶①	CO%	HC10⁻⁶①
1995 年 7 月 1 日以前生产的在用汽车	4.5	1200	5.0	2000
1995 年 7 月 1 日起生产的在用汽车	4.5	900	4.5	1200

注:①HC 容积浓度值按正己烷当量。

②装配压燃式发动机的车辆自由加速试验排气污染物限值。

a. 装配压燃式发动机的车辆自由加速试验排气可见污染物限值见表 6-8。

b. 装配压燃式发动机的车辆自由加速试验烟度排放限值见表 6-9。

表 6-8 装配压燃式发动机的车辆自由加速试验排气可见污染物限值

车辆类型	光吸收系数 m^{-1}
2001 年 1 月 1 日以后上牌照的在用车	2.5
2001 年 1 月 1 日以后上牌照的装配废气涡轮增压器的在用车	3.0

表 6-9 装配压燃式发动机的车辆自由加速试验烟度排放限值

车辆类型	烟度值 Rb
1995 年 7 月 1 日以前生产的在用车	4.7
1995 年 7 月 1 日起生产的在用车	4.0

3. 地方污染物控制标准

随着我国近年来经济的飞速发展，汽车保有量增加很快，特别是一些大城市。如北京市到1998年汽车保有量已达130多万辆，并且还在以每年10%～15%的速度增长。就汽车总数量而言，仅为发达国家的1/3（东京1997年3月汽车保有量约为420万辆，大阪市约为353万辆）左右，然而由于汽车的排放标准较低，单车的有害物排放量高达发达国家的10几甚至20倍，致使部分大城市的空气污染十分严重，在一些最为严重的城市空气污染指数甚至达到500，并且汽车排放的NO_x经常成为各大城市空气污染的首要污染物。在一些经济不发达的地区汽车保有量很少，污染问题还没有达到严重危害人类健康的程度。在这种背景下，为防治汽车排气污染，改善首都大气环境质量，保障人体健康，北京市于1994年出台了比当时国家标准严格的地方标准DB 11/044～046—1994。其中DB 11/044—1994为汽油车双怠速污染物排放标准；DB 11/045—1994及DB 11/046—1994分别为柴油车自由加速烟度排放标准和汽车柴油发动机全负荷烟度排放标准。到了1998年，北京市根据《中华人民共和国大气污染防治法》制定了地方标准《轻型汽车排气污染排放标准》DB 11/105—1998，此标准已于1998年8月25日由北京市技术监督局批准、发布，从1999年1月1日起实行。该标准规定了M2类、N1类和最大总质量不超过3.5t的M2类车辆冷起动后的排放标准，适用于装用点燃式四冲程发动机及压燃式发动机设计车速50km/h以上的轿车、客车和货车。该标准适用于1999年1月1日起销往北京地区的和在京领取牌照的轻型汽车。该标准把轻型汽车分为两类，第一类车指设计乘员数不超过6人（包括驾驶人），且最大总质量不大于2.5t的载客车辆；第一类车的排放标准限值见表6-10。标准适用车辆中除第一类车以外的轻型汽车称为第二类车，其排放标准限值见表6-11，第二类车第一阶段的限值标准从2001年1月1日起执行，第二阶段标准从2004年1月1日执行。

表6-10　第一类车排放标准限值　(g/km)

排放物	实施日期①			
	第一阶段：1999.1.1～2003.12.31	第二阶段：2004.1.1～		
		汽油车	柴油车	直喷式柴油车
CO	3.16	2.2	1.0	1.0
$HC+NO_x$	1.13	0.5	0.7	0.9
PM②	0.18	—	0.08	0.10
劣化系数	—	指定值③或测定值④		

注：①第一阶段的耐久性要求为5万km；第二阶段的耐久性要求为8万km。
②只对柴油汽车有效。
③指定值是指对于不进行耐久性试验的汽车制造厂家，采用下述劣化系数：汽油发动机CO为1.2；$(HC+NO_x)$为1.2；柴油发动机CO为1.1，$(HC+NO_x)$为1.0，PM为1.2。
④测定值是指对于进行耐久性试验的汽车制造厂家，采用由欧洲91/441/EEC规定的耐久性试验所确定的值。

表6-11　第二类车排放标准限值　(g/km)

实施日期①	基准质量RM/kg		RM≤1250	1250＜RM≤1700	RM＞1700
第一阶段：2001.1.1～2003.12.31	CO		3.16	6.0	8.0
	$HC+NO_x$		1.13	1.6	2.0
	PM②		0.18	0.22	0.29
	劣化系数		指定值③或测定值④		
第二阶段：2001.1.1～	CO	汽油车	2.2	4.0	5.0
		柴油车	1.0	1.25	1.5
	$HC+NO_x$	汽油车	0.5	0.6	0.7
		柴油车	0.7	1.0	1.2
	PM②		0.08	0.12	0.17
	劣化系数		指定值③或测定值④		

注：2001年实施的标准限值对于直接喷射柴油发动机，$(HC+NO_x)$和PM的标准限值乘以系数1.4，宽限期为2年。
①第一阶段的耐久性要求为5万km；第二阶段的耐久性要求为8万km。
②只对柴油汽车有效。
③指定值是指对于不进行耐久性试验的汽车制造厂家，采用下述劣化系数：汽油发动机CO为1.2，$(HC+NO_x)$为1.2；柴油发动机CO为1.1，$(HC+NO_x)$为1.0，PM为1.2。
④测定值是指对于进行耐久性试验的汽车制造厂家，采用由欧洲91/441/EEC规定的耐久性试验所确定的值。

三、汽车噪声及其危害

1. 噪声

噪声就是使人烦躁的、讨厌的、不需要的声音,并希望利用一定的噪声控制措施消除掉的声音总称。即使给人能有愉快感觉的音乐,但如果它妨碍了正思考工作的人,音乐亦就变成了噪声。因此,噪声不仅有声学方面的性质,而且还具有生理学、心理学方面的含义,即包括声音产生的不舒适程度和对人体影响程度的内容。噪声是一种声波,具有一切声波运动的特点和性质。

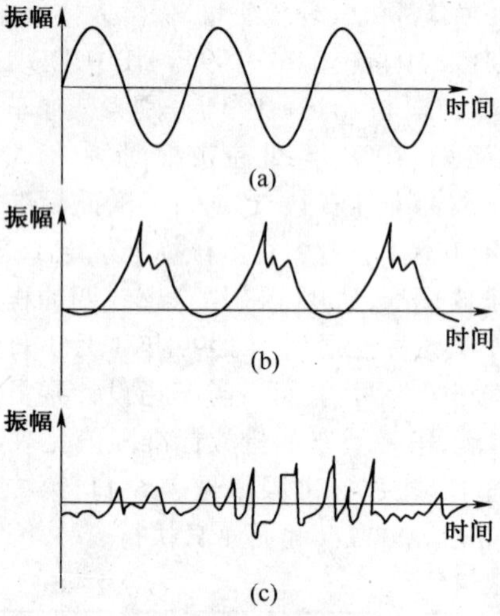

图 6-1 纯音、乐音和噪声波形

人耳除听到声音调子高低和声音强弱外,还有好不好听,音色是否优美的感觉。音色与声波的形状有关。一般声波有三种形状,即噪声、纯音和乐音的波形(见图 6-1)。如果在示波器上观察噪声的波形,一般都是不规则的和无调的,不像纯音和音乐那样,简谐而有调。人们希望听到的是乐音或纯音。

噪声振动都是由大量频率不同的简谐振动组成的,其特点是振动形式的非周期性,表现为紊乱、断续或统计上随机的振荡。

2. 噪声的来源

影响到现代城市环境保护的噪声来源,主要包括交通运输噪声,工厂或车间生产设备噪声、建筑机械噪声和生活噪声。

各种道路机动车辆(各类汽车、摩托车、拖拉机等)、各种内河航运船舶、铁路机车以及飞机等发出的噪声,都属于交通运输噪声。它已成为现代城市环境最大的噪声污染源,在一些人口密集、交通发达的大城市,交通运输噪声约占城市噪声的 75%或更高。

生产设备噪声是指工厂和车间的各种动力设备、加工机械等生产设备运行时所发出的噪声,其值也往往超过标准,一般说来污染范围仅是车间、工厂及其附近地区。

在城市建筑和市政建设中,越来越多地采用机械化设备,如卷扬机、打桩机、气锤、推土机、压气机、搅拌机等,形成了城市污染新噪声源。

此外,家庭生活现代化,广泛使用各种家电设备如空调设备、吸尘机、风扇、电冰箱等也给家庭带来噪声。

3. 噪声的危害

噪声对人类在生理、心理和社会各方面都有影响。长期在高噪声环境下工作和生活会危害人体的健康,即使噪声级较低也会干扰人们的正常活动。其危害和影响大致有下列几个方面:

(1)引起多种疾病:首先对听觉器官的损伤。噪声对听力的影响与其声压级、频率及作用时间有关。轻者可引起暂时性听闻偏移,即由强噪声环境到比较安静地方要经过一段时间才能恢复原来的听觉。重者可产生噪声性耳聋。据国际统计,噪声级为 90dB(A)时,耳聋发病率达 21%,100dB(A)的能高达 40%。

其他,强烈的噪声能引起神经失常,甚至危及生命。噪声还会诱发对神经、心脏、消化系统不良影响,表现为头晕、头痛、失眠、神经过敏,心跳加速、血压升高、冠心病和消化不良、呕吐等。据有关资料调查,人们长期在 95dB 以上噪声环境中生活,将有 10%的人引起神经衰弱、精神病,并使血压升高。

(2)影响人们正常工作和休息:噪声在 90dB(A)以上,频率高于 1000Hz 影响明显。易引起疲劳,睡眠不良,工作效率下降等危害。试验和调查表明:声压级 40~45dB(A)时,正常睡眠就受到干扰,影响程度达 10%~20%。达 71dB(A)时严重影响工作效率。声压级 75dB(A)时,在距 0.3m 远,正常谈话就有困难。

(3)影响交通安全:长期在噪声环境中生活使驾驶人和行人容易产生疲劳和注意力分散,精神不集中等,易诱发交通事故。

4. 汽车噪声

随着社会现代化的进步以及汽车工业和交通运输的发展,城市机动车辆拥有量日益增加。据国外资料统计,机动车辆所包括的总功率,比其他各种动力(飞机、船舶、电站等)的总和大20倍以上。它们所辐射的噪声,约占整个环境噪声能量的75%。各种调研和测量结果也表明城市交通噪声,是目前城市环境中最主要的噪声源。因此,降低机动车辆本身的噪声,是减少城市环境噪声的最根本途径。

汽车噪声按其性质大致可分为:

①燃烧噪声。指内燃机工作时,由于气缸内的气体压力周期性变化而产生的噪声;

②进气和排气噪声。指内燃机工作时,气体经过进气管和排气管高速流动时所产生的噪声;

③风扇运转噪声;

④机械噪声。这里指汽车行驶时,汽车中的各种机构运动件之间以及运动体和固体件之间,周期性变化的作用力所产生的噪声;

⑤轮胎噪声。包括汽车行驶轮胎在地面滚动时,由于轮胎花纹间的空气流动和轮胎四周空气扰动形成的空气噪声、轮胎胎体和花纹弹性变形振动而激发的振动噪声,以及由于路面不平造成的轮胎与道路间的冲击噪声(当车辆急转弯或紧急制动时这种振动和冲击噪声也会显得很大);

⑥车身噪声。汽车行驶时,车身和空气的摩擦、冲击以及车体的各板壁结构在发动机和路面凹凸不平的振动激励下,也会产生振动噪声。它是各种客车和载货汽车驾驶室内部噪声产生的主要原因之一。

第二节　汽油汽车排放污染物检测

一、汽油汽车排放污染物检测设备

根据排放标准,汽油车在发动机怠速工况下,应检测所排放废气中的CO和HC含量,使用的检测设备有非扩散型红外线分析仪、氢火焰离子型分析仪、化学发光分析仪等。GB/T 3845《汽油车排气污染物的测量怠速法》规定汽油车排放污染物检测时,应采用非扩散型红外线废气分析仪,并对检测工况和检测程序进行了具体规定。下面主要介绍非扩散型红外线分析仪。

非扩散型红外线废气分析仪简称红外线式分析仪,它可以分别测定CO和HC的浓度,由于它是能同时测定CO、HC浓度的仪器,因此也称为CO、HC综合测试仪,或称CO、HC排气分析仪。CO、HC综合测试仪如图6-2所示。

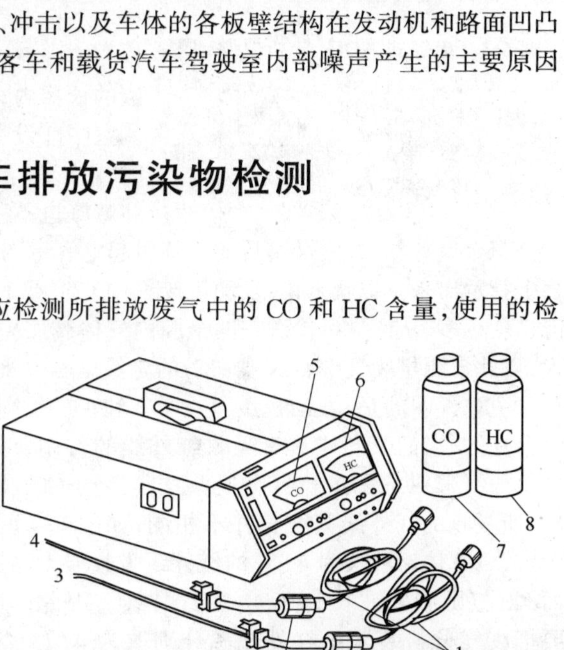

图6-2　CO、HC综合分析仪

1. 导管　2. 滤清器　3. 低浓度取样探头　4. 高浓度取样探头　5. CO指示仪表　6. HC指示仪表　7. 标准CO气样瓶　8. 标准HC气样瓶

非扩散型红外线废气分析仪由废气取样装置、废气分析装置、浓度指示装置和校准装置组成,其具体工作过程如下:

1. 废气取样装置

废气取样装置用于获取被测发动机的排气气样,它是由取样头、滤清器、导管、水分分离器和气泵等组成。取样头由耐高温和防气体腐蚀的特殊材料制成，在测量时须插入发动机的排气管消音器内部。发动机排出的高温废气经过取样头进入滤清器和水分分离器后，滤掉废气中的灰分和少量的水，再经过导管进入仪器的测量装置。此处所用导管也是由特殊材料所制，管壁不吸附被测气体，也不与被测气体发生化学反应，以保证测量精度。从发动机排气管中吸出废气，需要一定的真空度，因而在取样装置系统内还包括一只吸气泵。

2. 废气分析装置

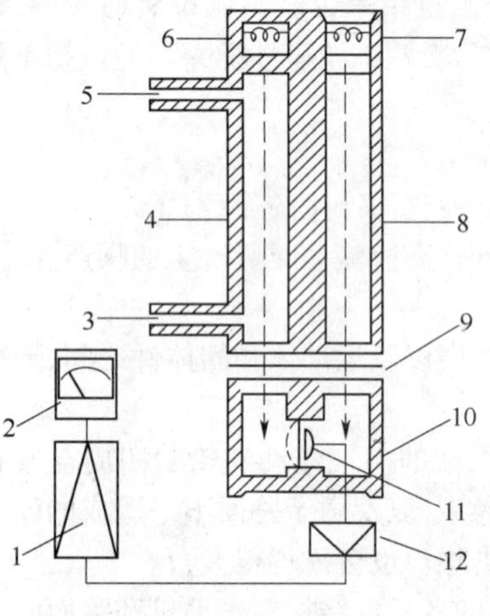

图 6-3 电容式 NDIR 分析仪原理图

1. 主放大器 2. 指示仪表 3. 废气入口 4. 测量气样室 5. 排气口 6、7. 红外线光源 8. 标准气样室 9. 遮光扇轮 10. 测量室 11. 电容微音器 12. 前置放大器

根据检测原理的不同，NDIR 废气分析仪有：电容检测器 NDIR 废气分析仪和半导体检测器 NDIR 废气分析仪两种不同的结构形式。

(1)电容检测器 NDIR 废气分析仪：该废气分析装置由红外线光源、测量气样室、标准气样室，遮光扇轮和检测室等组成(参看图 6-3)。

两个同样的红外线光源发出同等量的红外线光束，一束穿过测量气体室，一束穿过标准气样室。在标准气样室内充满不吸收红外线能的 N_2 气体，因此红外线光束穿过时，红外线光能未受损失。而测量气样室内则通以被测发动机的废气，由于废气中含有吸收红外线的 CO 和 HC，因此红外线光束穿过时，红外线光能将相应减少。从而使两束红外线光分别穿过测量气样室和标准气样室后到达检测室时，两束光的能量形成差异。检测室内充以适当浓度的与被测气体相同的气体(测量一氧化碳的仪器内充 CO；测碳氢化合物的仪器内充正己烷)，并在检测室中部设有隔膜，将检测室分隔成两个独立的封闭腔，测量时，由于两个腔所接受的红外线光能不相等，因而两个腔内气体膨胀也不一致，致使两腔之间的膜片弯曲。该膜片与电容器的一只金属片相联，由金属片的位移引起电容量变化，这一微弱信号经过放大器放大，即可在显示仪表上指示出来。也就是说，发动机废气中 CO(或 HC)含量越多，红外光束在测量气样室内损失的光能也就越多，从而导致检测室两个腔内气体膨胀差异也越大，金属片电容器所产生的变化也随之加大，以此来测量废气中 CO(或 HC)的含量。

应该说明的是，发动机废气中 CO 和 HC 是同时存在的，它们又同样具有吸收红外线的作用，那么是如何来对它们进行区分呢？这是因为 CO 和 HC 所吸收的红外线其波长并不相同，如图 6-4 所示。CO 气体对波长为 4.7μ 的红外线吸收能力强；而 HC 气则吸收波长为 3.4μ 的红外线。因此，只要把废气分析装置中红外光源分别取为 4.7μ 或 3.4μ波长，即可测出 CO 或 HC 的含量比例。由此可见，CO、HC 综合测试仪内是由两套废气分析装置，一套红外光波长为 4.7μ，用于测 CO 的浓度，另一套红外光波长为 3.4μ，测 HC 浓度。另外，在测量装置中还设有遮光扇轮，在测量工作时，遮光扇轮由电动机带动旋转，将红外线光束切分成断续光，从而使检测室内的电容器不断的产生充放电作用，带动检测仪正常工作。

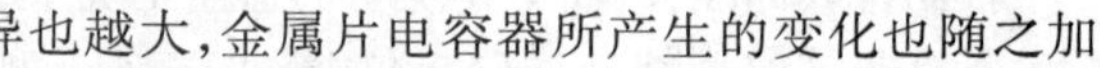

图 6-4 不同气体所吸收的红外线

(2)半导体检测器 NDIR 废气分析仪：图 6-5 半导体检测器 NDIR 废气分析仪采用单光束工作，样气室同时也是参比室，其状态由滤光轮的不同位置来决定。当滤光轮的“R”孔位于样气室同一水平线上时，红外光源的光束中与废气有关的特征波长光全部被滤除，传感器接受的光线就相当于样气

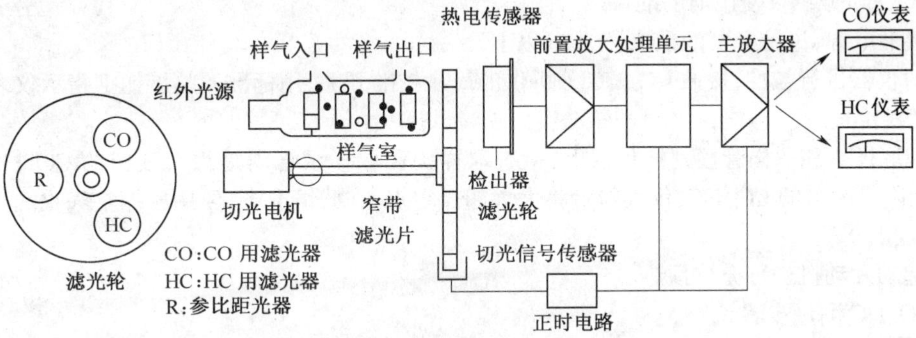

图 6-5　半导体检测器 NDIR 分析仪原理图

室中充有洁净空气时所具有的通量。此时,样气室可以看做参比室。当滤光轮的"CO"孔位于样气室的同一水平线上时,滤光孔只允许 CO 特征吸收波长附近很窄的一段波长范围的光线通过,此时,传感器接受到的光强与样气室中 CO 气体组分的浓度成正比,样气室可看做 CO 样气室。当滤光轮的"HC"孔位于样气室的同一水平线上时,滤光孔只允许 HC 特征吸收波长附近很窄的一段波长范围的红外线通过,此时,传感器接受到的光强与样气室中 HC 浓度成正比,样气室可看做 HC 样气室。滤光轮由一个同步电动机驱动,而同步电动机受控于正时电路给出的同步信号,该同步信号同时被传送到信号处理装置,以区分信号的种类。把信号经主放大器放大后,即可在 CO 和 HC 指示仪表上指示出待测组分浓度值。采用单光束工作的废气分析仪,其结构大为简单,降低了分析仪的成本。

3. 浓度指示装置

浓度指示装置室按照废气分析装置送来的电信号进行显示,在 CO 测量仪上用 CO 浓度容积的%进行刻度;在 HC 测量仪上用 HC 换算成正己烷浓度容积的(1×10^{-6})为单位进行刻度。

仪表指针可用零点调整螺钉调零。根据测量浓度不同,仪表上设有不同量程的换档旋钮,可以方便地控制。

新型仪器的指示装置改为数字显示,有的可直接打印测量值。

4. 校准装置

校准装置是为了保持分析仪指示精度,使之能经常显示正确指示值的一种装置。在分析仪上通常设有加入标准气样进行校准的校准装置和机械的简易校准装置。

(1)标准气样校准装置:是把标准气样从分析仪单设的一个专用注入口中直接送到废气分析装置,再通过比较标准气样浓度值和仪表指示值的方法来进行校准的装置。

(2)简易校准装置:是用遮光板把废气分析装置中通过测量气样室的红外线挡住一部分,用减少一定量红外线的方法进行简单校准的装置。简易校准开关装在仪表板上,并分别设有 CO、HC 校准旋钮。

对于汽油机排气中 CO 的浓度可以直接测量。而 HC 由于成分复杂,因此要把各种 HC 化合物的成分浓度换算成统一的正己烷(C_6H_{14})浓度来作为 HC 的浓度测量值。从而,对于那些正己烷以外的 HC 的相对灵敏度,成了测量仪器的重要性能,在技术标准中,相对灵敏度用正己烷与丙烷(C_3H_8)的比值来表示,并规定:丙烷浓度值/测量仪器指示值 = 1.73～2.12。在测量仪中,把该数的倒数(0.472～0.578)作为换算系数予以标明。

5. 废气分析仪的使用和维护

(1)废气分析仪的使用:CO、HC 分析仪和烟度计虽然都是检测汽车排气污染的仪器,但其使用方法有所区别。

CO、HC 分析仪是用于检测汽油发动机排气污染的仪器,它是通过 CO 和 HC 分别吸收不同波长的红外线这一原理而研制的,其使用方法如下。

①CO、HC 分析仪使用前的准备。

a. 接通电源，进行必要的预热（30min 以上）。

b. 对仪器进行校准，接通 CO、HC 分析仪的简易校准开关，用标准调整旋钮把指示仪表指针调到校准刻度线位置。

c. 把取样头和取样管接到检测仪上，检查取样头和取样试管内是否有残留的 CO、HC。如果导管内壁吸附有较多的 CO、HC，仪表指针将大大超过零点，在此情况下，要用压缩空气吹洗管道或用细布条擦拭。

d. 起动发动机进行充分预热。

②CO、HC 测量步骤。

a. 把 CO、HC 分析仪的测量档位开关旋到最高量程位置。

b. 把取样头插入排气消音器内 60cm 左右（无法插入 60cm 时，须接长排气管或用布套把排气管口罩住，以防外部气体混入）。

c. 边看指示仪表，一边用测量档位开关选择适于排气中 CO、HC 浓度的量程档位，待指示稳定后，读取仪表显示值。

d. 测量结束后，把取样头从排气管内抽出，再吸入新鲜空气 5min，待仪表指针回零后，再关掉电源。

(2)废气分析仪的维护。正确维护是保持仪器测量精度的关键，CO、HC 分析仪的维护周期与作业项目可按照表 6-12 执行。CO、HC 分析仪维护注意事项：

表 6-12 CO、HC 分析仪维护项目

维护周期	维护部位	维护要领	备 注
使用前	仪表	在未接通电源时，指针是否在机械零点上	指针失准，可用零点调整螺钉把它调至与零点重合
	气体流量计	把导管从测量仪上的废气入口处拔下来，用手把废气入口处挡住，检查气体流量计情况	气体流量计如不能正常工作，须请厂家维修
	取样头和导管	检查有无割裂、压坏、堵塞和脏污情况	有污垢，堵塞时，用细布条擦拭或用压缩空气吹洗；有压伤、裂纹时，应予以更换
	滤清器	检查滤清器脏污情况	脏污时，更换滤芯
	水分离器	检查积水量	水分离器内有积水应及时排放，并进行清洁工作
	校准装置 标准气样校准 和简易校准	接通电源，对发动机进行必要的预热，使测量仪吸入新鲜空气，检查仪表指针能否调到零点。关掉泵开关（有“校准、测量”转换开关的测量仪，把开关扳到“校准”一边），把标准气样灌入分析仪，检查指针是否能调到标准位置（仪器校准间隔时间，应按厂家规定进行）。接通简易校准开关，检查分析仪工作状态及仪表指针所指位置是否对准仪表盘上的校准刻度线	因为 HC 分析仪的标准气样是丙烷，所以校准的标准值要按下式计算： 校准的标准值＝标准气样浓度×换算系数 当无法调整时，须请厂家派员修理
	各种导线	检查是否有接触不良及断路部位	紧固接触不良部位，更换不良导线
六个月	根据使用工作频繁程度，决定标定工作（使用频繁者，最好标定一次）		
一年	必须接受计量部门检定与校准		

a. 测量时，发动机不能高速运转，测试完毕，立刻要把取样头从排气管内抽出。

b. 不能在有燃油或有机溶剂的环境内测量。

c. 测量时，取样头、导管不可弯折。

d. 对于配有两套取样头及导管的分析仪，不要混用。

e. 连续测量时，每测完一次要把取样头从排气管消音器内抽出，待仪表指针回零后，才可继续进行下一次测量。

f. 测量仪工作时，要注意室内通风，以防止人员中毒。

g. 取样头及导管不用时，不可平放，要垂直悬吊，防止管内积水腐蚀管壁。

h. 安装分析仪不可放在潮湿地点，同时要避开温度变化剧烈的环境。

i. 标定用标准气样是有毒气体，要稳妥保存、使用，以防人员受害。

j. 分析仪不可放在潮湿地点，同时要避开温度变化剧烈的环境。数显、打印、微机系统如有故障，宜请专业人员或厂家修理。

二、汽油车怠速与双怠速污染物的检测方法

按照 GB/T 3845—1993 的规定，汽油车怠速污染物的检测应在怠速工况下，采用不分光红外线 CO 和 HC 气体分析仪，按规定程序测量 CO 和 HC 的浓度值。

1. 测量程序

(1)怠速测量程序。

①发动机由怠速工况加速至 0.7 额定转速，维持 60s 后降至怠速状态。

②发动机降至怠速状态后，将取样探头插入排气管中，深度等于 400mm，并固定于排气管上。

③发动机在怠速状态，维持 15s 后开始读数，读取 30s 内的最高值和最低值，其平均值即为测量结果。

④若为多排气管时，分别取各排气管测量结果的算术平均值。

(2)双怠速测量程序。

①发动机由怠速工况加速至 0.7 额定转速，维持 60s 后降至高怠速(即 0.5 额定转速)。

②发动机降至高怠速状态后，将取样探头插入排气管中，深度等于 400mm，并固定于排气管上。

③发动机在高怠速状态维持 15s 后开始读数，读取 30s 内的最高值和最低值，其平均值即为高怠速排放测量结果。

④发动机从高怠速状态降至怠速状态，在怠速状态维持 15s 后开始读数，读取 30s 内的最高值和最低值，其平均值即为怠速排放测量结果。

⑤若为多排气管时，分别取各排气管高怠速排放测量结果的平均值和怠速排放测量结果的平均值。

2. 检测仪器的准备

使用仪器前，一定要认真阅读仪器的使用说明书，掌握正确的使用方法，并做好以下准备工作。

(1)仪器的检查。

①在未接通电源时，检查 CO 和 HC 分析仪的仪表指针是否在机械零点上。若指针失准，可用零点调整螺钉把它调到零点上。

②从分析仪的废气入口处取下水分离器，若水分离器内有积水，应排尽并进行清洁，用手挡住废气入口，检查流量监视器的动作情况。若动作不正常，应请厂家进行修理。

③检查取样探头和导管有无压坏、破裂、堵塞和脏污等情况。若有压坏、破裂时，应换用新件；若有污垢、堵塞时，应清洁并用压缩空气吹通。

④检查滤清器是否脏污，脏污时应更换滤芯。

⑤检查各种导线的连接情况，对于接触不良或折断的导线，应修理或更换。

(2)仪器的校准。

①接通电源。按分析仪规定时间进行预热。

②用标准气样标定。取下水分离器，让分析仪吸入清洁空气，待仪表指示充分稳定后，用零点调整旋钮把仪表指针调到零点。然后关掉泵开关，从仪器的标准气样注入口灌入标准气样，再用量距调整旋钮把仪表指针调到标准指示值。

对于CO分析仪，其校准值就是标准气样瓶上标明的CO浓度值。

对于HC分析仪，由于是用丙烷作为标准气样，因而要按下式求出正己烷的换算值，再以它作为校准的标准值。

校准的标准值(正己烷换算值)=标准气样(丙烷)浓度×换算系数

式中，标准气样(丙烷)浓度即标准气样瓶上标明的浓度值；换算系数是分析仪的给出值，在铭牌上有标明，一般为0.472～0.578。

例如，当分析仪标明的换算系数为0.530，标准气样瓶上标明的丙烷浓度值为700×10^{-6}时，则

$$\text{HC校准的标准值}=700\times10^{-6}\times0.530=371\times10^{-6}$$

③简易校准(标准校准)。按下简易校准(机械校准)开关，对于有校准位置标志的分析仪，用量距调整旋钮将仪表指针调到正对校准位置标志。如果仪器上没有校准位置标志，则要在用标准气样校准后，立即按下简易校准开关，在仪表指针所指位置上做标记，作为以后进行简易校准的设定值。此后进行简易校准时，按下简易校准开关，调节量距调整旋钮，使仪表指针对正此标记即可。

④把取样探头和导管安装到分析仪上，若仪表指针大大超过零点，则表明导管内壁吸附有较多的残留HC，要用压缩空气或布条等清洁取样探头和导管。

3. 被检汽车的准备

(1)起动、预热发动机，使之达到规定的热状态。

(2)按汽车制造厂家规定的调整法，调整发动机至规定的怠速转速和点火正时。

(3)检查排气系统，不得有泄漏现象。

4. 检测步骤

(1)发动机由怠速加速到中等转速，维持5s以上，再降至怠速状态。

(2)把分析仪指示仪表的量程切换开关置于最高量程档位。

(3)将分析仪的取样探头插入排气管(消声器)，其插入深度不得小于400mm。若插入深度小于400mm，则排气管口的空气会被抽吸进入取样探头而使被测气体稀释，影响被测气体的准确度。

(4)取样探头插入15s后开始读数，读取30s内的最高值和最低值，求其平均值即为测量结果。

(5)检测完毕，把取样探头从排气管中抽出，让它吸入新鲜空气5min，待仪表指针回到零点后再关掉电源。

5. 检测注意事项

(1)检测时，发动机转速一定要控制在规定的怠速范围内。

(2)取样探头、导管分为低浓度用和高浓度用两种，两者要分别使用。因为二冲程发动机的HC排放浓度比四冲程的高得多，取样探头及导管内壁上吸附有较多的残留HC，若混淆使用，将使四冲程发动机的HC排放浓度测量值偏高。

(3)检测时不要弯折金属导管。

(4)连续检测时，应在检测完毕后，就把取样探头从排气管里抽出来，待仪表指针回到零点后，再检测下一辆车。

(5)检测完毕，要立即把取样探头从排气管里抽出来。

(6)取样探头不用时，要垂直吊挂，不要平放，以防止管内积水腐蚀取样探头。

(7)在室内检测时，要注意通风换气，以防止人员中毒。

(8)不要在有油或有有机溶剂的地方进行检测。

(9)分析仪应平整放置在湿度小、温差小、无振动的地方。

(10)校准用的标准气样有毒，要注意保管。

(11)分析仪要定期保养，以确保使用精度。

三、汽油汽车加速模拟工况(ASM)检测方法

1. 检测程序

(1)车辆驱动轮位于测功机滚筒上,将分析仪取样探头插入排气管中,深度为400mm,并固定于排气管上。对独立工作的多排气管应同时取样。

(2)ASM 5025工况:车辆经预热后,加速至25km/h,测功机根据试验工况要求加载,车辆保持(25±1.5)km/h等速,维持10s后开始记时($t=0$s)。当测功机转速和转矩偏差超过设定值的时间大于5s,试验应重新开始。25s($t=25$s)后分析仪器开始测量,每秒钟测量一次,并根据稀释修正系数及湿度修正系数计算10s内的排放平均值。运行90s($t=90$s)该试验工况结束。测功机在试验车速(25±1.5)km/h的允许误差范围内,加载转矩应随车速的变化做相应的调整,保证加载功率不随车速改变。转矩允许误差为该工况设定转矩的±5%。

(3)ASM 2540工况:车辆从25km/h直接加速至40km/h,测功机根据试验工况要求加载,车辆保持(40±1.5)km/h等速,维持10s后开始记时($t=0$s)。当测功机转速和转矩偏差超过设定值的时间大于5s,试验应重新开始。25s($t=25$s)后分析仪器开始测量,每秒钟测量一次,并根据稀释修正系数及湿度修正系数计算10s内的排放平均值。运行90s($t=90$s)该试验工况结束。测功机在试验车速(40±1.5)km/h的允许误差范围内,加载转矩应随车速的变化做相应的调整,保证加载功率不随车速改变。转矩允许误差为该工况设定转矩的±5%。

在25～90s的测量过程,任意10s内第一秒钟至第十秒钟的车速变化相对于第一秒钟小于±0.5km/h,测试结果有效。任意10s内的十次排放平均值经修正后如满足限值的要求,则试验结束。否则应进行复检试验。

(4)复检试验:按照以上试验程序及试验结果判定方法连续进行ASM 5025和ASM 2540工况试验,工况时间延长至145s($t=145$s),总试验时间为290s。

如两个工况测试结果经修正后均满足要求,则测试结果合格;否则测试结果不合格。

2. 车辆和燃料要求

(1)试验车辆。

①车辆的机械状况应良好,无影响安全或引起试验偏差的机械故障。

②车辆进、排气系统不得有任何泄漏。

③车辆的发动机、变速器和冷却系统等应无液体渗漏。

④轮胎表面磨损应符合有关标准的规定。驱动轮轮胎压力应符合生产厂的规定。

(2)燃料:应使用无铅汽油或压缩天然气、液化石油气。无铅汽油应符合GB 17930的规定;压缩天然气应符合SY/T 7546的规定,液化石油气应符合SY 7548的规定。

3. 设备技术要求

设备应符合国家相关标准和计量检定规程的规定。

(1)底盘测功机。

①测功机结构应适用于最大总质量不大于3800kg的M类、N类车辆。

②根据试验记录的车辆参数,测功机应能自动选择试验工况的加载功率。

③测功机功率吸收装置。

a. 设定的测功机加载功率应稳定,不应有影响车辆正常运转的波动。

设定测功机对车辆的加载功率时应考虑到车轮与滚筒表面的摩擦损失功率和测功机内部损失功率,并按下列公式进行功率设定:

$$P_i=P_t-P_c-P_f \tag{6-1}$$

$$P=P_i+P_c \tag{6-2}$$

式中:P——设定功率值,根据基准质量和试验工况确定(kW);

P_i——测功机的指示功率(kW);

P_t——车辆规定工况的输出功率(kW);

P_f——测功机滚筒与轮胎表面摩擦损失功率(kW);

P_c——测功机内部损失功率(kW)。

b. 测功机功率吸收装置应能满足最大总质量(GTM)小于3800kg的M类、N类车辆进行ASM 5025和ASM 2540工况时的试验载荷要求。在滚筒转速大于22.5km/h时,功率吸收装置吸收的功率应不少于15kW,稳定的试验状态应不少于5min,每次试验间隔3min。

c. 测功机应定期标定系统的内部损失功率(包括轴承摩擦损失、系统驱动摩擦损失和风阻损失等)。

d. 应使用电功率吸收装置。在25km/h和40km/h的转速下,测功机吸收功率应能以0.1kW为单位进行调整。功率设定的准确度应为±0.5kW。

④滚筒。

a. 测功机应装备双滚筒。滚筒直径为200~530mm之间。可采用左右可移动式滚筒或固定式滚筒。固定式滚桶内跨距小于760mm,外跨距大于2540mm。

b. 滚筒中心距要求。

$$L=(620+D)\cdot \sin 31.5 \tag{6-3}$$

式中:L——滚筒轴间距(mm);

D——滚筒直径(mm)。

滚筒轴间距公差为-6.5~12.5mm。

c. 在任何气候条件下,滚筒尺寸、表面处理和硬度均应保证轮胎不打滑;测试距离、速度精度恒定;轮胎磨损小、噪声低。

⑤惯量。

a. 基本惯量。测功机应配备机械飞轮或惯量模拟装置使测功机具有(800±20)kg的基本惯量;并应标明基本惯量偏差。

b. 惯量模拟。测功机应能模拟基准质量小于3500kg的车辆在加速度为0~1.475m/s^{2}时的瞬态惯量。惯量为800~2700kg,速度为25m/s的车辆加速时测功机最大模拟输出功率应大于18kW。应标明惯量模拟偏差,惯量模拟并应作相应修正。

c. 惯量模拟系统响应。惯量模拟转矩相应在0.5s内应达到转矩变化中值的90%。

d. 惯量模拟误差。惯量模拟误差应不超过被试车辆所选惯性质量的10%。

⑥其他要求。

a. 测功机应有滚筒转速测量装置。测功机应能达到的最高车速为90km/h。车速大于10km/h时,测量准确度应为±1.0km/h。

b. 测功机应配备限位系统。限位系统应保证施加于驱动轮上的水平、垂直方向的力对排放测量没有影响。

c. 测功机应配备冷却车辆的装置。环境温度超过295K(22℃)时冷却系统应启动。应避免冷却车辆催化转换器。

d. 测功机的安装应保证测试车辆在测功机上试验时处于水平位置。

⑦四轮驱动测功机。

四轮驱动测功机应按规定对车辆正确加载,不能损坏车辆的四轮驱动系统,并适用于加装防抱死制动系统和牵引力控制系统的车辆。前后车轮滚筒速度同步误差应小于0.3km/h。

(2)测量仪器。

①排气分析仪。

a. 取样系统应有水分离系统、颗粒过滤装置、取样泵和流量控制单元，应保证可靠耐用，无泄漏并且易于维护。与取样气体接触的制造材料不能与取样气体发生反应并且不污染取样气体或改变被分析气体的特性。取样系统必须耐腐蚀，并能耐受 ASM 试验工况 290s 的车辆排气温度。

b. 取样探头插入车辆排气管深度应不小于 400mm，所用材料应能耐受 873K(600℃)的排气温度。

c. 排气分析仪应能测试双排气管车辆。双取样探头应保证各支管流量相同。

d. 排气通风系统。

通风系统不应引起探头取样点尾气被稀释且不能引起车辆排气出口压力变化大于 0.25kPa。

e. 排气分析仪应能满足至少每秒钟一次的废气浓度测试能力。

f. 下列情况系统取样分析应自动停止工作：

·排气分析仪未预热；

·无关气体干扰影响超过 $\pm10\times10^{-6}$HC、$\pm0.05\%$CO、$\pm0.20\%CO_2$ 和 $\pm25\times10^{-6}$NO；

·取样系统中 HC 残留量浓度大于 10×10^{-6}；

·零点漂移或标定时的读数漂移超过分析仪调整范围。

g. 排气分析仪应能抗电磁干扰，抗振动冲击。

h. 排气分析仪响应要求。

排气分析仪对 HC、CO、CO_2 分析，从探头输入被测气体到显示终值的 90% 反应时间应小于 8s。显示终值的 95% 反应时间应小于 12s；对 NO 分析，从探头输入被测气体到显示终值的 90% 反应时间应小于 12s，NO 稳定值读数下降到 10% 稳定读数值的反应时间应小于 12s。

i. HC、CO 和 CO^2 分析应采用不分光红外吸收型(NDIR)分析仪，NO 分析应采用电化学传感器分析仪。仪器量程和测量误差应满足表 6-13 的要求(满足相对误差和绝对误差任一项即可)。

表 6-13　仪器量程和测量误差要求

气体种类	量　程	测量误差	
HC	$0\sim2000\times10^{-6}$	±5%	$\pm10\times10^{-6}$
	$2001\times10^{-6}\sim9000\times10^{-6}$	±10%	—
CO	0～10%	±5%	±0.05%
	10.01%～14%	±10%	—
CO_2	0～16%	±5%	±0.5%
	16%～18%	±10%	—
NO	$0\sim4000\times10^{-6}$	±4%	$\pm25\times10^{-6}$
	$4000\times10^{-6}\sim5000\times10^{-6}$	±8%	—

②其他测量装置。

a. 湿度计。相对湿度测量范围应为 5%～95%，测量准确度应为 ±3%。

b. 温度计。温度测量范围应为 255K～333K(−18℃～60℃)，测量准确度应为 ±1.5K。

c. 气压计。气压计测量范围应为 80～110kPa，环境温度 0℃～40℃时，最小允许误差为测量值的 1%。

d. 计时器。计时器 10～1000s 测量准确度应为 ±0.1%。

③测量仪器显示分辨率应满足表 6-14 的要求。

表 6-14　测量仪器显示分辨率

类　别	分辨率	类　别	分辨率
HC	1×10^{-6}(正己烷当量)	载荷	0.1kW
NO	1×10^{-6}	相对湿度	1%
CO	0.01%	干球温度	1℃
CO_2	0.1%	气压计压力	0.1kPa
速度	0.2km/h		

(3)自动检测控制系统和显示。

①自动检测控制系统应能根据输入的车辆参数自动设置加载载荷和选择排放标准。检测程序、数据采集和分析判断检测结果应由计算机控制自动进行。

②自动检测控制系统应考虑到排气分析仪的响应时间，以确保记录的排气污染物检测值与相应的试验工况记录值互相对应。

③系统应配备清晰可见的驾驶人引导装置。引导装置应不断显示所需速度、试验工况时间、驾驶实际速度和时间，以及其他必要的提示和警告。

4．试验准备

(1)车辆准备。

①如需要，可在发动机上安装冷却水和润滑油测温计等测试仪器。

②应关闭空调、暖风等附属装备。装备牵引力控制装置的车辆应关闭牵引力控制装置。

③车辆预热。进行试验前，车辆各总成的热状态应符合汽车技术条件的规定，并保持稳定。在试验前车辆的等候时间超过 20min 或在试验前熄火超过 5min，应选以下任一种方法预热车辆：

a．车辆在无负荷状态使发动机以 2500r/min 转速运转 4min；

b．车辆在测功机上按 ASM 5025 工况运行 60s。

④变速器的使用。安装自动变速器的车辆应使用前进档进行试验。安装手动变速器的车辆应使用二档，如果二档所能达到的最高车速低于 45km/h 可使用三档。

⑤车辆驱动轮应位于滚筒上，必须确保车辆横向稳定。驱动轮胎应干燥防滑。

⑥车辆应限位良好。对前轮驱动车辆，试验前应使驻车制动起作用。

⑦在试验工况计时过程中，车辆不允许制动。如果车辆制动，工况起始计时应重新置零($t=0$)。

(2)设备准备与设置。

①排气分析仪预热。应在通电后 30min 内达到稳定。在 5min 内未经调整，零位及 HC、CO、NO 和 CO_2 的量距读数应稳定在误差范围内。

②在每次开始试验前 2min 内，分析仪器应完成自动调整、环境空气测定和 HC 残留量的检查。

③测功机预热。测功机停机或转速小于 25km/h 超过 30min，应在试验前进行自动预热。

④载荷设定。在进行每个工况试验前，测功机应根据输入的车辆参数及试验工况按要求自动设定对车辆的加载载荷。

(3)在试验循环开始前应记录环境温度、相对湿度和大气压力。

(4)CO 与 CO_2 浓度之和小于 6%，或发动机在任何时间熄火，应终止试验，排放测量无效。

5．排气污染物测量值的计算

排放测试结果应进行稀释校正及湿度校正，计算 10 次有效测试的算术平均值。测量结果计算公式如下：

$$C_{HC}=\frac{\sum_{i=1}^{10}C_{HC}(i)\cdot DF(i)}{10} \tag{6-4}$$

$$C_{CO}=\frac{\sum_{i=1}^{10}C_{CO}(i)\cdot DF(i)}{10} \tag{6-5}$$

$$C_{NO}=\frac{\sum_{i=1}^{10}C_{NO}(i)\cdot DF(i)\cdot k_H(i)}{10} \tag{6-6}$$

式中：C_{HC}——HC 排放平均浓度(10^{-6})；

C_{CO}——CO 排放平均浓度(%)；

C_{NO}——NO 排放平均浓度(10^{-6})；

$C_{HC}(i)$——第 i 秒钟 HC 测量浓度(10^{-6});

$C_{CO}(i)$——第 i 秒钟 CO 测量浓度(%);

$C_{NO}(i)$——第 i 秒钟 NO 测量浓度(10^{-6});

$DF(i)$——第 i 秒钟稀释系数;

$k_H(i)$——第 i 秒钟湿度校正系数。

(1)稀释校正。ASM 排放试验的 CO、HC、NO 测量值应乘以稀释系数(DF)予以校正。当稀释系数计算值大于 3.0 时,取稀释系数等于 3.0。稀释系数计算公式如下:

$$DF = \frac{C_{CO_2修}}{C_{CO_2测}} \tag{6-7}$$

$$C_{CO_2修} = \left[\frac{X}{a + 1.88X}\right] \times 100 \tag{6-8}$$

$$X = \frac{C_{CO_2修}}{C_{CO_2测} + C_{CO测}} \tag{6-9}$$

式中:DF——稀释系数;

$C_{CO_2修}$——CO_2 排放浓度测量修正值(%);

$C_{CO_2测}$——CO_2 排放浓度测量值(%);

$C_{CO测}$——CO 排放浓度测量值(%);

a——燃料计算系数,根据燃料种类选取下列值:

汽油——4.644;

压缩天然气——6.64;

液化石油气——5.39。

(2)NO 测量值应同时乘以相对湿度校正系数 k_H 予以修正。湿度校正系数计算公式如下:

$$k_H = \frac{1}{1 - 0.0047(H - 75)} \tag{6-10}$$

$$H = \frac{43.478 \times R_a \cdot P_d}{P_B - (P_d \cdot R_a / 100)} \tag{6-11}$$

式中:k_H——湿度校正系数;

H——绝对湿度(g 水/kg 干空气);

R_a——环境空气的相对湿度(%);

P_d——环境温度下饱和蒸汽压(kPa),如果温度大于 30℃,应用 30℃饱和蒸汽压代替;

P_B——大气压力(kPa)。

第三节 柴油汽车排气污染物检测

一、柴油汽车排气污染物检测设备

柴油汽车排气污染物的检测设备主要是烟度计。目前烟度计主要分为滤纸式烟度计和不透光式烟度计。

1. 滤纸式烟度计的结构和工作原理

(1)基本检测原理:用滤纸式烟度计测试自由加速工况下柴油发动机烟度时,须从排气管抽取规定容积的废气,并使之通过规定面积的标准洁白滤纸,其滤纸被染黑的程度称之为烟度。烟度用符号 S_F 表示,烟度单位是无量纲的量,用符号 FSN 表示。滤纸染黑的程度不同,则对照射到滤纸表面光

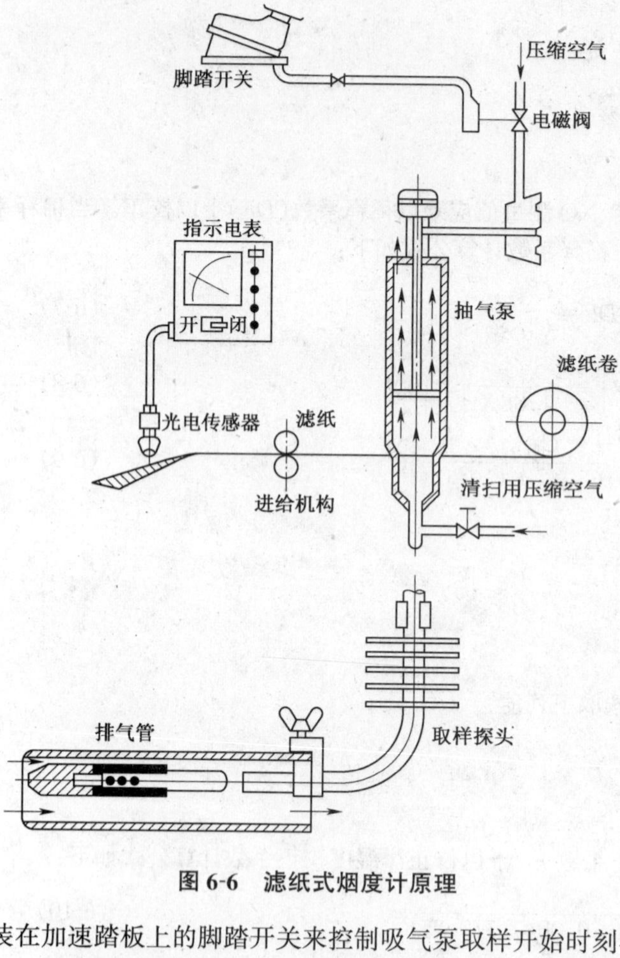

图 6-6 滤纸式烟度计原理

线的反射能力不同。据此，烟度 S_F 表示为

$$S_F = 10(1 - R_d/R_c) \qquad (6\text{-}12)$$

式中，R_d、R_c 分别为污染滤纸和洁白滤纸的反射因数，R_d/R_c 的值由 0 到 100%，分别对应于全黑滤纸的反射和洁白标准滤纸的反射。

当污染滤纸为全黑时，烟度值为 10；滤纸没有受到污染时，烟度值为 0。

(2)滤纸式烟度计的工作原理：滤纸式 BOSCH 烟度计是：吸气泵-滤纸-光反射式烟度计。它是利用吸气泵在一定时间内吸取一定量的废气，并使这部分废气通过一定面积的滤纸，使废气中的烟粒子吸附在滤纸上，滤纸变黑，然后用一定的光线照射滤纸，并用光电池接受反射光，再根据光电池产生的电流使仪表指针偏转，把烟度用污染度%的形式显示出来。

(3)滤纸式烟度计的结构：滤纸式烟度计由废气取样装置、污染度测量装置、污染度指示装置和校准装置等组成(图 6-6)。

①废气取样装置。废气取样装置由取样头、导管、吸气泵等组成(图 6-7)，由装在加速踏板上的脚踏开关来控制吸气泵取样开始时刻与发动机加速同步。

吸气泵要保证每次吸气量相等、速度一致和烟粒吸附面积相同，为此吸气泵规定如下：

a. 吸气泵应保证每次定容量吸气(300 ± 15)ml；

b. 每次吸气速度一致，吸气时间(1.4 ± 0.2)s；

c. 在 1min 内，外界空气渗入量不得大于 15ml；

d. 滤纸有效工作面直径为 32mm；

e. 滤纸夹紧器工作可靠，密封良好。

滤纸是烟度计吸样关键元件，为此对滤纸有如下特殊规定：

a. 滤纸白度为 85% ± 2.5%；

b. 滤纸的当量孔径为 45μm；

c. 滤纸的透气度为 3000ml/(cm^2·min)，滤纸前后压差为 200～400mmH_2O(水柱高度)；

d. 滤纸厚度不大于 0.18mm；废气经取样头、导管，被吸入吸气泵，其连接的取样导管是内径为 4mm，长度为 5m 的软管。

取样头结构尺寸如图 6-8 所示，它带有圆片式散热器，将废气予以冷却。

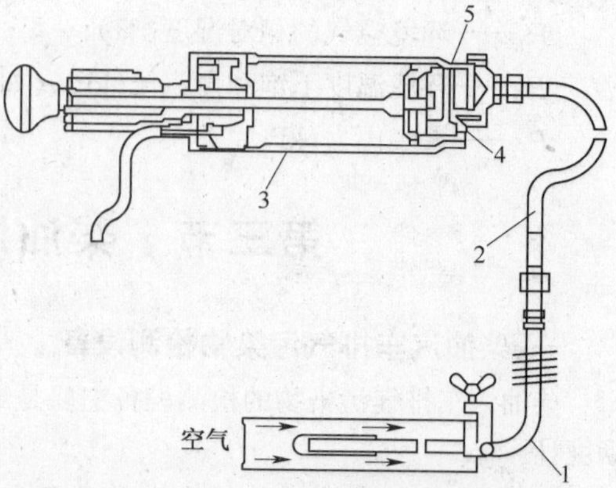

图 6-7 废气取样装置

1. 取样头 2. 导管 3. 气泵 4. 滤纸压紧器 5. 滤纸插入口

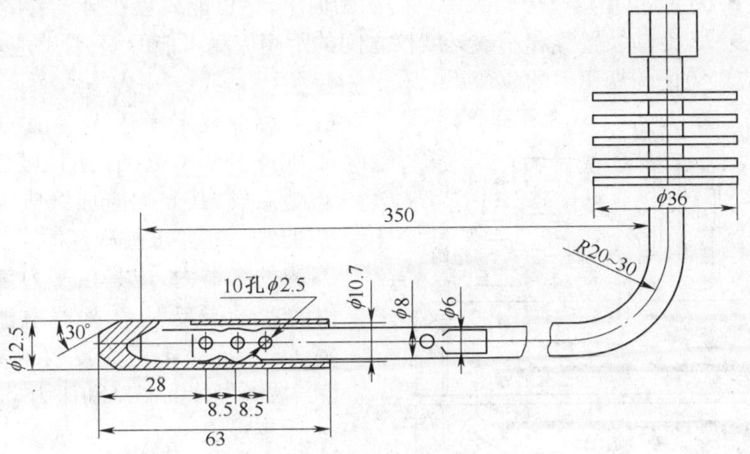

图 6-8　取样头结构尺寸

②污染度测量与指示装置。如图 6-9 所示，它是由白炽灯泡，光电元件(硒光电池)等组成。白炽灯泡为测量用光源，应发光均匀、稳定，灯泡光轴应位于滤纸中心并与滤纸平面垂直。光电元件为一环形的硒半导体光电池，受光面积外径 23mm、内径 10mm，硒光电池距离滤纸表面 10.5mm。把取样后表面带有黑烟的滤纸，放到测量装置的规定位置，从灯泡发出的光照射到滤纸上后被反射回来，反射光被环形光电池接收，光电池产生电流使检测仪表指针偏转。

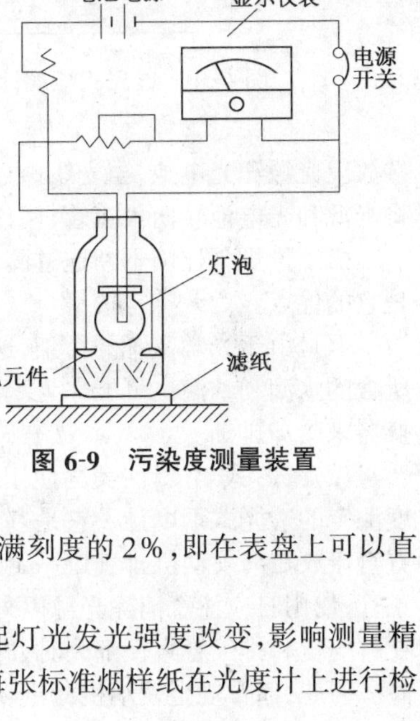

图 6-9　污染度测量装置

测量装置实际是一只电流表，精度不低于 1.5 级。表盘按污染度%进行刻度，它刻有 0%～100%的刻度值。滤纸污染严重时，反射光线少，仪表指针向 100%方向偏转(100%表示全黑)；滤纸污染轻微时，反射光线多，仪表指针向 0%方向偏转(0%表示白色)。实际烟度计表盘刻度以 0～10 数字用波许单位表示，反射光线少时指针向 10Rb 方向偏转，其最小分度为满刻度的 2%，即在表盘上可以直接读出波许单位烟度值。

③校准装置。烟度计在使用过程中，由于电源电压的变化，引起灯光发光强度改变，影响测量精度，因此要随时校准。烟度计附带有三张供标定用的标准烟样纸，每张标准烟样纸在光度计上进行检定，精确度为 0.5%。

对烟度计进行标定时，把标准烟样纸放到污染计测量装置的规定位置上开灯照射，再用仪表调整旋钮把仪表指针调到标准烟样纸所代表的污染度数值上。只要保存好标准烟样纸，用这种方法很容易对仪表进行校准，使烟度计保持指示精度，以便得到正确测量值。

除此之外，为保证测量时，不受前一次测量残留在取样导管内的碳烟影响，取样系统还附带有压缩空气吹洗装置。吹洗用压缩空气的压力为 0.3～0.4MPa。

2. 透光式烟度计的结构和工作原理

GB 18285—2000《在用汽车排气污染物限值及测试方法》规定用光吸收系数来度量可见污染物的大小。规定使用不透光度仪测量压燃式发动机和装用压燃式发动机车辆的可见污染物。要求不透光度仪的显示仪表应有两种刻度：一种为绝对光吸收的单位，从 0 到 4(m^{-1})；另一种为线性刻度从 0 到 100。两种刻度的范围均以光全通过时为 0，全暗时为满刻度。

不透光度仪可以分为取样式和全流式两类。取样式不透光度仪的取样探头与排气管的横截面面积之比应不小于0.05,应位于烟气分布大致均匀的断面上,尽可能放置在排气管的最下游,必要时可放在延长管中。探头、冷却装置等和不透光度仪之间的距离应尽可能的短,管路应从取样点倾斜向上至不透光度仪,应避免使碳烟积聚的急弯。

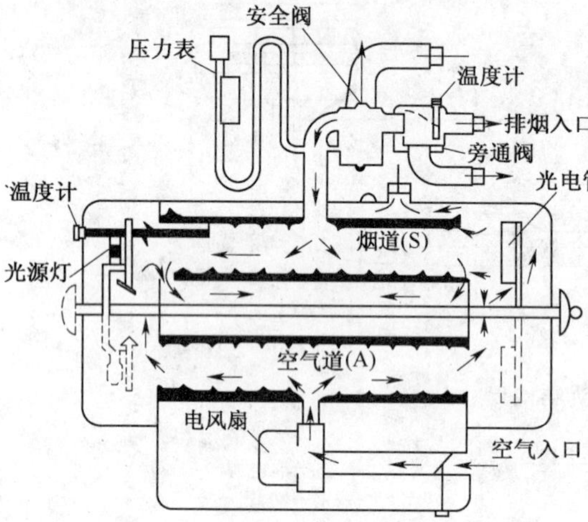

图 6-10 透光式烟度计结构简图

标准规定不透光度仪的光源应为色度在2800～3250K范围内的白炽灯;接受器应由光电池组成,其光响应曲线应类似于人眼的光适应曲线。还要求被测气体封闭在一个内表面不反光的容器内,应是由于内部反射或漫反射作用产生的漫反射光,对光电池的影响应减小到最小,并且对不透光度仪的有效长度、响应时间、被测气体的温度和压力、清扫空气的压力等也作了规定。

(1)哈特里奇透光式烟度计。透光式烟度计是一种利用透光衰减率来测定排气烟度的典型仪器。图6-10为英国研制的哈特里奇透光式烟度计结构简图。它有一个测试管S和校正管A,将需要测定的一部分排气导向测试管,用电风扇向校正管吸入干净的空气,在测试管两端放上光源和光电池,当光线透过导入排气的烟层时,由光电池测定光线的衰减量。图中虚线位置,将光源和光电池转向校正管,用作零点校正。烟度记录器指示值:无烟为0,全黑为100。

由于排烟是连续不断通过测试管的,所以不论稳态、非稳态和过渡现象烟度的测定都很方便,这是它的优点。

但是由于光学系统的污染,这种烟度计测定中容易产生误差,因此必须注意清洗,还有排气烟中所含的水滴和油滴也可能作为烟度显示出来。当抽样检验的排烟超过500℃时,必须采用其他热交换器来冷却排烟。

(2)PHS式烟度计:美国使用的PHS式烟度计是将柴油发动机全部排气都导入检测部分进行烟度测定的透光式烟度计。它是基于光电转换原理,用透光度来测定排烟浓度。把光源和光电变换装置直接放在离发动机排气口一定距离的排气通道上,以减小排气散热的影响。该烟度计无专设的校正管,使用时应注意消除光源以外的光线的干扰。PHS式烟度计的测定值受到排气管直径的影响,在排气量和排气管直径都大时,即使排烟浓度很低,由于通过检测部分的烟层厚,所得测定值仍然较高。为此,通常规定发动机标定功率在73.5kW以下时用50.8mm管,在73.5～147kW时用76.2mm管,在147～220.5kW时用101.6mm管,220.5kW以上用127mm管。

3. 烟度计的使用和维护

柴油发动机烟度计是检测发动机排气黑烟浓度的仪器,使用中须遵守如下规定:

(1)烟度计使用前的准备:烟度计使用之前,须做好下述准备工作。

①给烟度计接通电源,进行必要预热(5min)。

②接通空气压缩机电源,使压缩空气达到规定的压力。

③起动发动机,预热至规定温度。

④在测量装置上,放上标准色纸,用仪表旋钮把指示仪表指针调到标准色纸的污染度数值刻线上。

⑤把新滤纸放入取样装置(在吸气泵中有专用插口)。

⑥将吸气泵活塞压缩进去,固定在预备吸气位置。

⑦把取样头插入排气管内(约20cm),用夹紧螺栓固定稳妥。

(2)烟度测量步骤。

①利用加速踏板使发动机急加速2~3次,把积存在排气管内的碳渣吹掉。

②使发动机怠速运转5~6s,在此期间,进行如下工作:

a.用压缩空气吹洗机构,对取样头、导管吹3~4s;

b.把踏板开关装到加速踏板上。

③通过踏板开关,把加速踏板一踩到底,并维持4s;

④松开加速踏板,并维持11s,在此期间进行如下操作:

a.更换新滤纸;

b.用压缩空气吹洗机构,吹洗取样头、导管3~4s;

c.把吸气泵活塞压缩到准备吸气位置;

d.把上述③、④项操作重复3次;

e.将已吸附黑烟的三片滤纸,分别放到污染测量台座上,把污染度测量装置对准各片滤纸污染面,读取仪表指示值;

f.用三片滤纸污染度计算平均值,作为实际污染度值。

例如:污染度=(2.8Rb+3.0Rb +2.9Rb)/3=2.9Rb

(3)烟度计的保养与维修。

烟度计保养、维修的周期与项目如表6-15所列。

表6-15 烟度计保养、维修项目

周期	保修部位	保 修 要 领	备 注
使用前	仪表	在未接通电源时,检查仪表指针是否在机械零点。接通电源,充分预热,把测量装置对准在烟度计所附的标准色纸上,检查能否用仪表调整旋钮把指针调到与标准色纸污染度刻线重合	仪表失准,用零点调整螺钉把指针调到与100%刻度重合。无法调准时,可清洁测量装置,并更换灯泡(按测量装置原厂规定的灯泡)
	取样头与导管	检查有无压坏、割裂、堵塞和脏污情况	发现脏污、堵塞可用压缩空气吹洗,或用细布条擦拭;有压坏、割裂情况,应予更换
	气压调节器(无此结构除外)	检查控制压力是否合适	调整到原厂规定压力
	吸气泵、踏板开关	检查工作状态是否正常	动作不顺利,须请厂家修理
	空气吹洗机构	检查空气吹洗机构工作情况	空气吹洗机构不能动作时,应检查空气压缩机的压力表和测量装置的气压调节器
	滤纸送给机构(无此机构除外)	检查滤纸是否充足及送给机构工作情况	滤纸用完时,要用原厂规定型号滤纸补充;送给机构不良,应请厂家修理
	各种导线	检查有无接触不良部位或导线断路情况	紧固接触不良部位,更换损坏导线
一个月	测量台(无此台除外)	检查有无脏污、变形	脏污时,清洗;变形时,更换
一年	须接受计量部门检定、校准		

(4)烟度计维护注意事项。

①检测时,切莫忘记把踏板开关安装到加速踏板上。

②检测污染度时,要使测量装置与滤纸贴紧(最好在已附有粒的滤纸下面,垫上十几张空白滤纸)。

③取样头、导管注意不要弯折,测量结束时,抽出取样头,并罩好取样头盖。

④测量装置内有灯泡和半导体光电池,存放时要避免强光照射和防止振动。

⑤滤纸和标准色纸要避免阳光暴晒和防止灰尘污染(标准用标准色纸要定期更换)。

⑥导管长度规定为5m,不得随意换用长度不合适的导管(导管过短,滤纸上的粒增多;导管过长

滤纸上的粒相对减少，过长过短都会影响测量精度）。

⑦数显、打印、微机系统如有故障，应由专业人员或厂家修理。

二、柴油汽车自由加速烟度的检测方法

按照 GB/T 3846—1993 的规定，柴油汽车自由加速烟度的检测应在自由加速工况下，采用滤纸式烟度计按测量规程进行。自由加速工况是指：发动机处于怠速工况（离合器处于接合位置，加速踏板位于松开位置，装机械式或半自动变速器时变速杆位于空档位置，当装自动变速器时选择器在停车或空档位置），将加速踏板迅速踩到底，维持数秒钟后松开。

1. 检测仪器的准备

认真阅读烟度计的使用说明书，在仪器使用前应做好以下准备工作：

(1)在未接通电源时，检查指示仪表指针是否在机械零点上。若指针失准，可用零点调整螺钉使指针与“10”的刻度重合。

(2)接通电源，进行必要的预热。

(3)用标准烟度卡对仪表指针进行校准，使表头指针指在标准烟度卡所代表的烟度值上。

(4)检查取样装置和控制装置中各部机件的工作性能，特别要注意脚或手控制的抽气泵开关与抽气动作是否同步。

(5)检查控制用压缩空气的压力和清洗用压缩空气的压力是否达到 300～400kPa。

(6)检查滤纸是否合格、洁白无污，然后将合格的滤纸装到烟度计上。

2. 被检测车辆的准备

(1)起动、预热发动机至规定的热状态。

(2)检查燃用柴油是否有添加消烟剂，如果有，应予更换。

(3)排气系统不得有泄漏。

(4)排气管应能保证取样探头插入深度不小于 300mm。否则排气管应加接管，并保证接口不漏气。

3. 检测步骤

(1)将取样探头逆气流方向固定在排气管内，并使其中心线与排气管轴线平行。

(2)将踏板开关引入汽车驾驶室或将手动橡皮球通过远控软管引入汽车驾驶室。

(3)把抽气泵活塞压下锁止。

(4)按图 6-11 所示的测量规程进行自由加速烟度的检测。先由怠速工况将加速踏板踩到底，约 4s 后迅速松开，如此重复三次，以便把排气管内碳渣吹掉。

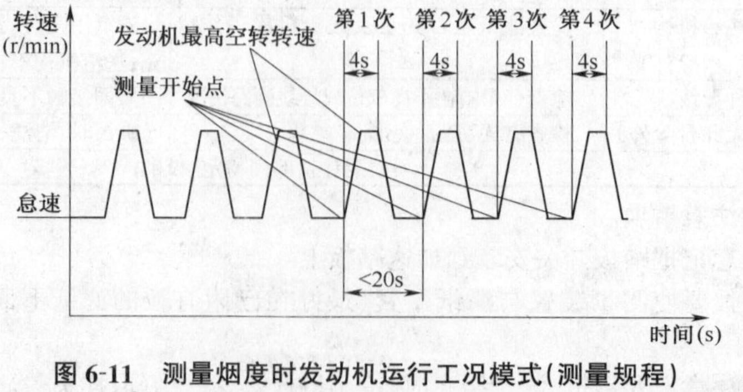

图 6-11 测量烟度时发动机运行工况模式（测量规程）

(5)然后怠速运转约 16s。在此期间内用压缩空气对取样软管和取样探头吹洗 3～4s。

(6)将踏板开关固定在加速踏板上或将手动橡胶球拿在手中。

(7)将加速踏板与踏板开关一起迅速踩到底，或在踩下加速踏板的同时，急速压缩手动橡胶球，至

4s时迅速松开加速踏板和踏板开关。

(8)维持16s怠速运转。在此期间,将抽气泵的活塞压下至吸气开始位置,有纸卷的烟度计可完成走纸并可直接由表头读取烟度值。在此期间均要用压缩空气对取样软管及取样探头吹洗3～4s。

(9)再次踩下加速踏板与踏板开关,两次之间的时间间隔为20s,如此重复取样4次,对第一次采样不测量,后三次读数的算术平均值,即为该工况下的排气烟度值。

4. 使用注意事项

(1)取样软管的内径和长度不能随意更换。

(2)硒光电池不要暴露在强光下,以免缩短其使用寿命。

(3)标准烟度卡和滤纸不要放置在阳光直射下,并注意防潮、防尘。

(4)烟度计要避免放置在阳光直射和振动及湿度大的地方。

(5)烟度计须确保使用精度。

第四节　汽车噪声检测

一、汽车噪声的检测设备

不论是评价汽车噪声水平的高低,还是控制汽车噪声,首先都应确知噪声的状况,而后与允许噪声标准进行比较,确定所须减噪量的数值,并以此为依据,采取一定技术措施来控制噪声。在各项控制措施实施后,还要检验噪声控制的效果。因此噪声的测量是汽车噪声控制与评价的重要组成部分。

噪声的测量须采用一定的仪器设备来完成。在汽车噪声测试中,常用的设备是声级计。

1. 声级计的结构与工作原理

声级计是一种能把工业噪声、生活噪声和交通噪声等,按人耳听觉特性近似地测定其噪声级的仪器。噪声级是指用声级计测得的并经过听感修正的声压级(dB)或响度级(phon)。

声级计一般由传声器、放大器、衰减器、计权网络、检波器、指示表头和电源等组成,其方框图如图6-12所示。

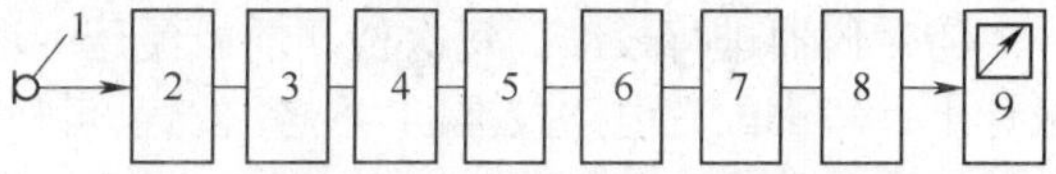

图6-12　声级计方框图

1. 传声器　2. 前置放大器　3. 输入衰减器　4. 输入放大器　5. 计权网络　6. 输出衰减器　7. 输出放大器　8. 检波器　9. 指示表头

(1)传声器:它是把声压信号转变为电压信号的装置,也称为话筒,是声级计的传感器。

电容式传声器主要由金属膜片和靠得很近的金属电极组成,实质上是一个平板电容。金属膜片与金属电极构成了平板电容的两个极板。当膜片受到声压作用时,膜片发生变形,使两个极板之间的距离发生改变,电容量也随之发生变化,从而产生交变电压,其波形在传声器线性范围内与声压级波形成比例,实现了将声压信号转变为电压信号的作用。

电容式传声器是声学测量中比较理想的传声器,具有动态范围大、频率响应平直、灵敏度高和在一般测量环境中稳定性好等优点,得到广泛应用。由于电容式传声器输出阻抗很高,因此需要通过前置放大器进行阻抗变换,前置放大器装在声级计内部靠近安装电容式传声器的部位。

(2)放大器和衰减器:一般声级计的放大线路中都采用两级放大器,即输入放大器和输出放大器,其作用是将微弱的电信号放大。输入衰减器和输出衰减器是用来改变输入信号的衰减量和输出信号的衰减量,以便使表头指针指在适当的位置,其每一档的衰减量为10dB。输入放大器使用的衰减器调节范围为测量低端(如0～70dB),输出放大器使用的衰减器调节范围为测量高端(如70～120dB)。输入和输出两个衰减器的刻度盘常做成不同颜色,目前以黑色与透明配对为多。由于许多声级计的高、低端以70dB为界限,故在旋转时要防止超过界限,以免损坏装置。

(3)计权网络:为了模拟人耳听觉在不同频率有不同的灵敏性,在声级计内设有一种能够模拟人耳的听觉特性,把电信号修正为与听感近似值的网络,这种网络叫做计权网络。通过计权网络测得的声压级,已不再是客观物理量的声压级(叫线性声压级),而是经过听感修正的声压级,叫做计权声级或噪声级。

从声级计上得出的噪声级读数,必须注明测量条件。

(4)检波器和指示表头:为了使经过放大的信号通过表头显示出来,声级计还需要有检波器,以便把迅速变化的电压信号转变成变化较慢的直流电压信号。这个直流电压的大小要正比于输入信号的大小。

指示表头是一只电表,只要对其刻度进行一定的标定,就可从表头上直读出噪声级的 dB 值。声级计表头阻尼一般都有“快”和“慢”两个档。“快”档的平均时间为 0.27s,很接近于人耳听觉器官的生理平均时间;“慢”档的平均时间为 1.05s。当对稳态噪声进行测量或需要记录声级变化过程时,使用“快”档比较合适;在被测噪声的波动比较大时,使用“慢”档比较合适。

声级计面板上一般还备有一些插孔。这些插孔如果与便携式倍频带滤波器相连,可组成小型现场使用的简易频谱分析系统;如果与录音机组合,则可把现场噪声录制在磁带上储存下来,待以后再进行更详细的分析;如果与示波器组合,则可观察到声压变化的波形,并可用照相机将波形摄制下来;还可以把分析仪、记录仪等仪器与声级计组合、配套使用,这要根据测试条件和测试要求而定。

2. 声级计的使用和维护

检测用的声级计应符合国家标准的规定,并要求在检测前按规定进行校准。

(1)仪表的检查。

①接通电源前,检查仪表指针是否在机械零点上。若不在零点,可用零点调整螺钉使指针与零点重合。

②检查电池容量。把声级计功能开关对准“电池”,衰减器在任意档,此时电表指针应达到额定红线,否则读数不准。打开后盖便可更换电池。

③接通电源,对仪器进行必要的预热。

④对仪器进行校准。每次检测前或使用一段时间后,必须对仪器的电路和传声器进行校准。声级计上一般都配有电路校准的“参考”位置,可检验放大器的工作是否正常。如不正常,应调节微调电位器。电路校准后,再用标准发声器对声级计进行校准。

⑤将声级计的功能开关对准“线性”、“快”档。检测站(线)内都有一定的环境噪声,因此声级计上应有相应的示值。变换衰减刻度盘,表头示值应相应变化 10dB 左右。

⑥检测计权网络。按以上步骤,将“线性”位置依次变为“C”、“B”、“A”。由于室内环境噪声多为低频成分,故经频率计权后的噪声级示值将低于线性值,而且应依次递减。

⑦考查“快”、“慢”档。将衰减器刻度盘调至高 dB 值处(例如 90dB),检测人员发声,并注意观察“快”档时的指针摆动能否跟上发音速度,“慢”档时的指针摆动是否明显迟缓。这是“快”、“慢”两档所要求的表头阻尼程度的基本特征。

⑧经过上述检查和校准后,声级计便可投入使用。

(2)检测步骤。

①将声级计的计权网络开关置于“A”位置。

②将声级计话筒放到距被检汽车正前方 2m、离地面高 1.2m 的位置上。

③选择适于被测声级的量程。在不知道被测声级多大时,必须把衰减器刻度盘预先放大到最大衰减位置,然后在实测中再逐步旋至被测声级所需要的衰减档,读取仪表指示值,并监听喇叭声音是否悦耳。

(3)使用声级计的注意事项。

①避免在本底噪声大的场所检测。本底噪声是指测量对象的噪声不存在时,周围环境的背景噪声。检测场地的本底噪声应比所测车辆的喇叭声响至少低 10dB,并保证测量不被偶然的其他声源所

干扰。

②检测时要注意仪表量程的选择应由高到低,防止指针超出刻度线以外。仪器的测量范围35～130dB分为三档:35～80 dB;60～105dB;85～130dB。测量前应根据被测声音的大小将量程开关置于合适的档位,如无法估计其大小,应先将量程开关置于最高档。测量喇叭声级时,使用85～130dB档。

③检测时要避免声级计受反射音、大风和电磁波的影响。

④声级计要避免受振动和冲击,注意防潮和避免阳光直射。

⑤电池式声级计在不使用期间,应取下干电池。如果显示器左下方显示出电压低落标志"→",则表明电池已低于规定的工作电压,需要更换。在更换电池时,要特别注意应将电源开关置于"关"的位置。每天下班以前一定不要忘记关掉电源开关,否则第二天电池的电能将耗尽。

⑥声级计前端的多孔泡沫塑料圆球是风罩,在室外测量或当风速超过0.5m/s时应使用风罩,以减少风噪声的影响。风罩还能保护传声器不受尘埃的损害,因此在检测站内也应使用风罩。

⑦声级计每年要接受有关部门的检定。

3. *声级计的校准*

为了保证声级计的测量精度,使用中应经常对其进行校准。目前,在汽车噪声测试中采用电器校正和绝对声压校正两种方法。其中,前者是利用自身所产生的标准电信号来校准放大器等电子线路的增益。如仅进行该项标准,则实际中常因传声器性能变化而难以实现整台仪器校准的目的。而后者则是把一定频率和声压级的声源装于传声器前,并使之发声。检查、调整声级计读数与声源标准值相吻合即可。

常用的标准声源有两种,即活塞发声器和声级校准器。通常,活塞发声器工作频率设计为250Hz,而声级校准器工作频率则设计为1000Hz。因而,前者只能校准声压级;后者频率是标准计权网络参考频率,可校准声级计声压级和A、B、C、D计权声压级。但从整体精度上看,活塞发声器校准精度比声级校准器要高些。

标准声源的声压级多为94dB或124dB。采用94dB标准声压级更接近于一般噪声测量场合,有利于提高校准后声级计的测量准确度,如国产ND9声级校准器和丹麦BK4230声级校准器。采用124dB校准声压级时,由于声压级较高即使在强噪声环境中也能正确校准,如国产NX6和丹麦BK4220活塞发声器。

(1)活塞发声器:活塞发声器的工作原理如图6-13所示:微型直流电机驱动一方盘形凸轮恒速转动,推动左右对称的两个小活塞反向运动,活塞的回位由夹持弹簧推动。因而,活塞作四倍(凸轮为方形)于凸轮转速频率的简谐振动,使耦合腔的体积和压力都成正弦规律变化,产生正弦波声音。在一定大气压力下,活塞发声器产生的有效声压是一定的。

为了得到正弦波声音,凸轮必须按一定规律加工并必须具有较高的精度。凸轮采用硬质材料制造,并在凸轮与活塞头间加注润滑油,防止使用中磨损而造成的非线性失真。弹簧的夹持力也要适当,以保持活塞头与凸轮良好接触而无过剩力为最佳。耦合腔与外界大气用毛细管相连通,保持腔内静止压力与外界大气压力相等。电机转速一定,并在轴上带有恒速离心开关,保证校准声压频率为250Hz。

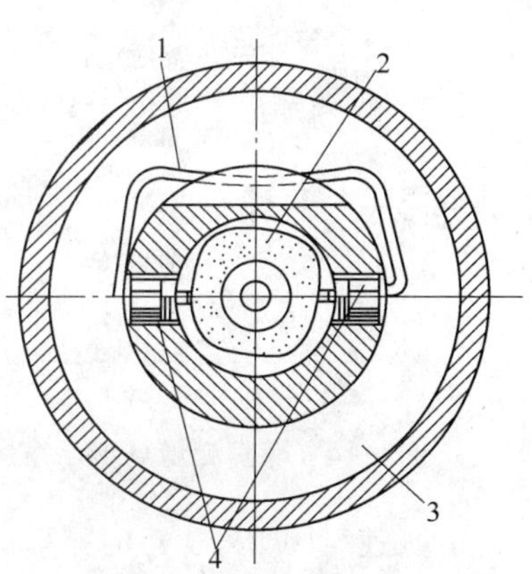

图6-13 活塞发声器工作原理

1. 夹持弹簧 2. 凸轮 3. 耦合腔 4. 活塞

(2)声级校准器:声级校准器实际也是一种由电池供电的校准声源。它由振荡器、压电换能器、电源及壳体等组成。其工作原理是:振荡器产生的1000Hz的振荡信号,传输给压电陶瓷片,使压电片产生弯曲变形,并带动与之相连的锥形膜片振动,从而产生一定声压的声音。校准器的陶瓷压电片采用弹簧支撑，其中心与振膜固连，整个系统调谐于1000Hz。在振膜后面设置一个亥姆霍兹共振腔，其谐振频率也为1000Hz。因而校准器是工作在1000Hz共振频率下，输出声压频率稳定。在校准器内部还装有延时电路，当校准按钮按下并马上松开后，该电路可自动保持校准器工作一定时间，以方便校准器的校正操作。

(3)声级计的校准：声级计长时间没使用或使用一段时间后，需对指示表头进行校准，使用“活塞发声器”或“声级校准器”进行。这两种都是标准声级计专用的、由电池供电的标准声源。活塞发声器适合于精密声级计和其他声级测量仪器的声级校准，而声级校准器则适合于普通声级计和其他要求不高的声级测量仪器的校准。两种声级校准设备的使用方法基本相同。

①活塞发声器。装好电池，将发生器插入声级计传声筒，接通发声器电源开关，可在声级计微音膜片上产生124dB(A)。声级上指针若指示到大于或小于124dB(A)时，应该用表头指针调零钮进行调节。

②声级校准器。将声级校准器插入声级计的传声筒，接通电源后，可在声级计微音膜片上产生94dB(A)声压级，校正频率为1000Hz。

上述两种声级校准器的精度都能满足便携式精密声级计的精度要求。

③注意事项。校准设备产生的声压与其耦合容积关系很大，而每种传声器的等效容积又不一定相同，因而声级校准设备都有特定的校准对象，一般不能互换使用。当用校准设备校准直径与接口不同的传声器时，应使用专用转接器，以保证耦合容积不变。传声器安装要注意与标准设备接口间的密封，减少校准误差。

如果校正环境大气压力不是标准大气压力，或者条件所限必须用不相配的校准器校准传声器时，必须对标准设备的标称声压级进行修正。对于气压改变带来影响的校正，可直接查校正曲线得到校正值并加到标称值上；由于仪器不配套带来的耦合容积变化影响按公式计算修正值。

二、汽车噪声的检测方法

1. 车外噪声检测

噪声测量场地示意如图6-14所示。测试场地跑道应为平直、干燥的沥青或混凝土路面，坡度不大于0.5%。声级计话筒布置在20m跑道中心点两侧，各距中心线7.5m，距地面高度1.2m，话筒轴线平行于路面并垂直于车辆行驶方向。测试场地应空旷，在测试中心以25m为半径的范围内不应有大的反射物，如建筑物、围墙等。被试车辆不发动时，在测试场地测得的周围环境的噪声应比所测车辆噪声至少低10dB，并保证测量不被偶然的其他声源所干扰。为避免风噪声的干扰，测量最好在风速为零的条件下进行，或采用防风罩，但应注意防风罩对声级计灵敏度的影响。测量时，声级计附近不应有其他人员，测量者离声级计至少0.5m，以减少因人体反射形成的测量误差。试验时被测车辆为空载，必要时可再进行满载试验。车上其他辅助设备也是噪声源，只要是经常使用的，测量时都应开动。

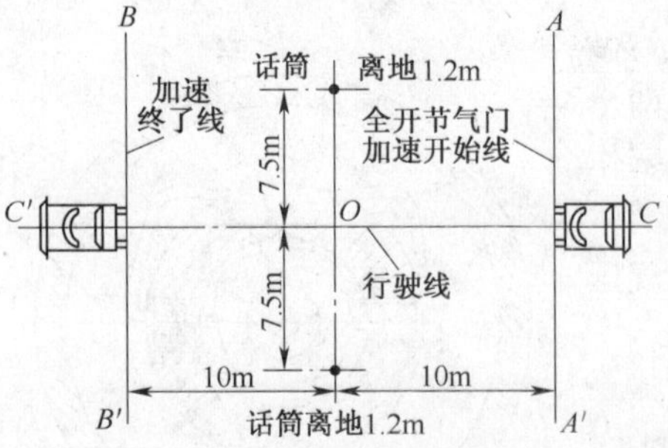

图6-14 噪声测量场地示意图

(1)加速行驶车外噪声的测量：车辆经走热后，按规定条件：前进档位为4档以上的车辆用第三档；前进档位为4档或4档以下的车辆用第二档；对于自动换档车辆使用在试验区加速最快的档位。发动机转速为标定转速的3/4。无转速表时可用该档转速相应的车速来控制，车辆以50km/h的车速等速驶至始端线。到达始端线开始，立即将加速踏板踩到底，直线加速行驶。当车辆后端到达终端线时，立即停止加速。

测量要求被测车辆在后半区域发动机达到标定转速。如果达不到此要求，可将测试场地两端线各自再向外延长 7.5m。如仍达不到要求，车辆使用档位应降低一档。如果车辆在后半区域超过标定转速，可适当降低到达始端线速度声级计用“A”计权网络“快”档测量，读取车辆驶过时声级计表头最大读数。

同样的测量往返进行一次。车辆同侧两次测量结果之差不应大于 2dB。取每侧两次声级的平均值中的较大者作为被测车辆的最大噪声级。若只用一个声级计测量，同样的测量应进行 4 次，即每侧测量 2 次。

(2)匀速行驶车外噪声测量：车辆用常用档位，节气门开度保持稳定，以 50km/h 的车速等速驶过测量区域。声级计的使用、数据的读取及测量结果同加速行驶车外噪声测量。

2. 车内噪声测量

车内噪声测量通常在人耳附近布置测点。话筒方向朝前。驾驶室内噪声测点位置示意图见图 6-15。客车测点还应加上车厢中部及最后排座的中间的位置，测点可参考图 6-15 布置。

测量车辆以常用档位 50km/h 以上的不同车速等速行驶时的车内噪声。用声级计“慢”档测量 A、C 计权声级，分别读取表头指针最大读数的平均值。如果做车内噪声频谱分析，应包括中心频率为 31.5Hz、63Hz、125Hz、250Hz、500Hz、1000Hz、2000Hz、4000Hz、8000Hz 的倍频带声级。

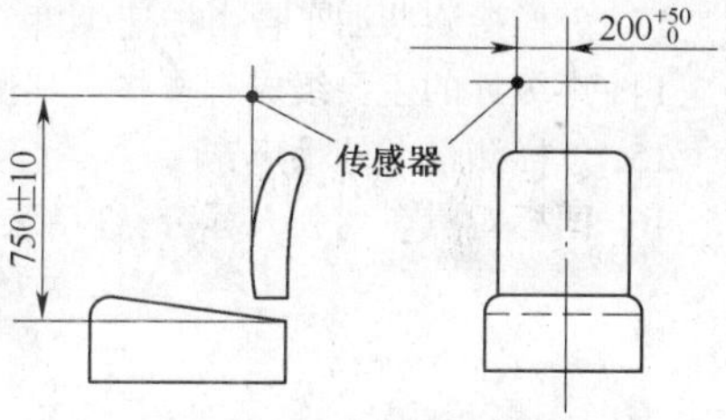

图 6-15　驾驶室内噪声测点的位置

三、检测参数标准

国家标准 GB 7258《机动车运行安全技术条件》仅对客车车内噪声级、汽车驾驶人耳旁噪声级和机动车喇叭声级提出了下述要求。

(1)车外最大允许噪声级：汽车加速行驶时，车外最大允许噪声级应符合表 6-16 的规定。表中所列各类机动车辆的变形车或改装车(消防车除外)的加速行驶车外最大允许噪声级，应符合其基本车型车辆的噪声规定。

(2)车内最大允许噪声级：客车车内最大噪声级不大于 82dB。

(3)汽车驾驶人耳旁噪声级：该噪声级应不大于 90dB。

(4)机动车喇叭声级：该声级在距车前 2m、离地高 1.2m 处的车辆时，其值应为 90～115dB。

表 6-16　车外最大允许噪声级　(dB)

车辆种类		车外最大允许噪声级不大于	
		1985 年 1 月 1 日以前生产的车	1985 年 1 月 1 日起生产的车
载货汽车	8t≤载质量＜15t	92	89
	3.5t≤载质量＜8t	90	86
	载质量＜3.5t	89	84
轻型越野车		89	84
公共汽车	4t＜总质量＜11t	89	86
	总质量≤4t	88	83
轿车		84	82
摩托车		90	84
轮式拖拉机(44kW 以下)		91	86

复习思考题

1. 汽车污染主要包括哪三部分？检测汽车的排放有何意义？

2. 汽车排放污染物主要有哪几类？汽油车的主要排气污染物有哪些？柴油车的排气污染物主要有哪些？

3. 国家标准中,汽油车和柴油车排气污染物的限值各是如何规定的?

4. 汽车噪声的主要来源有哪些?

5. 非扩散型红外线废气分析仪由哪几部分组成?

6. 简述电容检测器NDIR废气分析仪的检测原理。

7. CO、HC分析仪使用前应做哪些准备?简述CO、HC分析仪维护注意事项。

8. 怎样检测汽油车怠速与双怠速时的污染物?

9. 用丙烷作为标准气样进行仪器标定时,如何求出正己烷换算值作为校准的标准值?

10. 检测排气污染物的注意事项有哪些?

11. 简述汽油车加速模拟工况(ASM)检测程序。进行汽油车加速模拟工况(ASM)排气污染物检测时,使用的主要仪器、设备有哪些?

12. 简述滤纸式烟度计、透光式烟度计的结构和工作原理。

13. 怎样检测柴油车自由加速烟度?

14. 声级计的主要组成有哪些?其使用注意事项有哪些?

15. 怎样测量车外噪声?

16. 国标对汽车驾驶人耳旁噪声级、机动车喇叭声级有何规定?

第七章　发动机技术性能检测

第一节　发动机功率检测

发动机功率分为有效功率 P_e 和指示功率 P_i，通常所说的发动机功率是指其输出的有效功率 P_e；发动机的指示功率 P_i 并不能完全对外输出，功在发动机内部的传递过程中，不可避免地有损失，这些损失包括：

①发动机内部运动零件的摩擦损失。如活塞、活塞环对缸壁的摩擦，曲柄连杆机构轴承的摩擦，气阀机构的摩擦等。这部分损失所占比例最大。

②驱动附属机构的损失。如驱动水泵、机油泵、喷油泵、风扇、发电机等。

③泵气损失。指进排气过程所消耗的功。

上述损失所消耗的功率称为机械损失功率 P_m。指示功率减去机械损失功率，才是发动机对外输出的功率，称为有效功率 P_e(kW)。

发动机功率大，则汽车的动力性高。

一、功率检测方法分类

发动机的有效功率是曲轴对外输出的净功率，是发动机综合性能的评价指标。发动机功率检测常采用两种方法：稳态测功和动态测功。

(1)稳态测功是指发动机在节气门开度一定、转速一定和其他参数保持不变的稳定状态下，在测功器上测定功率的一种方法，须在试验台架上进行。

(2)动态测功是指发动机在节气门开度和转速均为变动的状态下，测定其功率的一种方法。由于动态测功时无需对发动机施加外部负荷，因而又称为无负荷测功或无外载测功。这种测功的基本方法是：当发动机在怠速或空载某一低速下运转时，突然全开节气门，使发动机克服惯性和内部各种阻力加速运转，用其加速性能的好坏直接反映出最大功率的大小。因此只要测出加速过程中的某一参数，就可得出相应的最大功率。

由于动态测功可以在发动机不解体的情况下快速测定发动机功率，不需大型设备，既可以在台架上进行，也可以就车进行，因而提高了检测的方便性和快捷性，所以，对在用发动机常采用动态测功方法进行检测。

二、动态测功原理

动态测功的测量原理，是基于一种动力学方法。如果把发动机的所有运动部件看成一个绕曲轴中心线转动的回转体，当没有任何外界负荷时，发动机在怠速下突然将节气门打开至最大开度时，发动机产生的动力除克服机械阻力矩和压缩气缸内混合气阻力矩外，所剩余的有效转矩将全部用来使发动机运动部件加速。此时，发动机将克服本身惯性力矩迅速加速到空载最大转速。对于某一型号的发动机而言，其运动部件的转动惯量近似为一个定值。如果被测发动机的有效功率愈大，其瞬时角加速度愈大，运动部件的加速度也愈大，加速时间愈短。因此，可以通过测定发动机在某一转速下的瞬时角加速度或指定转速范围内急加速时的平均加速度来确定发动机有效输出功率的大小。

三、动态测功的方法

目前，国产的无负荷测功仪型号很多，其使用方法也略有不同，因此，使用之前一定要认真阅读仪器的使用说明书。

无负荷测功仪的一般使用方法如下：

1.测试前的准备

(1)调整发动机配气机构、供油系统和点火系统，使之处于技术完好状态；预热发动机至正常工作温度(80℃～90℃)；调整发动机怠速，使之在规定范围内稳定运转。

(2)接通电源，预热仪器并调零，把传感器按要求连接在规定部位，无连接要求的则应拉出天线。

(3)对于测加速时间-平均功率的仪器，应按要求把起始转速 n_1、终止转速 n_2 调好。

(4)须置入转动惯量 J 的仪器，要把被测发动机的转动惯量 J 置入仪器内。若被测发动机的转动惯量未知时，则应先测定其转动惯量。其方法为：

先选一台已知最大功率 Pe_{max} 的同类型发动机，并设定其转动惯量为 J_1，利用无负荷测功仪对该发动机进行多次功率测量，若测得的最大功率为 P_1，则被测发动机的转动惯量 J 可按下式计算：

$$J=\frac{J_1}{P_1}\times Pe_{max} \tag{7-1}$$

(5)按下其他必要的键位，如机型(汽油发动机、柴油发动机)选择键、缸数选择键和“测试”键等。

2.动态功率检测方法

常用的测试方法有怠速加速法和起动法两种。

(1)怠速加速法：发动机在怠速下稳定运转，然后突然将节流阀开到最大位置，发动机转速猛然上升，当转速达到所确定的测试转速(测瞬时功率)或超过终止转速 n_2 时，仪表显示出所测功率值。此后应立即松开加速踏板，以避免发动机长时间高速运转。记下或打印出读数后，按“复零”键使指示装置复零。为保证测试结果可靠，一般重复测量3次取其平均值。该测试方法既适用于汽油发动机，又适用于柴油发动机。

(2)起动法：首先将节流阀开至最大位置，再起动发动机加速运转，当转速达到确定值或超过终止转速后，仪表显示出测试值。起动法可用于化油器式汽油发动机，由于排除了化油器加速泵的附加供油作用，因此可检查化油器的调整状况。

四、检测注意事项

为了提高无外载测功的测试精度，必须从操作方法和被测车辆的准备工作着手，首先加速踏板踩下的速度和力度要均匀，且要求重复性良好，为此该项测试必须由经过专门训练的专职人员操作。为避免操作上的主观误差，须取3次测试结果的平均值，若有的测量值过大或过小应该剔除。

被测车辆与加速能力有关的机构必须处于正确技术状态，尤其是供油系统的踏板拉线、节气门摇臂等机构的间隙对发动机的加速过程影响极大，在测试前必须设法消除上述各连接处的不当间隙，但不允许调整原车化油器的加速泵位置和柴油机的调整机构。惯性系数 K 值的确定，对无外载测功至关重要，K 值的内涵已完全超出发动机的转动惯量。仪器生产厂家提供的某些车型的 K 值多为发动机台架试验的总功率试验状态，即不带空气滤清器、冷却风扇和排气消声器，显然这一 K 值不能为检测站对汽车进行就车检测之用。因此，检测站测试必须使用有关使用部门提供的就车试验 K 值，即使同一机型也要注意是否有特殊的附件，如空调、转向助力泵、风扇的驱动方式等，也就是说，对同一底盘的各类改装车，K 值的选取必须慎重。对于新型或初次试验的车型必须经过大量试验，并与出厂指标和台架试验对比后形成一个具有代表性的统计值作为该车型的 K 值。

为避免迅猛加速过程操作上的误差而引起的数据离散，可将节气门事先开至最大，然后打开点火开关，发动机即起动并自由加速。为使测试数据尽量准确并不损害发动机，试验前必须充分暖车使冷却系统预热到正常工作温度。

必须说明的是上述无外载测功的理论依据在机理上尚需斟酌，首先这一方法所测得的是发动机的加速性能，仅仅是动力性的一个侧面，而不是全部，众所周知，功率指标高的发动机其加速性能不一定优良。

但因无外载测功法简单易行,在没有测功设备或不需严格要求最终测试结果的情况下,例如作为同一台发动机调整前后或维修前后的质量判断,这是十分有效的。

第二节　发动机密封性检测

发动机气缸密封性与发动机气缸活塞组(气缸、活塞、活塞环、气门、气缸盖和气缸垫等包括发动机工作介质的零部件)的技术状况直接相关,因而气缸密封性的检测参数可作为气缸活塞组技术状况的评价指标。

评价气缸密封性的主要参数有:气缸压缩压力、气缸漏气量(率)、曲轴箱窜气量等。

一、气缸压缩压力检测

1. 利用气缸压力表检测法

(1)气缸压力表:气缸压力表(图 7-1)是一种专用压力表,一般由表头、导管、单向阀和接头等组成。气缸压力表接头有螺纹管接头和锥形或阶梯形橡胶接头两种。螺纹管接头可以拧在火花塞或喷油器的螺纹孔中;橡胶接头可以压紧在火花塞或喷油器孔中。单向阀处于关闭位置时,可保持测得的气缸压缩压力读数(保持压力表指针位置);单向阀打开时,可使压力表指针回零,以便于下次测量。

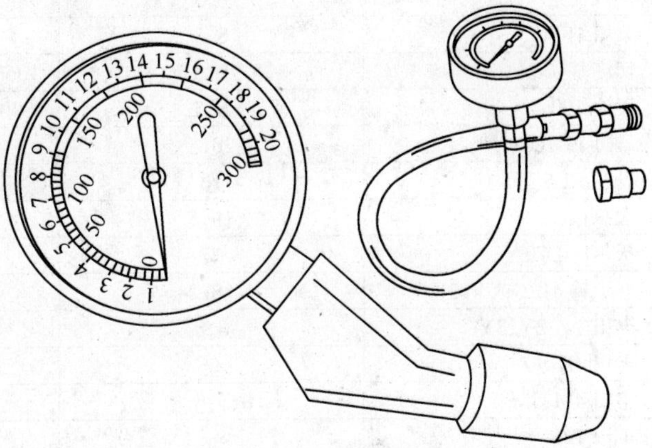

图 7-1　气缸压力表

由于气缸压力表具有结构简单、价格低廉、使用性强、易于检测等特点,因此,在汽车检测、维修行业中,广泛使用气缸压力表检测气缸压力。

(2)检测方法。

①起动发动机,使其运转至正常工作温度(冷却液温度 70℃～90℃)。

②发动机熄火,清除发动机火花塞或喷油器(柴油发动机)周围脏物并将火花塞或喷油器全部拆下。

③把节气门和阻风门置于全开位置。

④把气缸压力表的锥形橡胶接头压紧在被测气缸的火花塞孔内(或把螺纹管接头拧在火花塞孔上)。

⑤用起动机带动曲轴旋转 3～5s(不少于四个压缩行程),指针稳定后读取读数,然后按下单向阀使指针回零。

⑥重复步骤⑤。需要说明的是:每个气缸的测量次数应不少于两次,测量结果应取其测量次数的平均值。

⑦按上述方法依次检测各个气缸。

(3)检测结果的影响因素:使用气缸压力表测得的气缸压缩压力,不仅与气缸密封性有关,还受发动机转速的影响,即所测气缸压缩压力与活塞在缸内压缩行程所持续的时间密切相关。当起动机带动发动机在较低转速范围内运转时,即使是转速差较小,也能使气缸压缩压力检测结果发生较大的变化。只有当发动机曲轴转速超过某一值时(一般为 150r/min),检测结果受转速的影响才会较小。而不同型号的发动机,由起动机带动曲轴的转速不可能一致,即使是同一型号的发动机,由于蓄电池、起动机和发动机的技术状况不一,其起动转速也不可能完全一致。这就出现了检测转速是否符合规定值的问题。这是用气缸压力表检测气缸压力误差大的主要原因之一。因此在使用气缸压力表测取气缸压缩压力时，应该用转速表监视曲轴转速，尽可能在发动机转速符合制造厂规定的数据下进行检测，表7-1为部分常用汽车气缸压缩压力值。

表7-1 部分常用汽车发动机气缸压缩压力

汽车或发动机型号	压缩比	气缸压力(kPa)	检测时曲轴转速(r/min)
东风EQ6100-1	7.0	不小于833(各缸差＜147)	100～150
解放CA6120	7.4	930	100～150
跃进NJG427A	7.5	981	200～250
跃进NJD433A	20	不小于3040	200～250
北京BJ2020	6.6	784	300
天津夏利TJ7100	9.5	1029～1225	350
一汽捷达	8.5	900～1200(各缸差＜300)	200～250
桑塔纳JV	8.5	1000～1300	200～250
切诺基	8.6	1068～1275(各缸差＜206)	200～250
奥迪100	8.5	800～1100(各缸差＜300)	200～250
日野EC100	20.3	3138.13～3530.39	—
日产RD8	16	2924	200
太脱拉T928	16.5	2942～3236.19	600～1000
沃尔沃D70A	17	2745.86	
五十铃4JB1或493Q	18.2	3100	200
丰田1Y、2Y、3Y	8.8	1225.83	—
丰田4K	—	1078.73	—
丰田4M/5M	8.5/8.8	1078.73	250
丰田12R	—	1078.73	—

(4)检测结果分析：当气缸压缩压力的检测值低于标准值时，常根据润滑油具有密封作用的特点，用下述方法确定导致气缸密封性不良的原因所在。

由火花塞或喷油器孔注入适量(一般为20～30ml)润滑油后，再次检测气缸压缩压力，并比较两次检测结果。

①如果第二次检测结果比第一次高，并接近标准值，则表明气缸密封性不良是由于气缸、活塞环、活塞磨损过大或活塞环对口、卡死、断裂及缸壁拉伤等原因而引起。

②如果第二次检测结果与第一次近似，则表明气缸密封性不良的原因为进、排气门或气缸衬垫不密封(滴入的润滑油难以达到这些部位)。

③两次检测结果均表明某相邻两缸压缩压力低，其原因可能是两缸相邻处的气缸衬垫烧损窜气。

如果所测气缸压缩压力高于标准值，并不一定说明气缸密封性好，而应结合使用和维修情况分析具体原因。因为燃烧室内积炭过多、气缸衬垫过薄或缸体与缸盖的接合平面经多次修理后加工过度，均会导致气缸压缩压力过高。同时，气缸压缩压力高于标准值常会导致爆燃、早燃等不正常燃烧情况的发生。

为了准确地测出故障部位，可在测量完气缸压力后，针对压力低的气缸，采用以下方法进行确诊：拆下空气滤清器，打开散热器盖、加机油口盖和节气门，用一条3m长的胶管，一头接压缩空气气源(600kPa以上)，另一头通过锥型橡胶头插在火花塞或喷油器孔内。摇转发动机曲轴，使被测气缸活塞处于压缩终了上止点位置，然后将变速器挂入低速档，拉紧驻车制动器，打开压缩空气开关，注意倾听发动机漏气声。如果在进气管口处听到漏气声，说明进气门关闭不严密；如果在排气消声器口处听到漏气声，说明排气门关闭不严密；如果在散热器加水口处看到有气泡冒出，说明气缸衬垫不密封造成气缸与水套沟通；如果在加机油口处听到漏气声，说明气缸活塞配合副磨损严重。

气缸压缩压力与发动机的压缩比有直接关系，因此也可根据下列公式近似计算，但对于新型轿车，该计算值偏低。

$$P = 0.15\varepsilon - 0.22 \tag{7-2}$$

式中：P ——气缸压缩压力(MPa)；

ε ——压缩比。

(5)诊断参数标准：对于在用汽车发动机，按照交通部令第13号《汽车运输业车辆技术管理规定》第五十八条第三款的规定，在用车发动机气缸压力不得低于原设计值的25%以上。对于大修竣工发动机，按照GB/T 15746.2—1995《汽车修理质量检查评定标准·发动机大修》附录B的规定：大修竣工发动机的气缸压力应符合原设计规定，每缸压力与各缸平均压力的差，汽油发动机不超过8%，柴油发动机不超过10%。

2. 利用气缸压力测试仪检测法

(1)用气缸压力传感器式气缸压力测试仪检测：用压力传感器式测试仪测试气缸压力时，需先拆下被测气缸的火花塞或喷油器，旋上仪器配置的压力传感器，用起动机转动曲轴3～5s，由传感器输出的关于气缸压力的信号经放大后送入A/D转换器进行数模转换，输入显示装置即可指示出所测气缸的压缩压力。

(2)用起动电流或起动电压降式气缸压力测试仪检测：用气缸压力测试仪检测气缸压力时，发动机亦应首先运转至正常工作温度，并把节气门和阻风门置于全开位置。其传感器的安装及测试过程中的操作应按测试仪使用说明书的要求进行。

例如，使用国产WFJ-I型发动机检测仪测试气缸压力时，传感器的安装和操作过程如下：

a. 拆下任一缸火花塞，把缸压传感器安装在火花塞孔中。

b. 把电流传感器夹在蓄电池的搭铁线上，传感器上箭头指向蓄电池负极，两爪对正、密合，如图7-2所示；转速传感器安装于分缸线上，白金信号红鳄鱼夹夹在点火线圈“－”极接线柱上或分电器接线柱上(触点点火系统)，白金信号黑鳄鱼夹搭铁。

c. 在输入键盘上键入操作码06，用起动机带动发动机运转4～6s，仪器将会自动打印出各缸的压缩压力值。缸压传感器所在缸为标准缸，其余各缸的压缩压力值从标准缸以下按点火次序排列。

应注意的是：标准缸的气缸压缩压力值是由缸压传感器直接测出的，其余各缸的压力值则是通过各缸起动电流峰值与标准缸起动电流峰值相比较而得到的。因此，为保证测试结果可靠、准确，应经常用气缸压力表的检测值与用缸压传感器的检测值相比较，以检查缸压传感器是否可靠。

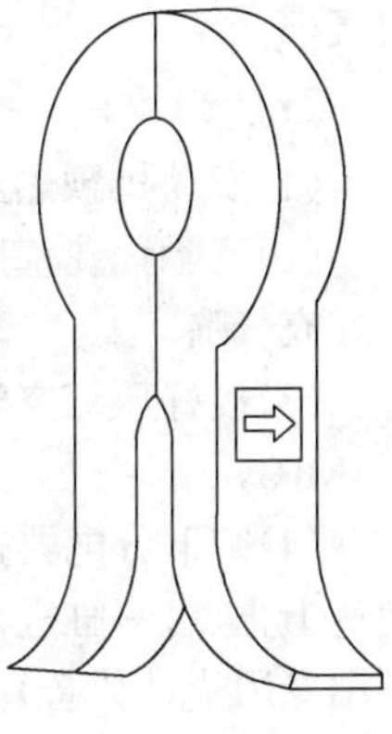

图7-2　电流传感器

二、气缸漏气量(率)检测

气缸的密封性可用检测气缸漏气量的方法进行评价。检测时，发动机不运转，活塞处于压缩行程上止点；把具有一定压力的压缩空气从火花塞或喷油器孔充入气缸，通过压力的变化即可检测气缸的密封性。

1. 气缸漏气量检测仪基本组成

图7-3为常用QLY-1型气缸漏气量检测仪，主要由减压阀、进气压力表、测量表、校正孔板、橡胶软管、快速接头、充气嘴等组成。测试时，检测仪的充气嘴安装于所测气缸的火花塞孔上，该缸活塞处于上止点位置。

根据测量表压力下降值即可判断气缸的漏气量，并由此判断出气缸的密封性。

通过气缸漏气量检测，发现某一缸的密封性不良后，可进一步在化油器、排气消声器出口、水箱加

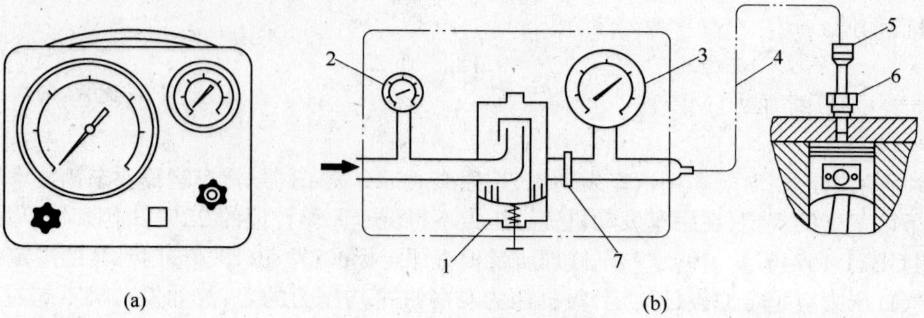

图 7-3 气缸漏气量检测仪

(a)仪器外形图 (b)工作原理图

1. 调压阀 2. 进气压力表 3. 测量表 4. 橡胶软管 5. 快速接头 6. 充气嘴 7. 校正孔板

水口和机油加注口等处,查听有无漏气声,以判断出气缸的漏气部位。

对于气缸漏气率检测,无论所使用的是何种仪器、检测方法,还是何种判断故障的方法,都与气缸漏气量的检测基本一致。所不同的是气缸漏气量的测量表以 kPa 或 MPa 为单位,而气缸漏气率测量表的标定单位为百分数(%),即:密封仪器出气口,漏气率为 0 时,测量表指针指示 0;而打开仪器出气口,表示气缸内压缩空气完全漏掉,测量表指针指示值为 100%。测量表指示值在 0 和 100%之间均匀分度,并以百分数表示。这样,把原表盘的气压值标定为漏气的百分数,就能直观地指示气缸的漏气率了。

2. 检测方法

(1)发动机预热至正常工作温度。

(2)清除火花塞周围脏物(最好用压缩空气吹净),尔后拧下所有气缸的火花塞,并在火花塞孔上装好充气嘴。

(3)接好压缩空气源,在检测仪出气口堵塞的情况下,用调压阀调节进气压力,使测量表指针指示 0.4MPa。

(4)卸下分电器盖,安装好活塞定位盘(图 7-4),使分火头旋转至第一缸跳火位置(此时一缸活塞到达上止点,一缸进、排气门均处于关闭位置),然后转动定位盘使刻度 1 对准分火头尖端(分火头也可用专用指针代替)。

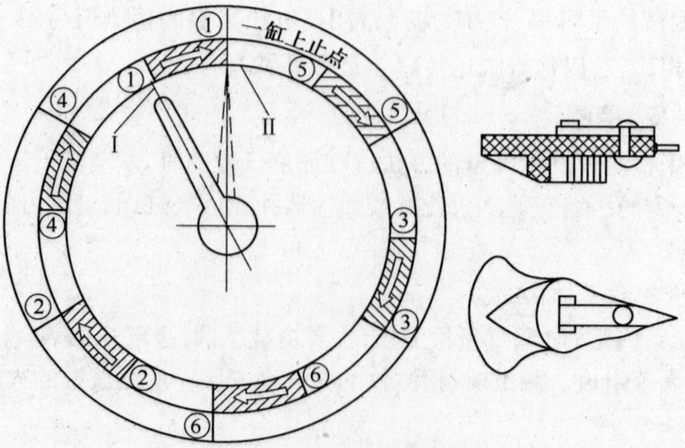

图 7-4 活塞定位盘

(5)为防止压缩空气推动活塞使曲轴转动，变速器挂高速档，拉紧驻车制动器。

(6)把一缸充气嘴接上快速管接头，向缸内充气，此时测量表上的压力读数便反映了该气缸的密封性。

(7)摇转曲轴，使分火头(或指针)对准活塞定位盘上下一气缸刻度线，按以上方法检测该气缸的漏气量。

(8)按上述方法和点火次序检测其余各缸的漏气量，为使检测结果可靠，各气缸应至少重复检测1次，取其平均值作为最后的检测值。

3. 检测参数标准

气缸漏气量(率)检测标准应根据发动机种类、缸径、磨损情况等因素通过试验确定。对于气缸漏气量，我国还没有统一的诊断标准，对于缸径为102mm左右的汽油发动机，用QLY-1型气缸漏气量检测仪检测时，若测量表上的压力指示值大于0.25MPa，则密封性良好；而当测量表压力指示值小于0.25MPa时，说明密封性较差，应进一步查听漏气部位，找出故障原因。表7-2为气缸漏气量参考性诊断参数标准。气缸漏气率检测标准可参考表7-3。当气缸漏气率达30%～40%时，若能确认进排气门、气缸衬垫、气缸盖等处均不漏气，则说明气缸活塞摩擦副的磨损临近极限值。

表7-2　气缸漏气量参考性诊断参数标准

气缸密封状况	测量表读数值(kPa)	气缸密封状况	测量表读数值(kPa)
合格	>250	不合格	<250

表7-3　气缸漏气率参考性诊断参数标准值

气缸密封状况	测量表读数(%)	气缸密封状况	测量表读数(%)
良好	0～10	较差	20～30
一般	10～20	换环或镗缸	30～40

交通部行业标准JT 201—1995《汽车维护工艺规范》在汽车二级维护前的检测中采用了表7-2这一参考性诊断标准，要求东风EQ1090型和解放CA1091型汽车的气缸的漏气量，在被检测气缸置于静态压缩上止点，测量表气压值应大于等于0.25MPa。

三、曲轴箱窜气量检测

1. 检测原理

气缸活塞组配合副磨损、活塞环弹性下降或粘结均会使密封性下降，工作介质和燃气将会从不密封处窜入曲轴箱。窜入曲轴箱的气体量越多，表明气缸与活塞、活塞环间不密封程度越高。据有关资料介绍，国外新发动机曲轴漏气量为15～20L/min，磨损后的发动机此值高达80～130L/min。故此，我们可以用发动机工作时单位时间内窜入曲轴箱的气体量衡量气缸活塞配合副密封性的评价指标。窜入曲轴箱的废气可以溢出的通道有：加机油口、机油尺口和曲轴箱强制通风阀，如图7-5所示。显然，曲轴箱窜气量与使用工况有关。但在确定工况下，曲轴箱窜气量可反映气缸活塞组的技术状况或磨损程度。

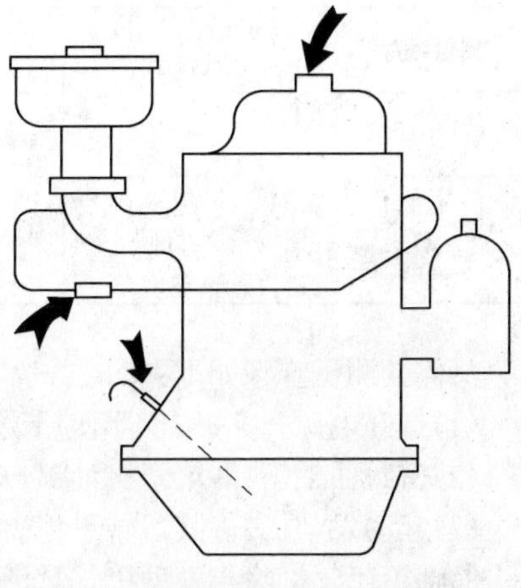

图7-5　曲轴箱废气可以溢出的通道

曲轴箱的漏气量须采用漏气量检测仪进行检测。国家标准GB 11340—1989《汽车曲轴箱排放物测量方法及限值》规定采用的漏气量测量装置及连接方法如图7-6所示。

该漏气量测量装置由平衡管(内径3mm)、U形压力计(水)、放气阀、油水分离器、通气管(内径不

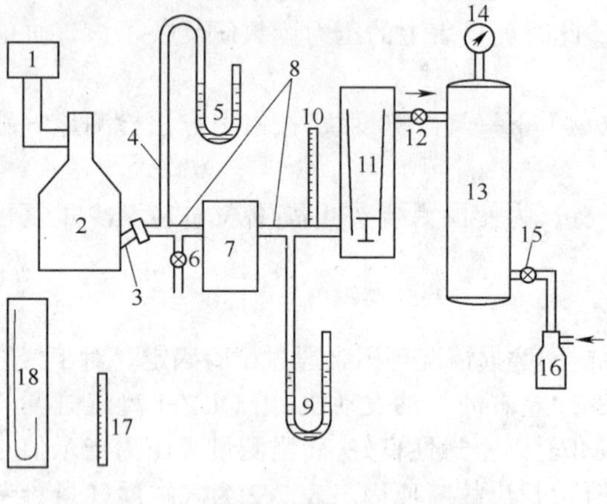

图 7-6　曲轴箱漏气量测量装置

1. 空气滤清器　2. 被测发动机　3. 选定的曲轴箱入口　4. 平衡管(内径 3mm)　5、9. U 形压力计(水)　6. 放气阀　7. 油水分离器　8. 通气管(内径不小于 20mm)　10. 温度计　11. 流量计　12、15. 流量调节阀　13. 稳压筒　14. 真空表　16. 真空泵　17. 大气温度计　18. 大气压力计表

小于 20mm)、温度计、流量计、流量调节阀、稳压筒、真空表、真空泵、大气温度计和大气压力计等组成。检测曲轴箱漏气量时,发动机运转至正常工作温度,在选定的曲轴箱入口(其余入口全部封死)处,连接漏气量测量装置,不使用 PCV 阀(曲轴箱强制通风装置),并将曲轴箱入口处的压力调整至环境大气压力,在底盘测功试验台上,按表 7-4 或表 7-5 所示工况进行检测。当直接档车速为 50km/h,进气管真空度达到 55kPa 时,按表 7-4 工况测量;达不到 55kPa 时,按表 7-5 工况测量。曲轴箱漏气量从流量计上读取。

2. 检测方法

由于从曲轴箱窜出的气体具有温度高、数量小、脉动、污浊等特点,因而检测难度较大。

曲轴箱窜气量可采用专用的曲轴箱窜气量检测仪检测。早期生产的检测仪由气体流量计及与之相连的软管、集气头构成。曲轴箱窜出的废气经集气头、软管输送到气体流量计,并测出单位时间流过气体流量计的废气流量。目前,曲轴箱窜气量检测仪使用微压传感器,当废气流过取样探头孔道时,在测量小孔处产生负压,微压传感器检测出负压并将其转变成电信号。流过集气头孔道的废气流量越大,测量小孔处产生的负压越大,微压传感器输出的电信号越强。该信号输送到仪表箱,由仪表指示出大小,以反映曲轴箱窜气量的大小。曲轴箱窜气量检测仪如图 7-7 所示。

表 7-4　曲轴箱漏气量测量工况(一)

测量顺序	进气管真空度(kPa)	直接档车速(km/h)	测量顺序	进气管真空度(kPa)	直接档车速(km/h)
1	—	怠速	3	35±1	50±2
2	55±1	50±2	4	10±1	50±2

表 7-5　曲轴箱漏气量测量工况(二)

测量顺序	进气管真空度(kPa)	直接档车速(km/h)	测量顺序	进气管真空度(kPa)	直接档车速(km/h)
1	—	怠速	3	按测量顺序 2 的真空度×(35/55)	50±2
2	按 50km/h 平坦路面等速行驶时的进气管真空度	50±2	4	节气门全开	50±2

具体的测试步骤如下:

(1)打开电源开关,按仪器使用说明书的要求对检测仪进行预调。

(2)密封曲轴箱,即堵塞机油尺口、曲轴箱通风进出口等,将取样探头插入机油加注口内。

(3)起动发动机,待其运转平稳后,仪表箱仪表的指示值即为发动机曲轴箱在该转速下的窜气量。

曲轴箱窜气量除与发动机气缸活塞组技术状况有关外,还与发动机转速和负荷有关。因此在检测时,发动机应加载,节气门全开(或柴油发动机最大供油量),在最大转矩转速(此时窜气量最大)测试。发动机加载可在底盘测功机上实现。测功机的加载装置可方便地通过滚筒、驱动车轮和传动系统对发动机进行加载,可以实现发动机在全负荷工况下从最大转矩转速至额定转速的任一转速下运转，因此，可用曲轴箱窜气量检测仪检测出各种工况下曲轴箱的窜气量。

3. 诊断参数标准

对曲轴箱窜气量，国家标准 GB 11340—1989《汽车曲轴箱排放物测量方法及限值》中并未作出规定。在国家标准 GB 14761.4—1993《汽车曲轴箱污染物排放标准》中，对曲轴箱排放的定性规定是“汽车运行 8 万 km 内，从机油标尺口测量不允许出现正压力”。由于后一标准采用了前一标准的测量方法，因此这一定性规定可认为是对曲轴箱漏气量的规定。但是，这一规定不仅没有给出具体流量数值，也没有给出与发动机技术状况相对应的关系，从而给判断气缸密封性带来困难；同时，由于曲轴箱窜气量大小还与缸径的大小和缸数的多少有关，而且也很难把众多车型的曲轴箱窜气量综合在一个检测标准内，因此维修企业和汽车检测站应积累具体车型的曲轴箱窜气量检测数据资料，经分析整理，制定出可参考企业标准，并以此作为检测依据。对于东风 EQ1090E 型汽车和解放 CA1091 型汽车，可用以下试验分析结果作为曲轴箱窜气量检测时的参考标准：

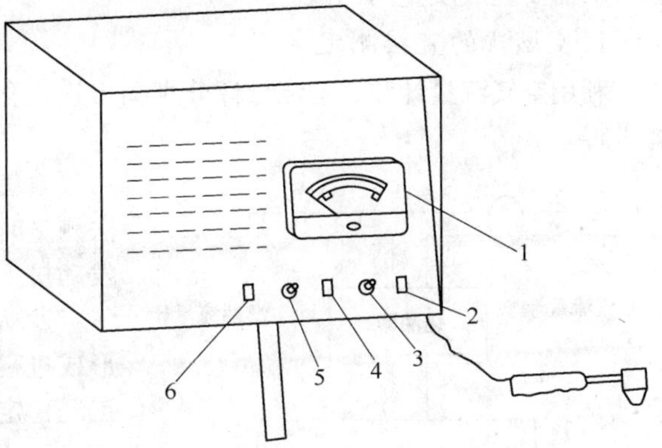

图 7-7　曲轴箱窜气量检测仪

1. 指示仪表　2. 预测按钮　3. 预调旋钮
4. 档位开关　5. 调零旋钮　6. 电源开关

东风 EQ1090E 型载货汽车，2000r/min 时窜气量≤70L/min；

解放 CA1091 型载货汽车，1000r/min 时窜气量≤40L/min。

国外有些国家以单缸平均漏气量（用测得的曲轴箱窜气量值除以缸数）作为诊断参数标准具有一定道理，值得借鉴。表 7-6 为单缸平均漏气量参考性诊断参数标准。

表 7-6　曲轴箱单缸平均漏气量参考性诊断参数标准

发动机技术状况	单缸平均漏气（L/min）	
	汽油发动机	柴油发动机
新发动机	2～4	3～8
需大修发动机	16～22	18～28

曲轴箱窜气量大，一般是因气缸、活塞、活塞环磨损量大、配合间隙增大或活塞环对口、结胶、积炭、弹性降低或失去弹性、断裂及缸壁拉伤等原因造成，因而检测时要结合使用、维修和配件质量等情况进行具体的分析、判断。

第三节　汽油发动机燃油供给系统检测

汽油发动机燃油供给系统的作用为：根据发动机各种工况的要求，向气缸及时提供一定数量和浓度的可燃混合气，以便在临近压缩终了时使发动机点火燃烧而膨胀作功，最后把燃烧产物排至大气。燃油供给系统是发动机较易发生故障的系统之一，其技术状况好坏直接影响着发动机的动力性、经济性和工作稳定性。

一、混合气质量检测

无论化油器式燃油供给系统或电控燃油喷射供给系统，都必须根据发动机的工况供给气缸高质量的混合气，只有这样，发动机才能正常工作并具有良好的动力性和经济性。因此，混合气质量是发动机燃油供给系统检测的综合性检测项目：

混合气质量一般用空燃比 A/F 或过量空气系数（a）评价。空燃比 R 是指单位可燃混合气中空气的质量（kg）与燃油质量（kg）的比值；理论空燃比为 14.7，即 1kg 汽油完全燃烧所需要的空气量为

14.7kg。过量空气系数 a 是指燃烧 1kg 燃料过程中实际供给的空气质量(kg)与理论上完全燃烧 1kg 燃料所需要空气质量的比值。

1. 空燃比的直接测定

利用空气流量计和燃油流量计分别测出进入化油器的空气量和燃油量(图 7-8),空燃比可经计算求得。

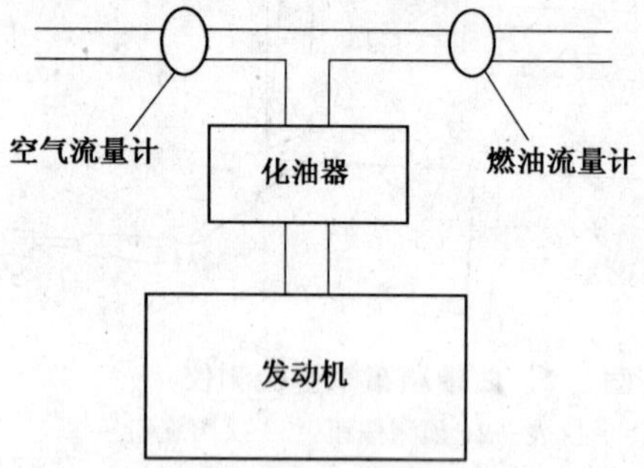

图 7-8　空燃比测定原理框图

空气量的测量有体积法和质量法两种。当采用体积法测量时,应考虑发动机工作温度、空气滤清器洁净程度、发动机工况、海拔高度等因素对测量结果的影响。

发动机工况改变时,由于化油器燃油供给系统混合气形成过程有较大惯性或滞后性,所以该测量方法仅适合于工况稳定时空燃比的测量。

2. 空燃比的间接分析

(1)汽油发动机的排气成分与空燃比的关系:在保证发动机动力性的前提下,获得最佳经济性和排气净化,是发动机燃油供给系统技术状况好、供给可燃混合气质量高的表现。随着世界各国制定的汽车排放法规逐步严格,汽车排放废气中的成分及含量也逐渐成为评价混合气质量的重要指标。

在发动机一定转速和节气门开度下,空燃比 A/F 或过量空气系数与发动机排放废气的成分及含量间存在一定关系,如图 7-9 所示。由图可见,当 A/F 值低时,混合气较浓,燃油在燃烧过程中缺氧,一部分燃油未经燃烧而排出,HC 排放量较高;当 A/F 值高时,混合气较稀,若稀到一定程度,就会发生缺火现象,未燃的 HC 经排气管排出,HC 排放量也增大。CO 生成的主要原因是空燃比低,A/F 值低时,混合气浓,燃油缺氧燃烧会产生大量 CO;当 A/F 值高时,燃油在高氧含量状态下燃烧,排气中的 CO 含量降低。由图可见,CO 含量与空燃比的大小有极好的对应关系,因此可通过检测废气中 CO 的含量来判断空燃比的大小。汽车排气中的含氧量,是电控燃油喷射式发动机监测空燃比、控制排放量、保护三元催化转换器正常工况的重要信号,排气中氧的含量与空燃比亦有很好的对应关系,但变化趋势与 CO 含量的变化趋势相反。

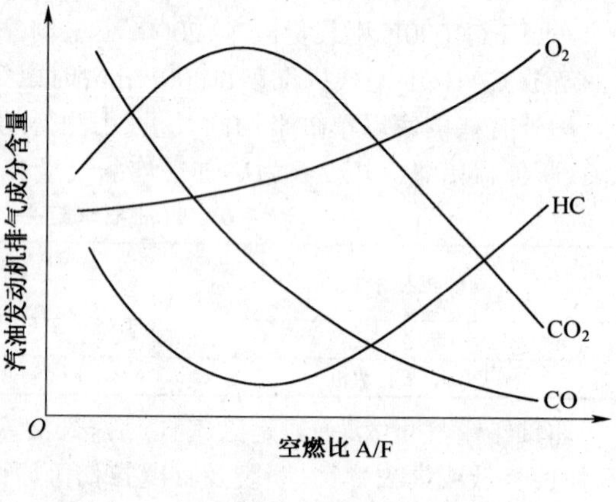

图 7-9　空燃比 A/F

(2)空燃比的分析方法:根据发动机排气成分的检测结果可对混合气的空燃比是否适当进行分析。

如果排出的废气中 CO、HC 的含量很高,CO_2 和 O_2 的含量很低时,表示空燃比太小,混合气过浓,如果 HC、O_2 的含量高,而 CO、CO_2 的含量均较低时,表明空燃比太大,混合气过稀。

O_2 的含量是最有用的诊断分析依据之一。发动机技术状况正常时,装有催化转换器的发动机所排出废气中氧的含量在 1.0%～2.0%之间。小于 1.0%时,说明空燃比太小,混合气太浓,不利于完全燃烧;大于 2.0%时,说明空燃比太大,混合气过稀,易于导致缺火。

由于发动机排气成分与空燃比具有直接关系,因此可在使用废气分析仪对发动机排放进行监测的条件下,对化油器或电控燃油喷射装置进行调整,改善混合气质量,使其达到各工况下的最佳空燃比,以提高发动机的动力性、经济性和排放性能。

二、化油器的检测与调整

检测与调整化油器，可使用红外线废气分析仪或四气体（CO、HC、NO_x、CO_2）分析仪、五气体（CO、HC、NO_x、CO_2、O_2）分析仪和转速表，按下列步骤进行。

1．准备工作

(1)把发动机预热至正常工作温度。

(2)预热并校准废气分析仪。

(3)从化油器上拆除空气滤清器。

(4)接好转速表，把发动机怠速调到原厂规定转速。

(5)把废气分析仪的取样探头插入排气管中，插入深度不小于300mm。

2．检测与调整

(1)使发动机在怠速工况下运转，读取测得的CO、HC及O_2、CO_2浓度值。

(2)废气中CO、HC含量过高时，应在仪器的监测下调整。稍许拧入怠速混合气调整螺钉，若CO、HC降低，则说明原混合气浓，反之，则说明因原混合气过稀而使CO、HC过高。但根据O_2的浓度，很容易判定CO、HC含量过高的原因。O_2浓度大时，则混合气较稀；反之，则混合气较浓。CO、HC含量高时，可调整怠速混合气调整螺钉进行调整。若HC不能调到允许范围，则CO、HC过高可能是由于点火系统故障所造成。

(3)把发动机转速提高到中速稳定运转（对轿车发动机为2500～3000r/min），此时CO和HC的浓度应比怠速时低。CO应为1%以下，HC应在0.02%以下。若CO、HC排放浓度不满足要求，参考O_2的浓度变化可判定此时混合气是过浓还是过稀，通过改变化油器主量孔通道截面面积可对其进行调整。

(4)中等转速下轻抖加速踏板时，CO浓度稍有增加，说明加速泵工作正常；否则，说明加速混合气稀，需增大加速时的供油量。

(5)装上空气滤清器后，再次检测怠速和中速时的CO、HC浓度。此时，HC浓度应不变，CO浓度稍有升高，若CO浓度升高很多时，应拆检空气滤清器，清洗或更换滤芯。

三、电控喷油信号和燃油压力的检测

1．喷油信号的检测

对于电控燃油喷射系统而言，如果燃油压力由调节器控制，使其与进气支管的压力之差为规定值，则从喷油器喷出的燃油量仅取决于喷油器的开启时刻，该时刻是由微处理器向喷油器电磁线圈发出指令的信号控制的。

为测得电控喷油系统的喷油压力脉冲信号，可拆开喷油器电路插头，中间接入专用T形接头。其一端接喷油器，另一端接电路插头，中间引出端接发动机综合检测仪的信号提取系统的信号探针，如图7-10所示。该T形接头有两种形式，左图为直接插头引出式，右图为鳄鱼夹引出式，可供多种传

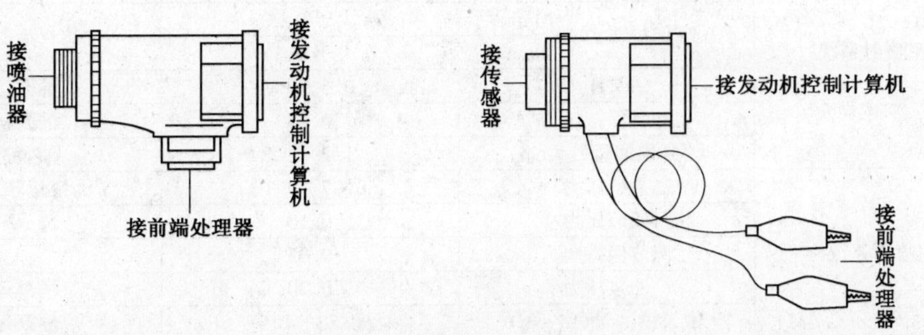

图7-10　T形接头的连接

感器信号引出用。

图 7-11 为发动机综合检测仪采集到的喷油器喷油电压信号波形。图中：1 为喷油器关闭时的信号；2 为电子控制装置(ECU)给出喷油信号开始喷油的时刻；3 为针阀全开提供给发动机基本喷油量的时期，该时期长短由 ECU 根据传感器输送的空气流量、水温、气温、气压等信号计算确定，一般为 0.8～1.1ms；4 为基本供油电压信号终止时刻，喷油器线圈因自感而产生约 35V 的电压脉冲；5 为补偿加浓时期，该时期长短由 ECU 根据各种传感器输送的有关转速、负荷、进气温度、进气支管压力的信息计算确定；一般为 1.2～2.5ms；6 与 4 相似，为补偿加浓电压信号终止时在喷油器线圈中产生的自感电压脉冲，一般为 30V。

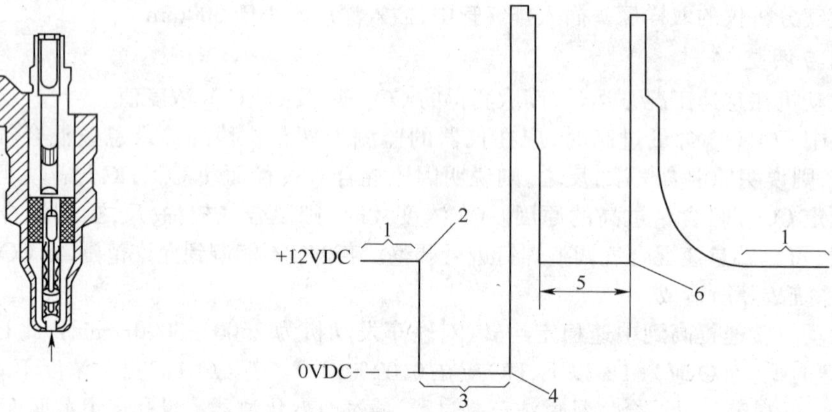

图 7-11 喷油器电压信号波形

2.燃油压力的检测

对于 MPI 多点燃油喷射系统而言，压力检测时应把压力表接到燃油分配总管的测压接口上，使油泵工作或发动机怠速运转，从压力表上可测得调节压力；拔掉燃油压力调节器上的真空软管，可测得系统压力。保持压力指发动机熄火后为便于再次起动，燃油管路中所应保持的压力。测得系统压力后，使发动机熄火。待 10min 或 20min 后，压力表上指示的压力值就是保持压力。保持压力低的原因是由于燃油泵单向阀不密封或喷油器、燃油压力调节器泄漏。

对于 SPI 单点燃油喷射系统。一般情况下应检测系统压力或调节压力，压力表应安装在喷油器与滤清器之间。

表 7-7 为电控燃油喷射系统供油压力和供油量的规定值。

表 7-7 电控燃油喷射系统的供油压力和供油量

类　型	测试项目		压力值(MPa)	测试条件
MPI 型电控喷射系统	系统压力		0.25～0.35	油泵运转或怠速
	调节压力		0.20～0.26	—
	系统保护压力	10min 后	大于 0.20	熄火后开始计时
		20min 后	大于 0.15	
	油泵压力		0.5～0.7	油泵运转
	油泵保持压力		0.35	油泵运转
	油泵供油量(L/min)		1.2～2.6	油泵运转
SPI 型电控喷射系统	系统压力		0.07～0.10	油泵运转或怠速
	调节压力		0.10	—
	调节保持压力		0.05	—
	油泵压力		0.30	油泵运转
	油泵供油量(L/min)		0.83～1.5	油泵运转

四、汽油泵的检测

汽车上使用的汽油泵有机械膜片式和电动晶体管式两大类。检测其技术状况好坏时，均以泵油压力、密封性和泵油量为评价指标，检测方法如下：

1. 泵油压力和密封性检测

就车检测汽油泵的泵油压力和密封性时，在化油器进油针阀密封性良好的情况下，用三通接头和软管把压力表安装在化油器与汽油泵间的管道上，如图 7-12 所示。使发动机在不同工况下运转，可测得汽油泵在不同工况下的泵油压力，发动机熄火，用手油泵泵油，由于此时化油器浮子室进满油后进油针阀关闭，因而可测得汽油泵出口的关闭压力。

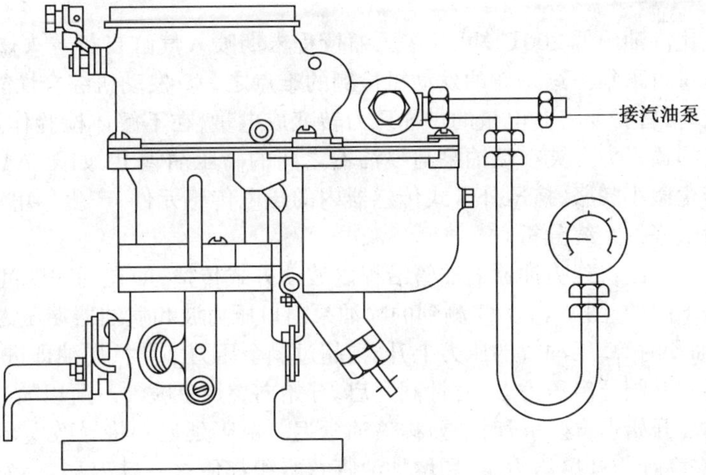

图 7-12　泵油压力和密封性检测

测得关闭压力后，在停止泵油的同时启动计时器，观察压力表压力下降情况。若 1min 后压力下降不大于 2.66kPa（单阀汽油泵）或不大于 5.33kPa（双阀或大阀径汽油泵），则密封性符合要求。

2. 泵油量检测

泵油量指汽油泵单位时间内的供油量。准确测量时，需把汽油泵从发动机上拆下后再安装在汽油泵试验台上进行，以测得每小时或每分钟的泵油量。就车检测泵油量时，需采用专用流量试验装置。目前国外使用的汽油泵试验计，既能检测泵油压力和密封性，又能检测泵油量。该试验计由压力表、量瓶和油路开关构成，也可用三通接头安装在化油器与汽油泵之间的管道上。当检测完泵油压力和密封性后，使发动机以泵油量时的规定转速运转，然后操纵油路开关，在切断对化油器供油的同时，打开通往量瓶的开关并启动计时器，使汽油泵输出的汽油通过软管全都流入具有刻度的量瓶中，直至化油器中的燃油燃尽。根据汽油泵输出的汽油量和输油时间，即可换算成单位时间内的输油量即泵油量。

在泵油压力和密封性正常的情况下，汽油泵的泵油量往往几倍于需要量，因此亦可不检测泵油量。

表 7-8 为国产机械膜片式汽油泵的主要参数，电动晶体管式汽油泵的泵油压力和泵油量见表 7-7。

表 7-8　机械膜片式汽油泵主要参数

型　号	凸轮轴转速 (r/min)	泵　油　量 (L/min)	出油口关闭压力 (kPa)	停止泵油 1min 后压力下降(kPa)
262	1200	>1.5	20～30.66	<2.66
$262A_1$	1800	>0.84	20～30.66	<2.66
266	1200	>3.16	20～30.66	<5.33
266G	1200	>3.16	20～30.66	<5.33

续表 7-8

型　　号	凸轮轴转速 (r/min)	泵　油　量 (L/min)	出油口关闭压力 (kPa)	停止泵油 1min 后压力下降(kPa)
$266A_1$	1800	>2.5	20~30.66	<5.33
$266A_{16}$	1800	>2.5	20~30.66	<5.33
$266A_2$	2200	>3.5	26.66~33.33	
268	1200	>3.16	26.66~36.66	<2.66

第四节　柴油发动机燃油供给系统检测

柴油的自燃点比汽油约低 200℃,可以在压缩行程末期喷入气缸自行着火燃烧。因此柴油发动机供油系统并无电量可采集。这是柴油发动机检测的难点之一。发动机综合性能分析仪在检测柴油发动机的供油系统时,首先要将非电量的供油压力转变成电量,在不解体检验作业中,只能用外卡式传感器。它以一定的预紧力卡夹在喷油泵与喷油器之间的高压油管上,如图 7-13 所示,油管在高压油脉冲的作用下产生微小膨胀,挤压外卡式传感器内的压电传感元件,产生压电电荷,经分析仪中的电荷放大器放大后供采控系统分析。

高压柴油在喷油泵出口到喷油器的油管沿程以波动方式传播,即在同一瞬间喷油泵端的压力和喷油器端的压力是不同的,图 7-14 为实测到的喷油泵出口压力波和喷油器端压力波。当喷油泵柱塞上升,开始关闭进油孔时,高压油管的压力上升,当超过剩余压力 p_r 时,燃油即进入高压油管,当油压继续上升达喷油器的针阀开启压力 p_o 时针阀开启,开始向燃烧室喷油。所以喷油器实际喷油开始点落后于喷油泵的供油开始点,这一段时间差称喷油延迟。由于延迟必将导致实际喷油提前角较几何供油提前角要小,提高针阀开启压力 p_o 和增加油管总容积都使这一延迟加长,为使各缸供油提前角均衡,各缸高压油管都是等长度的。针阀打开的瞬时因容积的增大和部分油进入气缸,喷油器端的压力微降。但因柱塞的继续上升,喷油泵端的压力继续上升直到喷油泵回油孔打开,泵端压力速降。但喷油器端的压力因高压油管的弹性收缩使压力下降缓慢,这一压力一直下降到低于喷油器针阀的落座压力 p_s 时,喷油才告终止。这是正常压力波。当油管中的压力波激起针阀的振动或压力波在高压

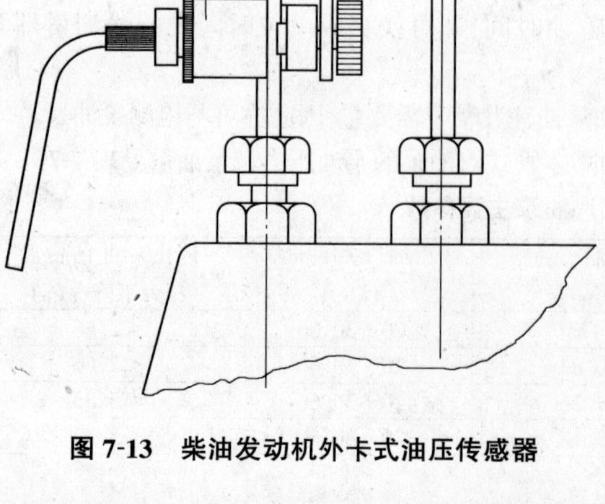

图 7-13　柴油发动机外卡式油压传感器

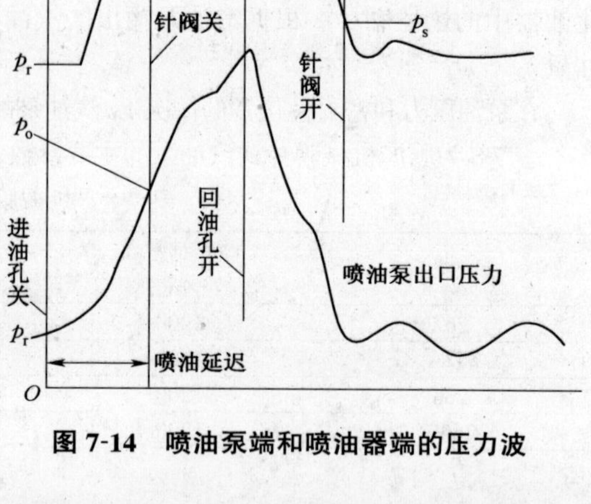

图 7-14　喷油泵端和喷油器端的压力波

油管两端的反射波过大时会引起不规则喷射或两次喷射等不正常现象。

一、上止点(TDC)传感器的安装

上止点的确定对分析喷油压力波形至关重要，因此在测取压力波前必须正确安装调试TDC传感器，以供分析仪录取测发动机的上止点信号。

厂家提供的TDC传感器有两种结构形式，即磁电式和光学式两种。因光学式精度高，在整个转速范围内分辨率均匀，且安装方便，因此近年来为厂家首选形式，以下以光学TDC传感器简述其安装方法。首先将随机提供的反光片(宽10～15mm)贴于飞轮或V带轮上(视被测车结构而定)，有的车型其V带轮与扭转减振器为一体，即必须贴于扭转减振器外壳上，注意反光片贴于上止点标记之后方(以旋转方向为前)，反光片前缘对准TDC标记，如图7-15所示，以专用夹持器将光学传感器安置于发动机相应位置，并使其光束对准反光片，光束距离不要超过50cm。为使上止点信号的提取不受发动机振动的影响，TDC传感器不能安装在汽车底盘或车身上。

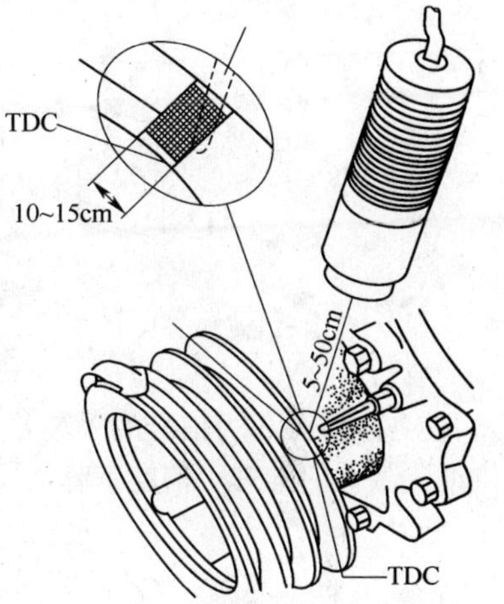

图7-15　光学TDC传感器的安装

二、喷油提前角测定

待夹持式油压传感器和TDC传感器安装就位后，并使柴油发动机暖机达到正常温度，激活分析仪的喷油提前角测试功能。为减小测试的随机误差，提高检测精度，仪器都设计有多个循环测试结果取平均值的功能。因此试验前须设定平均循环数，例如选取8个循环平均值，稍等片刻，CRT即显示所测转速下的喷油提前角值。如图7-16所示，并同时显示平均循环数，有的仪器还同时显示参数的模拟量以示醒目。

仪器可测得喷油提前角随转速变化的曲线，如图7-17所示。移动曲线上的标尺，选取不同转速下的提前角值，并显示于CRT上部。

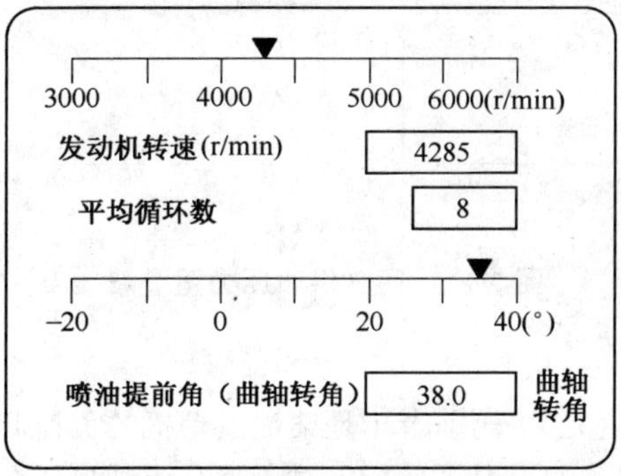

图7-16　定转速侧喷油提前角
(使用TDC传感器)

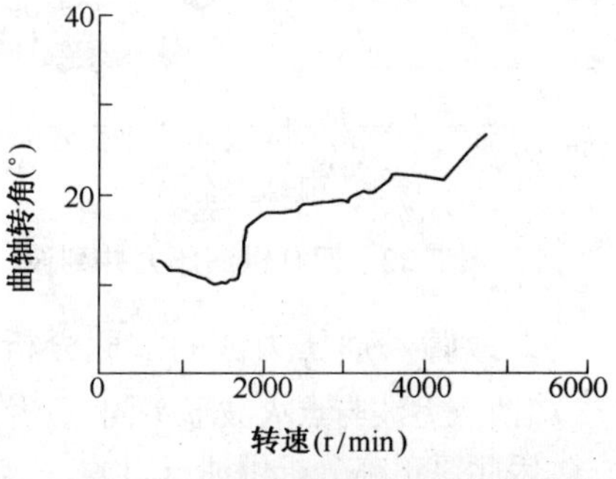

图7-17　喷油提前角特性曲线
(使用TDC传感器)

如果不安装TDC传感器，也可用频闪灯测定喷油提前角。方法如同频闪灯测量汽油机点火提前角，其接线如图7-18所示，调节频闪灯的电位器，改变闪光脉冲相位，直至飞轮(或V带轮)上止点标记在闪光的照耀下清晰可见，这时CRT上显示的即为该转速下的喷油提前角。

三、供油压力波

如果测试系统连接上多通道夹持式压力传感器，可以采集到多缸柴油发动机的各缸供油压力波形，并通过信息处理软件如同汽油机点火波形一样组合成平列波、并列波和重叠波形，如图7-19、图7-20、图7-21所示。但因传感器压电特性和高压油管弹性的差异以及夹持式传感器安装过程的随机误

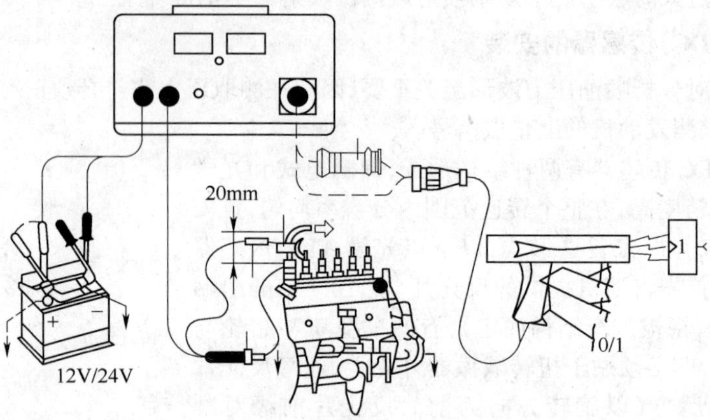

图 7-18 使用频闪灯测定喷油提前角

差，使各缸供油压力信号的采集差别比各缸点火信号采集差别要大，从而导致根据这些图形分析各缸供油一致性的推理可信度下降。

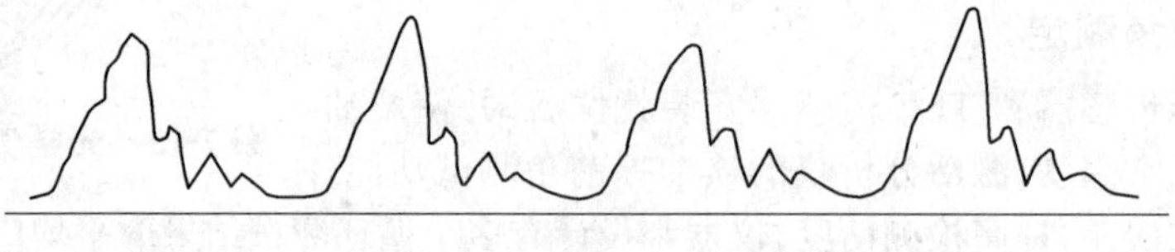

图 7-19 四缸供油压力平列波

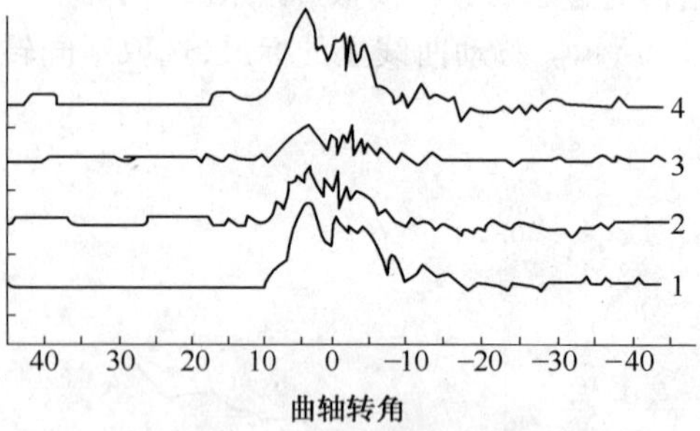

图 7-20 四缸供油压力并列波

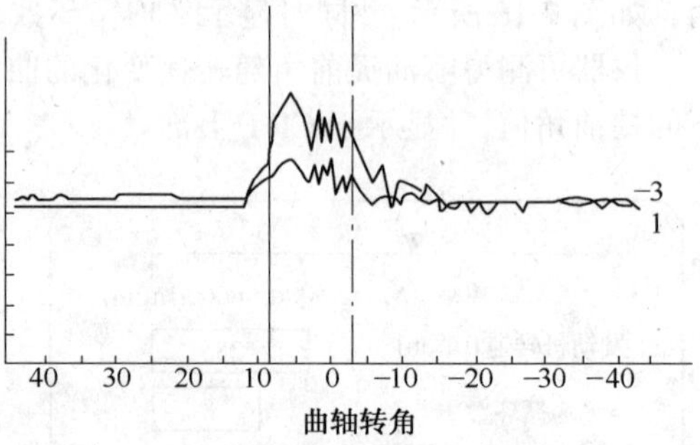

图 7-21 四缸供油压力重叠波

四、故障喷油压力波的加载分析

喷油压力波与点火波形不同，后者几乎与发动机的负荷无关，而前者正是柴油发动机的负荷调节方式，因此要正确分析供油压力波，就必须使发动机在有载荷的工况下运行。对于整车调试只能在底盘测功机上进行。为了使采集的信号能准确地反映喷油器的工作状态，夹持式传感器应装卡在喷油器进口端。

1. 用特征点来判断故障状态

(1)喷油器开启前的压力上升；

(2)喷油器开启时刻与压力值；

(3)喷油器开启后的压力变化特性；

(4)喷油延迟时期；

(5)喷油器关闭时刻与压力变化；

(6)压力反射波幅值；

(7)两次喷射。

2.波形分析

(1)喷油器积炭:图 7-22 的虚线为故障波,实线为正常波,相比之下故障波因喷油器积炭而减小了通道截面,使喷油器开启后的压力上升出现尖峰,喷油持续时间加长。

(2)喷油器针阀卡死:故障曲线上无开启和关闭信号(图 7-23),压力建立不起来,这是喷油器最大也最易于检测的故障。

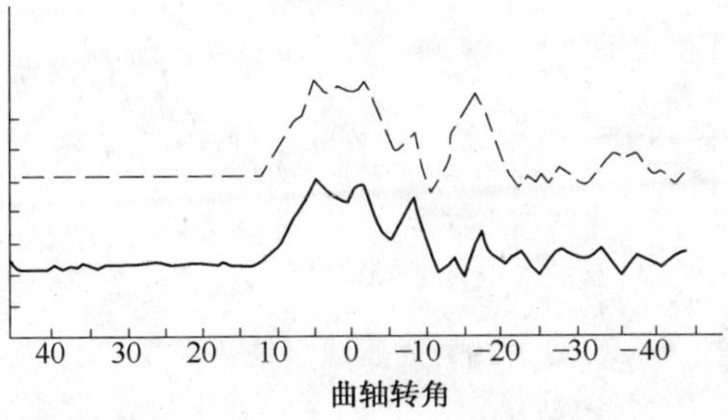

图 7-22　喷油器积炭的压力波形

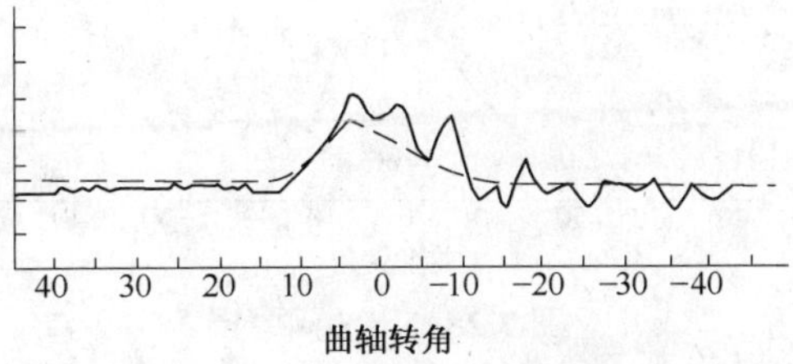

图 7-23　喷油器针阀卡死的压力波形

(3)喷油器滴漏:所形成的波形如图 7-24 所示,曲线压力上升平缓,喷油延迟期缩短,无明显的喷油器针阀关闭时刻,钩状的光滑曲线是典型的滴漏现象所造成的。

(4)喷油压力过低:所形成的波形如图 7-25 所示,喷油压力在针阀开启和关闭时都较低,且喷油持续时间过长,这时需调整针阀压力。

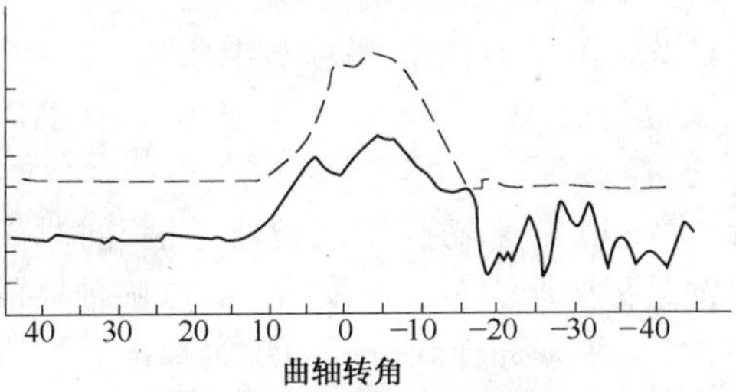

图 7-24　喷油器滴漏的压力波型

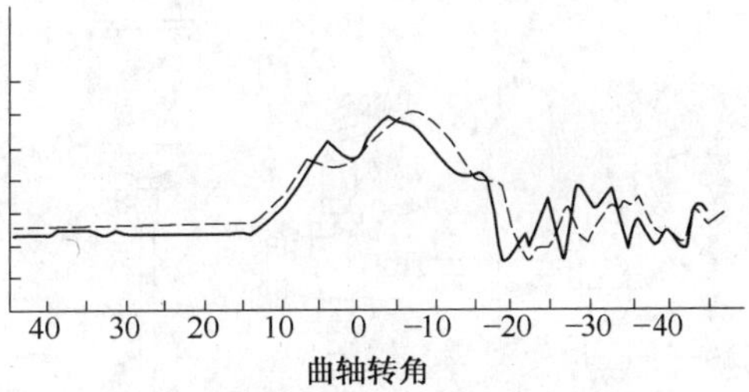

图 7-25　针阀开启压力过低的压力波形

(5)针阀开启压力过高:所形成的波形如图 7-26 所示,剩余压力升高,开始喷油时刻推迟,反射波幅加大,其结果是喷油率下降,喷油压力峰值的增高可能损坏喷油泵。

五、故障供油压力波的加载分析

如果将夹持式传感器移至喷油泵出口端,我们可采集到反映喷油泵性能的压力波信息。

(1)出油阀密封不良,所形成的波形如图 7-27 所示,故障曲线在针阀关闭后剩余压力下降,并造成压力的上升和下降曲线变化平坦,因为剩余压力降低而显得与压力峰值之间的差值变大。

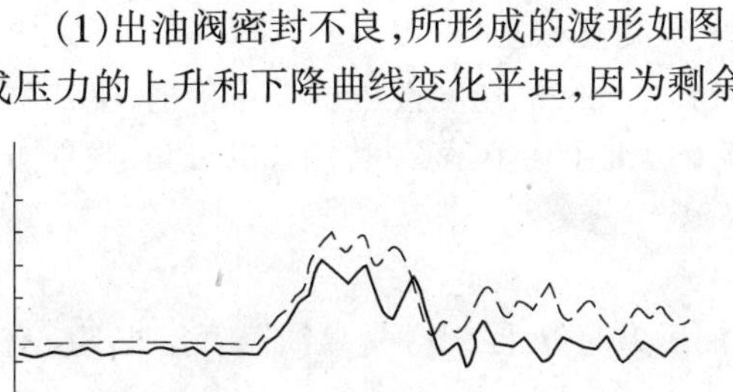

图 7-26　针阀开启压力过高的压力波形

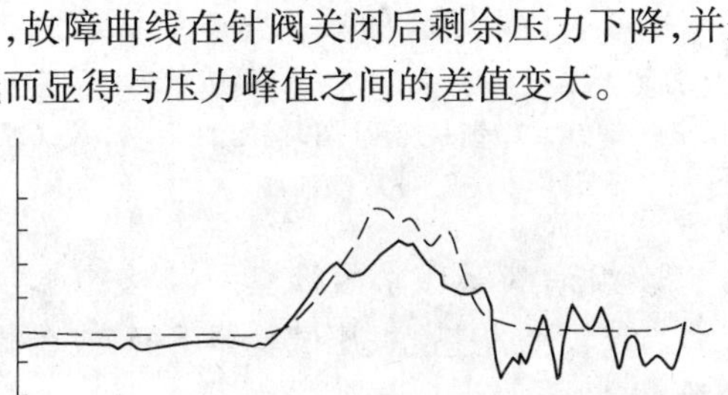

图 7-27　出油阀密封不良

(2)出油阀磨损,造成高压油管内剩余压力上升,如图 7-28 所示,喷油持续时间加长,同时出现两次喷射(注意反射压力波幅已达喷油压力幅值,促使喷油器针阀两次开启),这时常伴有排气冒烟现象。

(3)高压油泵柱塞磨损,压力波曲线出现如图 7-29 所示,喷油开始时刻推迟,喷油压力峰值和喷油持续期明显下降。

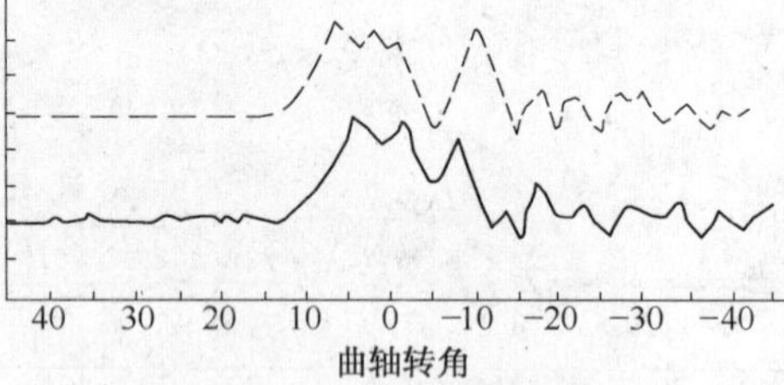

图 7-28　出油阀磨损

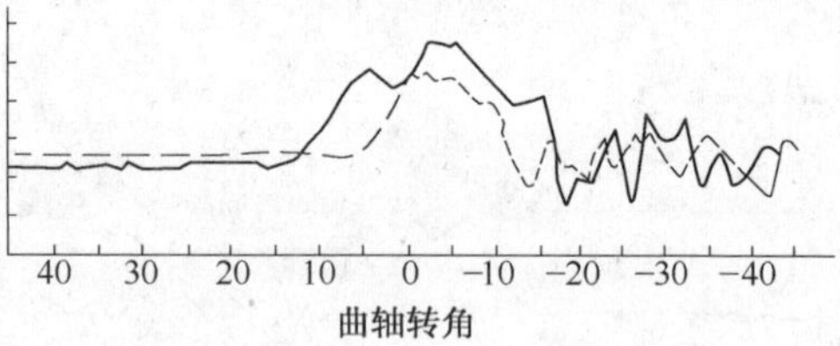

图 7-29　高压油泵柱塞磨损

六、喷油器技术状况检测

喷油器的技术状况决定柴油发动机燃油的喷射质量,因此对柴油发动机的燃烧过程和技术性能有重大影响。喷油器技术状况的检测应在专用试验器上进行,如图 7-30 所示。试验器由手压泵、油箱及压力表组成。油箱内的柴油经滤清后流入手压油泵的油腔,压动手压油泵泵油时,高压油经油阀流入喷油器,使喷油器喷油,同时在压力表上显示出油压。

1. 喷油压力测试

拆下试验器的锁紧螺母,拧松调节螺钉,然后把喷油器装在试验器上;压动试验器手柄,排除留在油管和喷油器中的空气和脏物。

以 60 次/min 的速度按压试验器手柄,同时观察喷油器喷油过程中压力表上的读数。各缸喷油器的喷油压力应相同,并应符合制造厂的规定标准。如果喷油器的喷油压力不符合规定,可通过增、减喷油器调压弹簧处的垫片或调整喷油器调压螺钉的拧入量调节喷油压力。拧入调压螺钉时,喷油压力应提高;反之,则应降低。

调整喷油器后,应拧紧试验器锁紧螺母,再次进行喷油压力试验,直至调整到符合标准值。

2. 喷雾质量检查

以 120 次/min 的速度按压试验器手柄,喷油器喷出的油雾束应细小均匀呈雾状,油束的锥角、喷射方向应符合要求。

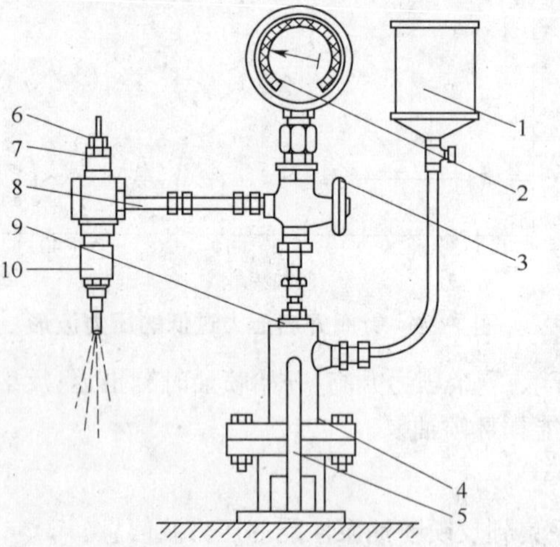

图 7-30　喷油器试验

1. 油箱　2. 压力表　3. 开关　4. 高压油泵　5. 手柄　6. 调节螺钉　7. 锁紧螺母　8. 高压油管　9. 放气螺塞　10. 喷油器

3. 喷油滴漏现象的检查

当以较慢的速度按压试验器手柄,或在低于标准喷油压力时停止按压时,喷油器喷孔处不应有油滴流出。

第五节　润滑系统技术状况检测

摩擦阻力是发动机起动和运转时的主要内部阻力,改善润滑状况可减小发动机的机械损失,提高发动机输出的有效功率;同时,润滑状况不良时,发动机做相对运动的配合副磨损加剧,正常配合间隙被破坏,还易于产生发动机"拉缸"或"烧瓦"等破坏性故障。因此,发动机润滑系统的技术状况对于保障发动机正常工作,提高使用寿命是非常重要的。

润滑系统检测的主要参数为:机油压力、机油消耗量和机油品质。这些参数既可表征润滑系统的技术状况,又可反映曲柄连杆机构有关配合副的技术状况。

一、机油压力检测

为了给摩擦表面不断供给润滑油,以使摩擦副保持可靠润滑,润滑系统的机油压力应高于某一最低压力。在低于最低允许压力时,由于润滑不良会使零件磨损加剧而早期损坏。技术状况正常的发动机在常用转速范围内,汽油机机油压力应为196～392kPa,柴油发动机应为294～588kPa。若中等转速下的机油压力低于147kPa,怠速时低于49kPa,则发动机应停止运转并检查润滑系统。

发动机润滑系统机油压力的高低首先取决于润滑系统的技术状况,如机油泵性能、限压阀的调整、机油通道和机油滤清器的阻力等,同时,机油压力还与机油品质和机油的温度、黏度有关,机油黏度低、温度高,则机油压力变小;反之,则油压升高。此外,机油压力还与曲轴主轴承、连杆轴承和凸轮轴轴承的间隙有关,轴承磨损后间隙增大时,轴承间隙处机油泄漏量增大而使机油压力下降,因此机油压力也常常作为诊断相关轴承间隙的重要参数。若机油泵技术状况正常,则机油压力降低主要是由曲轴主轴颈和连杆轴颈磨损过大而引起。试验表明,曲轴主轴承间隙每增加0.01mm时,其机油压力大约降低0.01MPa。

润滑系统的机油压力值可在汽车仪表盘上的机油压力表上显示出来,但由于机油压力表和油压传感器不能保证必要的测量精度,因此在定期检测时,应采用专用检验油压表。检测时,首先拆下发动机润滑油道上的油压传感器,装上油压表;然后起动发动机使其在规定转速下运转,此时油压表上的指示值即为润滑系统的机油压力。

二、机油消耗量检测

机油消耗量的影响因素很多,润滑系统渗漏、空气压缩机工作不正常、机油规格不符、气缸活塞组磨损等都会影响机油消耗量。因此,机油消耗量除可反映发动机润滑系统技术状况外,还可据此判断发动机气缸活塞组的磨损情况。因为在所用机油牌号正确且其他机构技术状况正常的情况下,气缸活塞组磨损过多、间隙增大,机油窜入燃烧室燃烧是机油消耗量增大的重要原因。

汽车正常使用时,发动机机油消耗量并不大。磨损小、工作正常的发动机,机油消耗量为0.1～0.5L/100km;发动机磨损严重时,可达1L/100km或更多。

测定机油消耗量时,只需把汽车行驶一定里程(1000～1500km)后机油的实际消耗量(L)换算为汽车每百公里的平均机油消耗量(L/100km)即可。

三、润滑油品质检测

汽车发动机润滑油为机油,机油在使用过程中,由于杂质污染、燃油稀释、高温氧化、添加剂消耗或性能丧失等原因,致使机油品质逐渐下降直至功能丧失。同时在外观上,还表现为颜色变黑、黏度上升或下降。

引起机油污染的杂质主要来自摩擦表面的磨损微粒、外界尘埃以及积炭等;发动机工作不正常、不完全燃烧或缺火可使未燃燃油流入油底壳而使机油稀释;发动机工作过程中产生的高温,特别是当发动机气缸活塞组磨损严重、间隙增大,在燃烧行程有高温、高压气体窜入曲轴箱时,会加剧机油氧化,生成氧化产物和氧化聚合物而使机油变质。机油中的清净分散剂是机油的一种重要添加剂,具有从发动机摩擦表面分散、移走磨损微粒、积炭等的能力,使之悬浮在机油中而不沉淀在摩擦表面,以减轻摩擦表面的磨损。由于机油在使用过程中清净分散剂的消耗及性能降低,也会逐渐失去其清净分散作用。

综上所述,机油品质下降将严重影响发动机性能,有时会导致严重后果,因而加强对汽车发动机机油的定期检测与分析,实行按质换油,具有极为重要的意义。这样做不仅可以节约机油,保证发动机良好润滑,而且可以据此了解掌握润滑系统直至整台发动机技术状况的变化。在 GB 18565—2001《营运车辆综合性能技术和检测方法》中,明确规定了我国营运柴油车和汽油车的机油换油指标。

机油品质检测与分析的常用方法有:不透光度分析法、介电常数分析法、滤纸斑点分析法、光谱分析法、铁谱分析法和磁性探测器分析法等。

1. 不透光度分析法

汽车机油污染分析所用的分析仪有多种类型。利用机油不透光度制成的机油污染测定仪是最常用的机油不透光度分析法测定仪。

如前所述,发动机在使用过程中,润滑油的杂质含量将逐渐增多,黏度下降或增加,添加剂性能丧失。表现在外表上,润滑油颜色会逐渐变黑。机油污染程度越大,变黑的程度也越大。根据这一现象,可通过测量一定厚度机油膜的不透光度来检测机油的污染程度。

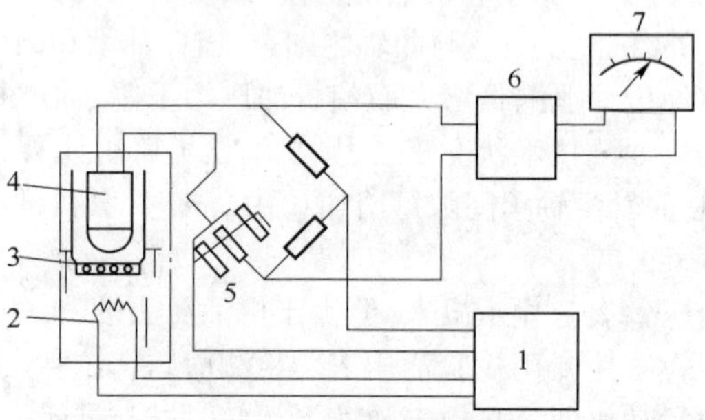

图 7-31 机油污染测定仪结构原理

1. 稳压电源 2. 光源 3. 油池 4. 光导管 5. 参比电阻 6. 直流放大器 7. 透光度计

机油污染测定仪的结构原理如图 7-31 所示。稳压电源保证光源和电桥电路的电压稳定;油池由两块玻璃构成,具有确定的间隙,用于放入机油试样,以形成确定厚度的机油膜;其中电桥的一个臂上装有光导管,当电源发出的光线透过油膜照射到光导管上时,作为一个桥臂的光电管电阻发生相应变化,以此判定机油的污染程度。具体的检测过程是:

首先在油池内放入所测机油的标准油样(清洁机油),调整参比电阻使电桥平衡,此时透光度计指示为零;然后把发动机刚停车后曲轴箱油尺上的机油作为测试油样滴入油池。由于测试油样已受到污染,油池内测试油样油膜与标准油样油膜的透光度有差异,光源照到光电管上的光线强度也有差异,从而引起光电管电阻值的变化使电桥失去平衡。所测油样污染程度越大,电桥不平衡程度越大,电桥输出的电流越强,透光度计指针偏转越大,从而反映出了机油的污染程度。

2. 介电常数分析法

利用不同物质介电常数不同的特性制成的机油污染测定仪是又一种常用的机油污染分析仪。

电容的电容值除了与两极板间的面积和极板间的距离有关外,还与极板间的填充物质有关。对于一个已经确定了极板面积和距离的电容,极板间填充物质对于电容值的影响可用一个系数反映,这个系数可称为介电常数。即

$$C = \varepsilon \cdot S / \delta \tag{7-3}$$

式中:C ——电容;

S ——极板间相互覆盖的面积;

δ ——极板间距离;

ε ——介电常数。

每种物质都有其自身的介电常数,润滑油也不例外。清洁机油不含有杂质,有其较为稳定的介电常数;而使用中的机油,由于污染程度不同,机油中所含杂质成分和数量也就不同,其介电常数势必也会发生变化。因此,介电常数值便可反映润滑油的污染程度。不难理解,如果被测机油的介电常数与清洁机油介电常数的差别越大,机油的污染程度也就越大。

国产 RZJ-2A 型润滑油质量微电脑检测仪(简称油质仪)和美国 NI-2B 型润滑油质量检测仪就是依据上述原理制成的。

国产 RZJ-2A 型油质仪其外形见图 7-32。该检测仪的关键元件为安装在油槽底部的螺旋状电

容。测试时，机油作为电容介质。当机油污染后，其介电常数发生变化，引起该电容的电容值变化。以该电容作为传感器并使其作为检测仪测试电路的一部分，传感器电容的变化引起测试电路中电量的变化，电信号通过专用数字电路转变为数字信号，送入微电脑处理并与参考信号比较。当数字显示屏显示值为零时，表明所测机油无污染；当显示值不为零时，表明所测机油受到一定污染，显示值偏离零值越远，表明机油污染程度越大。

以上两种润滑油品质检测分析方法的共同特点是，仅能检测润滑油的污染程度，但不能反映机油清净性分散剂的消耗程度及性能，也难以判断引起机油污染的杂质种类。

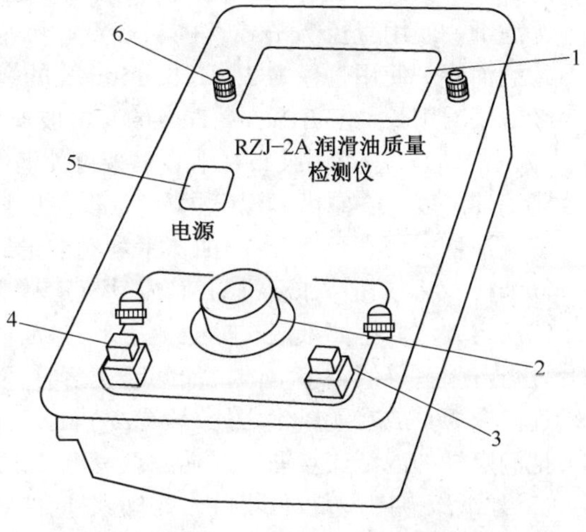

图 7-32　RZJ-2A 型润滑油质量检测仪

1. 数字显示屏　2. 机油传感器　3. 清零按键　4. 测量按键　5. 电源开关　6. 固定螺钉

3. 滤纸油斑试验法

滤纸油斑试验法是利用现代电测方法测定机油污染程度和清净性添加剂消耗程度及性能的机油污染测试方法。本测试方法在无全套理化性能指标化验检测手段时，可作为更换新机油的依据，其特点是简单、快速，但此测试方法不对机油中各种杂质的成分进行测定。

(1)测试原理：实践证明，若把使用中的机油按规定要求滴在专用滤纸上，油滴逐渐向四周浸润扩散，最终形成中央有深色核心的颜色深浅不同的多圈环形油斑，如图 7-33 所示。若机油所含杂质的浓度和粒度不同及清净分散能力不同，所形成油斑每一环形区域的颜色深浅亦有不同。

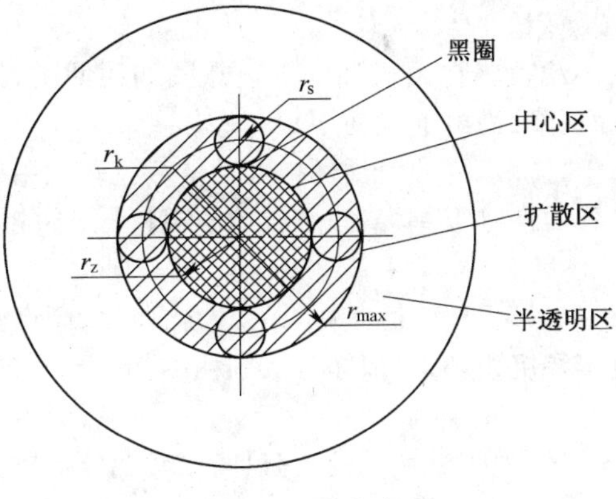

图 7-33　油斑斑痕

如果机油中杂质粒度小，且清净分散剂性能良好，则杂质颗粒就会扩散到较远处，中心区与扩散区的杂质浓度及颜色深浅程度差别较小；若机油中杂质粒度大，且清净分散剂性能丧失，则机油中杂质就越来越集中于中心区，中心区与扩散区的杂质浓度和颜色深浅程度的差别也就越大。因此，油斑上中心区杂质浓度反映机油的总污染程度，而中心区单位面积的杂质浓度与扩散区单位面积杂质浓度之差可反映机油中清净分散剂的清净分散能力。

为了可靠测定机油油斑中心区杂质浓度及扩散区杂质浓度，必须控制油斑尺寸并确定油斑的尺寸规律。对实际油斑尺寸的统计分析表明，油滴在滤纸上扩散终了时，扩散区的最大半径取决于滴棒的尺寸(直径)，所以应使用统一规格的滴棒，并使滴棒尺寸保证使油斑的尺寸等于光度计的感光半径。

(2)测试方法：油斑中心区和扩散区的杂质浓度可用两区域的透光度评价。透光度大，则杂质浓度小；反之，则杂质浓度大。测试两区域透光度所采用的滤纸油斑检验光度计的原理框图如图 7-34 所示。

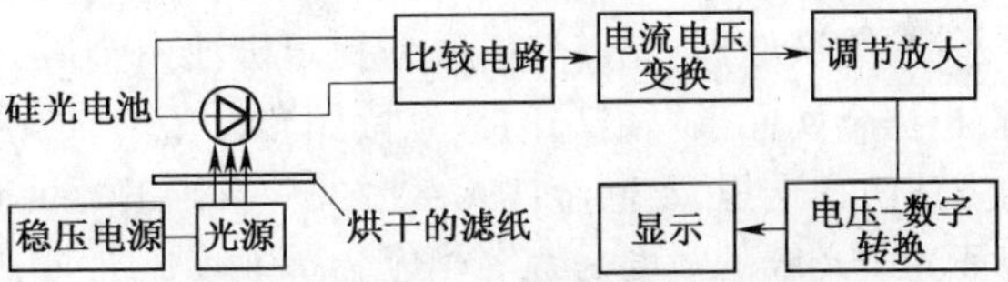

图 7-34　滤纸油斑检验光度计框图

按照国家标准 GB 7607—1987 中附录 A

《内燃机油滤纸斑点试验方法》(参考件)的要求进行。

①滤纸。使用直径7cm或直径9cm定性快速滤纸(杭州新华造纸厂生产)。

②滴油棒。使用直径为2mm、长150mm的金属棒。棒的尖端须磨光滑。

③框架。用长、宽为12cm×7cm的有机玻璃(或硬纸板、塑料板、木板)制成一式两片框架,中间挖成5cm的圆孔,一边用胶布粘结。框架可使滤纸背面不接触台面,以免影响油斑的扩散。

④滴油温度。在室内常温下进行,最低温度控制在20℃,要求油温与室温基本一致。

⑤滴油量。用直径2mm滴油棒平均滴油量约为0.02g。

⑥油样。必须在补加新机油前、发动机运转5min后采取。

⑦滴定方法。把滤纸放在框架上压平,将油样充分搅拌或摇动,立即将滴油棒浸入油样3~5mm深处,垂直提起,等滴油棒上的机油间断滴落时,取第3或第4滴油滴,滴在滤纸的中心。将滴过油的滤纸连同框架平放在无风尘之处,静置2~4h。

把滴定好的滤纸斑点图与标准滤纸斑点图谱对比分析,即可对在用机油品质作出判断。

(3)滤纸斑点图谱及对比分析:按国家标准GB 7607—1987中附录A《内燃机油滤纸斑点试验方法》(参考件)的规定,标准滤纸斑点图谱分6级。每级斑点图特征和分析、判断方法如下:

一级。滤纸斑点图的核心区和扩散环,光亮无色或颜色很浅,无明显沉积环。在用机油滤纸斑点图如属此类,说明是新机油或使用时间很短的机油,尚无污染,继续使用。

二级。滤纸斑点图的沉积环与扩散环界限分明,扩散环很宽,油环明亮。在用机油滤纸斑点图如属此类,说明机油使用时间不长,污染程度很轻,清净分散性良好,继续使用。

三级。滤纸斑点图沉积环暗黑,扩散环较宽,油环明亮。在用机油滤纸斑点图如属此类,说明机油使用时间较久,污染程度较重,但清净分散性尚好,继续使用。

四级。滤纸斑点图沉积环深黑,扩散环开始缩小,油环浅黄。在用机油滤纸斑点图如属此类,说明机油使用时间很长,污染严重,沉积物增多,清净分散性下降,尚可继续使用。

五级。滤纸斑点图沉积环深黑,甚至呈油泥状,不易干,扩散环狭窄,油环扩大且呈黄色。在用机油滤纸斑点图如属此类,说明机油的污染已很严重,清净分散性已很差,清净分散剂消耗将尽,不能继续使用,必须换用新油。

六级。滤纸斑点图只剩极黑的沉积环与棕黄色油环,扩散环已完全消失。在用机油滤纸斑点图如属此类,说明机油的污染已十分严重,污染杂质完全凝聚在沉积环内,清净分散剂耗尽,清净分散性消失,早就超过了换油期。

滤纸斑点分析法简单、快速,适合现场作业,并能给人以直观印象。但是,它只能概略地分析机油品质,无法实现定量分析。

4.光谱分析法

发动机工作时,摩擦表面的磨损微粒被循环工作的机油带至油底壳并悬浮在机油中,其磨损微粒在机油中的含量与机件磨损量直接相关。因此,检测机油中金属微粒的含量,不仅能表明机油被机械杂质污染的程度,还可用来确定机件磨损的程度;同时,机油中金属微粒含量的变化速度又可反映有关零件摩擦表面的磨损速度。

由于机油中金属微粒的含量很低且种类多,一般采用灵敏度高的光谱分析法测定机油中的金属微粒含量。

(1)测试原理:光谱分析法是利用机油中金属元素微粒受电能或热能激发后发出特征光谱的性质,根据金属元素发射出的相应特征光谱光线的强度,对机油中金属元素的种类和含量进行定量分析的方法。在这里,不同金属元素激发后发出的特征光谱是分辨机油中金属微粒种类的基础,而所发出特征光谱光线的强度是确定相应金属微粒在机油中含量的依据。

图7-35为机油光谱测定分析仪原理图。测试时,被测油样放于油样槽中,回转石墨圆盘浸入油样并作为高压激发源的一个电极,其外圆表面距高压激发源杆式电极位的距离为1.5~2.0mm。当

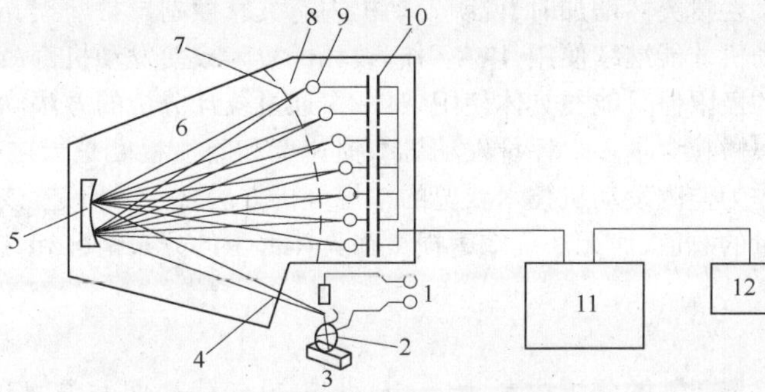

图 7-35　光谱测定分析仪原理图

1. 高压激发源　2. 回转石墨盘　3. 油样池　4. 入口缝隙　5. 光栅　6. 特征光谱
7. 焦点曲线　8. 出口缝隙　9. 光电传感器　10. 信号积分仪　11. 信号处理仪　12. 打印机

回转石墨电极回转时，机油不断地被带入到两电极之间，在高压激发源高电压(15000V)作用下，两电极间隙被击穿，产生电弧，使处于电极间电弧区的机油及其所含杂质一起焚烧，每种金属元素在焚烧中都发出具有一定特征光谱的光或辐射能。发射光谱由入口缝隙照射到凹面衍射光栅上，经光栅反射后把入射光线分解成具有不同特征光谱的单色光光线，每种特征对应于一种金属元素焚烧时发出的光谱。反射分解后的不同单色光线聚集于焦点曲线，经出口缝隙照在相应光电传感器上，传感器输出的电信号强度与具有相应特征光谱的光线强度有关，而不同特征光谱的光线强度取决于燃烧机油中相应金属元素的浓度。因此，传感器输出的电信号可反映机油中相应金属元素的浓度。光电传感器输出的电信号传输到信号积分仪、信号处理仪放大并处理后，可由打印机打印出油样中每种金属的浓度。

(2)测试方法：光谱分析测定仪的测试步骤如下。

①按使用说明书的要求对仪器预热、调零。

②发动机运转至正常热工况后停车。

③用专用注射器从机油加注口吸取 100～150g 油样，放入量筒中，并贴上标签，写明油样黏度、汽车车号和行驶里程等。

④测试前，反复摇晃油样或用超声波处理以使所含杂质在测试油样中尽可能的均匀分布，然后取 6～8g 机油油样放入油样池。

⑤按使用说明书的要求操作仪器，打印出测试结果。

(3)测试结果分析：光谱分析仅能确定所测油样中金属元素的种类和含量，并不能反映金属微粒产生的原因、部位及有关摩擦表面的磨损程度。因此必须对测试结果进行进一步分析。

试验表明，发动机气缸与活塞环配合副的磨损产物，约占机油中全部金属微粒的 85%。所以，机油中含铁量过高时，说明气缸与活塞环磨损严重；其次，当曲轴、凸轮轴的各轴颈和挺杆与凸轮配合副磨损时，也使机油中铁含量增加；若缸套镀铬或活塞环镀铬，则当机油中铬含量增加时，也可表明气缸、活塞环的磨损情况，但铬含量远比铁含量要小。

活塞磨损使机油中铝含量增加。

使用含铅汽油时，当气缸窜气量增多或机械式汽油泵膜片渗漏时，机油不仅受到稀释，而且铅含量增大。

发动机曲轴和凸轮轴使用的滑动轴承多为锡基、铅基、铜基、铝基巴氏合金，当机油中锡、铅、铜、铝等元素增多时，若可知发动机的轴承材料配方，即可判断滑动轴承的磨损情况。

机油中硅含量增多时,表明发动机空气滤清器和曲轴箱强制通风滤清器工作欠佳。

机油中某金属元素含量突然增加时,说明发动机内有关摩擦副异常磨损,应视为紧急情况进行处理,待排除故障后,发动机才能继续使用,以免引起破坏性故障或使发动机寿命急剧缩短。

机油内金属含量的极限值只能在具体使用条件下,通过统计分析的方法确定。

定期用机油内金属微粒含量多少评价发动机磨损速度和磨损程度是行之有效的方法,因此一些大型运输企业把该法作为监测发动机技术状况的常规分析方法之一。但是,该法对磨损程度的评价,只能表明摩擦面磨损量的总值,而无法确知磨损量在具体部位的分布情况和具体部位尺寸、形状及强度等方面的变化情况。

5.铁谱分析法

铁谱分析是近代发展起来的分析技术,始于20世纪70年代初期的美国和英国,发展速度很快,应用领域广泛。我国到20世纪70年代末期开始应用和研制,到80年代初期研制出铁谱分析仪。

铁谱分析用于机油分析的基本方法是:用高强度磁场力把铁磁性金属微粒从机油中分离出来,按微粒尺寸大小顺次沉积在铁谱片(玻璃片)上,用铁谱显微镜或电子显微镜、光密度计、X射线能谱仪或X射线波谱仪等,对金属微粒进行观察、测定和分析,以获得金属微粒的大小、外形、成分和含量,进而分析出金属微粒产生的原因、部位和机件磨损程度。因此,铁谱分析法不仅可测得机油被金属微粒污染的程度,而且也是发动机不解体诊断的重要方法之一。

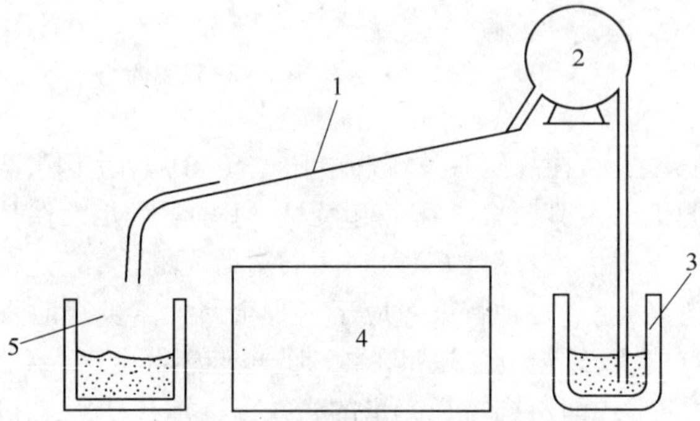

图7-36 分析式铁谱仪原理图

1.基片(玻璃片) 2.泵 3.油样槽 4.磁铁 5.容器

铁谱分析法使用的仪器有分析式铁谱仪、直读式铁谱仪和旋转式铁谱仪等。

(1)分析式铁谱仪:国产TPF-1型分析式铁谱仪原理如图7-36所示。该仪器工作时,在泵的作用下,当经过稀释的油样流过基片时,在磁力作用下金属微粒沉积在基片上形成铁谱片,用双色光学显微镜或电子扫描显微镜观察铁谱片,确定金属微粒的成分和形态,并根据形态分析出摩擦面磨损类型。磨损类型有正常滑动磨损、切削磨损、滚动疲劳磨损、严重滑动磨损等。

(2)直读式铁谱仪:原理如图7-37所示。该种仪器工作时,带金属微粒的油样从进入口流经玻璃管,在玻璃管下方磁场力作用下,铁磁性金属微粒便沉积在玻璃管内,如图7-38所示,机油从排出口排出。直读式铁谱仪主要部分是光密度计。它的两个光密度测头布置在玻璃管的大颗粒读数位置和小颗粒读数位置上。光源通过两个纤维光导通道照射玻璃管的大颗粒读数位置和小颗粒读数位置,由两个光密度测头测得光密度信号,经两个光电接收通道传输给光电检测器,然后由显示装置指示金属微粒的数量和大小。

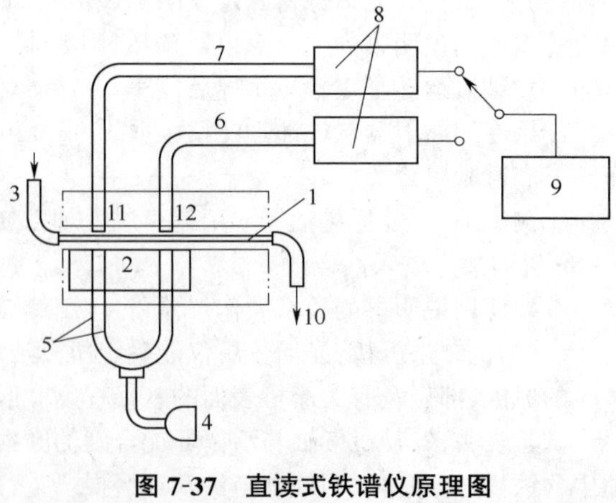

图7-37 直读式铁谱仪原理图

1.玻璃管 2.磁铁 3.进入口 4.光源 5.纤维光导通道 6.小微粒光电接收通道 7.大微粒光电接收通道 8.光电检测器 9.显示装置 10.排出口 11、12.光密度测头

目前见到的分析式和直读式铁谱仪对于污染严重的机油分析误差较大。原因是非金属污染物颗粒在倾斜不大的基片或玻璃管内因重力作用有所沉积，使各种颗粒混在一起造成了分析误差。为了克服这一不足，出现了旋转式铁谱仪。

(3)旋转式铁谱仪：仪器的原理如图 7-39 所示。该种仪器工作时，带有微粒的油样从输入管进入到基片中心，基片、环形磁铁在驱动轴带动下旋转。在离心力作用下，机油和杂质甩出基片由排出管流出。在离心力和磁场力共同作用下，铁磁性金属微粒按颗粒大小在基片上沿磁力线方向排列成环形铁谱片。由于消除了非金属污染物的影响，因而提高了分析精度。铁谱分析的主要缺点，一是分析误差大，二是分析速度慢，难以适应现场分析的要求，还有待于进一步改进。

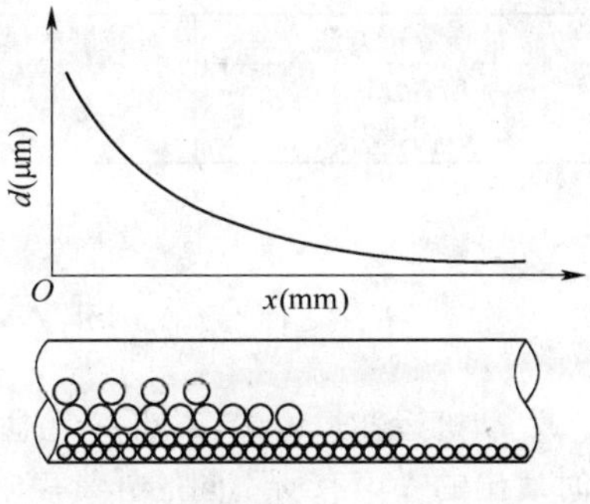

图 7-38　金属微粒在玻璃管内的沉积

6. 磁性探测器分析法

发动机机油流经各摩擦部位，冲刷并带走各种金属微粒。如果在润滑系统安装磁性探测器(磁性塞)，就可利用磁力捕获机油中悬浮的铁磁性金属微粒，再进行观察和测量，就可得知金属微粒的形状、尺寸和含量。根据含量可分析出金属微粒对机油的污染程度，根据形状、尺寸和含量可分析出金属微粒的来源和成因，并进而分析出摩擦面的磨损速度和磨损程度。

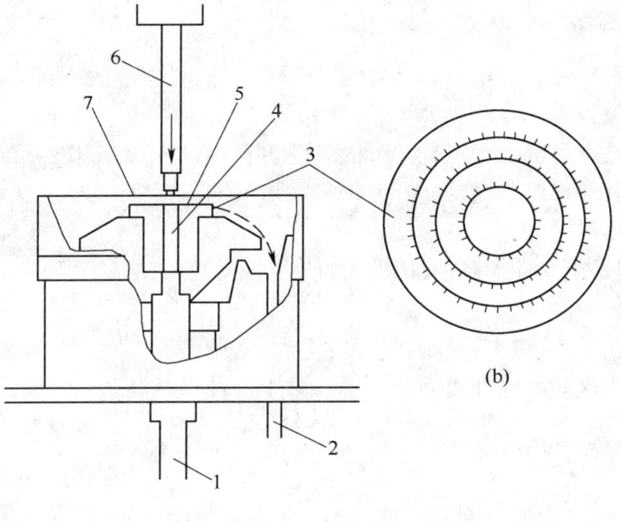

图 7-39　旋转式铁谱仪原理图

1. 驱动轴　2. 排出管　3. 基片　4. 环形磁铁　5. 油流　6. 输入管　7. 真空排出罩

磁性探测器一般由壳体和磁性探头组成。壳体可长久安装在润滑系统中最容易获得金属微粒的部位，而固装在其内的探头的磁铁部分则必须暴露在循环着的机油中。磁性探测器的壳体应能保证磁性探头可方便地取出和装入，并保证当磁性探头取出时内部的单向阀自动关闭出油口，防止机油外漏。

上述介绍的几种油样分析方法中，光谱分析法主要适用对较小微粒的分析，而旋转式铁谱仪分析法使用范围广泛，对各种尺寸的金属微粒都有较高的检测效率。它们对金属微粒粒度的灵敏度范围如表 7-9 所列。

表 7-9 各种油样分析法对粒度的灵敏度范围

抽样分析方法	对粒度的灵敏度范围(μm)	抽样分析方法	对粒度的灵敏度范围(μm)
光谱分析	小于 0.1～9.0	旋转式铁谱仪分析	0.1～1000 以上
一般铁谱分析	0.1～70	磁性探测器分析	9.0～1000 以上

第六节 发动机异响检测

发动机运转过程中,不可避免地会产生噪声,但发动机技术状况不良时,会产生与发动机正常运转时发出的噪声有所不同的异常声响。例如:发动机主要部件的配合副磨损后间隙增大,会在运转中产生冲击或振动,发出金属敲击声;发动机爆燃产生的冲击波撞击缸壁和活塞连杆组,就会发出类似金属敲击的异响;发动机气门及风扇等处,因气流振动可产生空气动力异响;在发电机、起动机和电磁元件内,因磁场交替变化,会引起某些部件产生振动而发出电磁异响。由于只有在主要部件的配合副磨损后间隙增大或有故障时,异响才会产生,因此若能将其正确判别出来,也就能反映相关部件的技术状况。另外,某些不正常的响声往往是发动机发生破坏故障的前兆;而且,发动机易于产生异响的各配合副,如气缸-活塞、曲柄连杆配合副等,在不解体条件下用其他方法很难直接检测,所以发动机异响诊断就更引起人们的重视。深入研究发动机的各种异响,揭示异响与发动机技术状况的内在关系,开发适用于在汽车使用条件下检测发动机异响的仪器,是汽车检测诊断技术的重要内容。

一、发动机异响的性质和特征

1. 发动机异响的性质

发动机运转时的声音不是纯声,而是一组复杂噪声。依照噪声的来源可分为机械噪声、燃烧噪声、空气动力噪声和电磁噪声。发动机种类、转速和负荷不同时,占主导地位的噪声成分也不同。无负荷时,汽油机的主要噪声是机械噪声,而柴油发动机由于燃烧过程工作粗暴,主要噪声是燃烧噪声。各种噪声尽管来源不同,却都混杂在一起。发动机技术状况不正常时,所发出的异常声响与各种噪声叠加在一起,形成了连续声谱。

发动机的工作过程是周期性循环的,因此发动机工作时发出的各种噪声和异响也是周期性重复出现的。

发动机工作时发出的各种噪声、异响在向外传播过程中,若遇到缸体、缸盖、气门罩、油底壳的阻挡,不可避免地会转化为这些部件外表面的振动。由于各种噪声混杂在一起,由此引起的表面振动也是交织在一起的。

2. 发动机异响的特征

要分辨发动机工作时发出的声响是正常声响还是异常噪声,以及区分各类异响,确定发出异响的部位,需要对异响的特征进行研究:

(1)振动频率和振幅:振动物体发出的声音以波的形式向外传播,因此有波动频率和波动幅度两个要素,分别决定于声波振动的快慢和强度。这样,声波所导致的发动机外表面的振动也具有与声波的频率和振幅相对应的振动频率和振幅。

研究表明:发动机每种敲击响声即声源引起的振动并非单一的,而是常常由一组频率不同的振动组成,但每种声响所引起的一组频率不同的振动之中也常含有一个或多个区别于其他声响的振动频率,称为信息频率或特征频率。信息频率取决于声源的物理特征。因此对同类发动机而言,同一声源所导致的振动的信息频率是近似的。所以,可以根据信息频率判断发出异响的声源或异响部位。

当发动机相互运动配合副磨损间隙增大时,配合副相互冲撞加剧,所产生声响的声强或声压增大,由之引起的表面振动的振幅也增大。因此,振幅的大小可反映配合副的技术状况好坏。

(2)相位:发动机各缸按一定次序周期性工作,各缸燃烧后所产生的最高压力也以该次序产生。

因此,尽管各缸同类部件发出异响的特征频率相同或类似,但出现的相位不同,各缸异响信号间也存在时间上的差异。同样,同一缸不同部位所产生的异响也存在相位上的差异,即出现于不同曲轴转角处。如气门响则是与进、排气时刻相对应。虽然许多部位发出的异响出现在作功行程,如活塞敲缸、活塞销响、连杆轴承响、曲轴轴承响,但由于作用力传递过程的时间差异,不同部位的异响也存在相位上的差异,即异响发生时刻所对应的曲轴转角不同。

3. 影响异响诊断的因素

(1)转速:发动机异响与转速有极大关系,如活塞敲缸、曲轴轴承响在比怠速稍高的转速下较明显;气门响、活塞销响在转速为 1000r/min 时较明显;而连杆轴承响在转速突变的情况下更突出。异响诊断应在异响最明显的转速下进行,并尽量在低转速下进行,以减轻不必要的噪声和损耗。

(2)温度:热膨胀系数较大的配合副所发出的异响与温度关系很大。如活塞敲缸声在发动机冷起动时较为明显;而发动机工作温度升高后,敲缸声减弱或消失,所以诊断活塞敲缸声时,应在冷车下进行。热膨胀系数小的配合副所发出的异响则与温度关系不大。

(3)负荷:许多异响与发动机的负荷有关,如曲轴轴承响、连杆轴承响、活塞敲虹响等均随负荷增大而增强。但有的异响与负荷间的关系不明显,如气门响、凸轮轴轴承响和正时齿轮响。诊断在用汽车发动机异响时,常在变速器挂空档、发动机以规定转速运转的条件下进行。

(4)诊断部位:发动机发生异响的部位由发动机的结构确定,但异常的能量随离开声源的距离越远越弱,即声波的声强或声波在发动机外表面所引起的振动的振幅,随检测点距声源的远近而变化。因此,为了准确测得异响信号或获得足够强的异响信号,异响检测点应距声源越近越好。此外,测量点变化后所测得的振动信号的强弱变化,也有助于判断异响产生的部位。

东风 EQ6100 型发动机主要异响诊断的特征频率、转速、温度及检测位置见表 7-10。

表 7-10　东风 EQ6100 型发动机异响诊断方法

异响种类	特征频率(Hz)	转速(r/min)	温度	检测位置	辅助判断
曲轴轴承响	400	650	热车	缸体右侧下部,缸体主油道对应各轴承处	直接测量
连杆轴承响	400 或 800	800	热车 冷车	缸体右侧排气管中心根底处	断火对比或轻度急踩加速踏板
活塞销响	1200	1200	热车	缸体左侧偏离固定螺栓处	断火对比
活塞敲缸响	1200	900	冷车	缸体左侧火花塞孔下部相应缸体处	冷热车对比
气门响	2800	1200	热车	气门盖顶部对应位置	直接测量

二、发动机异响诊断仪

发动机异响诊断仪的基本工作原理建立在以上关于异响特征研究的基础上。异响诊断常用仪器有两种类型:便携式异响诊断仪和带相位选择的示波器显示异响诊断仪。许多发动机综合检测仪具有发动机异响诊断的功能。

1. 便携式异响诊断仪

便携式异响诊断仪由传感器、前置放大器、双 T 型选频网络、功率放大器和显示仪表五部分组成,其方案框图如图 7-40 所示。

异响诊断仪的传感器通常采用压电式加速度计,其结构见图 7-41 所示。传感器中由两片压电材料(如石英晶体或锆钛酸铅压电陶瓷)组成。压电材料片上置一铜制质量块,并用片簧对质量块预加负荷。整个组件装于金属壳内,壳体和中心引出端为两输出端。

当压电材料受到外力作用时,不仅其几何尺寸发生变化,而且内部极化,表面上有电荷出现,形成

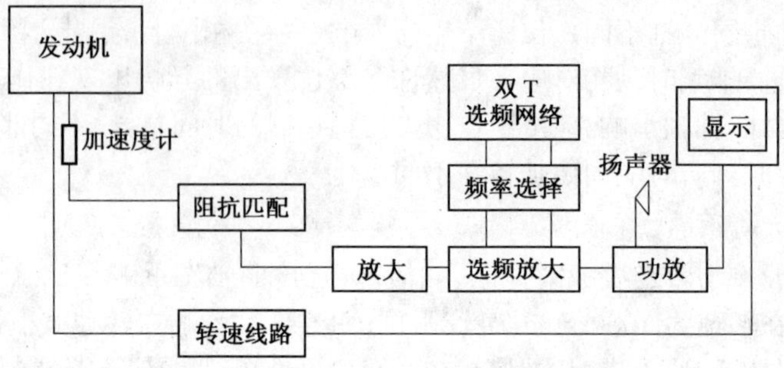

图 7-40 便携式异响诊断仪方案框图

电场；当外力去掉时，其又恢复到原来状态，这种现象称为压电效应。当加速度计受到振动时，质量块随之振动，同时会有一个因振动而产生的惯性力作用于压电材料片上，其惯性力 F(N)的大小与振动加速度 a(m/s^2)与质量块的质量 m(kg)有关。即

$$F=m\cdot a \tag{7-4}$$

作用于压电材料片上的惯性力使表面产生电荷。在表面所积聚的电荷量与惯性力成正比，即

$$Q=D\cdot F \tag{7-5}$$

式中：Q——电荷量(C)；

F——惯性力(N)；

D——压电常数(C/N)。

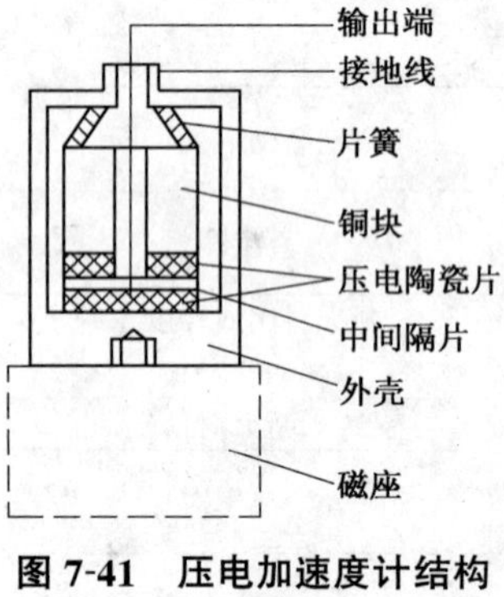

图 7-41 压电加速度计结构示意图

传感器结构一定时，D 和 m 均为常数，因此电荷量 Q 与振动加速度成正比。显然，对于振动加速度来说，其大小、方向是周期性变化的，因此电荷量 Q 也是周期性变化的。这样，带电表面与壳体间就会出现周期性变化的电压。其变化频率取决于振动频率，振幅越大，振动加速度越大，压电材料表面产生的电荷量越大，输出电压越高。因此，输出电压信号的变化频率可表示振动频率，而电压高低反映振动幅度。若振动由异响引起，则电压值就可反映异响的强弱。

压电加速度计常制成两种类型：一是具有磁座，可将其吸附在发动机壳体上；二是制成手握式，通过与加速度计相连的探棒接触检测部位并传递振动。

为了诊断异响，必须把异响振动所产生的电压信号从各种不同噪声振动所产生的信号中分离出来。为此，压电加速度计输出信号经屏蔽导线连接到有高输入阻抗的前置放大器输入端，再经差动放大器放大后输入双 T 型选频网络。该网络实质上是一组具有不同中心频率的选频放大器，而且中心频率可用琴键开关变换对应于经试验研究确定的发动机各主要异响的特征频率。选频放大器的功能是放大电压信号中与中心频率相一致的部分，削弱或滤去与中心频率不一致的成分。经过选频放大，异响特征频率电压信号强度加强，再经功率放大输给扬声器或耳机，同时由电压表指示电压信号峰值，电压表又用作转速表。

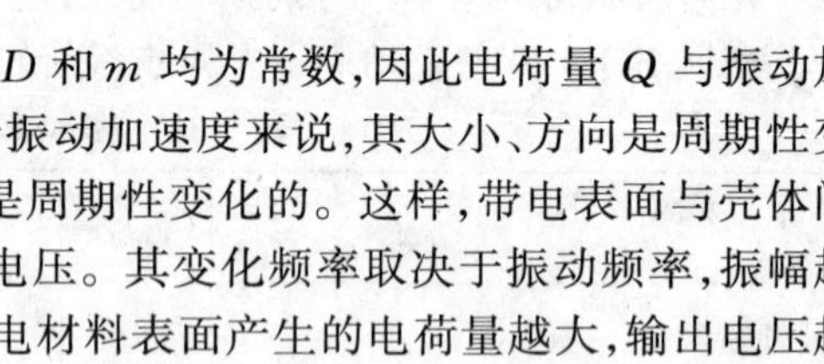

图 7-42 相位选择示波器异响诊断原理框图

2. 示波器显示异响诊断仪

图 7-42 是带相位选择的示波器显示异响诊断仪原理框图，其特点是相位选择在一定时刻让信号通过诊断装置，该时刻对应于故障机件出现异响振动

的时刻，即把异响振动与曲轴转角联系起来；同时，异响振动波形可在示波器上显示出来。

由于某缸配合机件的敲击振动总在该缸点火后发生，某一时刻结束，因此对于汽油发动机而言，可用转速传感器从一缸点火高压线上获得点火脉冲信号，用点火脉冲信号触发示波器的扫描装置，在开始点火的时刻使经选频后的异响振动电压信号导通。导通的相位和导通的时刻可以均匀调节。这样，相位选择装置使从时间及相位上的差异分辨异响得以实现。通过选频的振动信号输送到示波器垂直偏转放大器输入端，同时来自一缸高压线的点火脉冲信号触发相位选择器以控制示波器的扫描装置，从而在示波器屏幕上显示出经过相、频选择的振动波形，可用于直接观察振动波形的振幅、相位和延续时间。

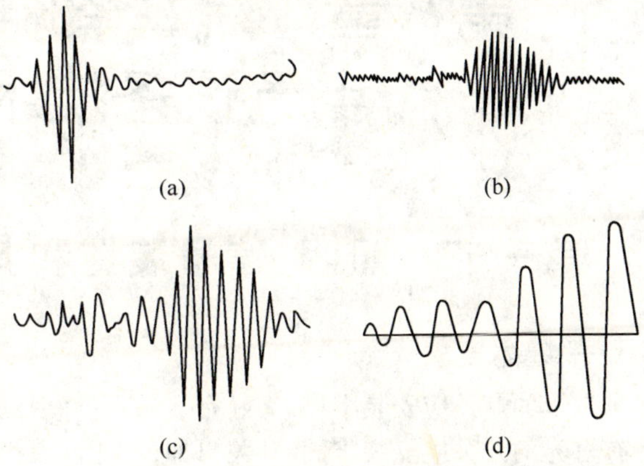

图 7-43　常见发动机异响故障波形

(a)活塞销响　(b)活塞敲缸
(c)连杆轴承响　(d)曲轴主轴承响

国产 QFC-3 型、QFC-4 型和 WFJ-I 型等发动机综合检测仪，均带有示波器，具有显示发动机异响振动波形的功能。

一般而言，在点火提前角正常的情况下，活塞销响的异响故障波形出现在整个波形的前部(或中部)，活塞敲缸异响故障波形出现在整个波形的中部(或前部)，连杆轴承响出现在中后部，曲轴轴承响出现在波形最后部。因各种异响对应着不同振动频率，同时振动中的振幅大小变化过程存在差异，因此显示在示波器上的振动波形所对应的凸轮轴转角和形状有所不同。图 7-43 所示为活塞销响、活塞敲缸、连杆轴承响和曲轴主轴承响的故障波形。

复习思考题

1. 发动机的机械损失功率有哪些？指示功率与有效功率是何关系？
2. 发动机功率检测方法有哪几种？
3. 简述动态测功的原理。
4. 常见的发动机动态测功方法有哪两种？
5. 评价发动机密封性的主要参数有哪些？
6. 影响发动机密封性检测结果的因素有哪些？
7. 汽油发动机的排气成分与空燃比的关系是怎样的？
8. 利用供油压力波图形，分析喷油器工作状态？
9. 润滑系统检测的主要参数有哪些？该项检测有何目的？
10. 润滑油品质检测有哪几种方法？
11. 如何根据油斑图谱分析机油品质？
12. 简述发动机异响的性质、特征与检测影响因素。

第八章　汽车照明、信号装置和其他电气设备技术性能与检测

第一节　照明、信号装置和其他电气设备技术性能要求

一、基本要求

汽车的灯具应安装牢靠、完好有效，不允许因汽车振动而松脱、损坏、失去作用或改变光照方向；所有灯光的开关应安装牢固、开关自如，不允许因汽车振动而自行开关。开关的位置应便于驾驶人操纵。除转向信号灯、危险警告信号及消防车、救护车、工程救险车和警车安装使用的标志灯具外，其他外部灯具不允许闪烁。

二、照明和信号装置的数量、位置、光色和最小几何可见度

(1)汽车及挂车的外部照明和信号装置的数量、位置、光色、最小几何可见度应符合 GB 4785 的规定。

(2)汽车必须装置后反射器。挂车及车长大于 6m 的汽车应安装侧反射器和侧标志灯。反射器应与汽车牢固连接，且应能保证夜间在其正后方 150m 处用汽车前照灯照射时，在照射位置就能确认其反射光。

(3)空载高大于 3.00m 或宽度大于 2.10m 的汽车均应安装示廓灯。

(4)总质量不小于 12 000kg 的货车和总质量大于 3500kg 的挂车应在后部设置车身反光标识，后部的车身反光标识应能体现汽车后部宽度。车长不小于 10m 的货车和总质量大于 3500kg 的挂车都应在侧面设置车身反光标识，车身反光标识的长度不应小于车长的 50%。

(5)车身反光标识的粘贴技术规范及车身反光标识材料应符合 GA 406 的规定。

(6)牵引杆挂车应在挂车前部的左右各装一只前白后红的标志灯，其高度应比牵引杆挂车的前栏板高出 300～400mm，距车厢外侧应小于 150mm。

(7)附加的灯具、反射器或附属装置不允许影响本标准规定安装的灯具和信号装置的性能，且不应对其他的道路使用者造成不利影响。

三、照明和信号装置的一般要求

(1)汽车的前位灯、后位灯、示廓灯(若安装)、侧标志灯(若安装)、挂车标志灯(若安装)、牌照灯和仪表灯应能同时启闭，当前照灯关闭和发动机熄火时仍应能点亮。汽车和挂车的电路连接应保证前位灯、后位灯、示廓灯(若安装)、侧标志灯(若安装)和牌照灯只能同时打开或关闭，但当前位灯、后位灯、侧标志灯作为驻车灯使用(复合或混合)时，则上述情况不适用。

(2)汽车的前、后转向信号灯、危险警告信号及制动灯白天在距其 100m 处应能观察到其工作状况，侧转向信号灯白天在距 30m 处应能观察到其工作状况；前、后位置灯、示廓灯、挂车标志灯夜间好天气时在距其 300m 处应能观察到其工作状况；后牌照灯夜间好天气时在距其 20m 处应能看清牌照号码。制动灯的发光强度应明显大于后位灯。

(3)对称设置、功能相同的灯具的光色和亮度不应有明显差异。

(4)汽车照明和信号装置的任一条线路出现故障，不允许干扰其他线路的正常工作。

(5)驾驶区的仪表板应采用不反光的面板或护板，车内照明装置及其在风窗玻璃、视镜、仪表盘等处的反射光线不应使驾驶人炫目。

(6)仪表板上应设置仪表灯。仪表灯点亮时,应能照清仪表板上所有的仪表且不应炫目。

(7)汽车仪表板上应设置与行驶方向相适应的转向指示信号和蓝色远光指示信号。

(8)汽车均应具有危险警告信号装置,其操纵装置不应受灯光总开关的控制。对于牵引挂车的汽车,危险警告信号控制开关也应能打开挂车上的所有转向信号灯,即使在发动机不工作的情况下,仍应能发出危险警告信号。危险警告信号和转向信号灯的闪光频率应为(1.5±0.5)Hz,起动时间不应大于1.5s。

(9)客车应设置车厢灯和门灯。车长大于6m的客车应至少有两条车厢照明电路,仅用于进出口处的照明电路可作为其中之一。当一条电路失效时,另一条仍应能正常工作,以保证车内照明。车厢灯和门灯不应影响驾驶人的视线和其他汽车的正常行驶。

四、前照灯的要求

(1)在正常使用条件下,汽车前照灯光束照射位置应保持稳定。

(2)装有前照灯的汽车应有远、近光变换装置,并且当远光变为近光时,所有远光应能同时熄灭。同一辆汽车上的前照灯不允许左、右的远、近光灯交叉开亮。

(3)前照灯的远、近光灯上下并列设置时,近光灯应位于上侧,其他情况下近光灯应位于外侧。

(4)所有前照灯的近光都不允许炫目。

(5)远光光束发光强度。汽车每只前照灯的远光光束发光强度应达到表8-1的要求。测试时,其电源系统应处于充电状态。

表8-1 前照灯远光光束发光强度最小值要求 (坎德拉)

汽车类型	新注册车		在用车	
	两灯制	四灯制	两灯制	四灯制
最高设计车速小于70km/h的汽车	10000	8000	8000	6000
其他汽车	18000	15000	15000	12000

(6)光束照射位置要求。在检验前照灯近光光束照射位置时,前照灯照射在距离10m的屏幕上时,乘用车前照灯近光光束明暗截止线转角或中点的高度应为0.7～0.9H(H为前照灯基准中心高度,下同),其他汽车应为0.6～0.8H。汽车(装用一只前照灯的汽车除外)前照灯近光光束水平方向位置向左偏不允许超过170mm,向右偏不允许超过350mm。

在检验前照灯远光光束及远光单光束灯照射位置时,前照灯照射在距离10m的屏幕上时,要求在屏幕光束中心离地高度,对乘用车为0.9～1.0H,对其他汽车为0.8～0.95H;汽车(装用一只前照灯的汽车除外)前照灯远光光束水平位置要求,左灯向左偏不允许超过170mm,向右偏不允许超过350mm,右灯向左或向右偏均不允许超过350mm。

五、其他电气设备和仪表的要求

(1)喇叭性能要求:汽车应设置具有连续发声功能的喇叭,其工作应可靠。汽车喇叭声级在距车前2m、离地高1.2m处测量时,为90～115dB(A)。

(2)发电机技术性能应良好。蓄电池应能保持常态电压。电器导线应具有阻燃性能,所有电器导线均应捆扎成束、布置整齐、固定卡紧、接头牢固并有绝缘套,在导线穿越孔洞时应装设绝缘套管。

(3)车长大于6m的客车应设置电源总开关,个别未经过电源总开关的线路(如危险警告信号线路)应设置保险装置。

(4)长途客车和旅游客车、半挂牵引车、总质量不小于12 000kg的货车应安装具备记录、存储、显示、打印车辆行驶速度、时间、里程等车辆行驶状态信息的行驶记录装置;若安装数字式电子记录装置,其技术要求应符合GB/T 19056的有关规定。

第二节 汽车前照灯性能与检测

前照灯是汽车在夜间或在能见度较低的条件下，为驾驶人提供行车道路照明的重要设备，而且也是驾驶人发出警示，进行联络的灯光信号装置。所以前照灯必须有足够的发光强度和正确的照射方向。由于在行车过程中，汽车受到振动，可能引起前照灯部件的安装位置发生变动，从而改变光束的正确照射方向，同时，灯泡在使用过程中会逐步老化，反射镜也会受到污染而使其聚光的性能变差，导致前照灯的亮度不足。这些变化，都会使驾驶人对前方道路情况辨认不清，或在与对面来车交会时造成对方驾驶人炫目等，从而导致事故的发生。因此，保持汽车前照灯良好的性能非常重要。

一、光的度量

所谓电光源是指将电能转变为光能的装置。我们生活中使用的手电筒便是最典型的电光源，汽车的前照灯、信号灯等均是电光源。

(1)发光强度：它是表示光源发光强度的物理量，计量单位是坎德拉(cd)。它的定义是：一个光源发出频率为 540×10^{12}Hz 的单色辐射，若在一定方向上的辐射强度为 1/683W/sr（即 1/683W 每球面度），则此光源在该方向上的发光强度为 1cd。

(2)照度：照度是表示受光表面被照明的程度的物理量，计量单位是勒克斯(lx)。

(3)发光强度和照度的关系：在不计光源大小的情况下(看做点光源)，照度与离开光源距离的平方成反比(倒数二次方法则)，即：

$$照度=发光强度/离开光源距离的平方$$

从而可得，距离发光强度为 20 000cd 光源 1m 的地方，照度为 20 000lx；离开 2m 的地方，照度为 20 000/4=5000lx；离开 10m 的地方，照度则为 200lx。

二、前照灯的光学特性

前照灯的特性有配光特性、照射方向等。所谓配光特性，是指前照灯灯光的光形分布特性。如果将照度相同的点连成一条等照度曲线，那么，等照度曲线的形状与分布就反映出了前照灯的配光特性，如图 8-1 所示。

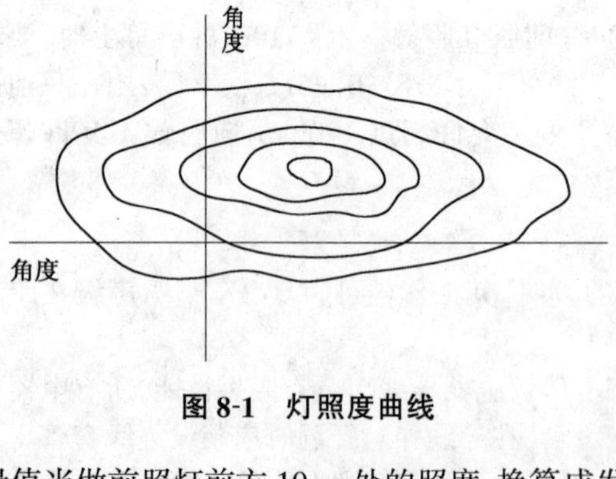

图 8-1 灯照度曲线

光束的照射方向是以其最亮的区域为中心，用该中心对水平和垂直坐标轴交点的偏离量来描述的。由于前照灯透过散光玻璃各点的光线是不均匀的，同时还有与主光轴交叉的光线，大部分还是穿过散光玻璃中心直射的，因此在离开散光玻璃足够远的地方，可以近似看做由点光源发出来的散射光线。试验表明，当距离大于 5m 时，实测值与理论值基本一致；距离为 3m 时，约产生 15%左右的误差。由于受场地的限制，在用前照灯检测仪测量时，通常采用在前照灯前方 3m、1m、0.5m、0.3m 的距离进行测量，并将该测量值当做前照灯前方 10 m 处的照度，换算成发光强度进行指示。

为了既能保持良好的路面照明，又能防止产生炫目作用，汽车的前照灯光均应具有两种光束。一是远光，即当车辆前方无其他道路使用者时所使用的远距离照明光束；二是近光，即当车辆前方有其他道路使用者时，不致使对方炫目或有不舒适感所使用的近距离照明光束。

现代汽车上，普遍采用双丝灯泡的前照灯来实现上述两种光束。一根灯丝处在前照灯反射镜的焦点上，其光度较强，称为远光灯灯丝；另一根灯丝位于焦点的上方和前方，其光度较弱，称为近光灯灯丝。

目前国内外生产的双钨丝灯泡的前照灯分为美国式和欧洲式两种不同的配光制。

(1)美国式配光(SAE方式):因其近光的光形分布对称,该配光制又称为对称形配光。这类前照灯采用普通双丝灯泡,其灯丝位置如图8-2所示。远光灯灯丝在焦点处,功率较大;而近光灯灯丝则向上和向右偏移(从灯泡向反射镜看去),其功率较小。

当用远光时,灯丝发出的光线由反射镜反射后,沿光学轴线平行射向远方(如图8-2a所示);当用近光时,射到反射镜 bab_1 上的光线由反射镜反射后,射向前照灯光轴的右面和下面,即射向路面;而射到反射镜 bc 和 b_1c_1 上的光线反射后,则射向上面和左面,即射向迎面来车驾驶人的视线范围内(如图8-2b所示);但射向路面的光线占大部分,从而减小了对迎面来车驾驶人的炫目作用。

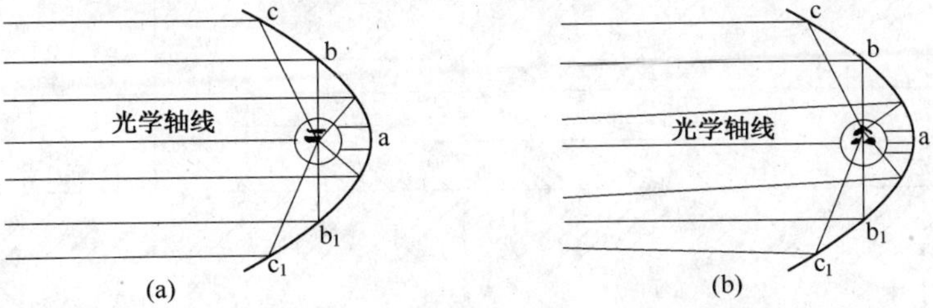

图8-2　美国式配光的前照灯光束照射情况

(a)远光平射　(b)近光倾向下方

(2)欧洲式配光(ECE方式):因其近光的光形分布不对称,该配光制又称为非对称形配光。这类前照灯采用带配光屏的双丝灯泡,其灯丝位置如图8-3所示。远光灯丝处在反射镜的焦点处;近光灯灯丝则沿光轴移至焦点的前方,其下方设有一配光屏,近光灯灯丝发出的光线的上半部分射向反射镜的上半部分,被反射成下倾射向路面的光束,而配光屏则可将下半部分的光线遮住,使其无法射向反射镜的下半部分,故没有向上反射的可能引起炫目的光线。其光束照射情况如图8-3a所示。当使用远光时,配光屏不起作用,反射光束仍直射前方,如图8-3b所示。

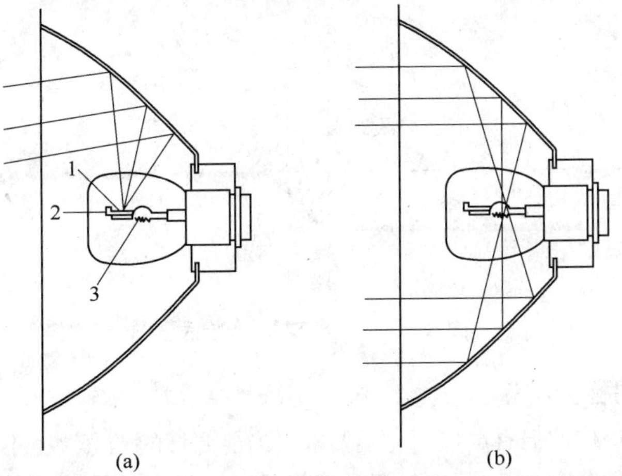

图8-3　欧洲式配光的前照灯光束照射情况

(a)近光　(b)远光

1．近光灯灯丝　2．配光屏　3．远光灯灯丝

由于带配光屏的前照灯泡防炫目效果好,符合欧洲经济委员会制定的ECE标准,是比较理想的配光,已被世界公认,故我国规定采用ECE配光方式。在GB 4599—1994中规定近光光束的配光性能应为图8-4所示的非对称形配光。该配光性能应在前照灯基准中心前25m,过 *HV* 点的铅垂配光屏幕上测定。在配光屏幕上,近光应产生明显的明暗截止线,其水平部分在 *V*-*V* 线的左侧,右侧为

与水平线向上 15°的斜线,或向上成 45°斜线至水平线垂直距 25cm 转向水平的折线。为实现上述配光,通常是将前照灯灯泡内的配光屏做成不对称形式,配光屏左侧边缘倾斜 15°。

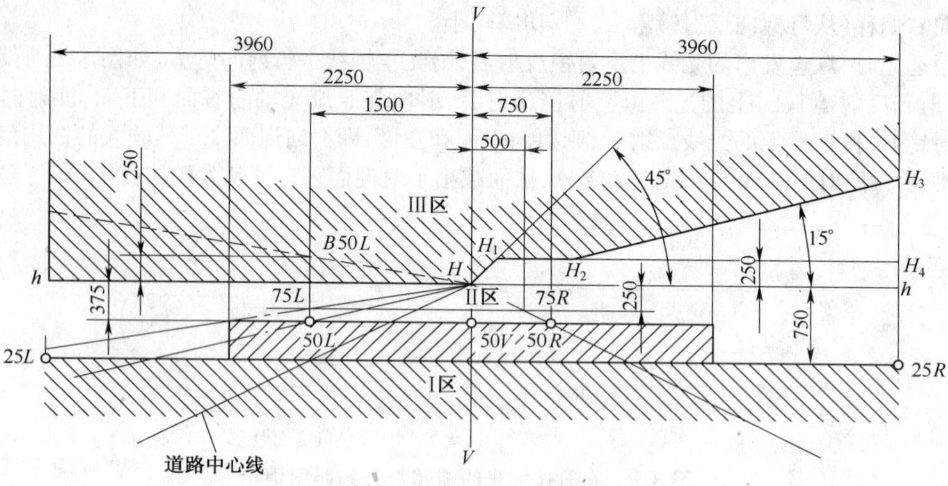

图 8-4　非对称形配光(ECE 方式)

(单位:mm;测定距离:25mm)

区域Ⅲ是一个明显的暗区,该区 $B50L$ 点表示相距 50m 处迎面来车驾驶人眼睛的位置,由于此点光的照度值规定得很低(最大值为 0.3lx),所以可避免迎面来车驾驶人炫目。

近来,国外又发展了一种更优良的光形,其近光光形如图 8-5 所示。明暗截止线呈 Z 形,故称 Z 形配光,这不仅可以避免迎面来车驾驶人的炫目,还可以防止迎面而来的行人和非汽车使用者的炫目,更加保证了汽车夜间行驶的安全。

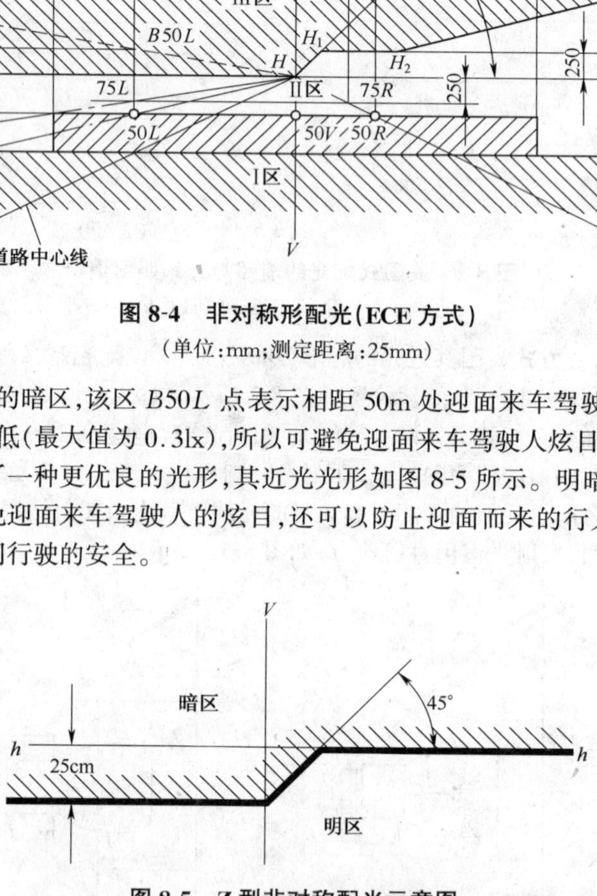

图 8-5　Z 型非对称配光示意图

三、汽车前照灯的检测与调整

对于前照灯的光束,标准上有严格的光学要求。当前照灯的光束调整不当或失调时,将造成驾驶人眼睛疲劳,严重影响行车安全,因此应定期检查前照灯的照明情况,并做必要调整。光束的检测应采用专门的光学仪器来进行,当无仪器时则采用屏幕检测来进行。无论采用何种方法,调试前都应做到:场地应平整、汽车轮胎气压合乎标准、前照灯配光镜表面清洁、车身水平正直,被调整检测车辆应在空载、乘坐一名驾驶人的条件下进行。

1. 利用前照灯检测仪检测与调整

此法为光学调整法。目前采用的前照灯检测仪根据其结构与原理的不同,可分为聚光式、屏幕式、投影式以及自动追踪式四种。它们的检测项目基本相同。可以检测前照灯的光束照射位置与发光强度(cd)或光照度(lx)。

2. 利用屏幕进行检测与调整

此方法为目视调整法。将前照灯光束照射在距其配光镜表面 10m 远的幕布或墙壁上，用肉眼观察并调整光束中心落在屏幕上的位置。

不同国家，不同车型，其调整方法和检测数据也有所不同。美国式前照灯屏幕式调整方法是以远光为主进行调整的；欧洲式的调整方法则是以近光为主进行。我国标准规定：汽车装用远、近光双光束前照灯时，应以调整近光光束为主。我国对前照灯光束的调整与检测方法及要求均在 GB 7454 中作出明确规定。

如图 8-6 所示，在距前照灯 10m 处设有一专用屏幕，按前述规定的检测条件，在屏幕上画有三条垂直线和三条水平线，中间垂直线 V-V 与被检车辆的纵向中心线对正。两侧的垂直线 $V_{左}$-$V_{左}$ 和 $V_{右}$-$V_{右}$ 分别为被检车辆的左右前照灯的中心线；水平线 h-h 与被检车辆的前照灯的中心等高，距地面高度为 H(mm)；其下一条水平线的高度为 H_1，与被检车辆的前照灯远光光束中心的上限值(0.9H)等高，最下面的一条水平线的高度为 H_2，与被检车辆的前照灯近光光束中心的上限值(0.8H)等高。标准规定远、近光光束中心高度的偏差范围分别为 0.05H 与 0.2H，即其下限值分别为 0.85H 和 0.6H。

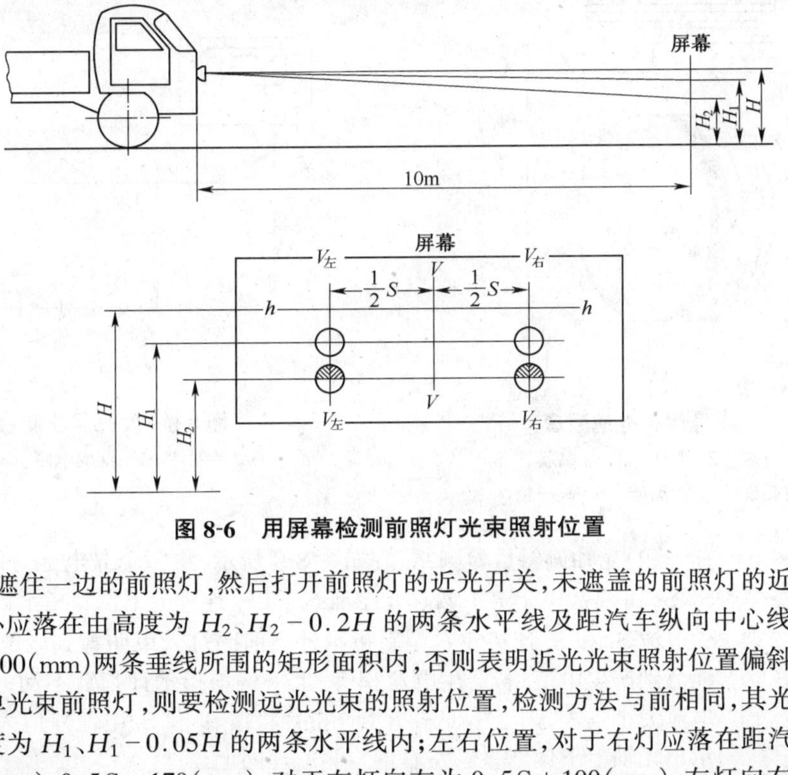

图 8-6　用屏幕检测前照灯光束照射位置

检测时，先遮住一边的前照灯，然后打开前照灯的近光开关，未遮盖的前照灯的近光明暗截止线转角或光束中心应落在由高度为 H_2、$H_2-0.2H$ 的两条水平线及距汽车纵向中心线为 $0.5S+100$(mm)、$0.5S-100$(mm)两条垂线所围的矩形面积内，否则表明近光光束照射位置偏斜不合格。

对于远光单光束前照灯，则要检测远光光束的照射位置，检测方法与前相同，其光束中心上下位置应落在由高度为 H_1、$H_1-0.05H$ 的两条水平线内；左右位置，对于右灯应落在距汽车纵向中心线为 $0.5S+170$(mm)、$0.5S-170$(mm)，对于左灯向左为 $0.5S+100$(mm)，左灯向右为 $0.5S-170$(mm)两条垂直线内。

用屏幕法检测前照灯，其方法简单易行，但它只能检测出光束的偏斜方向和偏斜量，不能检测发光强度，而且为适应不同车型，还需经常更换屏幕，检测效率较低。

四、前照灯检测仪

1. 前照灯检测仪工作原理

用于检测汽车前照灯性能的设备，称为前照灯检测仪。用检测仪检测灯光性能时，一般距离大灯为 1m 或 3m，检测时前照灯的光束通过检测仪的聚光透镜和光电元件等，将 1m 或 3m 处的光照度折算成10m处的照度，并以发光强度值进行指示。检测前照灯时，距离越远，检测测量值越准确，但需要场地较大。一般在3m以内误差为15%左右，可见使用前照灯检测仪检测的准确性不如屏幕法高。但仪器通过对误差进行修正，加之占用场地小、使用方便等优点，在检测线上得到广泛的应用。

前照灯检测仪是一种专用的光学仪器。其使用的主要元器件是硅半导体光电池和聚光透镜。光电池用于吸收前照灯发出的光能，将其转变成光电池的电流，按该电流的大小来确定前照灯的发光强度与光轴偏移量。

光电池构造如图8-7所示，它是由结晶硅、金属薄膜、底板和引线等组成。当光电池受到光照射后，光能使金属薄膜和硅晶体上下部之间产生电动势，使结晶硅上部带负电，下部带正电；因此在金属薄膜和铁底板上接出引线后，即可将电路接通，从而使电流表指针偏转。

(1)发光强度检测原理：如图8-8所示，将光电池与光度计用导线连接起来，在规定的距离使前照灯灯光照射光电池后，光电池产生对应于前照灯发光强度大小的电流使光度计指针偏转，从而检测出前照灯的发光强度。

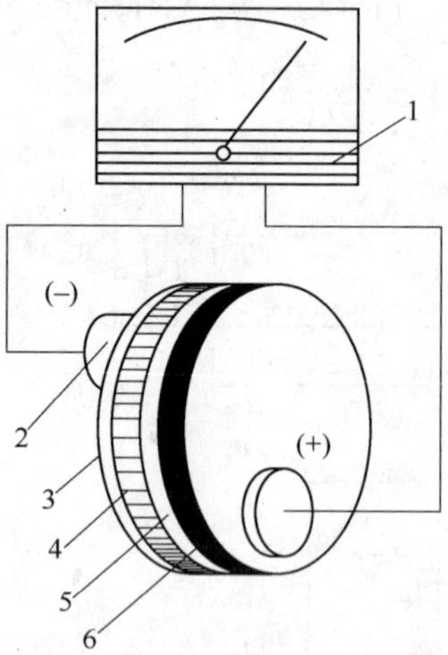

图8-7 半导体光电池原理

1.电流表 2.引线 3.金属膜
4.非结晶硅 5.结晶硅 6.铁底板

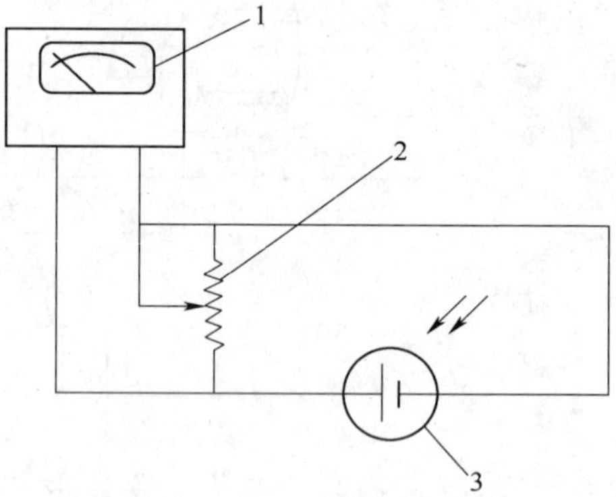

图8-8 发光强度测量原理

1.光度计 2.可变电阻 3.光电池

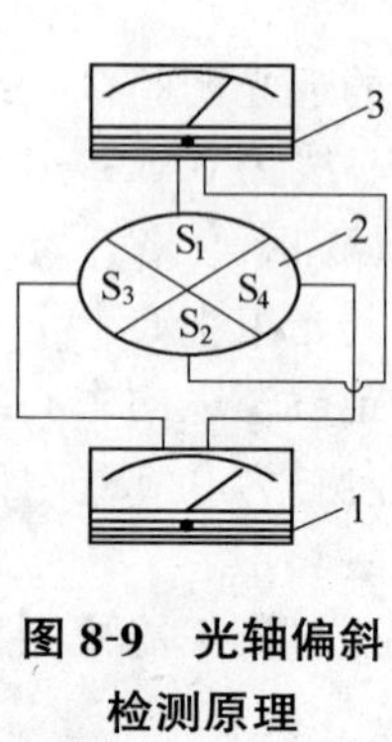

图8-9 光轴偏斜检测原理

1.左、右偏斜指示计
2.光电池 3.上、下偏斜指示计

(2)光轴偏斜量检测原理：如图8-9所示，将一个光电池分隔成四等分(S_1、S_2、S_3和S_4)，位于上下两片光电池S_1和S_2连接上下偏斜指示计，位于左右两片光电池S_3和S_4连接左右偏斜指示计。前照灯光束照射到光电池后，各片光电池分别产生电流；若产生电流相等，上下偏斜指示计指针不动；若S_1和S_2产生电流大小不等，则上下偏斜指示计指针将按S_1和S_2电流差值大小进行偏转，指示出光轴上下偏斜量。左右偏斜测原理同上。

2.前照灯检测仪的结构

前照灯检测仪主要有聚灯式、自动追踪光轴式、屏幕式、投影式等多种类型，但目前使用最多的是自动追踪光轴式前照灯检测仪。下面主要介绍自动追踪光轴式前照灯检测仪。

如图8-10所示，检测时前照灯检测仪置于汽车前方1m处。在受光器6内设有两组光电池。在聚光透镜后的上下左右设有一组四个对称分布的光电池S_1、S_2、S_3、S_4，其功能是自动追踪主光轴方向。当前照灯光束照射有偏差时，上下光电池输出电流通过电机控制受光器上下移动，左右光电池输出电流控制小车左右移动。当四个光电池受光量相等时，受光器的位置已对准光轴，四个光电池无电流输出，受光器不再移动，主光轴找正后，可由光度计上读出前照灯的发光强度值。

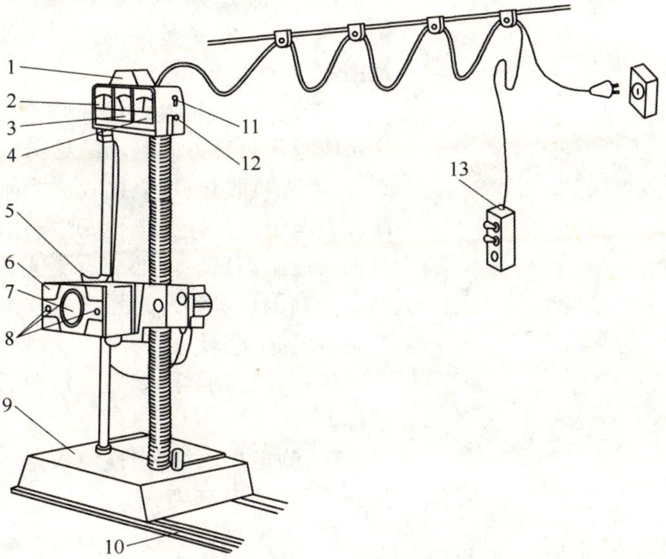

图 8-10 自动追踪光轴式前照灯检测仪

1. 在用显示器 2. 左右偏斜指示计 3. 光度计 4. 上下偏斜指示计 5. 车辆摆正找准器 6. 受光器 7. 聚光透镜 8. 光电元件 9. 控制箱 10. 导轨 11. 电源开关 12. 熔丝 13. 控制盒

为了检测光束光轴偏斜量，在检测仪的受光器的后方，另设置了一组四个上下左右相对称的光电池 S_1'、S_2'、S_3'、S_4'(图 8-11)。这一组光电池与聚光透镜后的一组相互平行，其中心轴与灯的几何中心轴线平行。当前照灯主光轴有偏斜时，因两组光电池是平行的，前一组 S_1、S_2、S_3、S_4 光电池受光量相等，但后一组光电池 S_1'、S_2'、S_3'、S_4'受光量则不相等，根据后一组光电池差值，光轴偏斜指示计指示出主光轴在左右与上下方向的偏斜值。

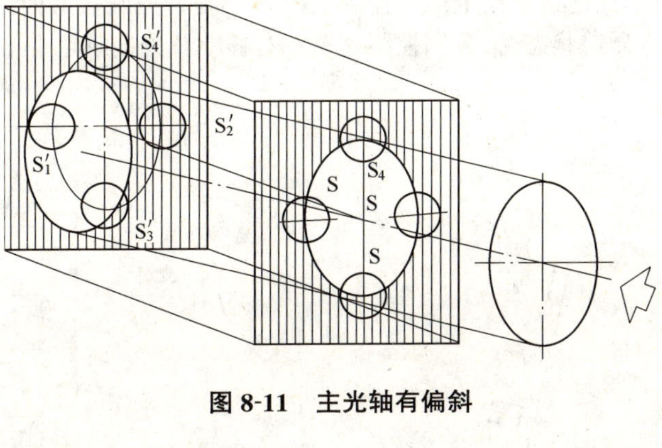

图 8-11 主光轴有偏斜

3. 自动追踪光轴式前照灯检测仪举例

国产 FD -1 型前照灯检测仪是属自动追踪光轴式，在国内汽车安全检测线使用比较普遍。结构图示于 8-12。

(1)底箱：是检测仪的基座，由四个导向轮支撑，可在导轨上作水平方向运动。其内部装有驱动电

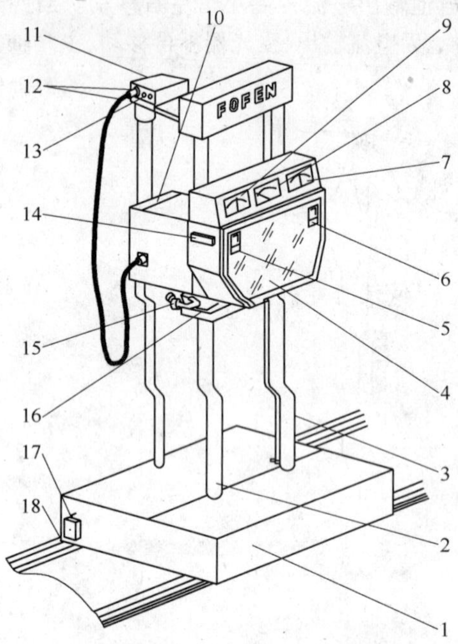

图 8-12 国产 FD-1 型前照灯检测仪

1. 底箱 2. 左立柱 3. 右立柱 4. 光接收箱 5. 电源指示灯 6. 测定指示灯 7. 光轴左右方向偏移量指示表 8. 发光强度指示表 9. 光轴上下方向偏移量指示表 10. 水准泡 11. 接线盒 12. 连接电缆和控制电缆插座 13. 输出信号插座 14. 瞄准器 15. 调整手轮 16. 箭标 17. 限位开关 18. 导轨

机、减速器及传动机构。驱动检测仪作水平方向运动及使光接收箱作垂直方向运动。水平及垂直方向运动的电气控制系统(底箱线路板组件)也安在底箱内。

(2)左立柱:是检测仪在垂直方向的支撑柱,在其左侧表面上刻有指示被检前照灯中心高度的刻度尺,刻度范围 500～1300mm。

(3)右立柱:是检测仪在垂直方向主要支撑柱,也是光接收箱作垂直方向运动的导向柱。

(4)光接收箱:用以接收被验前照灯投射的光束。正面装有两组四片硅光电池,光电池输出作为检测仪跟踪光轴的控制信息。内部装有聚光透镜及驱动系统,用来测定光轴偏移量和发光强度的硅光电池组和输出的信号控制、处理电路。

(5)电源指示灯:接通电源时,灯亮并显示出“电源”字样。

(6)测定指示灯:当检测仪进入“测定”状态时,此灯亮并显示出“测定”字样。

(7)光轴左右方向偏斜量指示表:在测定状态时,指示被检前照灯光轴在左右方向的偏斜量(用角度和cm/10m双重刻度指示)。

(8)发光强度指示表:在“测定”状态时,指示被检前照灯的发光强度。

(9)光轴上下方向偏斜量指示表:在“测定”状态时,指示被检前照灯光轴上下方向偏斜量。

(10)水准泡:用以指示光接收箱是否已处于水平位置。当水准泡的气泡偏离出水准泡的中心圆时,光接收箱的位置应作适当的调整。

(11)接线盒:盒内装有电源开关①、易熔线②、电源插座③、输出信号插座④、控制电缆插座⑤、连接电缆插座⑥。各元件的位置如图 8-13 所示。

(12)控制电缆插座:用以连接控制电缆。控制电缆另一端为控制盒上面装有 5 个按钮开关。按下测定按钮使得仪器进入测定状态时,分别控制底箱左右移动及光接收箱上下移动(按钮开关排列如图 8-14 所示)。

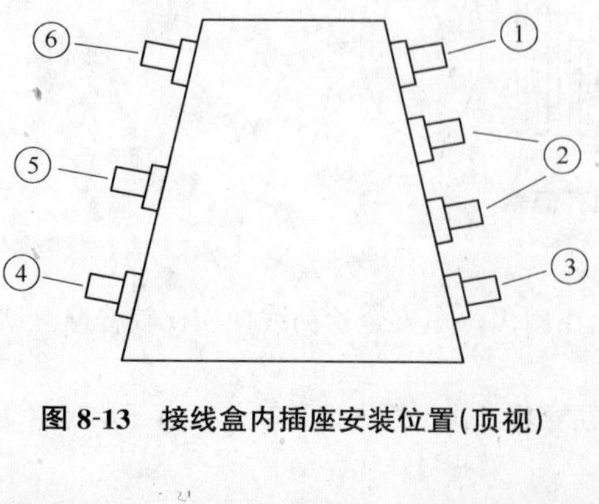

图 8-13 接线盒内插座安装位置(顶视)

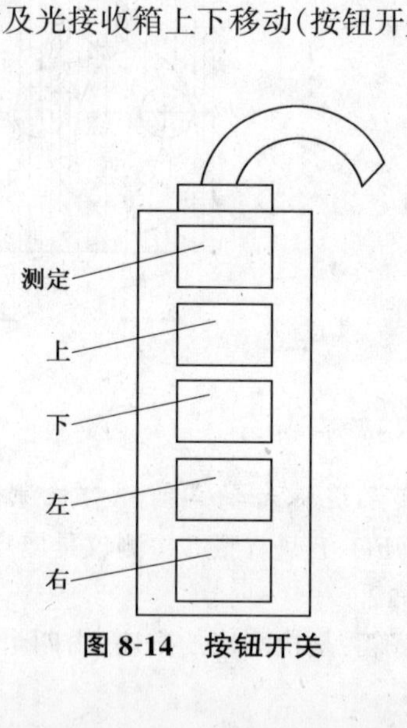

图 8-14 按钮开关

(13)输出信号插座:分别输出发光强度信号,光轴左右偏斜量信号,光轴上下偏斜量信号。插座上各引出端子的功能如表 8-2 所示。当外接记录仪器或信号处理装置的输入阻抗大于 100kΩ 时,所有信号为 0～100mV 的信号。

表 8-2 各引出端子的功能

端子编号	输出信号	端子编号	输出信号
①	公共端	③	发光强度
②	左右方向偏斜量	④	上下方向偏斜量

(14)瞄准器:用以对准被检车辆的纵向中心线(或是纵向中心线的平行线。用调整手轮 16 进行调节。当瞄准器的前后准星与该中心线平行时,检测仪的光接收箱正面就垂直于被检车辆的纵向中心线)。

(15)调整手轮:用以调整光接收箱的位置,使光接收箱的正面与被检车辆的纵向中心线垂直。

(16)箭标:其作用是在调整光接收箱的位置时,当箭标的尖端对准了左立柱刻度尺上的纵向刻度线(见图 8-15),即表示光接收箱正面与导轨已经平行;在检测仪进入"测定"状态时,箭标的尖端所对应的横刻度线,即是被检车辆前照灯的中心高度(灯的中心与地面之间的距离)。

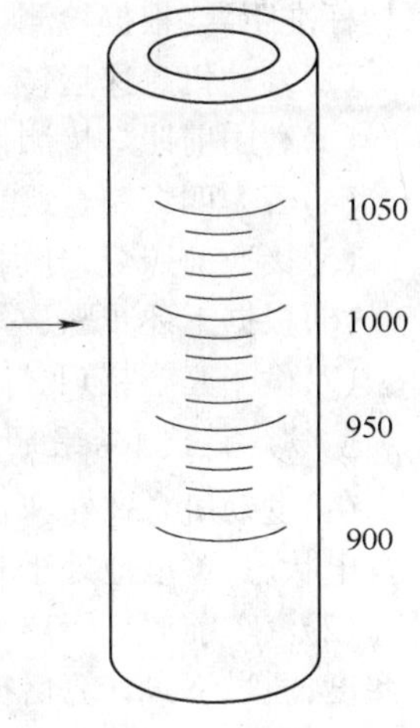

图 8-15 箭标

(17)限位开关:当检测仪运行到导轨左右端头时,限位开关的滑杆与导轨端部挡块相碰,限位开关内的触点断路,使检测仪自动停止,以防冲出导轨之外。

(18)导轨:供检测仪运动的轨道。

4. 前照灯检测仪的维护

(1)汽车前照灯检测仪的维护项目及作业周期如表 8-3 所示。

(2)前照灯检测仪维护注意事项。

①前照灯检测仪,工作时均应保持底座水平,能平稳的在导轨上移动。

②检测时,检测仪聚光透镜不要让被检测灯以外的光源照射;不检测时,检测仪要用避光布套罩住,防止光电池老化。

③非全自动前照灯检测仪检测有四只前照灯的汽车,检测时要把辅助灯遮住,一只一只地检测。

④检测时,前照灯光束照射到检测仪聚光透镜时,要等待一段时间(光电池灵敏度稳定后),待仪表指针稳定后再进行测量。

表 8-3 前照灯检测仪维护项目

使用周期	保修部位	保修要领	备注
使用前	仪表	当检验仪不受光时,检查光度计指针和光轴偏斜指针是否指零	指针失准,可用零点调整螺钉校准
	聚光透镜	检查聚光镜面有无污垢或模糊不清的部位	清除镜面污垢,用柔软织物擦拭干净
	水准器	检查水平找准气泡是否正常	气泡不在红线框内可用调整螺钉调准,必要时可增减垫片调整。水准器无泡时,要请厂家修理、更换
	导轨	检查导轨有无弯曲、变形、损坏或嵌有石子、杂物	清除导轨上的杂物;导轨弯曲、变形时应该更换
三个月	车轮、支柱和受光器升降台	检查这些机构的动作是否灵活(有无弯曲、变形、锈蚀等)	动作不灵活时,需及时进行清洗、除锈、润滑。出现弯曲、变形时,需请厂家修理
	导轨	在导轨上左、右移动检查仪,检查导轨有无弯曲或两根导轨水平度不良	导轨弯曲或两根导轨水平度不良时,需请厂家修理
一年	需请计量部门进行检定、校准		

五、使用前照灯检测仪检测前照灯的方法

1. 检测条件

(1)检测前照灯前应保持前照灯配光镜的清洁,擦净配光镜上的脏物,以免影响发光强度。

(2)汽车空载,车内乘坐1人,轮胎气压符合规定。

(3)蓄电池电压正常。

2. 检测步骤

(1)将被检汽车缓缓驶近前照灯检测仪,保证汽车纵轴线与前照灯导轨垂直,使前照灯与检测仪保持标准距离(根据检测仪型号确定)。

(2)发动机怠速运转,蓄电池处于充电状态。

(3)利用前照灯检测仪上的找准器,使检测仪和待检测的汽车前照灯对正。

(4)若为四灯制车,遮住暂不检测的前照灯,只保留一只前照灯。

(5)接通前照灯,分别测量前照灯光轴偏斜量和发光强度。

(6)根据上述步骤,对各前照灯逐一检测。

(7)检测完毕,前照灯检测仪移开,汽车驶离检测工位,切断检测仪电源。

3. 影响检测结果的主要因素

(1)发动机怠速转速:汽车发动机怠速时的转速过低,发电机转速也随之降低,从而使发电机处于非发电状态,蓄电池处于非充电状态,此时,汽车前照灯的发光强度将有所降低。

(2)汽车前照灯距离大灯仪的距离:大灯仪检测汽车前照灯的发光强度时,是根据大灯仪受光器的照度,通过下式计算后得到前照灯的发光强度大小的。

照度=发光强度/离开光源距离的平方

发光强度单位是坎德拉(cd),照度单位是勒克斯(lx),距离的单位是米(m)。

由此可见,大灯仪距离光源的距离越远,得到的照度越小;大灯仪距离光源的距离越近,得到的照度越大。实际检测时,大灯仪要求汽车前照灯距离大灯仪的距离是在一定值范围内,如果汽车前照灯距离大灯仪的距离比要求的距离远,大灯仪检测到的照度就小,最终指示的前照灯发光强度检测值也就比实际的小;相反,如果汽车前照灯距离大灯仪的距离比要求的距离小,大灯仪检测到的照度就大,最终指示的前照灯发光强度检测值也就比实际的大。

因此,检测前照灯发光强度时,要严格掌握大灯仪距离车辆的距离。

(3)车辆纵轴轴线是否与大灯仪导轨垂直:国家标准规定的前照灯光轴偏移量限值要求,是在距离汽车前照灯10m远的屏幕上测量的结果。通过理论计算可知,如果车辆纵轴轴线与大灯仪导轨不垂直,而是偏移了1°,会使光轴偏移量变化174mm;如果车辆纵轴轴线与大灯仪导轨不垂直,而是偏移了2°,则会使光轴偏移量变化350mm。

因此,实际检测时一定要尽可能的使车辆纵轴轴线与大灯仪导轨垂直。

(4)其他光源的照射:检测前照灯时,应避免外界强光照射,否则会影响检测结果,其道理是不言而喻的。

第三节 汽车车速表检测

一、汽车车速表

车速表是指示汽车行驶速度的仪表,它一般与里程表组合为一体,又称车速里程表。车速表的种类较多,常用的有磁电式、电感式。

1. 磁电式车速表

磁电式车速表利用磁电互感原理工作,磁钢产生旋转磁场,其电磁力推动表盘上指针摆动,指针摆角与汽车行驶速度成正比。

图 8-16 为磁电式车速表结构图。其工作过程如下：转轴 1 下端方孔与软轴连接，软轴一端接变速器的输出轴，转轴 1 随变速器轴转动。磁钢 7 固定在转轴 1 上随其转动。铁护罩 11 固定不动，感应铝罩 9 放在磁钢 7 和铁护罩 11 之间，指针 19 通过针轴 14 与感应铝罩 9 固定相连。针轴 14 与游丝 13 一端固连，游丝 13 另一端固定在不动游丝调节器 12 上。刻度盘 18 固定不动。磁钢 7 随转轴 1 旋转后，产生磁感应强度为 N 值的旋转磁场，该磁场穿过感应铝罩 9 时，因有感应电势的作用产生涡流 I，涡流 I 和旋转磁场 B 相互作用便产生电磁力 F。感应铝罩 9 在电磁力 F 作用下，迫使感应铝罩 9 与磁钢 7 作同方向转动，固连在感应铝罩 9 上的针轴 14、指针 19 与游丝 13 反抗力矩 M_1 相平衡时，指针不再转动。此时，指针所指的刻度值即表示车速值。磁零件越精密，则指针越稳定可靠。

2. 电传感式车速表

用轮轴传动的车速表其安装位置受到软轴长度及弯曲度的限制，不同的车型要求有相应规格的软轴，并且由于软轴在软管中的伸缩和摩擦，或连接方轴的磨损，将使仪表指针的指示稳定性受到影响。采用电传动装置代替软轴传动，便可克服上述缺点。

电传感车速表由电传动传感器和指示仪表两部分组成。传感器可用直流或交流同步发电机，使变速器输出轴与发电机转子相连，指示仪表输入与电动机转子相连，两者定子之间用导线连接。当变速器输出轴（即发电机转子）旋转时，发电机定子绕组感应电流经导线输出至指示仪表电动机定子绕组，使其产生旋转磁场，从而使指示仪表传感器（即电动机）的转子（即转轴）得到与发电机同步的旋转，指示仪表仍可采用磁电式结构。电传感式车速表可不受传输距离的影响，一般用于车速表与输出轴间距较大的场合。

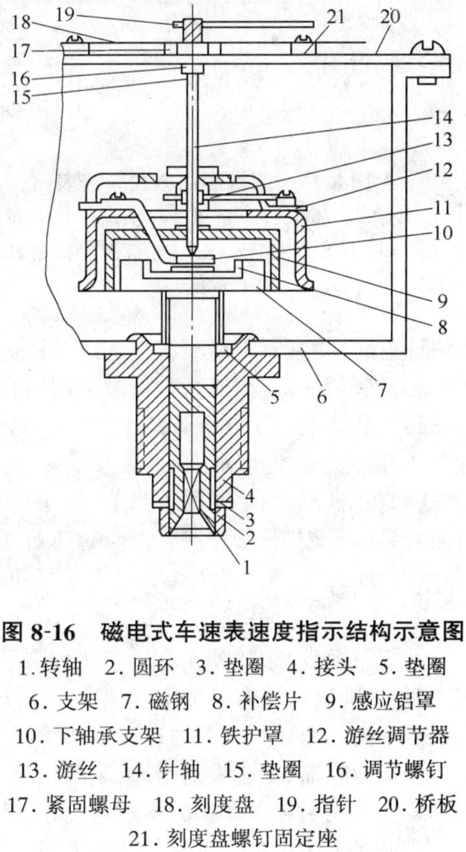

图 8-16　磁电式车速表速度指示结构示意图

1. 转轴　2. 圆环　3. 垫圈　4. 接头　5. 垫圈　6. 支架　7. 磁钢　8. 补偿片　9. 感应铝罩　10. 下轴承支架　11. 铁护罩　12. 游丝调节器　13. 游丝　14. 针轴　15. 垫圈　16. 调节螺钉　17. 紧固螺母　18. 刻度盘　19. 指针　20. 桥板　21. 刻度盘螺钉固定座

3. 离心式车速表

离心式车速表属机械传动式仪表，如图 8-17。它的基本工作原理是测量配重在旋转时所产生的惯性离心力。按配重组成形式有圆锥形离心式和圆环形离心式车速表。圆锥形离心式的配重 3 随转轴 1 旋转，在惯性离心力 Q 作用下，配重 3 向外运动带动拉杆 2、连同活动环 4 上移，上移距离由弹簧 5 平衡，并通过传动机构 6 使指针 7 偏转，即指示车速值。指针偏转角值与转轴角速度 ω 平方值成正比。

圆环形离心式车速表中的圆环在常态下绕心轴倾斜。当圆环随转轴一起转动时，圆环左右两侧受的惯性离心力方向因不在同一平面内，使圆环得到绕轴心转动的力矩，圆环的上下摆动通过拉杆使活动杆沿转轴上下移动，从而经传动机构使指针偏转，指示出转轴转速对应的车速值。

二、车速表检测的必要性

汽车的行驶速度关系到行车安全与运输生产率。为了提高汽车运输生产率应发挥车辆性能所能提供的尽量高的车速，但车速过高超过了汽车性能所允许的界限往往会使汽车失去操纵稳定性与制动距离过长，影响行车安全。据有关统计资料表明，在重大交通事故中，约有 40％是由于驾驶人违章超速行驶造成的。车速越高动能越大，遇到情况与物相撞的力越大，在转弯时的离心力也越大。理论和实验表明，汽车的制动距离与汽车制动初速度的平方成正比。即制动时汽车的行驶速度越高，汽车

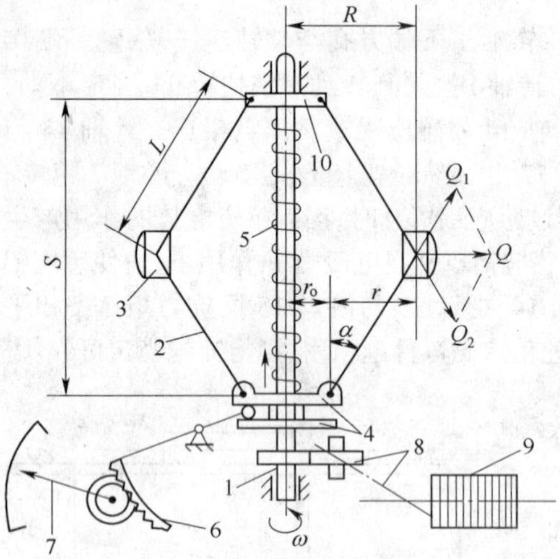

图 8-17 圆锥形离心式车速表

1. 转轴 2. 拉杆 3. 配重 4. 活动环 5. 弹簧 6. 传动机构 7. 指针 8. 传动机构 9. 记数器 10. 固定环

的制动距离越大,这是车速越高越容易发生事故的原因。此外车辆的行驶速度还受交通情况与道路条件,以及着眼于经济成本的经济车速的限制。所以在驾驶汽车时合理地运用、准确地掌握行车速度,对行车安全与高效运用车辆有着重要意义。

1. 主观估计的偏差

汽车行驶时,驾驶人可通过主观估计来掌握正确的行驶速度,另一方面也可观察车速里程表的显示来掌握正确车速。主观估计车速时,一般是凭对车外景物移动的观察、听察发动机声响和体验汽车行驶中的振动来作出判断的。研究表明,这种主观估计的方法,存在下列偏差。

(1)汽车减速时,主观感觉的车速比实际车速低。上述情况对弯道行驶不利,因为汽车行驶至转弯前,要充分减速,如果驾驶人对车速估计不准,实际车速过高,会在汽车转弯过程中造成侧滑等危险。

(2)汽车加速时,驾驶人主观感觉的车速比实际车速高,这种情况对超车行驶不利,驾驶人对自己车速估计过高,使判断距离时容易造成差错。

(3)汽车以一定车速行驶一段时间后,驾驶人会对速度产生适应性,从而对速度感觉"钝化"。例如在高速公路上以 100km/h 车速行驶一段时间后,驾驶人就觉得车速不快,因而放松警惕,忽视与前行车要保持足够的间隔距离。

(4)在路旁景物单调的道路上,由于行车参照对比物少,驾驶人主观感觉车速要比实际车速低。因而容易出现控制车速过高,造成超速行车的危险。

综上所述,汽车行驶中,单纯依靠驾驶人主观估计车速是不够的,必须要参照车速表来控制车速。

2. 车速表误差形成原因

在行车中,汽车驾驶人通过车速表来了解、掌握车辆行驶速度,这就要求车速表应具有一定的精度,能尽量准确反映车辆的实际速度。但车速表使用时间长后有可能造成误差。

汽车的车速表一般是通过速度传感器将汽车行驶速度传递给车速表,以使其指示车辆的行驶速度。由于传感器、车速表的制造、装配误差,以及车速表性能下降,或轮胎磨损、轮胎气压不符合规定等因素都可能引起车速表的指示车速与实际车速之间出现误差。

磁电式车速表是通过指针摆动来显示汽车行驶速度的。车速表内有带指针轴的转盘,带永久磁铁的转轴、轴承、游丝等零件,转轴由软轴驱动,汽车变速器或分动器输出轴上的蜗杆-蜗轮传动副中的蜗轮与软轴相连接。由于这些零件在使用过程中的自然磨损,以及磁性元件的磁性变化都会造成车速表的指示误差。

车速表的转轴一般通过变速器或分动器输出轴上的蜗杆-蜗轮传动副经软轴驱动。在变速器输出轴转速不变的情况下,车速表指示值为定值,而汽车的实际行驶速度还与车轮的滚动半径有关。汽车轮胎在使用过程中随行驶里程的增加而逐渐磨损,其滚动半径逐渐减小,轮胎气压高低也影响滚动半径的大小。因此车速表指示值与实际车速就会形成误差。

若车速表的指示误差较大,驾驶人就很难准确地掌握车速,因而可能导致交通事故的发生。因此,为了保障行车安全,车速表的指示误差被列为汽车安全检测中的必检项目之一。

三、车速表的技术要求

车速表指示误差以相对误差大小来衡量,其定义为:

$$\Delta V=(V_{表}-V_{实})/V_{实}\cdot 100\% \quad (8\text{-}1)$$

式中：$V_{表}$——指车速表指示的车速值(km/h)；

$V_{实}$——指该车实际的行驶车速值，常用精度较高的测量设备的测量值作为实际车速值(km/h)。

车速表校验方法通常有道路试验法和室内台架试验法两种。道路试验法是汽车以不同车速等速通过某一预定长度的试验路段，测定通过该路段的时间，然后计算出实际车速，并与驾驶室内车速表指示值相对照，即可求出不同车速下车速表的指示误差。台架试验法是在滚筒式车速表检测台上进行的。

GB 7258—1987 规定车速表允许误差范围为 +15%～-10%，修订后的 GB 7258—1997 改为车速表允许误差范围为 +20%～-5%，即当实际车速为 40km/h 时，车速表的指示值为 38～48km/h 为合格。GB 7258-2004 对车速表的要求表述为：车速表指示车速 V_1(km/h)与实际车速 V_2(km/h)之间应符合下列关系式：

$$0\leqslant V_1-V_2\leqslant(V_2/10)+4 \quad (8\text{-}2)$$

从安全角度出发，车速表的读数应不小于实际车速，但考虑到在用车的实际情况，应允许车速表有一个小的下偏差。

车速表指示误差的检验宜在滚筒式车速表检测台上进行。对于无法在车速表检测台上检验车速表指示误差的机动车(如全时四轮驱动汽车、具有驱动防滑控制装置的汽车等)可路试检验车速表指示误差。

将被测机动车的车轮驶上车速表检测台的滚筒上使之旋转，当该机动车车速表的指示值(V_1)为 40km/h 时，车速表检测台速度指示仪表的指示值(V_2)为 32.8～40km/h 范围内为合格。

当车速表检测台速度指示仪表的指示值(V_2)为 40km/h 时，读取该机动车车速表的指示值(V_1)，当 V_1 的读数在 40～48km/h 范围内时为合格。

四、车速表检测台

1. 结构

车速表检测台主要有标准型车速表检测台和驱动型车速表检测台两种类型。此外，还有将车速表检测台与制动检测台组合在一起构成多功能复合型检测台。

(1)标准型车速表检测台：车速表检测台由速度测量装置、速度指示装置、速度警报装置和举升器等组成。

标准型车速表检测台本身不带驱动装置，它的滚筒由被检汽车的驱动车轮带动旋转。标准型车速表检测台见图 8-18。

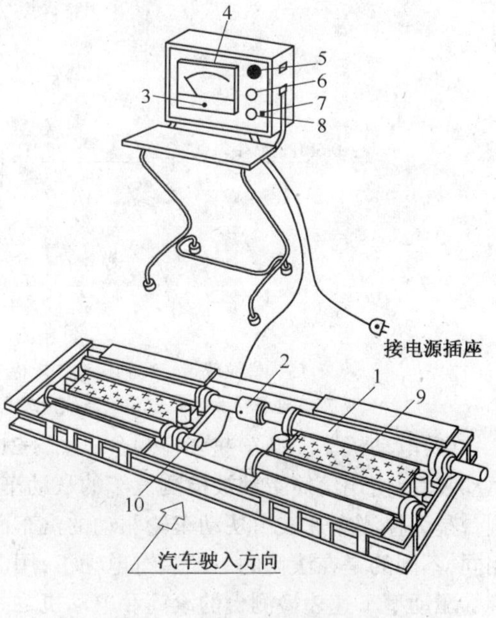

图 8-18　标准型车速表检测台

1. 滚筒　2. 联轴器　3. 零点调整螺钉　4. 速度指示仪表　5. 蜂鸣器　6. 警报灯　7. 电源灯　8. 电源开关　9. 举升器　10. 速度传感器(测速发电机)

①速度检测装置。主要由滚筒、速度传感器、联轴器等组成。滚筒通常为左右 2 个，滚筒直径因检测台型号的不同而异，常见的滚筒直径为 185mm。滚筒用轴承将它们支承在检测台的框架上，并用万向节联轴器或普通联轴器把左右两个前滚筒连在一起，以防止检测时汽车差速器齿轮的滑转。

采用脉冲信号发生器时，测量装置在滚筒每转过一转时发出定数的电脉冲，然后对脉冲数进行测定以得到转速。测定装置由传感器和指示测量仪两部分组成,其间由导线相连。用于产生电脉冲的传感器及用于测定脉冲的方法很多,所以由它们组合而成的脉冲转速测定装置也很多,但它们大都具有体积小、质量轻、读数准、使用方便及可进行远距离测量等特点。常用的测速传感器有磁电式、光电式及触点开关式三种。磁电式测速传感器结构原理如图8-19所示。它由一个装于被测转轴上的齿轮及一个装于外支架上的磁头组成,磁头即为一个带线圈绕组的永久磁铁。永久磁铁距齿轮顶端间隙很小,通常为0.5～1.0mm。在被测轴开始运转时,驱动齿轮一同旋转,使齿轮切割磁力线,在磁头的线圈中就感应出与齿数相同的电压脉冲信号,经测量仪处理后,即可得到被测轴的转速。

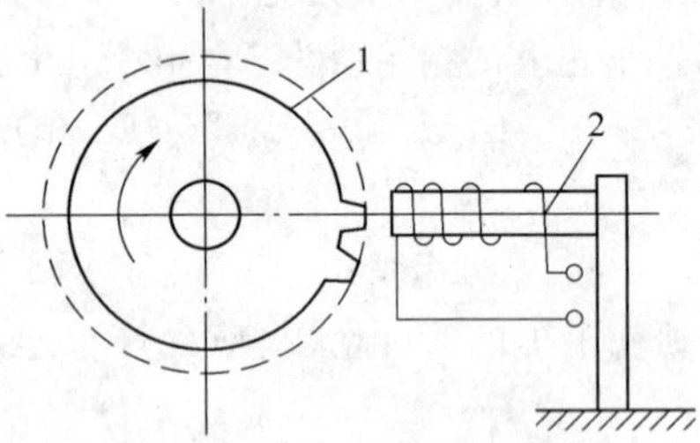

图 8-19　磁电式测速传感器

1. 齿轮　2. 线圈绕组

②速度指示装置。是按照测速发电机发出的电压或脉冲数来进行计量。它根据滚筒外圆周长和转速计算出滚筒表面曲线速度,用 km/h 为单位在检测台速度指示仪表上指示出来。

③速度警报装置。是为了能在检测时更快地判断车速表是否合格而设置的。这个装置设有红色警报灯和蜂鸣器。

④举升装置。为使汽车进、出检测台方便,在前、后滚筒之间设有举升器。举升器由压缩空气的作用而上升或下降,其举升系统原理见图8-20。当汽车需要进入或驶离检测台时,举升器升高;而检测的时候,则降下举升器,让车轮与前后滚筒接触。由于举升器和滚筒固定装置联动,因此在举升器上升时,滚筒不会转动。

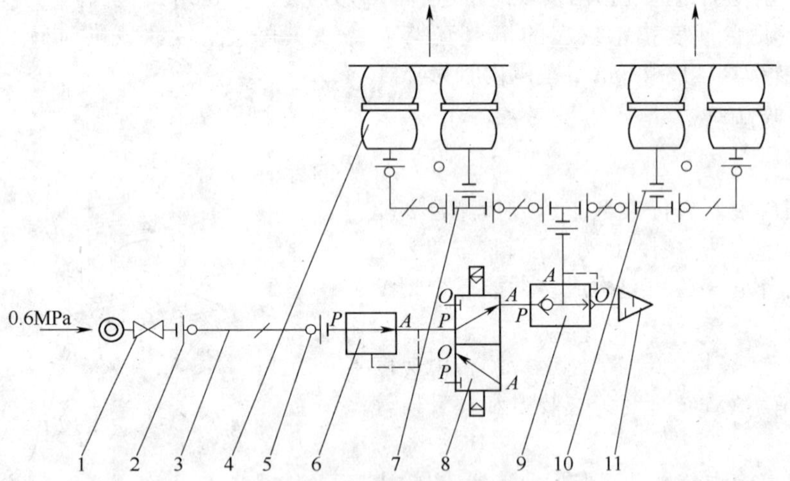

图 8-20　气动举升系统原理

1. 内螺纹球阀　2. 管接头　3. 棉线编织胶管　4. 气囊　5. 管箍　6. 空气减压阀　7. 三通管接头　8. 二位三通截止式电磁气阀　9. 快速排气阀　10. 管接头　11. 消声器

(2)电动机驱动型车速表检测台。图8-21是电动机驱动型车速表检测台的结构示意图。本身带驱动装置,使用滚筒带动被检测汽车的从动车轮旋转,带动车速表指示车速。电动机驱动型车速表检测台是为检测车速表由从动车轮驱动的汽车而设计制造的。它的构造基本上与标准型车速表检测台相同,不同的是在滚筒的一端装有电动机,用以驱动滚筒,再带动汽车从动轮旋转。

驱动型车速表检测台的滚筒和电动机之间一般都装有离合器。如果用离合器将电动机与滚筒脱升,即和标准型车速表检测台具有同样的功能。

除上述两种检测台外,还有一种将车速表检测台与制动检测台组合在一起的复合型检测台。这种检测台的结构、原理与前述基本相同。

前置发动机汽车的车速表都采用由变速器的输出轴通过软轴来驱动。但对后置发动机的汽车,由于变速器与驾驶室仪表板上的车速表距离太远，仍采用软轴由变速器输出轴驱动，会出现软轴使用寿命缩短和传动精度低等问题。因此，这类汽车的车速表都改由从动车轮（转向轮）驱动。电动机驱动型车速表检测台就是为检测后置式发动机汽车车速表而使用的。

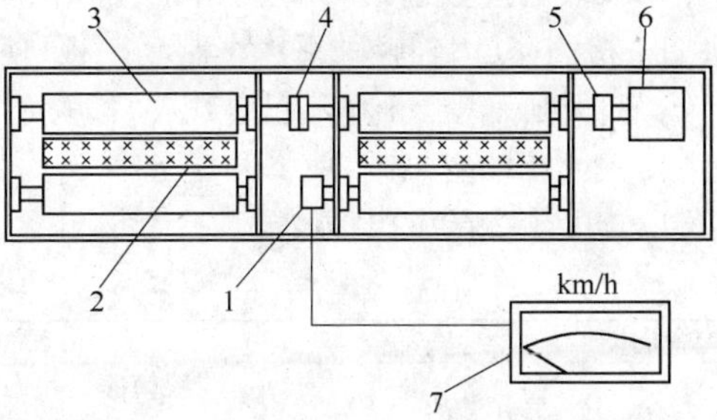

图 8-21　电动机驱动型车速表检测台

1. 测速发电机　2. 举升器　3. 滚筒　4. 联轴器　5. 离合器　6. 电动机　7. 速度指示仪表

2. 车速表检测台的工作原理

试验时汽车驱动轮置于滚筒上，由发动机经传动系统驱动车轮旋转，车轮借助于摩擦力带动滚筒旋转。这旋转的滚筒相当于移动的路面。以驱动轮在滚筒上旋转来模拟汽车在路面上行驶时的实际状态。通过滚筒端部带动测速发电机（即速度传感器，现在用的较多的是光敏管、霍尔传感器等）。测速发电机所发出的电压（或光敏管、霍尔传感器等发出的脉冲数）随滚筒转速增高而增加，而滚筒的转速与车速成正比，因此测速发电机的电压与车速成正比。或采用脉冲信号发生器，将其安装在滚筒的一端，把对应于滚筒的转速发出的电信号送至速度指示装置。因为车轮与滚筒间做的是无滑移的纯滚动，所以车轮与滚筒的线速度是一样的。通过滚筒直径和转速传感器调出滚筒的转速可计算出滚筒的线速度，即是车轮的实际行驶速度。

若已知车速表检测台滚筒直径及滚筒的转速，车速表检测台滚筒线速度可用下式求出：

$$v=60\pi Dn\times 10^{-6}$$

式中：v ——滚筒线速度（km/h）；

D——滚筒直径（mm）；

n ——滚筒转速（r/min）。

3. 车速表检测台的使用和维护

车速表检测台的形式不同，其使用方法也不尽相同。因此，在使用前一定要认真阅读使用说明书，弄清其构造特点、使用中应注意的事项后，才可起动使用。

(1)检测前的准备工作。

①车速表检测台的准备。使用检测台之前，除按表 8-4“车速表检测台检查调修表”所规定的时间及项目进行检查外，在使用过程中，还要注意仪表指针回位、举升器的动作及各导线的接触状况，发现有故障，应及时处理。

②被检测汽车的准备。

a. 轮胎气压应符合汽车制造厂的规定。

b. 若轮胎沾有水、油污等或轮胎花纹沟槽内嵌有小石子也应清除干净。

(2)检测步骤。

①标准型车速表检测台。

a. 接通检测台的电源。

b. 打开压缩空气阀，升起前、后滚筒间的举升器托板。

c. 将被检测汽车驶入检测台，让被检测车速的车轮，尽可能与滚筒成垂直状态地停放在检测台举升器托板上。

d. 关闭压缩空气阀，降下前、后滚筒间举升器的托板，直到轮胎与举升器的托板完全脱离接触。此时位于检测台上的轮胎由前、后滚筒所支撑。

e. 为使汽车在检测时不致从检测台上滑出，用三角挡块抵住前轴车轮的前方。

f. 起动汽车，变速器由低档逐级换入最高档，缓慢地踩下加速踏板，使汽车驱动轮平衡地加速运转。

g. 当汽车车速表的指示值达到规定的检测速度值时，读取检测台指示仪表上的读数；或当检测台指示仪表的读数达到测量车速时,读取汽车车速表上的读数。

h. 检测完后,轻轻踩下汽车制动踏板,使滚筒停止转动。

i. 打开压缩空气阀,升起举升器,移去车轮前的三角挡块,将被测汽车驶离检测台。

j. 关闭压缩空气阀,使举升器下降。

k. 切断检测台的电源。

表 8-4 车速表检测台检查调修表

检查周期	检查部位	检查要领	调修方法
使用前	指示仪表	在滚筒静止状态,检查仪表指针的机械零点与电气零点	指针若不在零位,用零点调整螺钉和零点电位计调整至零位
	滚筒	检查有无油、水、泥等杂物	如有,要清除干净
	举升器、控制阀和空气压缩机	检查举升器动作及有无漏气部位	对动作阻滞或漏气部位解体清洗、润滑,并消除漏气现象
		检查空气压缩机滤清器的脏污程度及润滑油量	脏污时,清洗滤清器;油量不足,按厂家规定的品种补足
	各种导线	检查有无因损伤引起接触不良的部位	有接触不良或断线的导线,要修好或更换
三个月	滚筒及滚筒轴承	检查滚筒在运转时,有无异响、损伤,运转是否平稳	有异响或损伤时,请厂家进行修理
		检查联轴节是否松旷,导向滚筒运转是否平稳	松旷时紧固,润滑导向滚筒
半年	指示检测部分	检查传感器的固定情况,接头有无松动	松旷时紧固
		检查脏污、松紧和损伤情况	如脏污需清洗;如松旷重新调整松紧度;如损伤,应更换
一年	接受有关部门的检定		

②电动机驱动型车速表检测台。

a. 接通检测台电源。

b. 打开压缩空气阀,升起前、后滚筒间的举升器的托板。

c. 将汽车驶入检测台,让被检测汽车输出车速信号的车轮,尽可能与滚筒成垂直状态地停放在检测台的举升器托板上。

d. 关闭压缩空气阀,降下前、后滚筒间举升器的托板,直到轮胎与举升器的托板完全脱离接触。此时位于检测台上的轮胎由前、后滚筒所支撑。

e. 为使汽车在检测时不致从检测台前滑出,用三角挡块抵住车轮的前方。

f. 接合检测台离合器,使滚筒与电动机连在一起。

g. 将汽车的变速器挂入空档,接通检测台电动机的电源,让电动机驱动滚筒带动汽车输出车速信号的车轮旋转。

h. 当驾驶室内车速表的读数达到测量车速时,读取检测台指示仪表的读数;或当检测台指示仪表的读数达到测量车速时,读取驾驶室内车速表上的读数。

i. 检测完毕,必须先切断电动机的电源,然后再踩制动踏板。

j. 打开压缩空气阀,升起举升器,移去车轮前的三角挡块,将被测汽车驶离检测台。

k. 关闭压缩空气阀,使举升器下降。

l. 切断检测台电源。

(3)车速表检测台检测注意事项。

①超过检测台允许轴重的汽车,一律不准上检测台进行检测。

②对于电动机驱动式检测台,一定要注意滚筒所能驱动的车轮负荷,严禁超载。

③对于电动机驱动式检测台,如不用电动机驱动被检测汽车车轮时,一定要注意在检测前用离合器将滚筒与电动机脱开。

④对于前轮驱动的汽车，一定要用转向盘准确地保持汽车处于直线行驶状态（保持车轮平面与滚筒垂直），然后再加速到检测车速，切忌汽车一驶上检测台就迅速加速。

⑤被检测的汽车，如需连续进行高速试验时，为防止轮胎驻波现象的产生，可适当地提高轮胎气压。

⑥试验仪表部分应注意避免让阳光直射、受潮或受振动。

⑦检测台滚筒表面应经常保持清洁、干燥，注意防止泥、水、油污等脏物进入检测台。

⑧检测台不检测时，一律不准在上面停放车辆。

五、车速表故障的调整

汽车车速表与里程计合为一体，其常见故障与调整方法如下。

1. 车速表指针摇摆不定或抖动

这类故障的原因通常是车速表软轴或套管弯折，软轴转动时与套管刮碰；车速表速度盘轴的轴承磨损松旷，工作时也可造成指针摆动。

进行故障检测时，须先拆下软轴和套管，查看套管有无弯折或压扁现象。如有上述现象，应视损伤程度而进行修复或更换。如果套管良好，抽出软轴，持其两端，使其中部下垂，用手转动软管，若其中部有较大升降现象，说明软轴弯折，须换用新件。如经上述检查，软轴及套管均属正常，应将车速表解体，检查速度盘轴承，如果发现衬套磨损，也应更换。

2. 车速表指针不动

这类故障可能由两种情况引起，一是车速表本身正常，而故障在车速表传动部分，可能是速度盘轴折断、轴端严重磨损或车速表游丝损坏；二是里程表字鼓不转，说明车速表和里程表的驱动机件损坏，通常是软轴折断或驱动齿轮损坏，进一步拆检后，可发现损坏的零件，应更换。

3. 车速表工作正常而计程器字鼓不转

这种故障表明车速表驱动轴至第一字鼓中的传动齿轮损坏，无法带动字鼓转动。应拆卸检查，更换损坏的字鼓齿轮。

4. 车速表指示误差超过规定范围

车速表指示误差超过《汽车运行安全技术条件》所规定的范围，其主要原因及调整方法如下：

蜗轮蜗杆传动部分和软轴以及车速、里程表的主动轴磨损过度。可先拆下软轴，检查两端的传动轴头的磨损情况，如磨损过大，应更换，并在安装时分别检查与传动部分和与主动轴的配合情况，必要时应更换车速、里程表或蜗轮蜗杆传动副。

磁力式车速、里程表中的磁铁退化，应更换。

复习思考题

1. 简述国标对汽车照明、信号装置和其他电气设备技术性能的基本要求。
2. 简述国标对汽车前照灯光束照射位置、远光光束发光强度的要求。
3. 国标对汽车喇叭性能是如何要求的？
4. 发光强度和照度是怎样的关系？
5. 简述发光强度、光轴照射方向的检测原理。
6. 简述自动追踪光轴式前照灯检测仪的工作原理。
7. 简述影响前照灯检测结果的主要因素。
8. 简述 GB 7258—2004 对车速表的要求。
9. 使用车速表检测台检测车速表时，当该车速表的指示值（V_1）为 40km/h 时，车速表检测台指示仪表的指示值应为多少才符合国标要求？当车速表检测台指示仪表的指示值（V_2）为 40km/h 时，汽车车速表的指示值（V_1）应为多少才符合国标要求？
10. 简述车速表检测台的工作原理与使用注意事项。

第九章　整车与总成技术性能的一般要求

第一节　整车技术性能要求

一、整车外观与标志

1. 外观

机动车外观应整洁，各零部件应完好，连接紧固，无缺损。车体应周正，车体外缘左右对称部位高度差不允许大于40mm。

漏水要求，在发动机运转及停车时，水箱、水泵、缸体、缸盖、暖风装置及所有连接部位均不应有明显渗漏现象。漏油要求，机动车连续行驶距离不小于10km，停车5min后观察，不应有明显渗漏现象。

汽车列车在平坦、干燥的路面上直线行驶时，挂车后轴中心相对于牵引车前轴中心的最大摆动幅度，对铰接列车、乘用车列车和中置轴挂车列车不应大于110mm，对其他列车不应大于220mm。其他机动车直线行驶时，其前后轴中心的连线与行驶轨迹的中心线应一致。

2. 整车标志

(1)汽车在车身前部外表面的易见部位上应至少装置一个能永久保持的商标或厂标。

(2)汽车应至少装置一个能永久保持的产品标牌，该标牌的固定、位置及形式应符合GB/T 18411的规定，组成拖拉机运输机组的拖拉机的标牌的固定、位置及形式应符合相关标准的规定；产品标牌的具体位置应在产品使用说明书中指明。改装车不应拆改原底盘的产品标牌。

汽车应在产品标牌上标明品牌、整车型号、制造年月、生产厂名及制造国。产品标牌上标明的内容应规范、清晰耐久且易于识别，项目名称均应有中文名称。

(3)汽车必须具有车辆识别代号，其内容和构成应符合GB 16735的规定；应至少有一个车辆识别代号打刻在车架(无车架的汽车为车身主要承载且不能拆卸的部件)上，打刻位置应尽量位于前部右侧，如受结构限制也可打刻在其他部位。打刻的车辆识别代号应易见且易于拓印，其字母和数字的字高不应小于7.0mm，深度不应小于0.3mm；对于摩托车及轻便摩托车，打刻的车辆识别代号的字母和数字的字高不应小于5.0mm，深度不应小于0.2mm。

车辆识别代号(或整车型号和出厂编号)打刻的具体位置应在产品使用说明书中指明，一经打刻不允许更改、变动。同一辆汽车的车架(无车架的汽车为车身主要承载且不能拆卸的部件)上，不允许既打刻车辆识别代号，又打刻整车型号和出厂编号；同一辆车上标识的所有车辆识别代号内容应相同。

(4)发动机型号和出厂编号应打刻(或铸出)在气缸体上且应能永久保持，在出厂编号的两端应打刻起止标记(没有打刻起止标记的空间时可不打刻)；若打刻(或铸出)的发动机型号和出厂编号不易见，则应在发动机易见部位增加能永久保持的发动机型号和出厂编号的标识；发动机出厂编号的具体位置应在产品使用说明书中指明。

(5)道路运输危险货物车辆的标志应符合GB 13392的规定。

二、车辆后悬

客车及封闭式车厢(或罐体)的机动车后悬不允许超过轴距的65%。对于专用作业车和轮式专用机械车，在保证安全的情况下，其后悬可按客车后悬要求核算，其他机动车后悬不允许超过轴距的55%。机动车的后悬均不应大于3.5m。

注：对于多轴机动车，其轴距按第一轴至最后轴的距离计算（对铰接客车按第一轴至第二轴的距离计算），后悬从最后一轴的中心线往后计算。对于客车，后悬以车身外蒙皮尺寸计算，如后保险杠凸出于后背外蒙皮，则以后保险杠尺寸计算，不计后尾梯。

三、载荷与质量参数

1．装载平衡性

机动车在空载和满载状态下，整备质量和总质量应在各轴之间合理分配，轴荷应在左右车轮之间均衡分配。

2．质量参数核定

机动车最大允许总质量依据发动机功率、最大设计轴荷、轮胎的承载能力及正式批准的技术文件进行核算后，从中取最小值核定。

机动车在空载和满载状态下，转向轴轴荷（或转向轮轮荷）与该车整备质量和最大允许总质量的比值不允许小于：乘用车30%，其他机动车20%。

汽车或汽车列车驱动轴的轴荷不允许小于汽车或汽车列车最大允许总质量的25%。

货车列车的挂车的最大允许装载质量不允许大于货车的最大允许装载质量。

3．乘用车乘坐人数核定

前排座位按乘客舱内部宽度（系指驾驶人两侧门窗下缘，并在车门后支柱内侧量取）不小于1200mm时核定2人，不小于1650mm时核定3人。

除前排座位外的其他排座位，按座垫中间位置测量的乘客舱内部宽度，在能保证与前一排座位的间距不小于650mm且座垫深度不小于400mm时，每400mm核定1人。

4．客车乘坐人数核定

按座垫宽和供站立乘客用的地板面积核定：座垫宽按每1人不小于400mm核定；按站立乘客用的地板面积计算：城市公共汽车及无轨电车按每1人不小于0.125m^2核定，其他城市客车按每1人不小于0.15m^2核定，长途客车和旅游客车及车长不大于6m的客车不允许核定站立人数。设立席的客车供乘客用的地板面积按GB/T 12428确定。卧铺客车的每个铺位核定1人。计算的乘员数取最小值核定乘员数。

5．比功率

所谓比功率是指发动机最大净功率（或0.9倍的发动机额定功率或0.9倍的发动机标定功率）与机动车最大允许总质量之比。

汽车的比功率不允许小于5.0kW/t。

第二节　车辆总成技术性能要求

一、发动机技术性能的一般要求

（1）发动机应动力性能良好，运转平稳，怠速稳定，无异响，机油压力正常。发动机功率不允许小于标牌（或产品使用说明书）标明的发动机功率的75%。

（2）发动机应有良好的起动性能。汽车（三轮汽车和装用单缸柴油发动机的低速货车除外）发动机应能由驾驶人在座位上起动。

（3）柴油发动机停机装置必须灵活有效。

（4）发动机点火、燃料供给、润滑、冷却和排气等系统的机件应齐全，性能良好。

二、转向系统技术性能的一般要求

（1）汽车的转向盘必须设置于左侧，其他机动车的转向盘不允许设置于右侧；专用作业车按需要可设置左右两个转向盘。

(2)机动车的转向盘(或转向把)应转动灵活,操纵方便,无阻滞现象。机动车应设置转向限位装置。转向系统在任何操作位置上,不允许与其他部件有干涉现象。

(3)机动车转向轮转向后应能自动回正,以使机动车具有稳定的直线行驶能力。

(4)机动车转向盘的最大自由转动量不允许大于:

a.最高设计车速不小于 100km/h 的机动车 20°;

b.其他机动车 30°。

(5)汽车应具有适度的不足转向特性。

(6)机动车在平坦、硬实、干燥和清洁的道路上行驶不应跑偏,其转向盘(或转向把)不应有摆振、路感不灵或其他异常现象。

(7)机动车在平坦、硬实、干燥和清洁的水泥或沥青道路上行驶,以 10km/h 的速度在 5s 之内沿螺旋线从直线行驶过渡到直径为 24m 的圆周行驶,施加于转向盘外缘的最大切向力不应大于 245N 。

(8)机动车转向轴最大设计轴荷大于 4000kg 时,应采用转向助力装置。装有转向助力装置的机动车,行驶时其转向助力功能不允许出现时有时无的现象,当转向助力装置失效时,仍应具有用转向盘控制机动车的能力。装有电动转向助力装置的汽车,行驶时应保证转向助力装置的电能供应。

(9)汽车和汽车列车必须能在同一个车辆通道圆内通过,车辆通道圆的外圆直径 D_1 为 25.00m,车辆通道圆的内圆直径 D_2 为 10.60m。汽车和汽车列车、轮式拖拉机运输机组由直线行驶过渡到上述圆周运动时,任何部分超出直线行驶时的车辆外侧面垂直面的值(外摆值)不应大于 0.80m。

(10)汽车的车轮定位应符合该车有关技术条件,车轮定位值应在产品使用说明书中标明。对前轴采用非独立悬架的汽车,其转向轮的横向侧滑量,用侧滑台检验时侧滑量值应在 ±5m/km 之间。

(11)转向节及臂,转向横、直拉杆及球销不允许有裂纹和损伤,并且球销不应松旷。对机动车进行改装或修理时横、直拉杆不允许拼焊。

三、制动系统技术性能的一般要求

1.基本要求

机动车应设置足以使其减速、停车和驻车的制动系统或装置。

(1) 某些零部件,如制动踏板及其支架、制动主缸及其活塞、制动总阀、制动主缸和踏板、制动气室、轮缸及其活塞和制动臂及凸轮轴总成之间的连接杆件应视为不易失效的零部件。这些零部件应易于维修保养。若这些零部件的失效会导致汽车无法达到应急制动规定的性能,则这些零部件都必须用金属材料或具有与金属材料性能相当的材料制造,并且在制动装置正常工作时不应产生明显的变形。

(2)制动系统的各种杆件不允许与其他部件在相对位移中发生干涉、摩擦,以防杆件变形、损坏。

(3)制动管路应为专用的耐腐蚀的高压管路。它们的安装必须保证其具有良好的连续功能、足够的长度和柔性,以适应与之相连接的零件所需要的正常运动,而不致造成损坏;它们必须有适当的安全防护,以避免擦伤、缠绕或其他机械损伤,同时应避免安装在可能与机动车排气管或任何高温源接触的地方。制动软管不允许与其他部件干涉且不应有老化、开裂、被压扁等现象。其他气动装置在出现故障时不允许影响制动系统的正常工作。

2.行车制动器

行车制动器必须保证驾驶人在行车过程中能控制机动车安全、有效地减速和停车。行车制动器必须是可控制的,且必须保证驾驶人在其座位上双手无须离开转向盘(或转向把)就能实现制动。

(1)制动器应有磨损补偿装置。制动器磨损后,制动间隙应易于通过手动或自动调节装置来补偿。制动控制装置及其部件以及制动器总成应具备一定的储备行程,当制动器发热或制动衬片的磨损达到一定程度时,在不必立即做调整的情况下,仍应保持有效的制动。

(2) 采用真空助力的行车制动系统，当真空助力器失效后，制动系统仍应能保持规定的应急制动性能。

(3) 行车制动器制动踏板的自由行程应符合该车有关技术条件。

行车制动器在产生最大制动效能时的踏板力，对于乘用车不应大于 500N；对于其他机动车不应大于 700N。

(4) 液压行车制动器在达到规定的制动效能时，踏板行程不应大于踏板全行程的 3/4；制动器装有自动调整间隙装置的机动车的踏板行程不应大于踏板全行程的 4/5，且乘用车不应大于 120mm，其他机动车不应大于 150mm。

(5)液压行车制动器不允许因制动液对制动管路的腐蚀或由于发动机及其他热源的作用形成气阻而影响行车制动器的功能。

(6)总质量大于 12 000kg 的长途客车和旅游客车、总质量大于 16 000kg 允许挂接总质量大于 10 000kg的挂车的货车及总质量大于 10 000kg 的挂车必须安装符合 GB/T 13594 规定的防抱死制动装置。

(7)汽车列车行车制动系统的设计和制造应保证挂车最后轴制动动作滞后于牵引车前轴制动动作的时间不大于 0.2s。

3. 应急制动器

(1)应急制动器应保证在行车制动只有一处管路失效的情况下，在规定的距离内将汽车停住。

(2)应急制动器可以是行车制动系统具有应急特性或是与行车制动器分开的系统。

(3)应急制动器应是可控制的，其布置应使驾驶人容易操作，驾驶人在座位上至少用一只手握住转向盘的情况下，就可以实现制动。它的控制装置可以与行车制动器的控制装置接合，也可以与驻车制动器的控制装置接合。

4. 驻车制动器

(1)驻车制动器应能使机动车即使在没有驾驶人的情况下，也能停在上、下坡道上。驾驶人必须在座位上就可以实现驻车制动。对于汽车列车和轮式拖拉机运输机组，若挂车与牵引车脱离，挂车(由轮式拖拉机牵引的装载质量 3000kg 以下的挂车除外)应能产生驻车制动。挂车的驻车制动装置应能够由站在地面上的人实施操纵。

(2)驻车制动器应通过纯机械装置把工作部件锁止，并且驾驶人施加于操纵装置上的力：手操纵时，乘用车不应大于 400N，其他机动车不应大于 600N；脚操纵时，乘用车不应大于 500N，其他机动车不应大于 700N。

(3)驻车制动器控制装置的安装位置应适当，其操纵装置应有足够的储备行程(开关类操作装置除外)，一般应在操纵装置全行程的 2/3 以内产生规定的制动效能；驻车制动器装有自动调节装置时，允许在全行程的 3/4 以内达到规定的制动效能。棘轮式制动操纵装置应保证在达到规定驻车制动效能时，操纵杆往复拉动的次数不允许超过 3 次。

(4)采用弹簧储能制动装置作驻车制动器时，应保证在失效状态下能快速解除驻车状态；如需使用专用工具，这种工具应作为随车工具。

(5)采用液压制动的机动车，在保持踏板力为 700N 达到 1min 时，踏板不允许有缓慢向前移动的现象。

(6)采用气压制动的机动车，在气压升至 600kPa 且不使用制动的情况下，停止空气压缩机 3min 后，其气压的降低值不应大于 10kPa。在气压为 600kPa 的情况下，将制动踏板踩到底，待气压稳定后观察 3min，汽车气压降低值不应大于 20kPa，汽车列车、铰接客车及铰接式无轨电车、轮式拖拉机运输机组气压降低值不应大于 30kPa。

(7)采用气压制动的机动车，发动机在 75% 的额定转速下，4min(汽车列车为 6min，铰接客车和铰接式无轨电车为 8min)内气压表的指示气压应从零开始升至起步气压(未标起步气压者，按 400kPa

计)。

(8)气压制动系统应装有限压装置,以确保储气筒内气压不超过允许的最高气压。

(9)汽车的行车制动应采用双回路或多回路,当部分管路失效后,剩余制动效能仍应能保持原规定值的30%以上。

(10)机动车在运行过程中不允许有自行制动现象。当挂车(由轮式拖拉机牵引的装载质量3000kg以下的挂车除外)与牵引车意外脱离后,挂车应能自行制动,牵引车的制动仍应有效。

5. 储气筒

(1)压缩空气与真空保护:装备储气筒或真空罐的机动车均应采用单向阀或相应的保护装置,以保证在筒(罐)与压缩空气源(真空源)连接失效或漏损的情况下,由筒(罐)提供的压缩空气(真空度)不致全部丧失。

(2)储气筒的容量应保证在调压阀调定的最高气压下,且在不继续充气的情况下,机动车在连续五次踩到底的全行程制动后,气压不低于起步气压(未标起步气压者,按400 kPa计)。

(3)储气筒应有排污阀。

6. 制动警报装置

(1)采用液压制动的机动车,其储液器的加注口必须易于接近,从结构设计上必须保证在不打开容器的条件下就能很容易地检查液面。若不能满足此条件,则必须安装制动液面过低警报装置。

(2)采用液压制动的汽车,若液压传能装置任一部件失效,应通过红色警报信号灯通知驾驶人,该信号灯不应迟于促动控制装置发亮。只要失效继续存在且点火开关处在开(运行)的位置,该信号灯应保持发亮。但也允许采用当储液器内液面低于制造厂规定值时点亮的红色信号灯。警报信号灯即使在白天也应很醒目,驾驶人在其座位上应能很容易地检查警报信号灯工作是否正常,该装置的失效不应导致制动系统完全丧失制动效能。

(3)采用气压制动的机动车,当制动系统的气压低于起步气压(未标起步气压时,按400kPa计)时,警报装置应能连续向驾驶人发出容易听到或看到的警报信号。

(4)安装具有防抱死制动装置的汽车,当防抱死制动装置失效时,警报装置应能连续向驾驶人发出容易听到或看到的警报信号。

四、行驶系统技术性能的一般要求

(1)轮胎要求。

①轮胎胎冠花纹深度:乘用车、摩托车及轻便摩托车和挂车轮胎胎冠上花纹深度不允许小于1.6mm;其他机动车转向轮的胎冠花纹深度不允许小于3.2mm;其余轮胎胎冠花纹深度不允许小于1.6mm。

②轮胎胎面不允许因局部磨损而暴露出轮胎帘布层。轮胎不允许有影响使用的缺损、异常磨损和变形。

③轮胎的胎面和胎壁上不允许有长度超过25mm或深度足以暴露出轮胎帘布层的破裂和割伤。

④同一轴上的轮胎规格和花纹应相同,轮胎规格应符合整车制造厂的出厂规定。

⑤机动车转向轮不允许装用翻新的轮胎。

⑥机动车所装用轮胎的速度级别不应低于该车最高设计车速的要求。

⑦双式车轮的轮胎的安装应便于轮胎充气,双式车轮的轮胎之间应无夹杂的异物。

⑧乘用车用轮胎应有胎面磨耗标志。乘用车备胎规格与该车其他轮胎不同时,应在备胎附近明显位置(或其他适当位置)装置能永久保持的标识,以提醒驾驶人正确使用备胎。

(2)轮胎负荷不应大于该轮胎的额定负荷,轮胎气压应符合该轮胎承受负荷时规定的压力。具有轮胎气压自动充气装置的汽车,其自动充气装置应能确保轮胎气压符合出厂规定。

(3)车轮总成的横向摆动量和径向跳动量:总质量不大于3500kg的汽车不应大于5mm;摩托车

及轻便摩托车不应大于3mm;其他机动车不应大于8mm。

(4)最高设计车速大于100km/h的机动车,其车轮的动平衡要求应符合有关技术条件的规定。

(5)轮胎螺母和半轴螺母应完整齐全,并应按规定力矩紧固。

(6)悬架系统各球关节的密封件不允许有切口或裂纹,稳定杆应连接可靠,结构件不允许有变形或残损。钢板弹簧不允许有裂纹和断片现象,同一轴上的弹簧形式和规格应相同,其弹簧形式和规格应符合产品使用说明书中的规定。中心螺栓和U形螺栓应紧固、无裂纹且不允许拼焊。钢板弹簧卡箍不允许拼焊或残损。

(7)减振器应齐全有效,减振器不允许有明显渗漏油现象。

(8)最高设计车速大于100km/h且轴荷不大于1500kg的乘用车,其悬架特性应符合GB 18565的有关规定。

(9)车架不应有变形、锈蚀和裂纹,螺栓和铆钉不应缺少或松动。

(10)前、后桥不应有变形和裂纹。

(11)车桥与悬架之间的各种拉杆和导杆不应变形,各接头和衬套不应松旷或移位。

五、传动系统技术性能的一般要求

1. 离合器

(1)机动车的离合器应接合平稳,分离彻底,工作时不允许有异响、抖动或不正常打滑等现象。

(2)踏板自由行程应符合整车技术条件的有关规定。

(3)离合器彻底分离时,踏板力不应大于300N(拖拉机运输机组不应大于350N),手握力不应大于200N。

2. 变速器和分动器

(1)换档时齿轮应啮合灵便,互锁、自锁和倒档锁装置应有效,不允许有乱档和自行跳档现象;运行中应无异响;换档杆及其传动杆件不应与其他部件干涉。

(2)在换档杆上应有驾驶人在驾驶座位上即可容易识别变速器和分动器档位位置的标志。若换档杆上难以布置,则应布置在换档杆附近易见部位。

(3)有分动器的机动车,应在档位位置标牌或产品使用说明书上说明连通分动器的操作步骤。

3. 传动轴

传动轴在运转时不允许发生振抖和异响,中间轴承和万向节不允许有裂纹和松旷现象。发动机前置后驱动的客车的传动轴在车厢地板的下面沿纵向布置时,应有防止传动轴滑动连接(花键或其他类似装置)脱落或断裂等故障而引起危险的防护装置。

4. 驱动桥

驱动桥壳、桥管不允许有变形和裂纹,驱动桥工作应正常且不允许有异响。

六、安全防护装置的一般要求

1. 汽车安全带

(1)乘用车的所有座椅(第三排及第三排以后的可折叠座椅除外)均应装置汽车安全带,座位数不大于20(含驾驶人座位,下同)或者车长不大于6m的客车及最高设计车速不小于100km/h的货车和半挂牵引车的前排座椅应装置汽车安全带。长途客车和旅游客车的驾驶人座椅、前面没有座椅的座椅及前面护栏不能起到必要防护作用的座椅应装置汽车安全带;当(同向)座椅的座间距大于1000mm且座垫前面沿座椅纵向不大于600mm的范围内没有能起到防护作用的护栏或其他物体时,也应装置汽车安全带。

(2)卧铺客车的每个铺位均应安装两点式汽车安全带。

(3)汽车安全带应可靠有效,安装位置应合理,固定点应有足够的强度。

2. 车外后视镜和前下视镜

(1)机动车(挂车除外)应在左右至少各设置一面后视镜。

(2)车长大于 6m 的平头货车和平头客车车前还应至少设置一面前下视镜,前下视镜应保证驾驶人能看清风窗玻璃前下方长 1.5m、宽 3m 范围内的情况。

(3)车外后视镜和前下视镜应易于调节,并能有效保持其位置。

(4)安装在外侧距地面 1.8m 以下的后视镜,当行人等接触该镜时,应具有能缓和冲击的功能。

3. 前风窗玻璃刮水器

(1)机动车的前风窗玻璃应装备刮水器,其刮刷面积应确保驾驶人具有良好的前方视野。

(2)刮水器应能正常工作。

(3)刮水器关闭时,刮片应能自动返回至初始位置(拖拉机运输机组除外)。

(4)汽车驾驶室内应设置防止阳光直射而使驾驶人产生炫目的装置,且该装置在汽车碰撞时,不应对驾驶人造成伤害。

(5)乘用车前风窗玻璃应装有除雾、除霜装置。

4. 安全出口

(1)车长小于 6m 的客车,在乘坐区的两侧应具有紧急时乘客易于逃生或救援的侧窗。

(2)车长不小于 6m 的客车,如车身右侧仅有一个供乘客上下的车门时,应设置安全门或安全窗。长途客车和旅游客车应设置车顶安全出口。卧铺客车的卧铺布置为上、下双层时,侧窗布置应为上下双排。使用安全门时应保证不用其他器具即可将其向外推开。安全出口的数量、位置应符合有关规定。

(3)安全门应满足下列要求。

①安全门的净高不应小于 1250mm,净宽不应小于 550mm。

②门铰链应在门前端,向外开启角度不应小于 100°,并能在此角度下保持开启,同时还应设有开启警报装置。若在安全门打开时能提供不小于 550mm 的自由通道,则开度不小于 100°的要求可不满足。

③通向安全门的通道宽度不应小于 300mm,不足 300mm 时,允许采用迅速翻转座椅等方法加宽通道。

④安全门应有锁止机构且锁止可靠。安全门关闭时应能锁止,且在车辆正常行驶情况下不会因车辆振动、颠簸、冲撞而自行开启。

⑤安全门不用工具应能从车内外很方便地打开车门,门外手柄应设保护套,且离地面高度(空载时)不应大于 1800mm。

(4)安全窗应满足下列要求。

①安全窗和安全顶窗的面积不应小于(3×10^5)mm^2,且能内接一个 400mm×600mm(对车长不大于7m 的客车为 330mm × 500mm)的椭圆;若安全窗位于客车后端面,则其面积不应小于(4×10^5)mm^2,且应能内接一个 500mm×700mm 的矩形。

②安全窗应采用易于迅速从车内、外开启的装置;或采用安全玻璃,并在车内明显部位装备击碎玻璃的手锤。

③安全顶窗应易于从车内、外开启或移开。安全顶窗开启后,应保证从车内外进出的畅通。弹射式安全顶窗应能防止误操作。

(5)标志。

①每个安全出口应在其附近设有“安全出口”字样。

②乘客门和安全出口的应急控制器应在其附近标有清晰的符号或字样,并注明其操作方法,字体高度不应小于 20mm。

5. 燃料系统的安全保护

(1)燃料箱及燃料管路应坚固并固定牢靠,不会因振动和冲击而发生损坏和漏油现象。

(2)燃料箱的加油口及通气口应保证在机动车晃动时不漏油。

(3)机动车的燃料系统不允许用重力或虹吸方法直接向化油器或喷油器供油。

(4)燃料箱的加油口和通气口不允许对着排气管的开口方向,且应距排气管的出气口端300mm以上,否则应设置有效的隔热装置。燃料箱的加油口和通气口应距裸露的电气接头及外部可能产生火花的电气开关200mm以上。车长大于6m的客车的燃料箱的加油口和通气口应距排气管的任一部位300mm以上。

(5)汽车燃料箱各部分不允许前伸至前置汽油发动机的前端面。车长大于6m的客车燃料箱距客车前端面不应小于600mm,距客车后端面不应小于300mm。不允许用户加装燃料箱。

(6)机动车燃料箱的通气口和加油口不允许设置在有乘员的车厢内。

6. 气体燃料专用装置的安全防护

(1)气体燃料的供给系统应有有效的安全保护结构措施,以防止气体泄漏,如高压过流保护装置。

(2)对于两用燃料汽车,应设置燃料转换系统并安装燃料转换开关。在燃料控制上,应具有当发动机突然停止运转时,即使点火开关打开也能自动切断气体燃料供给的功能。燃料转换开关的安装位置应便于驾驶人操作,其档位标记应明显,能分别控制供油、供气两种状态。气体燃料和汽油电磁阀的操作均应由燃料转换开关统一控制;当电流被切断时,电磁阀应处于“关闭”位置。

(3)车用压缩天然气气瓶应符合相关标准规定,压缩天然气管路应采用不锈钢管或其他车用高压天然气专用管路;车用液化石油气气瓶应符合相关标准规定,高压管路应采用液化石油气专用管路。

(4)气瓶(车用压缩天然气气瓶和车用液化石油气气瓶等统称为”气瓶”)应被安全地固定在车上,安装气瓶的固定座应具有阻止气瓶旋转、移动的能力,固定座应便于拆装工作。气瓶安装后其强度和刚度不允许下降,车架(车身)结构强度也不应受影响。

(5)气瓶安装位置应远离热源,必要时应采取隔热措施。在任何情况下,气瓶及其所有高压管路和高压接头与发动机排气管和传动轴的任何部位之间的距离不允许小于75mm;当两者的距离在75~200mm之间时,应设置固定可靠的隔热装置。

(6)气瓶应安装在通风位置或采取有效的通风措施。

(7)气瓶与汽车后轮边缘的距离不应小于200mm。气瓶安装在汽车车架下时,气瓶下方应采取有效防护措施且气瓶及其附件不允许布置在汽车前轴之前。

(8)气瓶不允许直接安装在驾驶室、载人车厢和货箱内。当不得不安装在上述部位时,必须设置防护罩并将气瓶与驾驶室或载人车厢有效分离。隔离装置应有很强的防护功能,当车辆受到冲撞时,隔离装置应能有效地防止气瓶冲入驾驶室或载人车厢或货箱内。

(9)气瓶的安装和保护罩的设置,应能保证气瓶集成阀的正常操作和检查。

(10)手动截止阀和调压器应符合有关规定。手动截止阀应安装在气瓶到调压器之间易于操作的位置,阀体不允许直接安装在驾驶室内。

(11)气瓶至调压器之间应安装滤清装置,并易于检查、清洗和更换。

(12)高压管路的特殊部位(如相对移动的部件之间)应采用柔性管线,其余部位应采用刚性管线。

(13)刚性高压管路应排列整齐、布置合理、固定有效,不允许与相邻部件碰撞和摩擦,所有高压管路和高压管接头应得到有效的保护,高压管接头应安装在能看得见且操作者易于接近的位置。

(14)所有管路接头处均不应出现漏气现象。

7. 对其他装置的要求

(1)机动车发动机的排气管口不允许指向车身右侧。

(2)专门用于运送易燃和易爆物品的道路运输危险货物车辆,应在驾驶室上方安装红色标志灯,车上应备有消防器材并具有相应的安全措施。排气管应装在车身前部,机动车尾部应安装接地装置。

(3)客车应装备灭火器,灭火器在车上应安装牢靠并便于取用。

(4)汽车应装备符合 GB 19151 规定的三角警告牌,三角警告牌在车上应妥善放置。

(5)乘用车和车长小于 6m 的客车前后部应设置保险杠,货车应设置前保险杠。

(6)机动车的货箱或其他载货装置,其构造应保证安全、稳妥地装载货物。

(7)货车货箱(自卸车、装载质量 1000kg 以下的货车除外)前部应安装比驾驶室高至少 70mm 的安全架。

(8)无驾驶室的三轮汽车货箱前部应安装具有足够强度的安全架,其高度应高出驾驶人座垫平面至少 800mm。

(9)驾驶人和货物同在一个车厢内的厢式车,在最后排座位的后方应安装具有足够强度的隔离装置。

8. 牵引车与被牵引车的连接装置

(1)连接装置应坚固耐用。

(2)牵引车和被牵引车连接装置的结构应能确保相互牢固的连接。

(3)牵引车和被牵引车的连接装置上应装有防止机动车在行驶中因振动和撞击而使连接脱开的安全装置。

9. 汽车和挂车侧面及后下部防护装置

(1)总质量大于 3500kg 的货车和挂车应提供防止人员卷入的侧面防护,其技术条件应符合 GB 11567.1 的规定。

(2)货车列车的货车和挂车之间应提供防止人员卷入的侧面防护。

(3)除半挂牵引车和长货挂车以外的总质量大于 3500kg 的货车和挂车的后下部必须装备符合 GB 11567.2 规定的后下部防护装置,该装置对追尾碰撞的机动车必须具有足够的阻挡能力,以防止发生钻入碰撞。

注:长货挂车是指为搬运无法分段的长货物而专门设计和制造的特殊用途车,如运输木材、钢材棒料等货物的车辆。

复习思考题

1. 国标对车辆外观有何要求?
2. 汽车应在产品标牌上标明哪些内容?
3. 国标对车辆后悬有何要求?
4. 如何进行汽车质量参数核定?
5. 何谓比功率?国标规定汽车的比功率是多少?
6. 国标对发动机技术性能的一般要求有哪些?
7. 转向系统技术性能的一般要求有哪些?
8. 国标对汽车轮胎、车轮总成的横向摆动量和径向跳动量是怎样要求的?
9. 国标对离合器、传动轴有何要求?
10. 国标对汽车燃料系统的安全保护有何要求?
11. 国标对机动车发动机的排气管口有何要求?